"十二五"普通高等教育本科国家级规划教材

面向21世纪课程教材

信 息 组 织

Xinxi Zuzhi

（第三版）

戴维民　主编

高等教育出版社·北京

内容提要

本书是教育部"面向21世纪课程教材"和"十二五"普通高等教育本科国家级规划教材，是由教育部高等学校图书馆学学科教学指导委员会组织编写的图书馆学专业核心课程系列教材之一。

本书根据现代信息资源的特点以及信息检索的要求，对现代信息组织的背景和要求、信息组织的基本原理、信息组织分类法、信息组织主题法、信息组织集成法、信息内容分析与标引、信息组织中的自然语言应用、网络信息组织、数字图书馆信息组织、信息组织的历史发展与未来趋向等进行了系统全面的介绍。第三版根据近几年信息组织理论与技术的发展进行了更新和校订，重点对网络信息组织、数字图书馆信息组织等章节进行了大幅修订，基本上算是重写。本书理论与实践紧密结合，将传统文献组织与现代信息组织融为一体，既面向现实也展望未来。书后附有中外重要信息组织工具简介、"信息组织"课程推荐书目和相关的网络资源指南，可以为教学提供更多的参考。

本书可作为高等学校图书馆学、信息管理与信息系统及相关专业教学和考研用书，也可作为各类图书馆馆员培训和信息机构岗位培训教材及工作参考书。

图书在版编目（CIP）数据

信息组织/戴维民主编． — 3版． — 北京：高等教育出版社，2014.3（2020.9重印）
 ISBN 978-7-04-028987-9

Ⅰ．①信… Ⅱ．①戴… Ⅲ．①信息管理-高等学校-教材 Ⅳ．①G203

中国版本图书馆CIP数据核字（2014）第015191号

策划编辑	徐　挥　罗雪群　王友富	责任编辑	王友富	封面设计	杨立新
版式设计	于　婕	插图绘制	尹文军	责任校对	陈　杨
责任印制	田　甜				

出版发行	高等教育出版社	网　　址	http://www.hep.edu.cn
社　　址	北京市西城区德外大街4号		http://www.hep.com.cn
邮政编码	100120	网上订购	http://www.landraco.com
印　　刷	人卫印务（北京）有限公司		http://www.landraco.com.cn
开　　本	787 mm×960 mm　1/16		
印　　张	28.5	版　　次	2004年7月第1版
字　　数	530千字		2014年3月第3版
购书热线	010-58581118	印　　次	2020年9月第3次印刷
咨询电话	400-810-0598	定　　价	39.40元

本书如有缺页、倒页、脱页等质量问题，请到所购图书销售部门联系调换
版权所有　侵权必究
物　料　号　28987-00

第三版作者简介

戴维民 南京政治学院副院长、教授、博士生导师,文学博士,兼任全国图书情报硕士专业学位研究生教育指导委员会委员、国家社科基金学科评审组专家、中国社会科学情报学会副理事长、中国索引学会副理事长、中国图书馆学会常务理事、国际知识组织学会会员、上海市图书馆学会副理事长、《中国图书馆分类法》副主编等。享受国务院政府特殊津贴。

主要学术领域是信息组织、信息传播、军队政治工作信息化。完成国家级、军队级等各类课题十多项,出版著作20余部,发表论文180多篇。主要著作有:《情报检索语言综论》《网络信息优化传播导论》《语义网信息组织技术与方法》等。主要论文有:《论我国情报检索语言研究道路》等。

包冬梅 南京政治学院上海校区军事信息管理系讲师,管理学博士,国际知识组织学会会员。主要研究领域有信息组织与检索,用户研究与信息服务。主持和参与多项国家级、军队级课题的研究,参编著作多部,发表论文20余篇。主要论文有:《Web资源自然语言检索后控制优化技术》《传统图书情报技术在网络信息组织和检索中的应用和发展》等。

曹树金 中山大学资讯管理学院院长、教授、博士生导师,博士,教育部"新世纪优秀人才支持计划"入选人。兼任中国索引学会副理事长、中国图书馆学会理事、中国图书馆学会标引与编目专业委员会委员、广东图书馆学会副理事长及学术委员会主任委员、广东科技情报学会常务理事、广东社科情报学会理事、《中国图书馆分类法》编委。主要研究领域有情报检索语言与信息组织、用户信息行为、网络信息管理、市场营销、电子商务。主持和参与国家级、省部级科研课题十多项,发表论文80多篇。主要著作有:《信息组织的分类法与主题法》。主要论文有:《DDC、UDC网络化对〈中图法〉发展的启示》《用户网络信息查询需求研究》等。

陈树年 华东理工大学研究馆员,中国图书馆学会学术委员、标引与编目专业委员会副主任,全国信息与文献标准化委员会委员,国际知识组织学会会员,《中国图书馆分类法》副主编,信息产业部网络信息组织标准工作组成员。曾主持修订国家标准《文献分类标引规则》《文献主题标引规则》,主持制定电子行业标准《网络信息分类系统》。出版著作 20 多部(含参编)、发表论文 60 多篇。主要著作有:《中国分类主题词表使用手册》《中图法理论与使用》《大学文献信息检索教程》等。主要论文有:《搜索引擎与网络信息资源的分类组织》《面向 21 世纪〈中图法〉及其标引技术改造的研究》等。

范　炜　四川大学公共管理学院信息管理技术系讲师,管理学博士,《国际十进制分类法》(UDC)咨询委员会成员,国际知识组织学会会员。主要研究方向是知识组织系统与服务、信息架构。主持和参与多项国家级、省部级课题,发表论文十余篇。主要论文有:*Semantic visualization for subject authority data of Chinese Classified Thesaurus*、《受控词表的术语服务模式研究》《数字环境下分面分类法解读与拓展》《走向开放关联的图书馆数据》等。

罗春荣　中山大学图书馆副馆长、研究馆员、中山大学资讯管理学院硕士生导师。兼任中国高等教学文献保障体系华南地区中心管理委员会委员、广东图书馆学会信息技术委员会副主任委员、广东省科学技术情报学会常务理事。主要研究领域有电子馆藏发展与管理、数字图书馆建设、信息检索、信息公开。主持参与多项省部级、国家级课题研究,发表论文 30 多篇。主要著作有:《文献信息检索与利用》(合著)。主要论文有:《电子馆藏及其发展政策研究》《电子馆藏评估:内容与方法》《主题检索语言的术语学基础》等。

张建忠　南京政治学院上海校区军事信息管理系讲师,文学硕士。主要研究方向有情报检索语言、信息资源管理。主要著作有:《知识的组织》《知识的揭示》。主要论文有:《比较图书馆学研究综述》《论"著作权法"对图书馆馆藏建设的影响与对策》等。

甘　英　山东大学教授,曾任山东省图书馆副馆长。主要著作有:《为学之道》《信息资源与信息收集》(合著)等。主要论文有:《山东省图书馆分类法述略》《关于信息收集及信息收集学的探讨》《竞争情报收集中人的因素》等。

邱君瑞　第二军医大学副研究馆员,管理学硕士。主要研究方向为:医学信息学、信息组织与检索。主要论文有:《主题词表在网络检索系统中的应用调查分析》《DDC 的网络适应性改造对〈中图法〉未来发展的启示》《论一体化医学语言系统超级叙词表的概念表达》。

第二版作者名单

主　编

　　戴维民　　南京政治学院

编　委

　　曹树金　　中山大学
　　陈树年　　华东理工大学
　　包冬梅　　南京政治学院
　　张建忠　　南京政治学院
　　王　珏　　华东师范大学
　　罗春荣　　中山大学
　　甘　英　　山东大学
　　邱君瑞　　第二军医大学
　　罗　昊　　武警政治学院

第一版作者名单

主　编

　　戴维民　　南京政治学院

编　委

　　曹树金　　中山大学

　　陈树年　　华东理工大学

　　包冬梅　　南京政治学院

　　张建忠　　南京政治学院

　　王　珏　　华东师范大学

　　罗春荣　　中山大学

　　甘　英　　山东大学

　　邱君瑞　　第二军医大学

第三版修订说明

最近几年来,信息组织领域理论研究、技术开发、实践探索和教学改革非常活跃,为本教材的修订再版创造了积极条件。一是网络信息组织和数字图书馆信息组织的要求,这是网络技术的快速发展和数字图书馆技术的日益成熟带来的必然结果,这部分内容必须充分及时地补充到教材中去。二是传统的分类法和主题词表仍在不断修订更新版本,如《中国图书馆分类法》2010年出版了第五版、2011年推出了Web版,还出版了《中图法·简本》《中图法·期刊分类表》《中图法·未成年人图书馆版》以及一些学科版本。国外的《杜威十进分类法》2011年出版了印刷版第23版、2012年出版了简略印刷版第15版,《美国国会图书馆标题表》2012年出版了第34版,《工程标题表》2013年出版了第6版,等等。与此相应的一些标引技术方法也要进行更新。三是信息组织的基础理论方面也有所发展,如关于知识组织研究相当活跃,需要有所反映。四是本教材原是"面向21世纪课程教材",现又被列入了第一批"十二五"普通高等教育本科国家级规划教材,需要按照规划要求修订出新版本,以满足"信息组织"课程内容更新的需要。

因此,为了比较充分地反映信息组织的理论和技术成果,我们对本教材进行了比较大的修订。具体分工是,第一、二章由戴维民修订,第三章由陈树年修订,第四、六章由曹树金、罗春荣修订,第五、七章及附录二、三由包冬梅修订,第十章由甘英修订,附录一由邱君瑞修订。特别邀请了四川大学范炜重写了"第八章 网络信息组织",请包冬梅重写了"第九章 数字图书馆信息组织",这也是修订的重点之处。包冬梅还协助主编做了大量的统稿定稿工作。

高等教育出版社对本教材的可持续发展非常关心、关注,王友富编辑付出了积极的努力,并给予了非常专业的指导。陈树年老师、甘英老师虽已退休,但他们一直关心着本教材,并且非常认真地完成了担负的修订工作。在此谨向为本教材修订出版付出辛勤劳动的同志们致以崇高的敬意和衷心的感谢!

戴维民

二〇一三年十一月于南京

第二版修订说明

本教材出版已经5年了,记得5年前的春节,为了赶在规定时间交稿,本书的作者们忙活了一个春节。大家的努力和付出是有成果的,因为本教材出版以来被多所院系采用,并被列入考研必读参考书,受到了教授和学习本课程师生的好评,我们编写人员深感欣慰和自豪。

过去的5年,信息组织的理论和技术有了新的发展,信息组织作为一个分支学科被广泛认可,并且成为一个比较活跃的学术领域,出版了大批的著作、教材和论文。与此同时,信息组织实践也有了新的进步,信息组织技术和方法不断发展,特别是网络信息组织技术、自然语言信息检索技术发展迅速,为信息组织课程的教学提供了许多新的内容。因此,本教材需要与时俱进地加以修订,以与理论与技术的发展保持同步。这次的修订除了对第一版少量不够准确或因时代发展而过时的内容进行校订外,及时补充了信息组织领域的新理论、新知识、新技术和新方法,对网络信息组织、自然语言信息检索方法等方面的内容做了比较大的增补。力图为教授和学习信息组织的人们提供最新的理论与方法。

本次修订仍按第一版的撰写分工基本上由原作者完成的,罗昊参加了第八章的修订,包冬梅对附录进行了修订更新,并协助主编作了大量的协调工作和统稿工作。高等教育出版社非常重视本教材修订工作,给予及时的指导和支持,罗雪群编辑春节过后一上班就专程到上海组织审稿统稿。在此谨向全体作者和高等教育出版社的同志表示衷心的感谢。

这次修订又逢牛年春节,这个春节也是与它共同度过的。相信我们的努力和付出都是有意义的。

戴维民
二〇〇九年春节于上海

第一版前言

在我国近现代图书馆学史和图书馆学教育史上,一些非常著名的图书馆学家,如刘国钧、杜定友、皮高品等,他们既编制了一些有影响的分类法,同时也曾在大学课堂上讲授图书分类课程。图书分类既是图书馆重要的技术工作,也是图书馆学的重要教学内容。正因为如此,图书分类学就诞生了。后来,图书馆馆藏不仅有图书,还有各种其他文献,因而有了文献分类学。

20世纪70年代,我国主题法有了初步发展,逐步形成了分类法和主题法两大方法体系并存的格局,在大学教学中分设了专门课程。但在20世纪80年代初,张琪玉教授开始了对分类法、主题法等各种信息组织方法的综合研究,规范了名词术语,为图书馆学情报学开拓了一个全新的研究领域——情报检索语言,并成功地开设了相应的课程。后在此基础上又系统创立和发展了情报语言学的学科体系。这是一门理论与实践紧密结合、中外兼容的图书馆学情报学分支学科。20多年的创建发展和完善,不仅使之走向成熟,某种程度上也创立了一个学派。

进入21世纪,互联网技术更加普及和发展,数字图书馆技术、网络信息检索技术给我们带来了许多全新的课题,或许是追赶时尚的需要,广泛采用了"信息组织"这一名称,并进而成为大学的课程。这在信息管理与信息系统专业已经先行一步,教育部图书馆学学科教学指导委员会审时度势,决定组织编写图书馆学专业核心课程系列教材,《信息组织》忝列其中,这便是这本书的来历。课程名称从图书分类学到分类法与主题法、情报检索语言,再发展为信息组织,标志着教学内容的变化,而且与世界主要国家同类专业课程建设保持了同步发展。我访问了一些美国大学的图书馆学信息学研究生院的网站,从他们的课程计划表中,可以看出几乎各大学都有"信息组织"或类似的课程,例如亚拉巴马大学图书馆与信息学研究生院、亚利桑那大学信息资源与图书馆学研究生院、肯特州立大学图书馆与信息学研究生院开设了"信息组织"(Organization of Information)课程,圣何塞州立大学图书馆与信息学研究生院开设了"信息组织与管理"(Information Organizations and Management)、"高级编目与信息组织"(Advanced Cataloging and Organization of Information)课程,肯塔基大学图书馆与信息学研究生院开设了"知识组织(一)"(Organization Knowledge Ⅰ)、"知识组织(二)"(Organization Knowledge Ⅱ)课程,罗杰斯大学传播、信息与图书馆学研究生院开设了"信息组织法"(Organizing Information)、"信息检索的知识表示"(Knowledge Representation for Information Retrieval)课程,匹斯堡大学信息学研究生院开设了"信息组织法"（Organizing Information）课程等。由此,我相信这是世界范围内图书馆学情报学大学生和研究生课程的共同发展趋势。

  我非常荣幸地担任了这部教材的主编,并得到了全体编写者的大力支持和帮助。本教材由我提出框架大纲,然后集思广益地完成了详细的编写大纲,据此分工写作。第一、二章由南京政治学院上海分院戴维民编写,第三章由华东理工大学陈树年编写,第四章由中山大学罗春荣、曹树金编写,第五章由南京政治学院上海分院张建忠编写,第六章由中山大学曹树金、罗春荣编写,第七章由南京政治学院上海分院包冬梅编写,第八章由戴维民、包冬梅和第二军医大学邱君瑞编写,第九章由华东师范大学王珏编写,第十章由山东大学甘英编写,附录一由邱君瑞编写,附录二、三由戴维民编写,最后由戴维民统稿定稿。

  为了赶在规定的时间里交稿,各位编写者在2004年春节期间都放弃了休息,共同努力完成了编写任务。但由于多人分头编写,而且时间非常紧张,我未能有足够的时间去做统一风格、认真雕琢的统稿工作,因此,本教材一定有许多不足之处,希望得到大家的批评指正,希望在修订再版时作进一步完善。

戴维民
2004年3月于上海

目 录

第一章 绪论 ……………………………………………………………………1
第一节 信息组织环境 …………………………………………………………1
一、信息空间的信息环境 …………………………………………………1
二、信息检索需求的多样化 ………………………………………………2
三、信息检索机制的变化 …………………………………………………4
四、信息检索工具的变化 …………………………………………………4
五、信息检索技术的进步 …………………………………………………6
第二节 信息组织方法体系 ……………………………………………………6
一、信息揭示与信息组织 …………………………………………………7
二、信息组织方法 …………………………………………………………7
三、信息组织手段 …………………………………………………………9
第三节 从信息组织到知识组织 ………………………………………………10
一、从信息组织到知识组织的历程 ………………………………………10
二、不断发展的知识组织方法与技术 ……………………………………12
思考题 …………………………………………………………………………14

第二章 信息组织的基本原理 …………………………………………………15
第一节 语言学原理 ……………………………………………………………15
一、信息组织的语言工具 …………………………………………………15
二、检索语言的类型 ………………………………………………………16
三、语言学原理在信息组织中的应用 ……………………………………20
四、检索语言的语法 ………………………………………………………22
第二节 系统论原理 ……………………………………………………………29
一、系统与系统论 …………………………………………………………29
二、信息检索系统的发展 …………………………………………………30
三、信息检索系统的结构 …………………………………………………32
四、信息检索系统评价 ……………………………………………………35
第三节 知识分类原理 …………………………………………………………37
一、检索语言的知识体系的来源 …………………………………………37
二、哲学家知识分类体系 …………………………………………………37
三、大百科全书知识分类体系 ……………………………………………40

四、大学教学知识分类体系 ………………………………………… 40
　　　五、科学学的知识分类 …………………………………………… 42
　第四节　概念逻辑原理 ……………………………………………… 43
　　　一、概念种类、内涵与外延 ……………………………………… 43
　　　二、概念之间的关系 ……………………………………………… 44
　　　三、概念逻辑方法 ………………………………………………… 45
　　　四、概念关系的表达 ……………………………………………… 46
　思考题 ………………………………………………………………… 49

第三章　信息组织分类法 ……………………………………………… 50
　第一节　分类法的原理 ……………………………………………… 50
　　　一、信息分类检索的特点与需求 ………………………………… 50
　　　二、信息分类法的类型 …………………………………………… 53
　　　三、信息分类法的结构原理 ……………………………………… 61
　　　四、分类法结构与功能的关系 …………………………………… 69
　第二节　分类法的编制 ……………………………………………… 70
　　　一、分类法编制的基本程序 ……………………………………… 70
　　　二、分类体系的构建 ……………………………………………… 72
　　　三、类目的划分与排列 …………………………………………… 73
　　　四、类目关系显示及交叉关系的处理 …………………………… 84
　　　五、类目注释 ……………………………………………………… 87
　　　六、分类法的修订 ………………………………………………… 87
　第三节　分类法的标记系统 ………………………………………… 90
　　　一、分类标记的功能与要求 ……………………………………… 90
　　　二、分类标记的类型 ……………………………………………… 91
　　　三、分类法标记系统的构建 ……………………………………… 96
　第四节　《中国图书馆分类法》及其评价 ………………………… 102
　　　一、《中图法》的发展沿革 ……………………………………… 102
　　　二、《中图法》的结构原理 ……………………………………… 105
　　　三、《中图法》的电子版和 Web 版 …………………………… 111
　思考题 ………………………………………………………………… 118

第四章　信息组织主题法 ……………………………………………… 119
　第一节　主题法的原理与功能 ……………………………………… 119
　　　一、主题检索的特点与需求 ……………………………………… 119
　　　二、主题法的类型 ………………………………………………… 120
　　　三、主题法的原理 ………………………………………………… 124

  四、主题法的功能 …………………………………………… 126
 第二节　叙词法的词汇控制 ………………………………………… 127
  一、词汇选择 ……………………………………………… 127
  二、词形控制与词义控制 ………………………………… 129
  三、词间关系控制 ………………………………………… 133
 第三节　叙词表的结构与编制 ……………………………………… 138
  一、叙词表的宏观结构 …………………………………… 138
  二、叙词表的微观结构 …………………………………… 141
  三、叙词表的编制与维护 ………………………………… 148
 思考题 …………………………………………………………………… 156

第五章　信息组织集成法 ……………………………………………………… 157
 第一节　信息组织方法的融合 ……………………………………… 157
  一、信息组织工具的结构与功能 ………………………… 157
  二、信息组织方法融合的形式 …………………………… 158
 第二节　信息组织工具兼容互换 …………………………………… 163
  一、信息组织工具的主动式兼容 ………………………… 163
  二、信息组织工具的被动式兼容 ………………………… 165
 第三节　分类主题一体化 …………………………………………… 168
  一、分类主题一体化发展趋向 …………………………… 168
  二、分类主题一体化词表的结构原理 …………………… 169
  三、分类主题一体化词表的类型 ………………………… 171
  四、分类主题一体化方法的应用与发展 ………………… 173
 第四节　《中国分类主题词表》的结构与功能 …………………… 175
  一、《中国分类主题词表》的发展沿革 ………………… 175
  二、《中分表》(第二版)印刷版的结构 ………………… 177
  三、《中分表》电子版体系结构与功能 ………………… 182
  四、《中分表》(第二版)的评价 ………………………… 189
 思考题 …………………………………………………………………… 191

第六章　信息内容分析与标引 ………………………………………………… 193
 第一节　信息主题与主题分析 ……………………………………… 193
  一、信息主题的含义、结构与类型 ……………………… 193
  二、主题分析的水平和要求 ……………………………… 197
 第二节　信息标引的种类、方式和程序 …………………………… 200
  一、信息分类标引和主题标引 …………………………… 200
  二、各种信息标引方式 …………………………………… 201

三、标引工作程序 …………………………………………… 205
　第三节　分类标引的方法与规则 ……………………………………… 207
　　　一、辨类的方法 ……………………………………………… 207
　　　二、分类标引的基本规则 …………………………………… 210
　　　三、分类标引的一般规则 …………………………………… 211
　　　四、各学科信息的分类标引规则 …………………………… 220
　　　五、确定分类法使用本与图书改编 ………………………… 221
　　　六、同类书区分 ……………………………………………… 223
　第四节　主题标引的方法与规则 ……………………………………… 227
　　　一、主题概念分解与查表选词的方法 ……………………… 227
　　　二、选择标引词的一般规则 ………………………………… 232
　　　三、各类型主题与各类型文献的主题标引规则 …………… 236
　第五节　分类主题一体化标引 ………………………………………… 244
　　　一、分类标引和主题标引的流程分析 ……………………… 244
　　　二、《中分表》分类主题一体化标引方法 …………………… 244
　　　三、分类主题一体化标引实例分析 ………………………… 246
　思考题 ………………………………………………………………… 247

第七章　信息组织中的自然语言应用 ………………………………… 249
　第一节　自然语言在信息组织中的应用概述 ………………………… 249
　　　一、自然语言的演化 ………………………………………… 249
　　　二、自然语言区别于受控语言的特点 ……………………… 251
　　　三、自然语言处理及其在信息组织和检索中的应用 ……… 252
　第二节　自然语言在信息组织中的应用 ……………………………… 253
　　　一、自动标引的实现基础——自动分词 …………………… 253
　　　二、自然语言标引 …………………………………………… 259
　　　三、自动分类 ………………………………………………… 264
　第三节　自然语言检索系统与自然语言检索 ………………………… 267
　　　一、自然语言检索系统概述 ………………………………… 267
　　　二、自然语言检索 …………………………………………… 268
　　　三、全文检索 ………………………………………………… 269
　　　四、搜索引擎的自然语言检索 ……………………………… 272
　　　五、自然语言检索系统的优点及存在的不足 ……………… 276
　第四节　后控制检索 …………………………………………………… 277
　　　一、后控制机制概述 ………………………………………… 277
　　　二、国内外后控词表研究及其应用现状 …………………… 280

三、网络检索系统中的后控制技术 ·············· 284
　思考题 ··· 290
第八章　网络信息组织 ································· 291
　第一节　网络信息环境 ······························ 291
　　　一、网络信息环境扫描 ·························· 291
　　　二、网络信息组织的挑战 ························ 292
　　　三、网络信息组织的目标与任务 ················ 293
　第二节　传统情报检索语言的网络化改造与应用 ······ 293
　　　一、分类法的网络化发展与应用 ················ 294
　　　二、叙词表的网络化发展与应用 ················ 300
　　　三、基于传统情报检索语言的术语网络服务 ······ 305
　第三节　语义网信息组织 ·························· 308
　　　一、语义网架构 ······························· 309
　　　二、本体模型 ································· 311
　　　三、语义网形式化表征语言 ····················· 315
　　　四、关联数据 ································· 315
　第四节　网站信息架构 ···························· 317
　　　一、信息架构概述 ······························ 317
　　　二、网站信息架构剖析 ·························· 319
　　　三、信息架构与搜索体验 ························ 327
　第五节　Web 2.0 信息组织方法 ····················· 328
　　　一、标签法 ··································· 328
　　　二、维基 ····································· 331
　　　三、Mashup ··································· 333
　思考题 ··· 334
第九章　数字图书馆信息组织 ·························· 335
　第一节　数字图书馆概述 ·························· 335
　　　一、数字图书馆的概念与特征 ··················· 335
　　　二、数字图书馆信息组织的目标与原则 ··········· 337
　　　三、数字图书馆的结构 ·························· 338
　　　四、数字图书馆信息组织的内容 ·················· 340
　第二节　数字图书馆资源描述组织 ·················· 341
　　　一、数字图书馆的元数据 ························ 341
　　　二、基于 RDF/XML 的元数据标记应用 ············ 344

第三节　数字图书馆的知识组织 348
      一、数字图书馆的知识组织系统 348
      二、数字图书馆知识组织系统的描述转换 351
      三、受控词表的 SKOS 转换应用实践 354
   第四节　数字图书馆资源的整合组织 360
      一、数字资源整合及其意义 360
      二、数字资源整合的层面与方法 361
      三、数字图书馆资源整合技术与应用实例 367
   思考题 373
第十章　信息组织的历史发展与未来趋向 374
   第一节　古代信息组织 374
      一、信息组织产生的基础 374
      二、古代的信息组织 375
   第二节　近代信息组织 378
      一、近代国外信息组织 378
      二、我国近代的信息组织 380
      三、近代信息组织的特点 381
   第三节　现代信息组织 382
      一、现代信息组织方法的发展 382
      二、网络信息资源组织的探讨与实践 387
      三、现代信息组织的特点 389
   第四节　信息组织的发展趋势 390
      一、以用户需求为导向的信息组织 390
      二、信息内容揭示深入化 391
      三、信息组织方法集成化 391
      四、信息组织技术智能化 392
      五、信息组织系统兼容化与标准化 392
      六、信息组织理论研究的拓展 393
      七、积极应对大数据时代信息组织的挑战 395
   思考题 396
主要参考文献 397
附录一　中外重要信息组织工具简介 402
附录二　"信息组织"课程推荐书目 424
附录三　信息组织相关的网络资源指南 429

第一章 绪 论

信息组织是通过一定的工具和技术将无序的信息,组织成一个有序系统的方法。信息组织活动是随着信息数量规模的增长和信息检索需求的变化而不断产生和发展的。从几千年前对图书文献的分类,到近现代信息组织工具——检索语言的兴旺发展,再到今天网络信息组织技术的进步都表明,信息组织是我们有效利用信息的重要方法。

第一节 信息组织环境

一、信息空间的信息环境

今天,我们面临的是信息爆炸和信息污染的复杂的信息环境。

首先,过去的信息缺乏已变为信息过剩或信息泛滥。世界信息量呈爆炸式增长,1995年的全球总信息量是1985年的2 400倍,现在一天的信息总量相当于1985年全年信息总量的6.5倍。[1] 这种现象被称为信息爆炸或信息超载。

信息超载(information overload)就是指系统或个人所接受的信息超过其自身的处理能力或信息未能有效利用的状况。信息超载就是人们拥有过多的没有消化或不可能消化的信息。信息超载的结果导致信息生态环境的变化,信息接受效率降低,信息浪费。

信息资源的奇特性在于,不仅信息可以被无损耗地消费,而且信息的消费过程可能同时就是信息的生产过程,信息所包含的知识或感受在消费者那里催生出更多的知识和感受,消费它的人越多,它所包含的资源总量就越大。

从20世纪60年代开始,美国科学家普赖斯(D.Price)对科技文献增长规律进行了研究,提出了"指数增长规律",即科学文献增长与时间成指数函数关系。20世纪90年代以来,互联网使信息的消费者数量增加到最大限度,因为互联网是一种传播与反馈同时进行的交互性媒介,所以以太网的发明者梅特卡夫(Metcalfe)揭示了网络价值的秘密,即网络的价值与网络的使用者的平方成正比,这就是著名的"梅特卡夫定律"。

随着互联网和传感器技术的飞速发展和大规模非结构化数据的快速积累,

---

[1] 陈挺,赫兢.信息安全与国家安全[J].首都信息化,2000(3).

我们被带入了大数据(Big data)时代。有资料显示,1998年全球网民平均每月使用流量是1 MB(兆字节),2000年是10 MB,2003年是100 MB,2008年是1 GB(1 GB等于1 024 MB),2014年将是10 GB。全网流量累计达到1 EB(即10亿GB)的时间在2001年是一年,在2004年是一个月,在2007年是一周,而在2013年仅需一天,即一天产生的信息量可刻满1.88亿张DVD光盘。[①] 大数据虽然还没有一个公认的定义,但肯定的不是仅仅指数量巨大,一般都认可更大规模(volume)、更实时(velocity)、更多样化(variety)、价值密度低(veracity)的"4 V"特征。与以往相比,大数据处理流程从采集、导入和预处理、统计和分析到数据挖掘在理念上是完全不同的,大数据需要充分、实时地从大量复杂的数据中获取有相关性、有价值的数据,因此数据分析是大数据处理的关键,那么信息组织也要积极地适应这种需求。

美国加州大学伯克利分校瓦里安(Hal Varian)和莱曼(Peter Lyman)认为,我们创造信息的能力已远远超过我们去寻找、组织和报道它们的能力。我们需要的是信息鉴别能力(information literacy,即信息素养)。[②]

其次,信息污染更加严重。信息污染,又称信息传播噪音。它是指在有用信息中夹杂着大量无用信息,甚至是有害信息,从而加大筛选和组织信息的难度,影响信息传播的效果。互联网带来的信息污染问题越来越严重,大量有害信息,如垃圾信息、虚假信息、冗余过时信息、黄色信息、政治反动信息、种族歧视信息等在网上随意流动,相互渗透,大量有害的计算机程序(包括病毒)对各国信息系统造成了严重危害。

今天,信息获取与筛选成本日益增大,用户的时间成本将大于信息服务的价值。信息浓度常常比信息总量更重要,也使信息组织显得更加重要,其难度也越来越大。

二、信息检索需求的多样化

用户通过信息检索来获取所需信息。不同的信息需求就有不同的信息检索行为。文献检索、数据检索和事实检索就是传统意义上的信息检索需求的主要类型。

文献检索(document retrieval)是以文献为检索对象的信息检索。它为用户提供的是与用户的信息需求相关的文献信息,它的目的是相关文献的出处和收藏处所。这些文献可以是涉及某一主题、学科、著者、文种、年代的文献。文献检索的结果提供与课题相关的数篇文献的线索或原文供用户参考。

数据检索(data retrieval)是以数值或图表形式表示的数据为检索对象的信

---

① 邬贺铨.大数据时代的机遇与挑战[J].求是,2013(4).
② 林洁编译.信息超载:未来的挑战[OL].[2004-03-08].http://www.21bay.com.

息检索。数据检索是一种确定性检索。信息用户检索到各种数据是经过专家测试、评价、筛选过的,可直接用来进行定量分析。

事实检索(fact retrieval)是以从文献中抽取的事项为检索内容的信息检索。其检索对象既包括非数值信息,也包括一些数值信息,针对查询要求,由检索系统进行分析、推理后,再输出最终结果。

网络时代进一步催生了用户信息需求的变化,使其呈多样化特点。网络用户可以通过多种多样的网络服务来获取丰富多彩、包罗万象的网络信息。

根据中国互联网络信息中心的统计分析,互联网的各种应用按使用率统计依此为即时通信、搜索引擎、网络新闻、网络音乐、博客/个人空间、网络视频等,但增长情况各有不同。搜索引擎仍是网民在互联网中获取所需信息的基础应用,目前使用率为79.6%,在各互联网应用中位列第二,搜索引擎的应用在网络核心群体中仍占有重要地位(见表1-1)。

表1-1 2012年12月—2013年6月主要网络应用用户规模对比[①]

应用	2013年6月 网民规模(万人)	使用率	2012年12月 网民规模(万人)	使用率	半年增长率
即时通信	49 706	84.2%	46 775	82.9%	6.3%
搜索引擎	47 038	79.6%	45 110	80.0%	4.3%
网络新闻	46 092	78.0%	39 232	73.0%	17.5%
网络音乐	45 614	77.2%	43 586	77.3%	4.7%
博客/个人空间	40 138	68.0%	37 299	66.1%	7.6%
网络视频	38 861	65.8%	37 183	65.9%	4.5%
网络游戏	34 533	58.5%	33 569	59.5%	2.9%
微博	33 077	56.0%	30 861	54.7%	7.2%
社交网站	28 800	48.8%	27 505	48.8%	4.7%
网络购物	27 091	45.9%	24 202	42.9%	11.9%
网络文学	24 837	42.1%	23 344	41.4%	6.4%
电子邮件	24 665	41.8%	25 080	44.5%	-1.7%
网上支付	24 438	41.4%	22 065	39.1%	10.8%
网上银行	24 084	40.8%	22 148	39.3%	8.7%
论坛/bbs	14 098	23.9%	14 925	26.5%	-5.5%
旅行预订	13 256	22.4%	11 167	19.8%	18.7%
团购	10 091	17.1%	8 327	14.8%	21.2%
网络炒股	3 256	5.5%	3 423	6.1%	-4.9%

---

① 中国互联网络信息中心.第三十二次中国互联网络发展状况统计报告(2013年6月)[OL]. [2013-09-15]. http://www.cnnic.net.cn/hlwzbg/hlwtjbg/201307/t20130717_40664.htm.

三、信息检索机制的变化

信息检索机制在手工检索、联机检索和网络检索中有所不同。手工与联机检索都基于建立一个完整有效的检索系统,整个系统的各个子系统都是严密组织起来的。在检索系统中,存在这样一个检索机制,即把检索提问的描述变成检索词的逻辑组合,把文献信息的描述变成一系列标引词,然后进行检索词与标引词的相似性运算,从而检索出命中文献信息。①

在网络信息检索中,检索机制包括采集标引机制、数据组织机制和用户检索机制。从网络服务器的不同类型可以看出检索机制的不同。Archie(文件检索服务器)是数据库式检索系统,是一种基于命令方式的网络共享文件检索工具,专门用于检索FTP服务器中的文件。WAIS(广域信息服务器)也是数据库式检索系统,又称网络中数据库的数据库,为用户提供网络数据库的入口信息并对用户选择的数据库进行检索。Veronica是数据库加菜单式检索系统,是专门用于Gopher服务器中文件的检索服务。搜索引擎是数据库加超文本式检索工具,用于万维网信息的检索。目前,互联网上运行的搜索引擎至少有几千种之多。②③各种搜索引擎适应于不同的检索策略或机制,Yahoo!适应于一般性查询,Infoseek适用于自然语言查询,eXcite适用于概念检索和全文检索,WebCrawler适用于反向检索,等等。

从根本上说,信息检索机制的变化对信息组织提出了新的要求,导致了信息组织方式的变化,这种变化的最后落脚点是检索语言的变化。因此,信息检索机制的变化必然对检索语言提出新的要求。

四、信息检索工具的变化

检索工具是指用以报道、存储和查找文献信息线索的工具。检索工具有不同的分类方法。按加工文献和处理信息的手段可分为手工检索工具、机械检索工具和计算机检索工具。按物质载体形式和种类可分为书本型、卡片型、缩微型、磁性材料型和光盘型检索工具。

在手工检索时代,主要的检索工具包括目录、题录、索引等。在计算机检索时代,检索工具就是各种检索系统,其核心则是各种数据库。网络检索是计算机检索的新阶段,它的检索原理是从手工和计算机检索原理发展而来的。

根据检索工具的数据检索机制,可将网络检索工具分为检索型、目录型和

---

① 陈光祚.计算机情报检索系统导论[M].北京:书目文献出版社,1993:27.
② 谢新洲.电子信息源与网络检索[M].北京:北京图书馆出版社,1998:30.
③ 王云.电脑网络信息检索方法[M].北京:国防工业出版社,1999:35-48.

混合型检索工具。检索型检索工具通过用户直接输入检索词,查找索引数据库中用检索词标引的索引记录来匹配用户所需信息资源。检索方便直接,而且可以使用布尔逻辑检索、短语或邻近检索、模糊检索、自然语言检索等高级检索方式,可以限制检索对象的地区、网络范围、数据类型、时间等,可对满足特定条件的资源准确定位。这类检索工具就是搜索引擎。目录型检索工具通过用户浏览层次型类别目录来寻找符合需要的信息资源,目录按一定的主题分类体系组织,并辅之以年代、地区等分类。用户一般采取逐层浏览目录、逐步细化来寻找合适的类别直至具体资源。混合型检索工具兼有检索型和目录型两种检索方式。

根据检索工具的数据内容,可将检索工具分为综合型、专题型和特殊型检索工具。综合型检索工具在采集标引信息资源时不限制资源的主题范围和数据类型,又称为通用型检索工具。专题型检索工具专门采集某一主题范围的信息资源,并用更为详细和专业的方法对信息资源进行标引描述,且往往在检索机制中设计与该专业领域密切相关的方法技术。特殊型检索工具指那些专门用来检索某一类型信息或数据的检索工具,如查询地址、电话、电子邮件地址、地图、地区信息、人物信息、机构信息、商业信息、旅游信息、图像和影像信息等。

通常意义上的检索工具通过自身的采集标引机制、数据组织机制和数据检索机制提供检索服务,我们可将它们称为单独型检索工具。与之对应的是集合型检索工具,它是一种能够利用多个检索工具进行网络信息查询的检索工具,它通过一个统一的用户界面帮助用户在多个检索工具中选择和利用合适的(甚至是同时利用若干个)检索工具来实现检索操作,又称为元检索工具。在检索中,用户向集合型检索工具发出检索请求,它根据该请求向多个单独型检索工具发出实际检索请求;单独型检索工具执行检索请求后将检索结果传送给集合型检索工具,集合型检索工具将从多个单独型检索工具获得的检索结果经过整理再传送给实际用户。

单独型检索工具与集合型检索工具的主要区别在于,前者拥有独立的网络资源采集标引机制和相应的数据库,而后者一般没有自己独立的数据库,却更多地提供统一界面(或进一步地提供统一检索方式和结果整理),形成一个由多个分布的、具有独立功能的检索工具构成的虚拟逻辑整体。

根据检索工具针对的数据资源类型,可将检索工具分为万维网检索工具和非万维网检索工具。万维网检索工具主要检索万维网站点上的资源,它们常被称为搜索引擎,而且由于万维网资源常以网页形式存在,它们的检索结果常常被称为网页。非万维网检索工具主要检索特殊类型的信息资源,例如,检索 Telnet 系统的 Hytelnet,检索 Gopher 服务器的 Veronica 和 Jughead,检索 WAIS 数据库的 WAIS 系统。

五、信息检索技术的进步

按照信息存储的载体和实现查找的技术手段划分,信息检索可以分为手工检索、机械检索、光电检索、计算机检索。手工检索,即检索者翻阅、查找印刷型检索工具,这种检索灵活方便,但是检索效率低;机械检索,即利用探针或检索器件,对代表检索标识的穿孔卡片进行选取,可大大提高检索效率;光电检索,即把检索标识变成黑白点矩阵或条形码,存储在缩微介质上,利用光电效应,通过检索机进行查找;计算机检索,即把检索标识转换成二进制编码,存储在磁性或激光载体上,由计算机根据程序进行查找和输出。

网络信息检索吸取了已有的检索技术成果,并且在很多方面有了创新和发展。目前网络信息检索基本都已采用了布尔逻辑检索、截词检索、邻近检索、短语检索、字段检索、区分大小写检索、限制检索、二次检索、自然语言检索、多语种检索这些基本检索技术。同时不少原先仅在实验室内进行研究的检索技术,也开始应用于网络信息的检索,如加权检索、概念检索、模糊检索和相关反馈检索,使检索功能大大提高。

尤其是自然语言检索,在以往的检索中,自然语言检索是一种颇具争议的方法,但在网络信息检索中,却是一个最常用的技术方法,几乎所有的网络检索工具都有自然语言检索功能。

检索与浏览相结合是网络信息检索的最惯用的方式。检索和浏览在信息查询过程中各有其功用。一般地说,检索有的放矢,便于直接获取检索结果;浏览利于边查边看,发现未曾预料的结果。网络信息检索工具现在都既罗列供浏览用的网络信息类别,又配备功能可观的检索机制,因此,把浏览和检索进行有机的结合是轻而易举的事。

检索结果的翻译和支持多语种检索也是网络信息检索技术的进步。例如,AltaVista 依靠其在自然语言分析和处理方面的优势,率先推出了翻译网络检索结果的做法。检索结果的翻译自然极大地方便了网络用户,但翻译质量还有待提高。

AltaVista 和 Yahoo! 在网络信息多语种检索方面比较早地开展了应用研究。Yahoo! 已在中国建立了"中文雅虎"网站,AltaVista 在其主页上设置了中文检索、日文检索和朝鲜文检索等超链接节点,Lycos 和 WebCrawler 等也支持以西文为主的多语种检索。而 Google(谷歌)的发展则是要达到无所不能的目标。

第二节　信息组织方法体系

信息组织是为了方便人们检索、获取信息而将庞杂、无序的信息进行系统化和有序化的过程。从广义上说,信息组织的内容包括信息搜集与选择、信息分析与揭示、信息描述与加工、信息整理与存储。对信息的描述与揭示以及序化是信息组织的中心内容。或者说,信息组织首先是实现对信息的规范控制,包括对信息形式特征的描述和对其主题内容特征的揭示,在此基础上,采取适当的集成方式予以信息整合,建立有序化的信息系统,实现信息的有效检索和利用。因此,信息组织是一个信息增值过程。

一、信息揭示与信息组织

1. 信息描述

针对传统文献,信息描述就是文献的描述性编目,或称著录。不管载体如何,任何信息实体都有各种特征信息,如题名、责任者、出版者、时间等。对实体信息资源来说,对题名与责任者项、版本项、文献特殊细节项、出版发行项、载体形态项、丛编项、附注项、标准编号与获得方式项的著录就是对信息特征的完整描述。机读目录中各字段也是对信息资源的特征描述。

元数据是对网络信息的特征描述,著名的元数据有 DC、EAD、FGDC、GILS 等。其中 DC(都柏林核心元数据)就设置了 15 个元素描述各种类型的信息资源。

广义的信息描述包括信息标引,狭义的信息描述是指对信息的外部特征的描述,即不包括对信息内容的揭示性标引。不管从广义还是狭义来说,信息描述都是信息组织的重要环节和前提。

2. 信息标引

任何一个单元的信息,都表示特定的内容,即信息的内部特征,通常是某一学科或主题的内容。信息标引就是对信息内容进行分析并充分而有效地予以揭示。揭示信息的内容是检索信息、利用信息的前提条件。从学科属性揭示信息内容就是分类标引,从主题特征揭示信息内容就是主题标引。准确标引信息要求准确的内容分析,否则就会出现错误标引。

3. 信息系统组织

信息通过特征描述和内容揭示,获得了表示信息的标识,但这只是针对某一文献和信息单元的,把这些信息有序地组织起来才完成了信息组织的过程,这个过程就是信息系统组织。信息系统组织是把经描述和标引的信息实体和信息记录组织成一个有序的系统。

二、信息组织方法

(一)按组织对象分:文献实体组织与信息内容组织

文献实体组织的对象是文献,这里的文献是指传统的信息资源类型,主要指印刷型的出版物,如图书、期刊、会议论文、科技报告等。文献实体组织是把这些文献及其著录和标引记录组织成一个有序的系统。如图书馆的分类排架系统、分类目录、主题目录等。

信息组织的本质是信息内容的组织。严格地说,过去的信息组织的对象是文本信息。在信息网络中,除文本信息外,还包含大量的非文本信息,如图形、图像、声音信息等,而且全文信息的比重也在逐渐增大。这些非结构化信息,不像书本信息那样格式化、规范化,如何揭示性地描述其内容特征以及如何实现非文本信息数据库规模生产低成本化等,已对传统的信息组织方式提出了改革要求。而且,我们必须把对信息内容的组织提升到很高的地位,这就是真正意义上的信息组织。

(二) 按信息组织的层次分:语法信息组织、语义信息组织与语用信息组织

从认知的角度,可把信息分为语法信息、语义信息和语用信息。由于主体具有观察力,能够感知事物运动状态及其变化方式的外在形式,由此获得的信息称为语法信息;由于主体具有理解力,能够领悟事物运动状态及其变化方式的逻辑含义,由此获得的信息称为语义信息;又由于主体具有明确的目的性,能够判断事物运动状态及其变化方式的效用,由此获得的信息称为语用信息。三者构成了认识论层次上的全部信息,即全信息。语法信息、语义信息和语用信息分别对应着信息的形式、内容和效用三个层次。

语法信息组织是以信息的形式特征为依据组织信息的方法,如字顺组织法、代码组织法、地序组织法、时序组织法等。语义信息组织是以信息内容或本质特征为依据组织信息的方法,我们常用的分类组织法、主题组织法就属这一层次。语用信息组织是以信息的效用特征为依据组织信息的方法,如根据信息的权值、概率等组织信息的方法。对于科学信息来说,最本质的是语义信息组织法,其他两个层次的组织方法也有其特别的作用,它们构成相互补充的信息组织方法体系。

(三) 常用信息组织方法

1. 分类组织法

根据某一特定的分类体系和逻辑结构组织信息的方法。在实用分类体系中,信息的内部特征和外部特征得到有机的统一和结合,以内部特征为主。分类组织法建立了信息的层级和关联体系,便于浏览检索,是应用广泛的信息组织方法。

2. 主题组织法

通过揭示信息主题特征并有序组织的方法。主题法通过建立主题概念的范畴、族系和关联关系,显示信息的结构体系。主题组织法根据所使用的主题检索语言又分为标题法、单元词法、叙词法、关键词法,应用广泛的自然语言组织法也属此列。在语义网中,本体组织法实际上也是主题组织法的一种。

3. 集成组织法

每种信息组织方法都有其特有的功用,有些组织方法功能是互补的,如将多种方法结合起来使用会达到更好的效果。如分类主题一体化的组织方法、规范组织方法与自然语言组织法的结合等。

三、信息组织手段

1. 人工组织

在漫长的历史长河里,自从有了信息组织活动以来,信息组织都是由人工进行的。在信息活动中,信息组织是一项重要的也是高级的工作。从古至今,许多名人大家都从事过信息组织工作,例如,我国古代的刘向、刘歆、郑樵、章学诚等。现代的分类员、标引员就是从事信息组织的专门人士。由于信息组织活动是一种智力劳动,它将始终依赖于人。虽然有了自动分类、自动标引,但并不是不需要人工标引了。人工与计算机智能技术的结合可能应用前景会更好。

2. 自动组织

随着计算机技术在信息组织中的应用,计算机辅助编制和管理词表、自动分类、自动标引以及对自然语言的自动处理和理解等技术和方法得到了长足发展,并且已走出实验室进入实用技术阶段,国内外都有了商业化的软件系统。

特别是人工智能(Artificial Intelligence, AI)技术在信息检索中的应用前景非常看好。人工智能是计算机科学的一个分支,是一门研究机器智能的学科,即用人工的方法和技术,研制智能机器或智能系统来模仿、延伸和扩展人的智能,实现智能行为。自20世纪50年代开始发展以来,在自然语言理解、机器翻译、专家系统、知识挖掘等诸多领域都有了很大发展。尤其是智能信息检索系统的建立、网络信息智能搜索引擎等技术普遍受到关注。

例如,智能搜索引擎就是结合了人工智能技术的新一代搜索引擎。由于它将信息检索从目前基于关键词层面提高到基于知识(或概念)层面,对知识有一定的理解与处理能力,能够实现分词技术、同义词技术、概念搜索、短语识别以及机器翻译技术等。智能搜索引擎具有信息服务的智能化、人性化特征,允许网民采用自然语言进行信息的检索,为他们提供更方便、更确切的搜索服务。

随着语义网的发展,语义检索成为今后的发展方向。未来的信息系统应当是概念匹配,即自动抽取文档的概念,加以标引;用户在系统的辅助下选用合适的词语表达自己的信息需求;然后在两者之间执行概念匹配——匹配在语义上相同、相近、相包含的词语。

第三节　从信息组织到知识组织

一、从信息组织到知识组织的历程

科学的信息组织方法是近现代发展起来的。近现代检索语言的发展,标志着信息组织的发展。根据信息组织使用的检索语言主流来划分,主要有三个时期:(1) 19 世纪末至 20 世纪 50 年代,为体系分类检索语言和标题词语言时期。这一时期全世界共编制了几十部大型综合性体系分类法、千部以上的专业分类法、数百部标题表。尽管 20 世纪 30 年代分面分类法就已诞生了,对分类法和所有检索语言理论都产生了重要影响,但对检索语言实践影响还很有限。(2) 20 世纪 60 年代至 90 年代初,为叙词语言和分析综合分类检索语言时期。叙词语言成为这一时期的主流,世界各国编制了数千部叙词表。分面分类法易用化研究有了重大突破,开始扩大应用范围。(3) 20 世纪 90 年代互联网技术出现以后,为自然语言和规范语言结合使用时期。自然语言检索技术和检索语言网络化技术有了突破性进展,成为研究的热点和应用方向。

随着现代信息组织方式的发展和进步,我们正经历着从信息组织到知识组织的过程。当然,知识组织本身并不是一个新概念,早在 1929 年美国图书馆学家布利斯(H.E.Bliss)就提出了知识组织概念,他在《知识组织与科学系统》《图书馆中的知识组织与图书的主题查找》两部专著中阐述了以文献分类为基础的知识组织的思想。著名图书馆学家谢拉也分别于 1965 年和 1966 年出版了《图书馆与知识组织》《文献与知识组织》两部论著,对图书馆的知识组织表现及作用进行了初步研究。

由国际文献工作联合会(FID)分类法研究委员会召开的国际分类研究研讨会是情报检索语言研究领域国际性的交流和总结活动。从 20 世纪 50 年代到 90 年代共召开过 5 次会议,从会议的主题可以看出信息组织理论与方法的发展变革。1957 年在英国多金召开的第一次国际会议的议题是:特定学科领域的划分方法、如何确定各门学科之间的关系和联系、标记制度、分类法与机器检索的关系。1964 年 9 月在丹麦的爱尔西诺召开的第二次国际分类研究研讨会的议题是:综合分类法理论、自动分类、专业分类表的选择、分类表的评价与比较、图书分类法的未来。1975 年 1 月在印度的孟买召开的第三次国际分类研究研讨会主题是:全球情报网络中的分类理论。1982 年 6 月在联邦德国的奥格斯堡召开的第四次国际分类研究研讨会中心议题是:通用分类法——主题分析与排序系统。1991年6月在加拿大多伦多召开的第五次国际分类研究研讨会的主题是：用于知识表述和知识组织的分类研究。

1989年，国际知识组织学会(ISKO)成立，标志着知识组织作为一个研究领域被确立了。ISKO是一个研究内容宽泛、学科交叉的学术组织，其目的和任务是推进基于各种目的、各种形式，如图书馆、数据库、互联网等知识组织的思维活动。国际知识组织学会成立之初确立的宗旨是"对组织一般知识和特殊知识的各种方法加以研究、发展和应用，特别是对分类概念方法和人工智能作结合的研究"。ISKO将《国际分类》(*International Classification*)更名为《知识组织》(*Knowledge Organization*, KO)，并作为其会刊出版。

国际知识组织学会从1990年开始，每两年召开一次国际年会，至2012年已经召开了12次(见表1-2)。每次年会都选择知识组织中的一个关键论题进行研究，会后出版文集。ISKO各国分会也定期召开年会。

表1-2 国际知识组织国际年会一览表

届次	地点	时间	主题
1	德国达姆施塔特	1990年8月14—17日	知识组织工具与人类交往
2	印度马德拉斯	1992年8月26—28日	知识组织的认知范式
3	丹麦哥本哈根	1994年6月20—24日	知识组织与质量管理
4	美国华盛顿	1996年7月15—18日	知识组织与变革
5	法国里尔	1998年8月25—29日	知识组织的结构与关联
6	加拿大多伦多	2000年7月10—13日	知识组织的动态性与稳定性
7	西班牙格拉纳达	2002年7月10—13日	21世纪知识表达与组织的挑战：跨边界的知识一体化
8	英国伦敦	2004年7月13—16日	知识组织与全球信息社会
9	奥地利维也纳	2006年7月5—7日	面向全球学习型社会的知识组织
10	加拿大蒙特利尔	2008年8月5—8日	知识组织中的文化与身份
11	意大利罗马	2010年2月23—26日	知识组织的范式与概念系统
12	印度迈索尔	2012年8月6—9日	知识组织中的范畴、语境与关系

信息组织是从文献组织发展而来，现在又朝着知识组织方向发展。从文献组织到信息组织到知识组织是一个不断发展的过程。其研究领域已经突破了原有范围，延伸到知识组织所能概括的所有问题。如果说，文献组织主导的时代，是对"文献价值链"的管理；在信息组织时代，摆脱了传统的文献载体，"信息价值链"成为管理对象；而知识组织的对象又进一步抽象为"知识价值链"。"知识

价值链"可表示为:"知识的采集与加工→知识的存储与积累→知识的传播与共享→知识的使用与创新"。

二、不断发展的知识组织方法与技术

1. 开放发展的知识组织方法

国际知识组织学会会刊《知识组织》把知识组织领域的研究范围划分为九个方面:

(1) 理论基础和一般性问题

(2) 分类系统和主题词表

(3) 分类和标引方法

(4) 通用分类系统和主题词表

(5) 面向专门对象的分类系统

(6) 面向特定学科或专业的分类系统和主题词表

(7) 采用语言和术语的知识表示

(8) 分类和标引技术的应用

(9) 知识组织的环境

由此可见,知识组织方法是在信息组织方法的基础上,运用多学科技术与方法构建起知识组织方法体系的。其中,图书馆学情报学中的检索语言研究与计算机科学中的知识工程研究是其中两支重要力量。从图书馆学情报学角度来讲,一方面,传统检索语言的改造需要计算机学科技术与方法的引入与支持;另一方面,目前检索语言在网络环境下的一些不适应问题,不仅是语言工具本身的问题,也是整个网络信息组织机制的问题。从技术出发的计算机专家主要考虑怎样提供一种比较智能、自动化、高效率的信息及知识存取机制;图书馆学情报学专家则在此基础上,利用新技术创造的各种新的可能性,更多地考虑知识内容内在的逻辑机理,寻求科学、合理的知识描述、组织、检索途径,从而构建起适应时代发展的新型知识控制体系,创造出业务工作的新境界。[①]

2. 一体化的知识组织系统

知识组织系统的类型有:[②]

词汇列表(term lists)

规范文档(authority files)

[①] 吴慰慈. 新技术革命对图书馆学情报学体系的影响[J]. 河北大学学报(哲社版),2001(3):102-111.

[②] 张剑,宋文. 数字图书馆的知识组织系统[J]. 图书馆理论与实践,2005(5):11-13.

术语表（glossaries）
字典（dictionaries）
地名辞典（gazetteers）
分类与归类（classification and categorization）
主题词表（subject headings）
分类表（classification schemes）
归类表（categorization schemes）
知识分类表（taxonomies）
关系列表（relationship groups）
叙词表（thesauri）
语义网（semantic networks）
知识本体（ontology）

在知识组织时,这些可以集成使用,就如过去普遍运用的分类主题一体化、人工语言与自然语言一体化等。现代的知识组织系统（knowledge organization system,简称 KOS）则是更高程度的集成和一体化,是各种对人类知识结构进行表达和有组织的阐述的语义工具的统称,而且实现了各工具和分系统的互操作。[1]

3. 数字化知识组织与导航工具

最具典型的是主题地图,又称主题图（Topic Maps）,它是一种新兴的数字化知识组织方式,也是一种强有力的知识组织工具,是多种技术进行融合而出现的一种新兴技术。ISO/IEC 13250 国际标准定义主题图为"一套用来组织信息的方法,使用这种方法可以提供最佳的信息导航"。作为一种复杂的元数据,一种智能化的知识索引方式,一种模型化的知识表示和导航技术,一种灵活的分布式资源链接技术[2],主题图能够实现对知识主题和结构的描述,揭示主题之间的语义关系,并能进行知识库建构、知识组织与检索、网络门户导航与知识导航等。[3]

4. 开放集成的知识组织技术

知识组织技术体系是开放的,而且可以集成一切有用技术,既包括所有描述、标引、关联、整合、检索、过滤、引文链接分析等传统技术方法,也包括搜索引擎、超文本、专家系统、元数据、数据挖掘、知识发现、数据库和推送技术、人工智能等不断发展的技术。因此,它是一个充满活力的技术集成体系。

---

[1] 司莉.知识组织系统的互操作及其实现[J].现代图书情报技术,2007(3):29-34.
[2] 韩永青,等.国内外主题图应用研究述评[J].图书情报知识,2008(6):105-109,128.
[3] 艾丹祥,张玉峰.利用主题图建立概念知识库[J].图书情报知识,2003(2):48-53.

思 考 题

1. 如何认识信息组织环境条件的变化?
2. 信息组织方法体系包括哪些内容?
3. 如何理解从信息组织到知识组织的发展趋向?

第二章 信息组织的基本原理

　　信息组织的目的是建立有效的信息系统,从而便于信息的检索和利用。信息组织研究的主体内容是检索语言,它是信息组织的语言工具,与其密切相关的还有检索工具、检索系统和检索技术。检索语言、检索工具、检索系统以及检索技术都是建立在科学原理的基础上的。最常用的基本原理包括语言学原理、系统论原理、知识组织原理和概念逻辑原理。依据这些原理创制的检索语言和建立的检索工具及检索系统能达到较好的信息检索与利用的目的。

第一节　语言学原理

一、信息组织的语言工具

　　一般来说,进行信息组织必须依赖于某种检索语言或信息组织规则。检索语言是信息检索系统的重要组成部分,是信息组织和检索的语言保证。无论是信息存储、表示还是检索都离不开检索语言。

　　检索语言一般称为情报检索语言(Information Retrieval Language,IRL),随着信息检索范围的扩大以及信息概念的更加普及,也称为信息检索语言;其他的概念名称还有标引语言、索引语言、信息表示语言、信息组织语言或知识组织语言等。张琪玉系统建立了情报检索语言及其相关概念的体系,并使其规范化,统一了概念名称和使用习惯。他对情报检索语言的定义是:"根据情报检索的需要而创制的,专门用于各种手工的和计算机化的文献情报存贮检索系统,能够唯一地表达各种概括文献情报内容的概念(主题概念),能够显示概念之间的相互关系,并便于进行系统排列,便于将标引用语和检索用语进行相符性比较的人工语言"。[1] 这一概念包含如下几层含义:(1) 检索语言的目的是用于标引和检索,而根本的目的是满足检索的需要;(2) 它是一个规范化的概念体系,能准确表达信息主题并显示其相互关系;(3) 它是有序的,可用于系统排列;(4) 它是一种人工语言。

　　苏联著名情报学家切尔内对检索语言也有相似的阐述:"一种专门的人工语言,它用于描述(表示)文献的中心问题或主题和外表特征,以便以后在其他文献集合中查找需要的文献,或者用于表示情报提问的内容和检索需要的文

---

[1] 张琪玉.情报语言学词典[M].北京:北京图书馆出版社,2000:191.

献。"① 理想的检索语言自身必须具有词汇和语法手段,能准确有效地用于信息标引和检索,真正起到信息检索的语言保证作用。

二、检索语言的类型

(一) 检索语言类型的基本划分

我们通常把一部分类法、一部主题词表称为一种检索语言,就目前全世界已有的检索语言来看,其数量至少已有几千种之多。为了能准确地认识每种检索语言的结构和作用,对它们进行类型划分是非常必要的。下面是两种具有代表性的划分方法。

1. 张琪玉关于检索语言类型的划分②

按构成原理分的类型
- 分类检索语言
  - 等级体系型分类检索语言(体系分类法)
  - 分析综合型分类检索语言(组配分类法)
    - 分面组配分类法
    - 组配体系分类法
    - 体系组配分类法
- 主题检索语言
  - 标题词型主题检索语言(标题法)
  - 单元词型主题检索语言(单元词法)
  - 叙词型主题检索语言(叙词法)
  - 关键词型主题检索语言(关键词法)
- 代码检索语言
- 引证关系追溯法(引文索引法)

按所包括的学科或专业范围分的类型
- 综合性语言
- 专业性语言

按适用范围分的类型
- 国际通用的语言
- 各类型图书馆和情报机构通用的语言

---

① (苏)切尔内. 情报检索理论概述[M]. 赵宗仁,许恒泰,译. 北京:科学技术文献出版社,1980:22.

② 张琪玉. 情报语言学词典[M]. 北京:北京图书馆出版社,2000:195-196.(关于情报检索语言分类问题,张琪玉在1983年出版的《情报检索语言》著作中有"情报检索语言的分类"一节进行专门阐述,随着情报检索语言的发展,《情报语言学词典》在情报检索类型条目中做了一点修订。)

- 某一类型图书馆或情报机构专用的语言
- 某一类型文献资料专用的语言
- 某种类型检索系统适用的语言
  - 传统检索工具适用的语言
  - 计算机检索系统或机器检索系统适用的语言
  - 网上资源检索适用的语言
- 一种检索工具或检索系统专用的语言

按标识所用语言文字分的类型
- 单语种语言
  - 汉语的情报检索语言
  - 英语的情报检索语言
  - 俄语的情报检索语言
- 多语种语言

按标识的组合使用方法分的类型
- 先组式语言
- 后组式语言
  - 先组散组式语言

2. 切尔内关于检索语言类型的划分[①]
- 先组情报检索语言
  - 枚举式分类法
    - 等级分类法
    - 字顺主题分类法
  - 组面分类法
- 后组情报检索语言
  - 叙词语言
  - 语义代码
  - 结构段语言
- 题录引文语言

从上述两种划分看,由于认识检索语言的侧重点不同,也就是划分的标准不同,得出的结果也不尽相同。

(二) 检索语言的谱系分类方法

1. 谱系分类

所谓检索语言谱系分类,是指按各种语言的亲属关系划分的分类方法。谱

[①] (苏)切尔内.情报检索理论概述[M].赵宗仁,许恒泰,译.北京:科学技术文献出版社,1980:33.

系分类,也叫发生学分类。

在检索语言的形成、发展过程中,语言之间既相互渗透、相互综合,同时又不断分化,因此,各种语言之间既有联系又有区别。采用谱系分类不仅为我们研究各种语言提供了一条新的途径,同时可以看出检索语言的发展过程及其未来的发展趋势。

谱系分类是将检索语言按语系、语族、语支和语种体系划分的一种方法。

(1) 语系。是谱系分类最上位概念。检索语言有两大语系,即文献信息内部特征检索语言和文献信息外部特征检索语言。

(2) 语族。是语系的进一步划分,如文献信息内部特征检索语言又可分为分类检索语言、主题检索语言等。此外,针对网络信息组织,特别是语义网信息组织需要而不断发展应用的本体也可视为一种新型的检索语言,或信息组织方法。

(3) 语支。是语族的进一步划分,如分类检索语言可分为等级体系分类语言、分析综合分类语言、半分析综合分类语言等;主题检索语言可划分为标题词语言、单元词语言、叙词语言等。

(4) 语种。指具体的以某一种语言词典(分类表、主题词表)为基础的语言。如《汉语主题词表》《中国图书馆分类法》《国际十进分类法》等。

除此之外,我们还将专门适应某种文献信息类型的语言称为不同的语体。如图书文献分类法、档案文献分类法、专利文献分类法、期刊文献分类法、网络信息分类法等都是不同的语体。

2. 分类检索语言

分类检索语言习惯简称分类语言或分类法,是历史悠久和使用广泛的检索语言类型。分类检索语言语族主要有三个语支,即等级体系分类语言、分析综合分类语言、半分析综合分类语言。

(1) 等级体系分类语言

这是一种直接体现知识分类的等级制概念标识系统,是对表示文献内容及某些外表特征的概念进行逻辑分类、系统排列而成的,它用等级体系显示类目的从属关系、并列关系等各种关系,以尽量列举来显示概念划分的完整性和专指性,它适合于从学科、专业角度系统检索和利用文献。我国的《中国图书馆分类法》《中国科学院图书馆图书分类法》,美国的《杜威十进分类法》《美国国会图书馆图书分类法》等就属此种类型的语言。

(2) 分析综合分类语言

这是以印度阮冈纳赞(S.R.Ranganathan)的《冒号分类法》为代表的语言类型。等级体系分类语言的一个共同特点是力图详尽无遗地列出已知的主题,并将每个主题配以固定的类号,但它们的缺点就是不可能将现有的主题详尽无遗地列举出来,更无法预见未来出现的新问题,而且还严重地受标记符号的限制,难以扩充增加新类目。因此,采取分析兼综合的方法,即先把一切主题分析成它的组成因素,编成表,并给每个因素配一个号码,然后再根据需要将有关的号码组成一个完整主题的标记符号,这就较好地解决了等级体系分类语言的问题。

(3) 半分析综合分类语言

这是由上述两种类型分类语言相互结合而成的一种分类语言。有人认为《国际十进分类法》便属这类分类语言。

3. 主题检索语言

主题检索语言,或称主题语言、主题词语言,又称主题词描述语言或主题法。主题语言发展很快,其中的叙词语言曾被认为是检索语言的主流之一。主题检索语言语族主要有三个语支,即标题词语言、单元词语言、叙词语言,有的也将关键词语言算作主题词语言的语支之一。其中,叙词语言是现代应用最广的主题词语言,以至有时将主题语言狭义地理解为叙词语言。

(1) 标题词语言

标题词语言是早期主题语言类型。它是以"标题"(Subject Heading)的语言形式表达文献的内容主题,并将其用作著录标目,按标题字顺排列的一种组织检索工具的检索语言,是一种先组式的语言形式。标题语言最初见于1856年英国克里斯塔多罗(A.Crestadoro)的《图书馆的编目技术》一书,而正式创立则是美国图书馆学先驱克特(C.A.Cutter)。1876年,克特发表了《字典式目录规则》,其中运用的语言原理就是标题词语言。美国图书馆协会1895年印发了第一个权威标题表——《美国图书馆协会标题表》。1911年,《国会图书馆标题表》第1版出版,在此后相当长的一段时期里,标题词语言得到了极大的发展。现在,美国的《国会图书馆标题表》具有很大的权威性,在全世界都有广泛影响。由于先组式语言的局限性,标题词语言逐渐被后来新的主题词语言取代。

(2) 单元词语言

单元词语言与标题词语言相比,它的最大的不同就在于它是一种后组式的语言形式。最早由陶伯(M.Taube)提出,他称之为单元词组配索引法。陶伯创造和设计了一种具有比号组配和反记著录特点的单元词卡片,这种卡片著录的内容包括两项:一是以每一个单元词作为著录标目,二是在单元词标目下著录论及这一单元词内容的文献号码。在检索时,根据课题分析出构成这个课题的各个单元词因素,然后从单元词字顺目录中找出这些单元词卡片,用比号的方法找出这些单元词卡片上号码相同者,即为所要查找的文献号码,按图索骥,最终找到所需文献。单元词语言曾一度风行,但由于在表达主题时语义不定性,很快被叙词语言取代。

(3) 叙词语言

叙词语言产生的历史并不长,自 1947 年到 1950 年美国穆尔斯(C.N.Mooers)创设"叙词法"以来,也只不过 60 多年时间,但由于叙词语言综合了分类语言、标题词语言、单元词语言的优点,发展很快。目前,世界各国拥有的叙词表的数量数以千计。叙词语言以概念组配为基础,具有对计算机检索系统的良好适应性。

三、语言学原理在信息组织中的应用

语言是交流的工具,检索语言则是一种特殊场合的交流工具。那么一般语言学理论可否作为检索语言研究的基础呢？我国著名语言学家赵世开认为,编制一部具有准确性和高效率的检索主题词表"需要语言学家协同有关专家共同研究"。[1] 这表明现代语言学作为检索语言研究的理论规范的可行性和必要性。

现代语言学经历历史比较语言学、结构主义语言学和转换生成语言学三个发展阶段,已形成庞大的学科体系,从而为我们借用语言学理论提供了必要的前提。语言学的一些分支学科,如普通语言学、计算语言学、工程语言学、数理语言学、应用语言学与检索语言有着许多直接或间接的联系。

(一) 普通语言学的应用

检索语言的发展和应用与普通语言学有着密切的关系。伽汀(J.C.Gardin)等人于 1960 年提出的"结构段组织语言"(SYNTOL)就是基于语言学上一个非常重要的区分,即聚合关系和组合关系。这一对由著名语言学家索绪尔(Ferdinand de Saussure)提出的重要的语言学概念,在这里得到充分的应用。英国的奥斯汀(D.Austin)设计"保留上下文索引系统"(PRECIS)[2] 时,就运用了乔姆斯基(N.Chomsky)转换生成语言学及其表层结构和深层结构理论。被称为信息检索"第二次革命"的陶伯单元词语言,就是根据美国描写语言学的"分布理论"制定了单元词之间的"同现关系"(Co-occurence)。赛格尔(D.Soergel)将"信息检索语言""文献工作语言"这些概念代之以"信息语言"(Information Language),[3] 也是希望对其加深语言学的阐释。而斯巴克·琼斯(K.Sparck Jones)和马丁·凯(M.Kay)的《语言学与情报学》(*Linguistics and Information Science*)[4] 以及哈钦斯(W.J.Hutchins)的《标引和分类语言——结构和功能的

---

[1] 赵世开. 现代语言学[M]. 北京:知识出版社,1983:101.

[2] Austin D. Citation order and linguistic structure [M]//Rayward W B ed. The variety of librarianship. Sydney, NSW: Library Association of Australia, 1976: 19~46.

[3] Soergel D. Some remarks on information language—their analysis and comparison [J]. Inform.Sto. Retr., 1967, 3 (4).

[4] Jones K Sparck, Kay M. Linguistics and information science [M]. New York: Academic Pr., 1973.

语言学研究》(Languages of Indexing and Classification—a Linguistic Study of Structures and Functions)[①]则是我们现今能读到的关于情报检索语言最全面的语言学研究著作。

我国学者对语言学在检索语言研究中的应用已有了基本认识。张琪玉的《情报检索语言语法体系初探》[②]就是我国第一篇用语言学研究体系来探讨检索语言体系结构的论文。

(二) 计算语言学的应用

计算语言学(computational linguistics)是在语言学、数学、计算机科学、自动化技术和认知科学的基础上发展起来的。是一门通过建立形式化的数学模型,来分析、处理自然语言,并在计算机上用程序来实现分析和处理的过程,从而达到以机器模拟人的部分乃至全部语言能力的目的的学科。随着计算机采集、整理、加工和管理语言材料工作的深入开展,语料库语言学(corpus linguistics)这门计算语言学的分支学科逐步形成。大概地说,语料库语言学研究机器可读的(machine-readable)自然语言文本的采集、存储、检索、统计、语法标注(grammatical tagging)、句法语义分析,以及具有上述功能的语料库在语言定量分析、作品风格和作者考证研究、词典编纂、自然语言理解和机器翻译等领域中的运用。计算语言学应用于许多领域,如机器翻译、文本分类、信息检索、信息提取、语音合成、语音识别和人机接口等。这些应用可以归结为以下三个方面:(1) 自动编排。这是计算机最擅长的工作,也是计算语言学中最成熟的部分。对各种语言素材进行统计、分类、排序,编辑各种词表、索引和词典,建立语料库、术语数据库等等。(2) 自动分析。这是一种较复杂的语言自动处理。这种自动分析系统是根据事先存入计算机内的特定语言信息进行工作,目的在于得到预先规定的结论,例如让计算机查词典或进行语法测试。若结论有误,就证明词典或语法不够完备,需要对原先的数据或规则加以修订或补充。(3) 自动研究。这是一种更复杂的语言自动处理。这种自动研究系统是根据计算机内存储的一般语言信息进行工作,借助统计、比较、类推等手段,得出自己推断的结论。计算语言学在信息组织中有很多具体应用,例如运用词频统计分析方法进行标引和检索词汇的选择。在语言学中运用词频统计分析是定量研究的传统内容。在检索语言研究中,已有统计分析表明,标引词在文献库中的分布服从正态分布;分类号在大型文献库中的频率分布符合双曲线分布;文献库中词汇的增长越来越小等。[③]

---

① Hutchins W J. Languages of indexing and classification—a linguistic study of structures and functions[M]. Chatham: W. & J.Mackay Ltd., 1975.
② 张琪玉. 情报检索语言语法体系初探[J]. 图书馆理论与实践, 1986(3).
③ 邓珞华. 词频分析[J]. 武汉大学学报(社会科学版), 1987(1).

这些统计分析对检索语言的词汇选择有重要意义。如在编表时,先收集原始文献中的全部术语,统计其词频,研究其分布特征,排除没有检索意义的高频词和低频词,最后确定适当频率的词编入词表。此外,还可对文献中词汇频率进行计算,以此进行抽词标引或自动分类。例如,逆文献加权标引就是统计某词在文献中出现的次数(词出现频率)和包含某词的文献数(词文献频率)来选择标引词,即选择那些词出现频率较高、词文献频率较低的词,并根据词出现频率设计权值。

(三) 语言学研究方法的应用

作为研究语言的方法,语言学研究方法在一定程度上可以直接移植用于检索语言的研究。"克兰菲尔德实验"(Cranfield test)是实验方法的一个经典实例。英国克兰菲尔德航空学院图书馆馆长克莱弗敦(C.W.Cleverdon)从1957年开始带领一个小组对各种检索语言及检索系统进行比较研究,先后进行了两次实验,历时十年。第一次"克兰菲尔德实验"对国际十进分类法、字顺主题目录、分面分类表、单元词系统的效率进行比较,结果发现,四种标引系统的效率几乎是相等的,并证实了查全率和查准率的互逆相关性等等。第二次实验对规范语言与自然语言进行了比较研究。"克兰菲尔德实验"的意义不仅仅在于得到了一些有意义的结论,更重要的在于它开辟了实验方法的道路。它明确地提出了一套进行试验的必要条件、环境和程序,为检索系统的试验奠定了方法学基础。

四、检索语言的语法

(一) 检索语言语法体系的构成

自然语言由两大部分组成,即词汇和语法。传统语言学又把语法划分为词法和句法两大部分,例如布龙菲尔德(L.Bloomfield)在《语言论》中就指出:"依照传统的方式,大多数语言的语法都在句法(syntax)和词法(morphology)两个标题下进行讨论。"[①]同样,检索语言也由词汇和语法组成,语法也包括词法和句法两大部分。苏联情报学家切尔内在《情报检索理论概述》中指出:"任何书面语言,包括情报检索语言,至少应由字母表、词汇和语法组成。""某种语言中现行的词的创造、改革和组合的方法和手段的总和称为语法。语法由词法和句法组成。词法——这是为创造和改革词所使用的方法和手段的总和,而句法是为将词构成成语和句子使用的方法和手段的总和。"[②]可以这样理解,作为一种语言实体,检索语言和自然语言有许多共同之处,它们可以纳入同一范畴的研究体系之中。

当然,人工语言和自然语言的各自特性也决定了其内在的区分。例如自然

---

① (美)布龙菲尔德.语言论[M].袁家骅,等译.北京:商务印书馆,1980:226.
② (苏)切尔内.情报检索理论概述[M].北京:科学技术文献出版社,1980:24.

语言就是在词汇和语汇使用的基础上总结和规范语法体系,而检索语言则是根据情报检索这一特殊交流形式的需要制定和设计语法,再构成词汇集合。也就是说,检索语言通过制定的词法规则来创造词汇或从自然语言中择取可用的自然语词组成词汇集合,并建立词间的语义关系,以及通过一定的句法规则来规定这些词汇在标引和检索过程中的使用。因此,语法研究是检索语言的核心所在。

(二) 检索语言的词汇控制

1. 检索语言词汇控制的意义

检索语言构成材料就是词汇,把词汇按某种方式组织起来构成检索语言词典,它是标引和检索的工具。

检索语言的词汇控制又称规范化处理。由于表述信息内容的词汇非常庞杂,日常的自然语言词汇并非都能准确表达信息的学科和主题内容。就自然语言来说,存在以下缺点:

(1) 词汇的同义现象。一义多词,一个概念用多个语词表达。如果不对同义词、准同义词加以控制,就会降低查全率。

(2) 词汇的多义现象。一词多义,一个语词代表多个概念,具有多种含义,不予控制,直接影响查准率。

(3) 词汇语义不清或语义不确定。自然语言可以采用借喻、转义等多种手段表达词汇的含义,而造成词义含混,难以分辨。

(4) 词量庞大。不可能把所有的自然语言词汇都纳入标引和检索用语的体系中。

(5) 词间关系不明晰。难以显示概念之间的各种关系,不能实现关联性标引和检索。

在信息检索过程中,检索需求是多种多样的,如族性检索、特性检索、扩检、缩检等,这就必须把自然语言词汇进行规范,以便实行将标引用语与检索用语进行相符性比较,取得理想的检索效率。

在现行的一些检索系统中,也比较广泛地直接采用自然语言检索,它虽然节省了词汇控制的成本,但却是以牺牲检索效率为代价的。因此,完全采用自然语言进行信息组织的系统并不是理想的检索系统。即便是面对互联网急剧增长的信息资源,人们也越来越感到需要进行规范化控制。由此有了规范化检索语言在网络信息组织中的应用研究,有了网络本体语言的开发。网络信息组织从自由走向规范足以说明词汇控制的意义。

2. 检索语言词汇控制的内容

词汇控制的目的是为了使检索词符合唯一性、规律性、定型性、通用性和准确性。为了达到这个目标,应该从以下几个方面进行词汇控制。

(1) 词量控制

词量控制是对收入词表的词汇进行压缩、精选,使之与所要标引的信息数量和检索要求相适应。检索语言针对的使用对象、学科范围不同,词汇量也就不同。通用的、综合性的检索语言词典的词汇量比较多,专业性、专用性的检索语言词典的词汇量就较少。但共同点都是精选核心词汇,要尽可能地控制词汇规模。

(2) 词类控制

自然语言词汇有多种类别,如名词、动词、形容词、副词、介词、叹词,还有大量的词组。检索语言词汇一般主要选取名词和名词性词组,有时会少量地选用一些形容词等。

(3) 词形控制

词汇也存在不同的书面表达形式,如不同的词序、简繁体、单复数、不同拼写法,以及标点符号、字母、数字等,为了实现每个词词义和词性的唯一性,必须进行词形控制。词形控制还包括同义词和准同义词的控制,如学名与俗名、系统名与商品名、新名与旧名、全称与简称以及不同的译名等。

(4) 词义控制

检索语言中的每个词汇都只表示一个概念,即使检索语言词汇一般都比较精练和简短,也会出现一词多义和同形异义现象。因此,必要时在主题词或类目词后加限定词,加含义及范围注释,或附加简明定义等。

(5) 词间关系控制

在情报检索语言词典编制中,对词汇语义和词间关系必须控制,这是为了词典中每个词汇都有独立的语义,词间关系能形成一个语义网。无论是分类表,还是叙词表中的词汇都是与其他词汇相关联的,几乎每个词都可纳入到特定的范畴体系和族系中,建立与其他词汇的相关关系。在检索语言词典中,无关联词应该只有极少数。如果说网络本体语言与传统的各种检索语言有什么本质区别的话,那就是前者建立了非常严密的语义关系;语义网的真正目的也就在此。

(6) 专指度控制

检索语言词汇的专指度是指其语义的内涵和外延与信息主题内容的切合程度。适度的专指度是词表易用性的重要方面。词汇的专指度还受词汇先组度影响。单元词语言采用绝对后组方式,词汇规模小,但语义误差大。叙词语言则采用了相当数量的先组标识,在一般的叙词表中,先组式标识已达50%甚至60%以上。

(三) 检索语言的句法控制

1. 检索语言的句法结构

在自然语言中,句子是"运用一定的语法规则组织起来的,表达相对完整思想和某种感情的具有一定语调的交际的基本单位。"[1] 然而,在检索语言中,句子的概念和自然语言中的句子,无论是句子的内涵,还是外延,或句子的成分都有着根本的区别。我们可以把检索语言的句子定义为一个"陈述"(statement)。所谓一个"陈述"是文献信息主题或检索者提问主题的描述。或者说,符合一定的语法规则,用来表达文献信息主题或检索者提问主题的语法单元。从外延看,检索语言句子是一个比较宽泛的概念。文献标题句、拟定标引短语句、主题标题句等都可以作为检索语言的句子来研究。

句法在标引和检索中的重要作用表明它是语法体系中的一个重要组成部分。句法作为一整套组词造句的规则,是用来准确揭示文献主题和描述检索者提问,提高检索效率的方法和手段,这是各种检索语言的共同要素。

按某一语言的句法规则把自由形式的词放在一起的结果称为句法结构(syntactic construction)。句法结构有关系意义和外部形式。关系意义就是句法结构的语法意义,分为显性意义和隐性意义。

显性意义通常包括四种,即陈述关系、支配关系、修饰关系、平行关系。由这四种关系形成了四种主要的句法结构,即主谓结构、动宾结构、偏正结构、联合结构。这四种结构是针对以汉语为基础来说的,以不同的自然语言为基础,其结构就可能不完全一致,因为显性意义主要是表现语言的表层结构,而各种语言即使其深层结构有共同基础,在表层结构上也可能完全不同。

检索语言句子不同于自然语言句子。当然,除文献信息标题和拟定的标引短语句之外,其他几种更是简单,如叙词语言,其句子多为词组或者是词的概念逻辑关系。因此,词组结构也当然是句法结构研究对象之一了。明确句法结构的显性意义可以帮助我们认识检索语言句子的表层结构,这与句式变换和建立检索提问逻辑式直接相关。

在自然语言中,句法结构的关系意义主要是指它的显性意义,而句法结构的隐性意义重点是对语义学进行研究。当然,现代语言学已充分注意到对句法结构的隐性意义研究的必要性,而且,它已逐步成为语法学的重要内容。检索语言句法既研究句法结构的显性意义,更注重对句法结构隐性意义的研究。例如句法手段的运用,即引用次序和控制符号,就是在对句法结构隐性意义分析的基础上确定的。按照乔姆斯基语言学理论,语言有深层结构和表层结构之分,各种语言在表层结构上有很大差别,但在深层结构上都有基本共同之点,而深层结构所表示的就是我们所说的隐性意义。

所谓隐性意义,是指隐藏在显性意义后面的各种语法关系,通常表现为"施事—动作"和"动作—受事",或是"施事—动作—受事"等关系。隐性意义通过

---

[1] 刘伶,等主编. 语言学概要[M]. 北京:北京师范大学出版社,1984:176.

显性意义间接表现,而不是直接反映在句法结构的外部形式上。语言学家菲尔墨(C.J.Fillmore)的"格语法"把隐性关系概括成施事格、受事格、工具格、目的格、结果格、方位格等几种。

隐性意义是检索语言句法结构中的一项重要内容,如在研究中结合显性意义一起研究,对确定句法语义是有意义的。

2. 句法控制手段

在自然语言中,句法控制手段主要包括词序、虚词、附加法、内部曲折、重叠、异根法、重音、语调等。在汉语中主要有词序、虚词几种,而词序尤其显得重要。这是由汉语语言本身特点所决定的。情报检索语言提供外部形式的句法手段主要是指引用次序和控制符号,以及句式变换。对检索语言句法来说,这些外部形式是检索语言句法的重要内容。

(1) 引用次序

引用次序(citation order),或称组配次序(combination order),和语言学中的"词序"这一术语相对应。引用次序是检索语言重要句法手段之一。

词序是指用词在词组或句子的先后次序来表示语法意义的手段,它是句法关系(syntactic relation)中"位置的"(positional)关系。词序在句法结构中是很重要的,它因语言的不同而程度各异地充当着结构内部句法关系的标记。在汉语这种词形变化较少的语言里,词序尤其是一种重要的句法手段。检索语言把引用次序作为重要句法手段,其原理与语言学是一致的。

引用次序主要有四类,即显著性引用次序、范畴职能引用次序、概念关系引用次序和上下文从属引用次序。

显著性引用次序。简称显著性次序(significance order),是按各成分的重要性排列的次序,或者说是按具体性递减的顺序排列。最早正式涉及这一次序的是美国的克特。1876年克特出版《字典式目录规则》,其中就有显著性次序的最早思想。在克特之后,凯撒(J.Kaiser)更明确更系统地提出显著性次序的思想。凯撒的思想后来由柯茨(E.Coates)把它大大地推进了一步。柯茨对显著性次序的研究基于心理学基础,据此,柯茨建立了第一级显著性次序,即"事物—行为",这与凯撒的"实体—过程"是一致的。同理,柯茨建立了"事物—材料—行为"第二级次序和"事物—部件—材料—行为"第三级次序。澳大利亚的梅特卡夫(J.W.Metcalfe)在克特和凯撒的思想基础上提出了对标题的两种识别方法:区分(specification)和限定(qualification),并强调限定词应跟在所限定的标题后面。显著性次序具有很大的实用意义。

范畴职能引用次序。是用范畴这种思维形式认识主题,把一切主题都看作一系列的范畴组成,并根据范畴职能的具体性递减原则构成范畴职能引用次序。阮冈纳赞就提出本体、物质、动力、空间、时间五个范畴。凯尔(B.Kgle)提出自然现象、人工制品、活动范围以及效果、目的、概念和抽象等范畴。格罗莱尔(DeGrulier)提出时间、空间、行为,以及变量、物质、元素、分析、合成、特性、形式和组织的"恒定范畴"。维克利(B.C.Vickery)也提出一个详细的范畴体系。维克利在范畴划分上的特点是比阮冈纳赞详细得多。他划分范畴是根据学科特点进行的,不同的学科范畴也就不一致。如他根据土壤科学的特点,划分出一系列范畴,并依目的性原则提出了两条引用次序:① 物质—部分—成分—性质—测度,② 物质—行为、操作或过程—施动者或工具。但是最能代表维克利思想的是他设计的"物质(产品)—器官—组成部分—结构—形状—目的—原材料—作用—操作—过程—性质—空间—时间"的引用次序,这一次序被称为"标准次序"(Standard order),影响颇大。

概念关系引用次序。是对一个复合主题进行概念分析,然后根据概念间的各种关系确定其引用次序。概念之间的关系一般都用符号表示,即用预先设计代表一定关系的符号来连接概念,概念关系引用次序比较抽象。结构段组织语言(SYNTOL)就运用了聚合关系和组合关系,并用符号予以表达。除SYNTOL外,法拉丹(J.Farradane)设计了一套更为复杂和抽象的关系系统。法拉丹根据现代实验心理学的理论建立了一套词间关系范畴,他最初是以皮亚杰(J.Piaget)等人的心理学研究为根据,后来又吸收了加涅(R.M.Gagne)的"学习类型"以及吉尔福德(J.P.Guilford)的"智能结构"理论。

上下文从属引用次序。当计算机信息检索进一步发展时,一种更接近自然语言的检索语言就被设计出来,如关键词语言(尤指 KWIC 和 KWOC)、词串式语言(如 ASI 和 PRECIS 等),这些语言与叙词语言相比最大的特点就是尽可能地保留了自然语句的特征,而其中最有意义的特征就是保留了部分自然语言句法手段(虚词)和自然语序。像卢恩(H.P.Luhn)的关键词索引、英国伦敦谢菲尔德大学图书馆与情报学院林奇(M.F.Lgnch)和阿米塔奇(J.E.Armitage)等人于1968年研制的"挂接主题索引"以及奥斯汀设计的 PRECIS,还有"嵌套短语索引系统"(NEPHIS)和"链接短语索引系统"(LIPHIS)等等,都是建立在检索者对自然语序的阅读习惯和上下文从属释义的前提下。我们把这类引用次序称为"上下文从属引用次序"(context dependency)。"上下文从属"一词出自 PRECIS,但却概括地表现了这一类引用次序的特征。

(2) 控制符号

在自然语言句子中,我们可以用一些虚词,如介词、连词之类,对句法结构起控制作用,这些我们称之为句法功能词。检索语言句法功能的控制主要不是靠这些自然功能词,而是采用人工制定的成套的控制符号。控制符号和自然语言句法功能词不一样,控制符号大多不在句子序列中,而是和句子平行出现,是外界赋予的一种成分,但对句子词汇起着控制作用,它不能脱离具体的句子,个能独立存在。控制符号包括联号、职号、关系符号、加权等类型。

联号又称联符,它是解决虚假组合的控制符号。也就是在标引某一文献信息时,论及几个或多个主题,或某一主题被赋予多个标引词时,应使用联号。联号方法主要有两种,第一种是"词间连锁法",这种方法是用括弧把一组标引词联结起来。第二种是"词间定位法",它是在每个标引词后标上号码,大多是用数字1、2、3表示,以此确定词间允许的组合关系。联号最初在单元词检索系统中运用较广泛,美国杜邦公司的单元词卡片系统就是用一种较为简单的联号进行句法控制。

职号又称职符。要使组合过程中每一个组元在句法结构中都显示出其句法意义,就要使用职号。职号有两种类型:第一种是用符号来表示特定概念,或者说对词汇进行分组,即具有某一共同的句法功能的词汇(概念)用同一符号进行控制。例如 EJC 的职号就是属于这一类型,第一版 EJC(The Engineers' Joint Council Thesaurus of Engineering Terms)叙词表把概念分成 11 种,用 0—10 表示。第二种是用符号表示组元在句子中的职能,或者表示其关系意义。

关系符号。是通过对句子成分(或者是词)两两间存在的显性和隐性关系的揭示来控制的符号。阮冈纳赞《冒号分类法》中相关的揭示运用 15 个关系符号。被称为半分面分类法的《国际十进分类法》运用了一系列辅助符号。典型的如并列符号"+",关联符号":"。并列符号是表示句中成分的松散结构,反映联合的显性关系。并列符号连接的是两个没有内在关联的主题,例如"化学与化工"就为"54+56","电学与电工"为"537+621.3"。并列符号也可表示同范畴的复分号,如"41+73"表示英美,"510+47"表示中苏,等等。

关联符号用于连接两个或两个以上的类号,表示它们之间的一种相互制约、相互交叉关系,比前后任何一类的内容范围更狭小的新类。如"31 统计学""63 农业科学",用":"连接表示"63:31 农业统计学"。

加权。它是对标引词赋以加权符号或权值来控制其句法意义和功能的控制方法。加权既可用于标引,又可用于检索。用于标引称为加权标引,用于检索称为加权检索。加权标引就是在标引时,根据每个词重要性分别赋予不同的权符或权值。加权检索可以代替或补充布尔检索。加权检索是根据词权计算,符合一定权值就可检出所需文献。作为取舍文献的一定权值,我们称为"阈值",或"门槛值"。也就是说,检索中,必须达到规定的最低阈值才算命中。

(3) 句式变换

引用次序和控制符号都起着确定某一句式的作用。但不管如何使用,目的总是以提高检索效率为主。但句子的固定单一性又往往违背这一原则。句式变换可以克服其缺点,达到最终目的。

检索语言句子有一个检索入口问题,即句首词起着引导检索者的作用,而句子其他的词因为不在句首而不能起到这个作用。有了句式变换,就可以在一定的原则下进行词位的调整,力图使每个有检索意义的词都有充当检索入口的机会,这样就可能检出句子所表示的全部信息。

句式变换形式主要有轮排和倒置两种。其中,轮排是最主要的句式变换的手法。轮排的常见模型有以下几种:

简单轮排。在标引语句中,将每个词抽出作为入口词,不保留或不维护标引语句的句法关系。简单轮排只提供检索入口,检索者不能获得选择信息,如直接用于检索,误差较大。因此,一般多用于建立倒排档检索系统。

词对式轮排。是将标引语句中的入口词进行两两组合,构成一个词对,然后将每个词对进行有序排列。词对的数量由标引语句中入口词的数量决定。如入口词为 n 个,那么词对的数量就是 $P=n(n-1)$。

循环轮排。也称转动轮排,它是当某一具有检索意义的词轮排至入口词位置时,入口词左右两方的其他词仍然保留,以起修饰和限制作用。因此,循环轮排保持了标引语句的句法关系,给检索者以完整的信息,以便较准确地理解信息主题。

换轨轮排。通常称结构轮排。这是因为,这种轮排在其过程中着重考虑标引语句的句法结构,根据其结构特性轮排后生成款目,款目入口必须具有一定的结构功能和具有一定的结构修饰语。

句式变换的最基本的准则是可以改变句法的显性关系,但却不能改变其隐性关系,必须保持句子的深层结构,否则就会使原句出现歧义。

第二节　系统论原理

一、系统与系统论

所谓系统,是指宇宙中普遍存在的客观事物的一种结构组成模式。将这种结构组成模式抽象出来作为指导人们认识事物的一种世界观,这就是系统论。

系统论是研究系统的一般模式、结构和规律的学问,它研究各种系统的共同特征,用数学方法定量地描述其功能,寻求并确立适用于一切系统的原理、原则和数学模型,是具有逻辑和数学性质的一门新兴的科学。

系统思想源远流长,但作为一门科学的系统论,人们公认是美籍奥地利人、理论生物学家贝塔朗菲(L.Von.Bertalanffy)创立的。他在1952年发表"抗体系统论",提出了系统论的思想。1973年提出了一般系统论原理,奠定了这门科学的理论基础。

系统一词,来源于古希腊语,是由部分构成整体的意思。一般系统论则试图给出一个能表示各种系统共同特征的系统定义,通常把系统定义为:由若干要素以一定结构形式联结构成的具有某种功能的有机整体。在这个定义中包括了系统、要素、结构、功能四个概念,表明了要素与要素、要素与系统、系统与环境三方面的关系。

系统论认为,整体性、关联性、等级结构性、动态平衡性、时序性等是所有系统的共同的基本特征。这些,既是系统所具有的基本思想观点,也是系统方法的基本原则,表现了系统论不仅是反映客观规律的科学理论,而且具有科学方法论的含义,这正是系统论这门科学的特点。

系统论的核心思想是系统的整体观念。贝塔朗菲强调,任何系统都是一个有机的整体,它不是各个部分的机械组合或简单相加,系统的整体功能是各要素在孤立状态下无法实现的。

系统论的基本思想方法,就是把所研究和处理的对象,当作一个系统,分析系统的结构和功能,研究系统、要素、环境三者的相互关系和变动的规律,并用优化系统观点看问题。世界上任何事物都可以看成是一个系统,系统是普遍存在的。大至渺茫的宇宙,小至微观的原子、一粒种子、一群蜜蜂、一台机器、一个工厂、一个学会团体……都是系统,整个世界就是系统的集合。系统是多种多样的,可以根据不同的原则和情况来划分系统的类型。按人类干预的情况可划分为自然系统、人工系统;按学科领域就可分成自然系统、社会系统和思维系统;按范围划分则有宏观系统、微观系统;按与环境的关系划分就有开放系统、封闭系统、孤立系统;按状态划分就有平衡系统、非平衡系统、近平衡系统、远平衡系统等等。此外还有大系统、小系统的相对区别。

信息检索系统必须根据系统构成原则和一般系统论原理进行分析和设计,理想的信息检索系统具有信息存储和检索两大功能,并能实现较为理想的信息检索效率。

二、信息检索系统的发展

信息检索系统经历了从手工检索系统到网络检索系统的发展过程。20世纪80年代以前主要是手工检索系统;80年代初期开始,联机信息检索系统得到发展;80年代末,计算机光盘信息检索系统迅速兴起;90年代中期以来,互联网信息检索系统受到了更为广泛的关注。目前,计算机信息检索系统已成为主流信息检索系统,而且呈现出联机信息检索系统、光盘信息检索系统以及互联网信息检索系统等多元并存的格局。

(一)手工信息检索系统

所谓手工信息检索系统,是指以人工查找和提供信息的系统。其特点是人直接参与检索过程。所使用的信息检索工具包括书本式目录、文摘、索引以及各种卡片检索系统等。手工检索系统具有操作简单、费用低、查准率高等优点,但耗时较多,效率较低。

手工信息检索系统在信息标引和组织方面通常都比较规范。在计算机信息检索系统普及以后,手工信息检索系统已经退出信息检索系统的主导地位,但仍然是计算机信息检索系统的一个有益的补充。

(二) 联机信息检索系统

所谓联机信息检索,是指信息用户利用终端设备,通过国际通信网络与世界上的信息检索系统进行直接的人机对话,从检索系统的数据库中查找出用户所需信息的全过程。一个联机信息检索系统,通常由检索服务机构、国际通信网络和终端组成。

联机信息检索系统的信息资源丰富且质量较高。各大联机检索系统不仅是数据库经销商,而且也是数据库生产者,所提供的一般是各领域的核心、权威数据库,数量从几十个到数百个不等,信息资源丰富且经过严格的加工、处理和组织,质量较高。在信息组织方面多数采用了规范化的检索语言,标引质量较高。与此相适应的是,其检索技术也较为先进,各大联机信息检索系统都能提供单词检索、词组检索、截词检索、布尔逻辑检索和位置逻辑检索。可提供回溯检索(RS)、定题检索(SDI)等检索服务。

(三) 光盘信息检索系统

光盘信息检索系统是单机信息检索系统的一种,它解决了单机检索系统数据存储量少的缺点,是目前应用较为广泛的一种计算机信息检索系统。在信息检索领域应用的光盘主要是只读光盘。光盘信息检索系统的数据库基本与联机信息检索系统相似,绝大多数就是联机信息检索系统的数据库的不同表现形式。

(四) 互联网信息检索系统

作为用户最多、影响最大的计算机网络,互联网堪称世界上资源最丰富的信息库和文档资料库,几乎能满足全球范围内对任何信息的需求。互联网信息检索系统一般由计算机服务器、通信网络、通信协议、网络信息检索服务器、用户终端等构成。

互联网信息检索系统有以下主要特点:

(1) 检索范围极大。覆盖互联网上几乎所有的网络资源。互联网是一个全球性的网络,信息资源分布在世界各地的各台主机上,可检索的信息资源空前丰富。

(2) 超文本检索。在多媒体的超文本中,不但有文字、图片,还可以有声音、动画、影视等形式的信息内容。

(3) 界面友好。信息检索工具界面丰富友好,使用户的检索相当方便,非常易于操作。网络信息检索途径较多,甚至还可按相关性程度对检索结果进行排序输出。检索时,只需按一定规则输入检索式(检索式的构造较为简单,检索词之间的关系主要包括布尔逻辑和位置逻辑关系),在发出检索命令后即可获得检索结果,通常检索结果包括文献页面的题名、内容简介、URL 地址等,并可据此获得更详细的超文本页面。

(4) 良好的反馈能力和快速响应能力。网络信息检索工具通常采用全文单词标引的方式,将互联网上的文本页面进行全文单词的自动倒排,建立庞大的索引数据库,并及时更新,大量的基于全文的单词倒排工作,通常是借助于有关的程序软件自动运行的,因而,具有良好的信息反馈功能和快速响应功能。

基于全文的自动单词标引,较之人工的词组规范化标引,速度快、成本低,但信息检索的效率要差些,检索的准确性和全面性都较低,漏检和误检有时非常突出。因此,互联网信息检索系统的趋势是自由标引与规范控制相结合,以提高其检索效率。

互联网信息检索系统提供的基本服务包括文档查询服务、基于菜单的信息检索服务(gopher)、基于关键词的文档检索服务(WAIS)、基于超文本的搜索引擎服务(search engine)等。

三、信息检索系统的结构

无论是手工,还是计算机信息检索系统,都有一定的结构。从系统分析的角度来说,系统构成有五个方面:硬件、软件、数据件、人员件和系统件。有的认为,检索系统是由检索语言、技术手段和数据库组成。[1]从完整的结构分析来看,信息检索系统一般都有六个子系统:(1) 信息选择子系统;(2) 标引子系统;(3) 词表子系统;(4) 检索子系统;(5) 用户与系统之间的交互子系统(用户/系统接口);(6) 匹配子系统,即对信息标引与提问标引进行匹配的子系统。从系统构成分析可见,检索语言和标引是系统的中心环节,它起着承上启下,连接用户与系统的关键作用。图 2-1 表示的就是一般信息检索系统的基本结构。

在网络检索系统发展中,系统的根本结构并没有变化,但系统的工作机制却发生了变化,因此,系统结构表现出一定的特点。现有的互联网信息检索系统一般包含五个基本部分:自动信息采集器 Robot、分析器、索引器、检索器和用户接口(如图 2-2 所示)。

---

[1] 中国大百科全书编委会. 中国大百科全书(图书馆学情报学档案学卷)[M]. 北京:中国大百科全书出版社,1993:329.

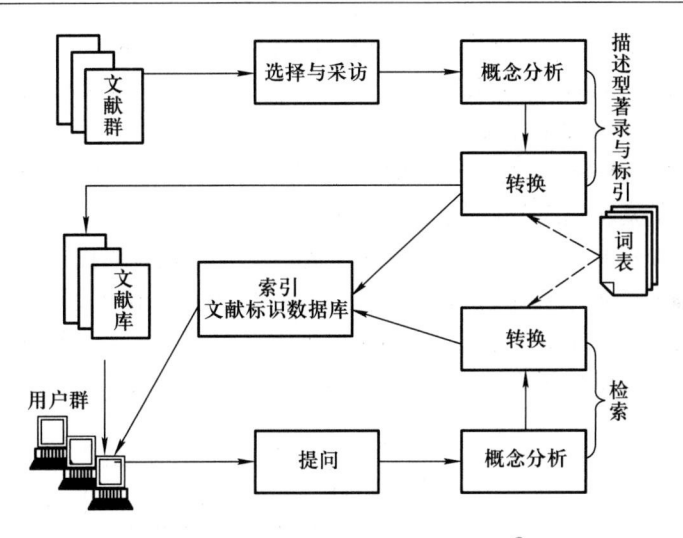

图 2-1　信息检索系统的基本结构[1]

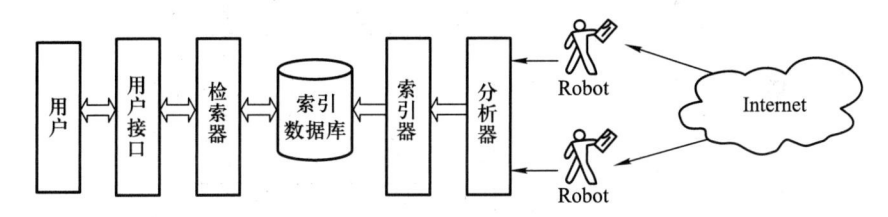

图 2-2　互联网信息检索系统的组成[2]

自动信息采集器 Robot 负责对 Web 进行遍历并下载文档,分析器负责对 Robot 下载的文档进行分析以用于索引,索引器负责将文档表示为便于检索的方式并存储在索引数据库中,检索器负责从索引中找出与用户查询请求相关的文档,用户接口为用户提供可视化的查询输入和结果输出界面。

网易中文全文查询系统包含以下五个子系统:

(1) 数据搜集子系统。是用来搜集网络信息(包括主页)或内部信息的系统。

(2) 数据分析管理子系统。可用来过滤、分析、摘要、转换或管理数据,并可去除重复多余的数据。

(3) 虚拟代理服务器(virtual proxy)子系统。提供虚拟的 Cache 空间,并可用来设计阶层式的信息搜索与信息分布(lnformation distribution),并可嵌入智能

---

[1]　(美)兰开斯特 F W. 情报检索词汇控制[M]. 侯汉清,等译. 上海:同济大学出版社,1992:1.
[2]　应晓敏,窦文华. 条条道路通罗马——Internet 个性化服务的主要形式[OL]. [2009-01-25]. 计算机世界报,2003(22). http://www2.ccw.com.cn/03/0322/b/0322b51_3.asp.

型代理(intelligent agent),提供方便的信息过滤与撷取的功能。

(4) WWW 界面软件子系统。是一些界面程序,用来将网易中英文搜索引擎搜索软件架设在 WWW 站上。

(5) 索引/查询子系统。是网易中英文搜索引擎系统最重要的核心软件,它提供高效率的资料索引与强大的查询功能。

百度"网事通"网页检索系统采用了先进的分布式多线程并发指令执行体系结构和高效的搜索算法,在系统稳定性、检索速度、大用户量并发访问时的可靠性等方面都有着很好的表现。该系统由信息采集子系统、分析索引子系统、检索子系统和管理维护子系统等四个子系统组成(如图 2-3 所示)。

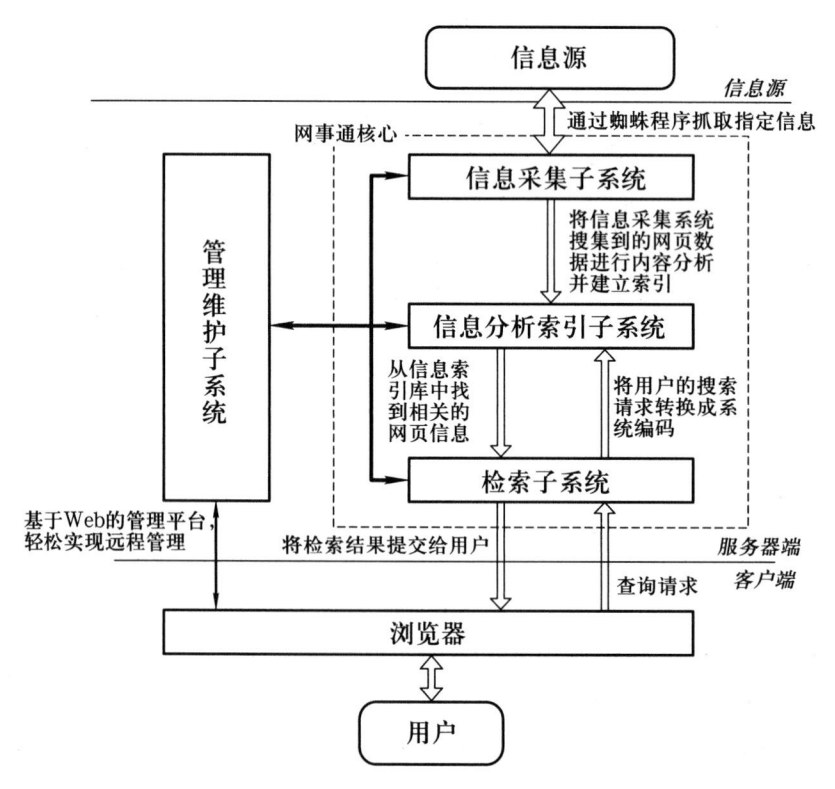

图 2-3 百度"网事通"网页检索系统结构[1]

---

① 百度"网事通"网页检索系统[OL].[2004-03-02]. http://www.cybertimes.com.cn/product/baidu.htm.

四、信息检索系统评价

(一) 系统的性能与系统评价

信息检索系统的性能是不断改进和提高的,通过对系统的评价、分析,可以达到优化系统的目的。历史不长的互联网检索系统都已经历了三个发展阶段,或者说是三代,其性能是不断改进。第一代网络检索系统,如早期的 Yahoo! 和 WebCrawler,系统中所处理的主要是文本信息,供浏览的目录指南和搜索引擎是各自独立的,因此,浏览和检索功能也是分离的。系统的组织采用关键词标引,实施的是简单检索,且检索结果没有严格的处理。第二代网络检索系统则有了很大的发展,如改进了的 Yahoo! 和 AltaVista,以及 Google 等。系统处理的除文本信息之外,还有非文本信息,但文本和非文本信息仍是分别处理的。系统可以通过关键词辅以概念匹配进行简单检索或复杂检索,检索结果进行了有效排序。第三代网络检索系统改进点主要在于可以自由处理多媒体信息,可以把浏览和检索合成起来进行,可以运用关键词和概念进行高级检索,建立起了个性化的检索机制。当然,互联网是急剧变化的系统,其信息组织和检索的方法是不断发展的,而且技术越来越成熟(见表2-1)。

表2-1 三代网络检索系统功能比较[1]

特征	第一代	第二代	第三代
信息范围	主要是文本信息	文本或非文本信息	多媒体信息
检索方法	浏览与检索分离	浏览与检索结合	浏览与检索集成
标引	关键词	关键词辅以概念图	关键词和概念
检索性能	基本检索	基本和高级检索	精确检索
检索限定	无	有限	比较专指
检索结果	不排序	排序	个性化

(二) 信息检索系统检索效率评价

信息检索系统可从技术经济的观点进行效果、费用与效益等的定性和定量评价,对系统总体评价主要有三种方法:效果评价、费用/效果评价、费用/效益评价。我们更多的是采用信息检索系统效果评价的检索效率指标。

衡量检索效率的指标主要有两项,即查全率和查准率。

---

[1] Chu Heting. Information representation and retrieval in the digital age [M]. Medford, New Jersey: Information Today, Inc., 2003:136.

1. 查全率

查全率(recall ratio, R)是衡量某一信息检索系统从特定文献信息集合中检出相关文献信息成功的一项指标(见表2-2)：

表2-2　信息检索效果2×2表

系统相关性＼用户相关性	相关文献信息	非相关文献信息	总计
被检出文献信息	a	b	$a+b$
未检出文献信息	c	d	$c+d$
总计	$a+c$	$b+d$	$a+b+c+d$

表2-2中，a 表示被检出的相关文献，即检准的文献信息；b 表示被检出的非相关文献信息，即误检的文献信息；c 表示未检出的相关文献信息，即漏检的文献信息；d 表示未检出的非相关文献信息，即正确拒绝的无关文献信息；$a+b$ 表示被检出的全部文献信息；$c+d$ 表示未检出的全部文献信息；$a+c$ 表示参加检索的全部相关文献信息。查全率的计算公式为：

查全率(R) = 被检出相关的文献信息量 / 相关文献信息总量
$$= a/(a+c) \times 100\%$$

与查全率对应的另一个指标是漏检率，即未检出的相关文献信息量与相关文献信息总量之比，查全率与漏检率之和为1，计算公式为：

漏检率(O) = 未检出的相关文献信息量 / 相关文献信息总量
$$= c/(a+c) \times 100\%$$

2. 查准率

查准率(precision ratio, P)是衡量某一信息检索系统的信号噪声比的一种指标。根据表2-2，查准率的计算公式为：

查准率(P) = 被检出相关的文献信息量 / 被检出文献信息总量
$$= a/(a+b) \times 100\%$$

与查准率相对应的另一个指标是误检率，它是查准率的补数，计算公式为：

误检率(N) = 被检出的非相关文献信息量 / 被检出的文献信息总量
$$= b/(a+b) \times 100\%$$

一般来说，检索系统的标引深度越大，查全率也就越高；标引过程的网罗性越好，查全率也就越高。但随着标引深度和网罗性的加大，查准率会逐渐降低。查全率和查准率之间存在着主观和客观因素造成的互逆性，因而，检索者应当根据实际需要合理调整查全率和查准率。

第三节　知识分类原理

一、检索语言的知识体系的来源

19世纪末20世纪初，英美等国的许多图书分类理论家把主要的兴趣都集中在创制图书分类的理论基础上。例如，英国分类理论的奠基人布朗（J.D.Brown）在其所著《图书分类与排架手册》(1898)和《图书馆分类与编目》(1912)中提出了一系列分类原则，并且编制了著名的《主题分类法》(1906)。被称为第一个有意识并系统建立分类理论的英国人理查森（E.C.Richardson）在《图书分类理论与实践》(1901)中也提出三条图书分类的主要原则。还有被誉为"图书分类原理学家"的塞耶斯（W.C.Berwick Sayers）著述宏富，主要有《分类原则》(1915)、《分类原理》(第二版，1915)、《图书馆分类导论》(1918)、《图书分类手册》(1926)等。布利斯则从科学知识分类角度写出了《知识组织与科学体系》(1929)、《图书馆中的知识组织与图书的主题查找》。这一时期分类理论研究有一共同的出发点，即几乎都是从科学分类角度来阐述图书分类理论，从而建立最接近科学分类的图书分类体系。他们把学科主题或知识作为研究对象，认为图书分类实际上是科学知识的分类，或者是主题的划分。理查森曾说，分类法越接近真正的科学次序，也就越能保持与其接近，分类法也就越好，其寿命也就越长。因此，我们将上述分类理论家的图书分类理论集中归纳到一点，那就是科学分类与图书分类一致性理论。

特别指出的是，布利斯将其理论贯彻到其所编的《书目分类法》(1935)中，建立了《书目分类法》的理论基础。这部著名的综合性分类法所确立的原则，如科学与教育上的一致原则、类目的从属原则、广泛设置交替类目原则、标记符号的综合原则、最大的使用效率原则等，广泛地包括了知识体系来源原则。

检索语言是信息组织和知识组织的工具，因此，检索语言都包括了一个反映时代要求的知识体系。从影响性角度分析，其来源包括哲学家知识分类体系、大百科全书知识分类体系、大学教学知识分类体系、科学学的知识分类体系。

二、哲学家知识分类体系

古今中外的许多哲学家都有关于知识分类的思想，对检索语言具有划时代影响的应属培根的知识分类思想。

英国哲学家培根（Francis Bacon）坚决反对经院哲学，并建立了一整套具有唯物主义因素的哲学体系,在其哲学思想的基础上,他提出了完整的知识分类。

培根在同经院哲学的斗争中,逐渐形成了完整的知识体系。其知识体系系统地反映在1605年出版的《崇学论》(*The Advancement of Learning*),不过在写《崇学论》以前,培根已发表过《崇知论》(*Discourse in Praise of Knowledge*)和《人类学术的知识》(*Cogitationes de Scientia Humana*)。这两部著作已具备了《崇学论》所反映的知识体系的雏形。培根在这部著作里的主要观点,是根据人的心理活动由低级到高级的三种官能,把全部知识分为记忆(Memory)、想象(Imagination)和理性(Reason)三个方面,即关于记忆的是历史,关于想象的是诗歌,关于理性的是哲学。"历史—诗歌—哲学"就构成了培根的知识大纲。他还根据大纲对各部类的知识作了系统的阐述,体现了他对人类知识各领域之间关系的看法。他是以人类已知的全部知识为出发点和论证依据的,与以神学为基础的旧哲学的荒诞平庸迥然不同,因而,这部著作显示了新哲学和知识的伟大力量。培根分类大纲排列如下:

历史(History)
　自然史(Natural History)
　文明史(Civil History)
诗歌(Poetry)
　叙事诗(Narrative)
　戏剧诗(Dramatic)
　寓言诗(Parabolical)
哲学(Philosophy)
　人类哲学(Human Philosophy)
　文化哲学(Civil Philosophy)
　神学(Theology)

从以上单一的直线排列中,我们已能看出培根的知识体系结构。但培根认为知识不是像几条线似的交会在一起的,而是像树枝一样都交会在树干上,而树干在未分枝之前是有一种完整性和连续性的,因此,培根的知识分类之后有一个总括性的科学——哲学。为了更加清楚地表达出培根的意图,可将其知识分类用图2-4表示。培根知识分类明显地区别于以神学为首位的知识体系。相比之下,它冲破了神学统治的桎梏,比较客观地解释了人类知识现象,表现了强烈的反封建反宗教的特征。培根知识分类提出后,一段时期曾经被废弃,但最后还是被西方资产阶级所利用,并在资产阶级革命中起了很大的积极作用,而用到百科全书和图书分类法中的影响则更加深远。

1870年美国哲学家和教育学家哈利斯(W.T.Harris)根据美国公共图书馆和

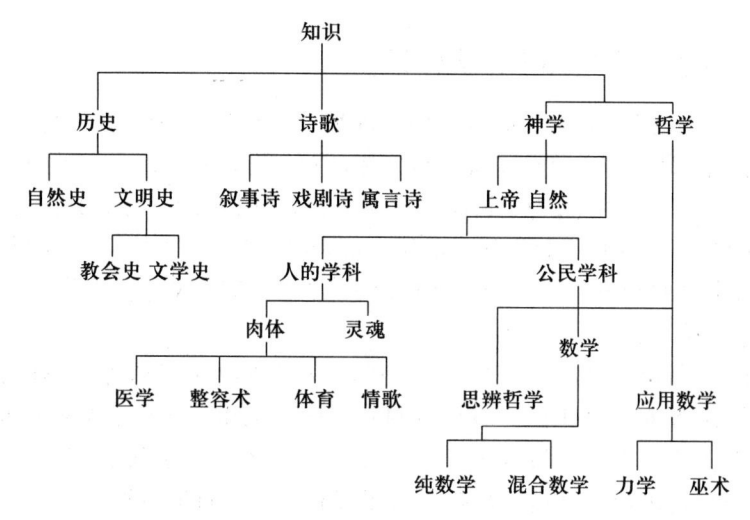

图 2-4 培根知识分类体系图

高等学校课程的设置情况,首次利用倒转培根知识体系来编制图书分类法,称之为"倒转培根分类法"(Inverted Baconian Scheme)。培根原来的分类是"历史—诗歌—哲学",倒转后即为"哲学—诗歌—历史"。哈利斯根据培根的知识大纲将其分类编排为:科学、哲学、宗教、社会科学、政治学、自然科学、应用科学、美术、诗、小说、其他文学著作、地理与游记、历史、传记、附录、杂录,然后再细分为100个小类。这部分类法从根本上突破了神学分类法的体系,它的出现为培根知识分类在图书分类法中的应用开辟了道路。哈利斯分类法奠定了《杜威十进分类法》(DDC)体系基础。

1876年,杜威(Melvil Dewey)在哈利斯分类法的基础上发表了《杜威十进分类法》。DDC的十大类,完全是从哈利斯基本大类中选出来的(总类、哲学、宗教、社会科学、语言学、自然科学、技术科学、美术、历史)。不仅如此,DDC的前二级类目也几乎同哈利斯分类法相同。此后,他又不断主持修订,使其在知识体系上和编制技术上都达到相当高的境地。其类目设置符合当时科技的发展,而且号码简单,具有助记性。值得一提的是,这部分类法附有一个完备的便于检索的相关索引。因此 DDC 一出现,很快就得到广泛传播,第一版就印刷了1 000多部。DDC 的出现从根本上取代了以"法兰西制"为代表的神学分类法,它将适应当时科技发展的"倒转培根分类"和便于组织图书的首屈一指的编制技术结合为一体。

以《中国图书馆分类法》为代表的我国新型综合型分类法等采用了毛泽东关于知识的概括与分类,建立了五大部类的分类体系。

三、大百科全书知识分类体系

百科全书的英文 Encyclopedia 源自希腊文，原意为"全面的教育"或"完整的知识系统"，即网罗人类全部知识以作为教育学习之用的意思。公元前300年，希腊哲学家亚里士多德，为了讲学与参考，曾将当时各种专门知识收集记录，编成一系列的著作，这可说是世界上的第一部百科全书，亚里士多德也因此被奉为今日百科全书的始祖。百科全书是对包罗万象的各门知识，由专家撰写摘要叙述的著作方式。

18世纪中叶，在法国出现的启蒙运动，传播唯物主义思想，反对宗教迷信和君主专制，反对束缚生产力发展的封建制度。唯物主义哲学家狄德罗（Denis Diderot）等人主张在各学科各知识部门批评旧思想，宣传新思想，介绍最新科技和生产知识，促进社会发展。当时形成了以狄德罗为首的百科全书派。狄德罗等人主编的百科全书自1751年开始出版到1772年，共出了28卷。这部百科全书的传播，动摇了封建思想基础，成为掀起1789年法国资产阶级大革命的重要因素之一。这部百科全书的正式名称是《百科全书，或科学、艺术与手工艺词典》。

英国从1768年开始出版《不列颠百科全书》，一再修订。德国、意大利、西班牙等国，接着还有美国、俄国以及日本等，也先后编辑出版自己的百科全书。现在世界许多国家都出版了各种百科全书。

百科全书是人类知识的总汇。它的内容上自天文，下至地理，旁及社会生活、科学技术、文化教育，举凡人类的知识，世上的学问，无所不收。

四、大学教学知识分类体系

大学教学知识体系表现在两个方面，一是学科专业目录，二是大学教材的学科体系。而后者又是服务于、服从前者的。

《联合国教科文组织分类法》是联合国教科文组织制定的分类法，按大学学科分类（见图2-5）。

我国教育部的《普通高等学校本科专业目录和专业介绍(2012年)》分设哲学、经济学、法学、教育学、文学、历史学、理学、工学、农学、医学、管理学、艺术学12个学科门类（无军事学）。下设二级类92个，专业506个，其中，基本专业352个，特设专业154个（见图2-6）。

大学教学知识分类体系反映了当代使用的知识构成体系，它对信息组织体系的构建具有直接的借鉴作用。

第三节　知识分类原理

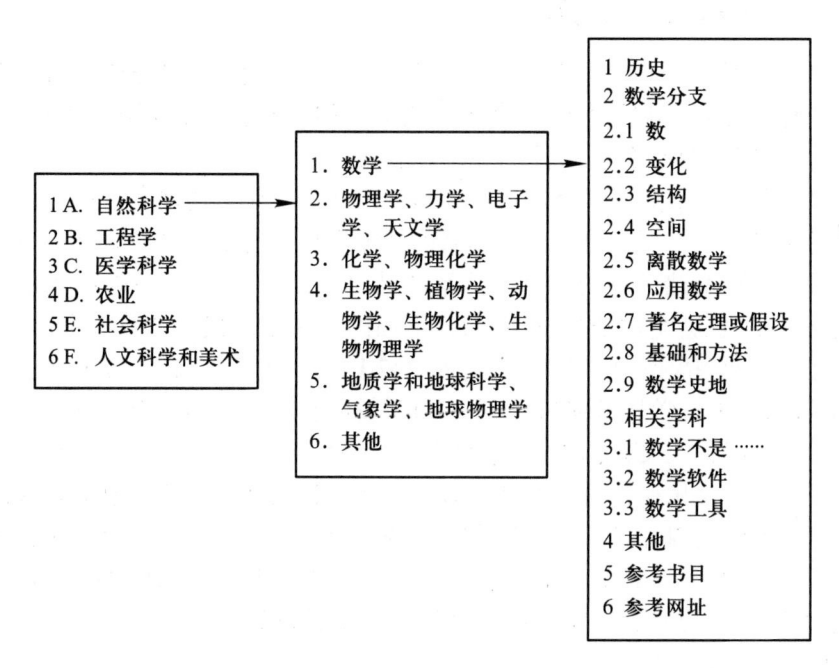

```
1 A. 自然科学 ────→  1. 数学 ──────────→  1 历史
2 B. 工程学           2. 物理学、力学、电      2 数学分支
3 C. 医学科学            子学、天文学          2.1 数
4 D. 农业             3. 化学、物理化学       2.2 变化
5 E. 社会科学          4. 生物学、植物学、动    2.3 结构
6 F. 人文科学和美术       物学、生物化学、生     2.4 空间
                        物物理学             2.5 离散数学
                     5. 地质学和地球科学、    2.6 应用数学
                        气象学、地球物理学     2.7 著名定理或假设
                     6. 其他                 2.8 基础和方法
                                             2.9 数学史地
                                             3 相关学科
                                             3.1 数学不是……
                                             3.2 数学软件
                                             3.3 数学工具
                                             4 其他
                                             5 参考书目
                                             6 参考网址
```

图 2-5 《联合国教科文组织分类法》学科体系示意图

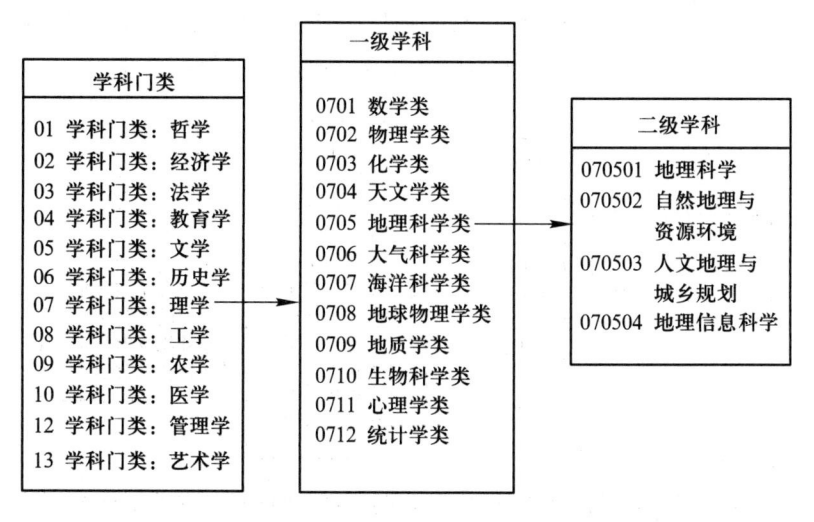

```
                     ┌─一级学科──────┐
┌─学科门类──────┐    │                │
│                │    │ 0701 数学类    │      ┌─二级学科────────┐
│ 01 学科门类：哲学 │    │ 0702 物理学类  │      │                  │
│ 02 学科门类：经济学│    │ 0703 化学类    │      │ 070501 地理科学   │
│ 03 学科门类：法学 │    │ 0704 天文学类  │      │ 070502 自然地理与 │
│ 04 学科门类：教育学│    │ 0705 地理科学类├─────→│        资源环境   │
│ 05 学科门类：文学 │    │ 0706 大气科学类│      │ 070503 人文地理与 │
│ 06 学科门类：历史学│    │ 0707 海洋科学类│      │        城乡规划   │
│ 07 学科门类：理学 ├───→│ 0708 地球物理学类│    │ 070504 地理信息科学│
│ 08 学科门类：工学 │    │ 0709 地质学类  │      └──────────────────┘
│ 09 学科门类：农学 │    │ 0710 生物科学类│
│ 10 学科门类：医学 │    │ 0711 心理学类  │
│ 12 学科门类：管理学│    │ 0712 统计学类  │
│ 13 学科门类：艺术学│    └────────────────┘
└────────────────┘
```

图 2-6 《普通高等学校本科专业目录和专业介绍(2012 年)》学科体系示意图

五、科学学的知识分类

知识分类,或科学分类是科学学的重要研究内容之一。科学学通过对知识分类的研究来揭示科学发展规律及科学之间的相互关系。许多科学学研究者和科学哲学家都对知识分类有过专门深入的研究。

我国著名科学家钱学森运用辩证唯物论和系统科学的观点、方法,提出了马克思主义哲学与现代科学技术体系的整体构想。这个整体构想是一个开放的矩阵式纵横交错的系统。整个体系从纵向分为三个层次:最高层次是马克思主义哲学,也就是辩证唯物主义,最下面的层次是现代科学技术十大部门,其间通过十架"桥梁"把马克思主义哲学与十大科学技术部门联在一起。从横向来看,这十大科学技术部门是:自然科学、社会科学、数学科学、系统科学、思维科学、人体科学、文艺理论、军事科学、行为科学、地理科学等。其中,每一个科学技术部门又按照是直接改造客观世界还是比较间接地联系改造客观世界的原则,划分为:基础科学、技术科学、工程技术三个层次(文艺理论的层次略有所异)。与十大科学技术部门相对应,过渡到马克思主义哲学的"桥梁"是:自然辩证法、历史唯物主义、数学哲学、系统论、认识论、人天观、美学、军事哲学、社会论、地理哲学等。

为适应国家宏观管理和科技统计的需要,我国1992年批准颁布了国家标准《学科分类与代码》,2009年做了修订(GB/T 13745—2009),该标准按照科学性、实用性、简明性、兼容性、扩延性和唯一性原则,依据学科研究对象、研究特征、研究方法、学科的派生来源以及研究目的和目标等五个方面,将学科划分为5个门类、62个一级学科,再细分出3 000多个二、三级学科。(见图2-7)

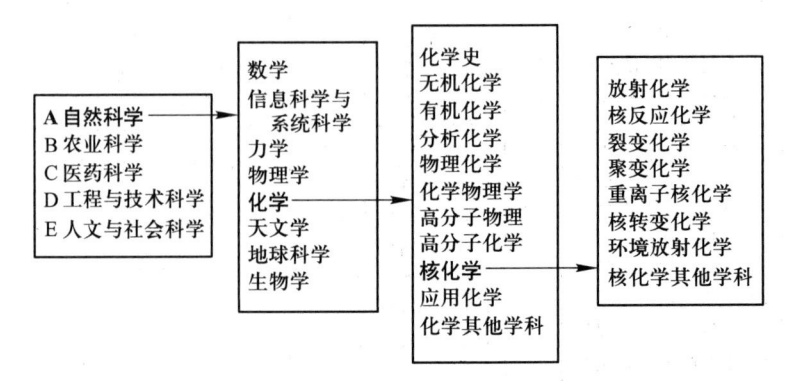

图2-7 《学科分类与代码》(GB/T 13745—2009)学科体系示意图

科学学关于知识分类成果对处理信息组织的学科体系,尤其是新兴学科具有借鉴作用。

第四节 概念逻辑原理

一、概念种类、内涵与外延

(一) 概念的种类

概念是反映对象的一般属性和本质属性的思维形式。它是思维的最基本单元，其内容是客观的，由词来表现，并具有民族特点。科学概念是形成科学理论体系的基础，各门学科借助于不同的科学概念来表达各自的发现结果以及所要阐述的基本原理。

概念有集合概念和非集合概念之分。集合概念是以集合体为反映对象的概念。集合体就是同类事物组成的一个整体。如丛书就是由同类的许多本书组成的一个整体。不以集合体为反映对象的概念是非集合概念，如"桌子""树""狗"等。组成整体的个体不具有集合体的属性，因而，集合概念的外延只适用于整体，而不适用于组成它的个体。

概念还有普遍概念和单独概念的区别。单独概念就是其外延只有一个的概念，如"李大钊""长江"等。外延有两个以上的概念则是普遍概念，如"书""人""学生"等。

由于这两种分法根据不同的标准，所以是交叉的。如"森林"是一个集合概念，但由于它的外延是两个以上，而同时又是个普遍概念；"老虎"是一非集合概念，但也是普遍概念；"五四运动"是一单独概念，同时又是非集合概念。

(二) 概念的内涵与外延

概念的含义与适用的范围就是一个概念的内涵与外延。明确概念实际上就是明确其内涵与外延。概念的外延和内涵之间是互相依存而又互相制约的。在一个概念中，当它的内涵扩大(加深)时，则它的外延就缩小；当它的内涵缩小(变浅)时，则它的外延就扩大。例如：

外延递减 ↓		内涵递增 ↓
	人	
	中国人	
	中国男人	
	中国男运动员	
	中国男排球运动员	
	中国青年男排球运动员	
	中国大学生男排球运动员	

从"人"这个概念出发,每增加一定的内涵,人群包括的范围因受到限制而变小。

信息分类法在类目名称表达方式上,采用"下位类承接上位类内涵"的方法来简化类名。

　人
　　中国
　　　男性
　　　　运动员
　　　　　排球
　　　　　　青年
　　　　　　　大学生

每个下位类的实际内涵必须依次加上其上位类的内涵才是完整的,如排球+运动员+男性+中国+人=中国男排球运动员。这种构词法是信息分类法所特有的。

二、概念之间的关系

事物之间相互联系,作为事物反映的概念当然也不是孤立的。逻辑学上所谓的概念间的关系,实际上是指概念间外延上的关系。概念间的关系有相容和不相容之分。相容关系是指两概念的外延至少一部分是重合的,不相容关系则指两概念的外延是相排斥的。

相容关系主要有三种类型:

(一) 属种关系

它是指一个概念的外延包含另一概念的全部外延,其中,外延大的概念叫属概念,外延小的概念叫种概念。如"松树"与"落叶松"就是属种关系,"松树"是属概念,"落叶松"是种概念。"松树"的外延包含"落叶松"的全部外延,而"落叶松"的外延只是"松树"的外延的一部分。

(二) 同一关系

它是指两概念在外延上完全重合。如"中国的首都"与"北京"、"《阿Q正传》的作者"与"许广平的丈夫"等,这两组概念之间都是同一关系,因为它们反映的对象都是同一个,即外延是相同的。一个事物有许多属性,对这些属性分别加以反映就形成了具有同一关系的几个概念。然而,同一关系的几个概念虽然外延相同,但其内涵不尽相同。如"比重为1的液体"反映了"水"的物理内涵,"两个氢原子与一个氧原子的化合物"则反映了"水"的化学内涵,而它们的外延都是水。

(三) 交叉关系

即两概念之间有且只有一部分外延是重合的。如"青年"与"工人"、"司机"

与"男人"等是交叉关系。

在相容关系和不相容关系之中还存在并列关系,是指属于同一属概念的各个不同层次的种概念之间的关系。相容的并列关系是指同一属概念包含着的几个同层次的种概念,其外延是相互交叉的,如"桥梁"这一属概念下的"铁路桥""钢梁桥""特大桥"等。不相容的并列关系是指同一属概念的几个同层次的种概念,其外延是彼此排斥的,如"禾谷作物"下的"高粱""玉米""水稻"等。

三、概念逻辑方法

(一) 概念的限定与概括

概念的限定是指通过增加概念的内涵以缩小概念的外延,即由属概念过渡到种概念的逻辑方法。对一概念进行限定,从语言上说一般是增加限制词,如定语、状语等,例如,给"人"加上"大"就成为"大人",增加的限制词应是恰当的,不能与原概念矛盾或重复。

概念的概括是与概念的限定相反的一种逻辑方法,它是通过减少概念的内涵从而扩大其外延,由外延较小的种概念过渡到属概念。如把"先进工人"抽去"先进的"这一内涵就变成"工人",再减去"从事工业生产的"这一内涵就变成"人",这就是一个概括的过程。概括的方法可以使我们的认识上升到一定高度,加深对事物本质的了解。

(二) 概念的划分

概念的划分就是以事物的某种属性为分类标准,将一个属概念的外延划分成若干个种概念的方法。事物有各种各样的属性,根据不同的属性就可做不同的划分。如按图书的文字可以把"图书"分为"中文图书"和"外文图书",按图书的学科类别又可以划分成"自然科学图书""社会科学图书"等,按图书的装订形式还可以划分成"平装图书""精装图书",等等。概念的划分的基本规则是:划分得到的子项的外延之和应当等于母项的外延,划分得到的各子项的外延必须相互排斥,每次划分应当使用同一标准进行,划分必须是按层次逐级进行。

(三) 概念的分析与综合

分析与综合是对感性材料进行抽象思维的基本方法,也是科学发现与技术发明中的常用方法。分析方法就是对整体事物和复杂事物进行分解的研究方法,包括把整体事物分解为各个部分和把复杂事物分解为简单的要素,并对分解的部分和要素进行考察。客观事物是普遍联系的整体,为了研究某一部分的特性,或者某些因素的作用,必须将部分从整体中孤立出来,暂时割断与整体的联系,突出被研究的部分或因素。

综合方法就是在思维过程中把对象的各个部分、各个方面和各个因素联系起来考察,得出有关它们共性的、本质的认识。综合建立在分析基础之上。分析与综合按其思维的方向是相反的,一是在整体基础上去认识部分,一是在对部分认识的基础上又去重新认识整体,二者是辩证统一的。

概念的逻辑方法是编制信息分类法的基本方法。考察各个知识领域的要素及其属性,从众多的知识领域依据它们共同的属性概括出分类法的基本大类,这就是分析与综合的方法。对每一个类目通过选取适当的分类标准进行逐级地划分,一层层展开就构成一个等级关系分明、概念内涵外延清晰的类目体系,这个过程始终是概念逻辑方法的运用。在这个严密的类目体系中,各种知识、各个学科、各种事物都依据其内在的联系排列并固定位置。

四、概念关系的表达

(一) 体系表达法

在分类法中,类目体系表达了上下位类、同位类以及相关类目关系(见图2-8)。

```
R  医药、卫生
R71    妇产科学
R711   妇科学
R713   妇科手术
R714   产科学
R715   临床优生学
           胎儿产前诊断入 R714.5。
           参见 Q987。
[R715.2] 计划生育与优生
           宜入 R169.1。
R715.3   孕期卫生与保健
[R715.5] 遗传与优生
           宜入 R394。
R715.7   分娩监护
[R715.8] 新生儿保健
           宜入 R174.1。
R715.9   其他
R717     助产学
R719     产科手术
```

图 2-8 《中图法》体系中的类目关系

叙词表中的族系索引也运用了同样的方法。例如:

Qibao qicai

起爆器材

- 导爆索
- 雷管
- · 电雷管
- ·· 爆炸线电雷管
- ·· 薄膜式电雷管
- ·· 导电药式电雷管
- ·· 定时雷管
- ·· 火花式电雷管
- ·· 抗静电雷管
- ·· 抗杂散电流雷管
- ·· 桥丝式电雷管
- ·· 瞬发电雷管
- · 复合雷管
- · 火焰雷管
- · 延期雷管
- ·· 毫秒雷管
- ·· 微秒雷管
- · 针刺雷管

(二) 符号表达法

用特定的符号来揭示概念之间的关系。在叙词表中就采用了一组表达概念关系的符号,如汉语叙词表中的 Y(用)、D(代)、S(属)、F(分)、C(参)、Z(族)等。在国外叙词表中也都有相应的符号,如英文、法文、德文符号及国际通用符号等。(参见表 4-1)

分类检索语言的标记符号也能表达类目之间的关系,在分类标引中,有些分类法还采用了各种辅助符号,并具有表意性特点。《国际十进分类法》(UDC) 采用了多个符号来表达概念之间的关系,如"+"表示两个不连贯的并列概念的组配,"/"表示两个和多个连贯概念的组配,":"表示概念的关联关系,"∷"表示不可逆的概念组配,"="表示语言复分等。

(三) 图形显示法

在欧洲编制的传统叙词表中,曾经广泛运用了图形表达法。《荷兰军事技术文献情报中心环形叙词表系统》(*TDCK Circular Thesaurus System*, 1963) 最早运用了图形显示法。后来在多部叙词表中采用了图形显示法,如《SPINES 叙词表》(1976)(见图 2-9)。图形表达法使概念关系直观明晰。因此,在国际标准《单语种叙词表编制与修订准则》(1981) 也推荐了图形显示法(见图 2-10)。

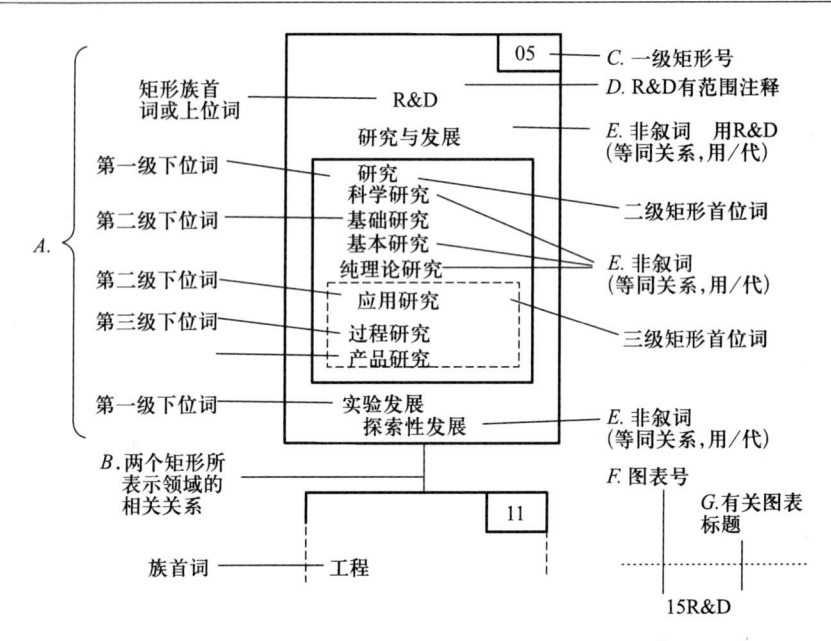

图 2-9 《SPINES 叙词表》(1976)矩形显示例示[1]

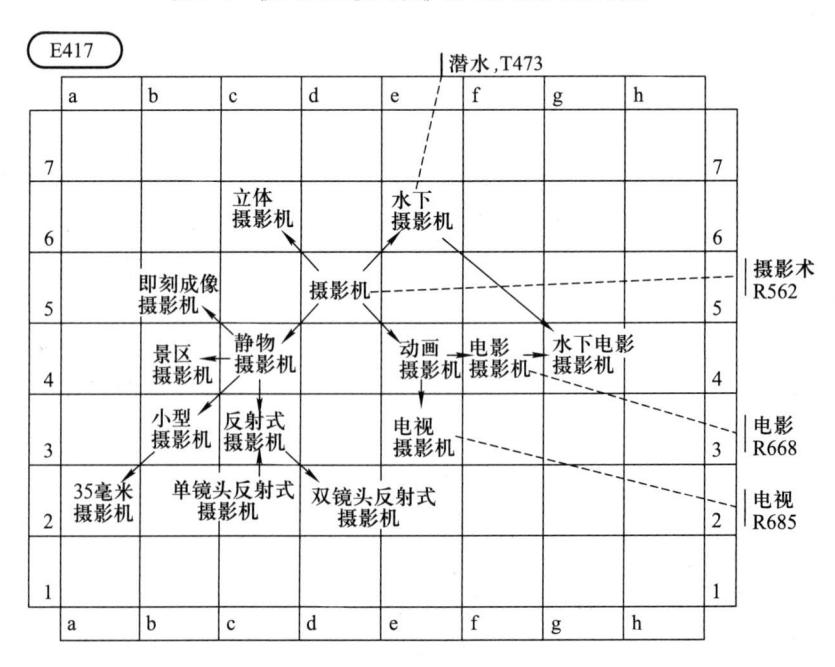

图 2-10 《单语种叙词表编制与修订准则》(1981)推荐的图形显示法样例[2]

---

① 转引自:兰开斯特 F.W. 情报检索词汇控制[M].侯汉清,等译.上海:同济大学出版社,1992:46.
② 同上,1992:39.

（四）语义关系表达法

在语义网中，本体语言就运用了本体概念的语义关系的揭示方法，以达到语义检索的目的（见图 2-11）。

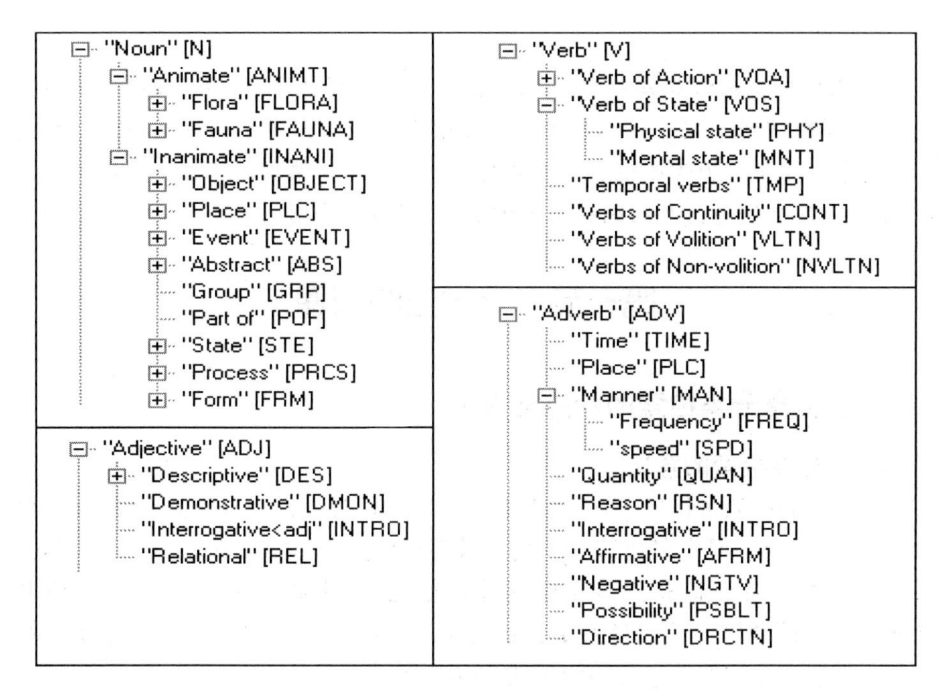

```
"Noun" [N]                              "Verb" [V]
    "Animate" [ANIMT]                       "Verb of Action" [VOA]
        "Flora" [FLORA]                     "Verb of State" [VOS]
        "Fauna" [FAUNA]                         "Physical state" [PHY]
    "Inanimate" [INANI]                         "Mental state" [MNT]
        "Object" [OBJECT]                   "Temporal verbs" [TMP]
        "Place" [PLC]                       "Verbs of Continuity" [CONT]
        "Event" [EVENT]                     "Verbs of Volition" [VLTN]
        "Abstract" [ABS]                    "Verbs of Non-volition" [NVLTN]
        "Group" [GRP]
        "Part of" [POF]                 "Adverb" [ADV]
        "State" [STE]                       "Time" [TIME]
        "Process" [PRCS]                    "Place" [PLC]
        "Form" [FRM]                        "Manner" [MAN]
                                                "Frequency" [FREQ]
"Adjective" [ADJ]                               "speed" [SPD]
    "Descriptive" [DES]                     "Quantity" [QUAN]
    "Demonstrative" [DMON]                  "Reason" [RSN]
    "Interrogative<adj" [INTRO]             "Interrogative" [INTRO]
    "Relational" [REL]                      "Affirmative" [AFRM]
                                            "Negative" [NGTV]
                                            "Possibility" [PSBLT]
                                            "Direction" [DRCTN]
```

图 2-11　本体语言中语义关系的表达[①]

思　考　题

1. 信息组织有哪些常用的基本原理？
2. 检索语言有哪些主要类型？
3. 检索语言语法体系是如何构成的？
4. 信息检索系统发展现状与趋势是什么？
5. 检索语言的知识体系主要来源有哪些？
6. 检索语言词汇的概念关系和逻辑方法有哪些？

---

① Resource center for Indian Language Technology solutions ［OL］.［2009-02-01］. http://www.cfilt. iitb.ac.in/Techfest/ontology.ppt.

第三章 信息组织分类法

　　信息的分类组织是构建有序化信息系统最常用的方法,历史悠久,使用广泛,为世界范围所采用。信息组织分类方法在实践使用中不断发展、改进,构建了信息分类组织的原理理论和系统的技术方法。从网络环境下信息组织需要来看,分类方法仍然是信息组织的主流方法,应用前景广阔。

第一节 分类法的原理

一、信息分类检索的特点与需求

(一)分类检索的意义

　　人们要利用某种信息,首先就要查找相关的信息。在查找信息时,可以不借助中介直接查找,但大多数情况下是要借助某种工具、系统,在已经组织的信息系统中查找,否则只能找到零散的、零星的信息,并且无法判断信息的全面性和准确性。在已经组织的信息系统查找信息,最常用的两种方法是按信息(事物)的名称直接查找和按信息(事物)的类别逐次查找。

　　按信息的类别逐次查找,就是分类查找或分类检索,这是一种间接的、系统的查找方法。只有当事物的特征、属性以分类的手段加以描述、记录、整理、存储起来,这种分类查找才能实现。

　　分类,是人类的基本逻辑思维形式之一,是人类认识客观事物和区分客观事物的思维活动。分类,不仅是人们认识、区分、记忆事物的方法,也是人们进行科学研究的重要方法。荀子曾说:"推而共之,共则有共,至于无共然后止""推而别之,别则有别,至于无别然后止"[1],这种概括、分析的思维方法,可以使人们将大量纷繁杂乱的事物条理化、系统化,简化思维过程,通过比较更深刻地认识和把握事物。当我们把大量的知识信息进行分类整理后,就能全面地、系统地、从不同角度显现事物内在的层次关系与逻辑联系,从而为知识信息的分类查找和利用奠定基础。

　　人们从信息、知识、事物的类别进行检索,基本需求是希望在一个类下能集中地查到他所需要的与该类相关的全部(或尽量齐全的)信息、知识、事物。当

---

[1] 荀子译注·正名篇第二十二[M].上海:上海古籍出版社,1995.

检索者不知道或不确切知道这些信息、知识、事物的表述形式,不知道它们的载体形式,不知道某个类中究竟有多少与此相关的信息、知识、事物时,特别希望从分类这个角度进行查询,否则无从下手。

(二) 信息用户的差异

但是对于很多检索者来说,从分类角度查询又是充满困难的。这是因为任何知识信息分类组织系统,都是根据该系统主要收藏(或索引)范围、主要信息用户群,使用一种特定的分类法对知识信息进行组织的,而实际上信息用户自身的差异是巨大的。

这种差异主要表现在:使用知识信息的类型不同,比如查找市场产品占有率的信息与学习某种课程的习题;使用信息的目的不同,比如全面了解某学科的研究动向与查找某一特定的数据;最主要的是信息用户的知识背景和知识结构各不相同,受教育的程度差别、工作岗位和专业的差别等,导致用户个体的知识结构与认知特征的差异,由此带来对知识体系的了解不同,对同一概念的内涵与外延的理解不尽相同、描述的语言不尽相同、对它们在知识体系中的位置认识也有所不同,因此查找知识信息的视角不同、方法不同、切入点不同。

如果信息用户经常使用一种知识信息分类系统时,他会逐步使自己的认知结构与系统的知识结构逐渐趋同,但当信息用户需要在多种信息系统中进行分类检索时,这种困难性就更显著。

互联网上的知识信息不但范围最广、类型最多、数量最大,它的用户种类也最为齐全(没有任何知识信息系统的用户类型能与它相比),在进行分类检索时,多种认知结构与一种知识结构之间产生的分类检索障碍也最突出。

(三) 分类检索的基本形式

分类检索的基本形式有三种,即浏览式检索、直接检索、浏览与直接相结合的检索。

1. 浏览检索

就是按照信息系统的分类体系,以线性的方式沿着某一个起点,一层一层地逐级查找,也就是知识树或知识地图浏览方式。浏览过程可能是跳跃式的,即不断变化查找的起点,以确定自己的入口和路径是正确的。这是最常用的分类检索方式,例如在卡片目录中翻检、在分类排架的书库中浏览、在印刷型分类索引中翻检、在电子分类法或网络信息分类系统中逐级将类目树展开。

2. 直接检索

当信息被组织在数据库中后,某些对系统比较熟悉的用户,对需求明确的信息可以进行直接检索,即在系统中直接输入分类号、类名、关键词(包括它们的组合形式)进行检索。这种形式的检索往往还要借助于该系统所使用的分类法。

3. 浏览与直接相结合的检索

这种检索方式是电子分类法和网络信息分类系统特有的功能（目前主要用在网络分类导航系统），就是在进行浏览式检索过程、在一个特定类目的限定下输入要检索信息的某些特征语词，以便迅速将该类信息定位；或者先输入信息的某个特征，做出初步判断，确定它的类属，在此基础进行浏览检索。

（四）分类检索对分类法的基本需求

对于信息的分类检索来说，检索者有着共同的需求、特点和心理活动，在编制分类法、进行信息加工、建立分类检索系统时必须充分考虑和满足检索者的需求，才能保证检索系统的实用性和易用性。

1. 要有一个清晰、明了的分类大纲

分类大纲是进行分类浏览检索的初始入口，对于检索用户迅速把握分类体系的脉络、准确地选定入口十分重要。用户在浏览分类大纲时，就是将他的信息需求、以他的认知结构与系统的知识结构相匹配的心理过程。在这个过程中应尽量减少用户的犹豫、提高其判断的自信。这就要求分类大纲不仅清晰地展示出系统包含的知识领域，而且以科学、通用的语言加以描述。

2. 类目划分的层次要适当

类目划分的层次决定着分类体系、知识地图、知识树的详略程度。划分的层次越多越深，知识被组织得越细密，每一个类目下信息的相关性就越高。但随着类目划分层次的增加，也会使知识树的枝叶越来越茂密，处于较低层次的信息就越隐秘、越不容易被查找，削弱了分类浏览功能。类目划分的层次不但与整体检索系统涵盖的知识领域相关，也与各个类的知识特点相关。

3. 类目划分的标准要易于理解

类目在层层划分过程中，会不断因分类对象的不同而变换划分标准，形成极为错综复杂的分类体系。每个用户对于不同的知识领域也都有各自不同的分类标准（很多是潜在的），当他理解了分类系统某个类的划分标准时，对相关类目含义的理解是有帮助的。如果在某一层次使用了多种划分标准，那么以同一分类标准划分出来的子目一定要集中排列，否则用户难以把握类目的含义。

4. 在一定的范围按主题集中信息

在一个类下能查到全部相关的信息，是检索者共同的愿望。但因信息、知识、事物的多重属性和多重隶属联系，以及不同用户对聚类的要求不同等原因，这个愿望是难以实现的。但在一定的划分层次下相对按主题集中信息是可以办到的——特别是在电子分类法和网络信息分类系统中，例如在"张爱玲"类下可以集中她的各类著作、传记、评论等资料。

5. 在浏览中需要导航和指引

用户一旦进入复杂的等级知识分类系统，就如同在知识的森林里找寻细小目标,这个过程很容易迷失方向。因此在分类浏览检索中,"导航和指引"是十分重要的。增强导航和指引的方法,一是在分类法编制中尽量设有详细的注释和类目参照,尽量按照不同用户的查询心理,联想与本类相关的知识;二是在检索系统建立时营造良好的导航环境,使用户在产生疑问时能够借助导航路标,及时调整方向或入口。一个良好的导航环境有利于用户在浏览中发现新的信息需求、发现自己更感兴趣的路径。

在电子分类法和网络信息分类系统中,还要为用户随时返回初始位置或退回某一级类目提供便利。例如:

<u>分类大纲</u> → <u>医学</u> → <u>疾病</u> → <u>消化系统</u> → <u>胃疾病</u>
胃溃疡
胃结核
 见:<u>结核病</u>
胃肿瘤
 见:<u>肿瘤病</u>

二、信息分类法的类型

(一) 不同处理对象的信息分类法

按处理信息的对象,可以分为文献分类法、学科分类法、网络信息分类法、事物分类法等不同的类型。

1. 文献分类法

文献是指在存贮、检索、利用或者传递记录信息的过程中,可作为一种单元处理的,在载体内、载体上或者依附载体而存贮有信息或数据的载体,或称其为固化在一定物质载体上的知识。文献分类法是信息分类法中最重要的类型,因为文献是人类知识最完整、最系统的记录,对它的整序要求也最高。文献分类是各种分类法中最复杂、最庞大的,包括图书分类法、档案分类法、专利分类法、标准分类法、资料分类法、公文分类法等。

2. 学科分类法、专业(课程)分类法

学科分类法的对象是"学科",其作用主要是用于国家宏观科技管理、科技统计等。学科分类法能很好地体现现有学科的知识联系,但不能处理大量的非学科信息,一般也不适用于文献的整序。

专业(课程)分类法的对象是高等学校的专业,其主要作用是用于高等学校的专业设置、课程建设、学位管理、招生等方面。专业(课程)分类法与学科分类法很相近,因为学科与专业是紧密联系的,但专业(课程)分类法更实用化,也比学科分类更概括。根据专业设置的需要常将相关的学科加以归并。由于学校专业具有很高的稳定性,很多研究机构的设置也与专业有关,因此它对信息分类法有重要的参考价值。

　　与学科分类和专业分类接近的还有科研项目分类,它的主要作用是用于科研的管理、申报、统计等,一般与学校的专业分类有一定的对应关系,但其稳定性不如专业分类法,经常要突出一个时期的重点研究方向。如我国自然科学基金和哲学与社会科学基金的项目分类。从下面一个片段我们可以分析它们的联系与区别。

学科分类与代码(GB/T 13745—2009)
　　210　农学
　　210.10　农业史
　　210.20　农业基础学科
　　210.30　农艺学
　　210.40　园艺学
　　210.50　土壤学
　　210.60　植物保护学
　　210.70　农业工程
　　210.99　农学其他学科

高等院校本科、专科专业名称代码表(GB/T 16835—1997)
　　09　农学
　　0901　植物生产类
　　090101　农学
　　090102　园艺
　　090103　植物保护
　　0902　草业科学类

自然科学基金项目分类表
　　B　化学科学部
　　B01　无机化学
　　B0101　无机合成和制备化学
　　B010101　合成技术
　　B010102　合成化学
　　B010103　特殊聚集态制备
　　B0102　丰产元素化学

国家社会科学基金项目分类表
　　外国文学
　　　WWA　外国文学理论与方法论
　　　WWB　比较文学

WWC　东方文学
　　WWD　俄苏文学
　3. 网络信息分类法
　　网络信息分类法是处理信息面最广的分类法，不仅包括一般的文献信息，还包括商品信息、贸易信息、金融信息、组织机构信息、新闻，以及软件、娱乐、多媒体信息、各类动态信息等。网络信息分类法一般多以搜索引擎的"分类导航"的形式出现，并且"分类法—检索系统和界面—信息数据库"是一个统一的整体。网络信息分类法虽然与文献分类法、学科分类法等一样以知识分类为基础，但又有很大的差异：它的类目体系比其他分类法的动态性高，对新事物反应迅速；在建立类目体系时广泛使用多重列类和交叉列类，构成立体的类目联系；经常使用辅助的分类体系集中揭示某种类型的信息；列类时重视信息的数量和用户利用的程度（事物或知识本身的重要程度不是主要依据），因此逻辑性、等级性相对较弱；注重实用性、易用性，而科学性不足；类名高度简短，甚至无法准确判断类目的含义，等等。我们从以下新浪的类目片段可窥一斑：
　　搜索分类＞社会文化
　　犯罪
　　风俗习惯
　　论坛聊天
　　婚恋与交友服务
　　神话与传说
　　……
　　前述几种分类法在本质上都属于知识分类法，类目概念表达的都是知识对象，主要目的是对知识进行整序，从而建立知识的查询系统。尽管在文献分类法的类名中也包含很多实体对象（如汽车、化肥、生物、机构等），但实质上是描述它们的知识内容，以便按类检索相关的知识。
　4. 事物分类法
　　我们这里指的事物分类法是以实体的事物为主要分类对象，而不是抽象的知识，根据事物之间的异同按一定的分类标准聚类和划分，依据事物关系的亲疏远近排列而成的分类法。事物分类法的类目也是表达概念的语词，也必然体现一定的知识内容，但主要是传达事物本身的特定信息。为了与文献、学科、专业、项目分类法相区分，我们单独把它们作为一类。事物分类法主要包括两种类型：
　　(1) 组织机构分类法
　　组织机构包括行业、机关、团体、企业等单位。最有代表性的是联合国《全部经济活动的国际标准产业分类》(ISIC)，其大类结构如下：

A	农、林、牧、渔业	K	房地产业
B	采矿业	L	租赁和商务服务业
C	制造业	M	科学研究、技术服务和地质勘查业
D	电力、燃气及水的生产和供应业	N	水利、环境和公共设施管理业
E	建筑业	O	居民服务和其他服务业
F	交通运输、仓储和邮政业	P	教育
G	信息传输、计算机服务和软件业	Q	卫生、社会保障和社会福利业
H	批发和零售业	R	文化、体育和娱乐业
I	住宿和餐饮业	S	公共管理和社会组织
J	金融业	T	国际组织

在我国则以《国民经济行业分类与代码》(GB/T 4754)为代表,这类分类法主要是用于国家宏观管理,各级政府部门和行业协会的经济管理,以及为科研、教学、新闻宣传、信息咨询服务等提供统一的行业分类和编码,在计划、统计、财务、税收、工商行政管理等项工作中,都必须按此处理行业分类资料和进行有关的分析研究工作。2011年正式实施的修订版已经与ISIC大类保持一致,但编码不同。

这类分类法的类目都具有唯一性,在类名上不求简短而力求明确,例如:

O　居民服务、修理和其他服务业
　79　居民服务业
　　7910　家庭服务
　　7920　托儿所服务
　　7930　洗染服务
　　7940　理发及美容服务
　　7950　洗浴服务
　　7960　保健服务
　　7970　婚姻服务
　　7980　殡葬服务
　　7990　其他居民服务

(2) 物品分类法

这类分类法多是根据工农业生产、检验、运输、仓储、贸易的需要而编制的,如火药的分类、轮胎的分类、瓷砖的分类、垃圾的分类,等等。其中商品(产品、物资)分类(特别是以标准形式制定的)占有重要的地位,是国际或一个国家内国民经济统一核算的重要基础标准,是经济信息系统进行信息交换的共同语言,在电子商务中被广泛应用。重要的商品分类法有:

《标准国际贸易分类》(*Standard Industrial Trade Classification*, SITC),由联合国制定,主要用于国际贸易统计,其分类大纲如下:

SITC-0　食品及活动物
SITC-1　饮料和烟草
SITC-2　原料、非食用品(燃料除外)
SITC-3　矿物燃料、润滑剂及相关原料
SITC-4　动、植物油、脂及动、植物蜡
SITC-5　化学制品及相关产品
SITC-6　工业制成品(主要按原材料分类)
SITC-7　机器及运输设备
SITC-8　其他制成品
SITC-9　SITC 未归类的其他商品及物品

《商品名称及编码协调制度》(The Harmonized Commodity Description and Coding System, HS)。这是世界海关组织制定的商品分类编码体系,是在海关、商品统计、进出口管理及国际贸易中使用最广泛的分类法。HS 把商品划分为 45 个大类,对商品有非常明确的定位和说明,例如:

97.06　超过 100 年的古物

本税号包括所有超过 100 年的古物,但税号 97.01 至 97.05 的物品除外。它们的价值在于本身的年代久远,因而十分珍稀。根据上述规定,本税号包括:

一、古家具、框架及镶板。

二、印刷业的产品:古版书(尤指 16 世纪前的书)及其他书、乐谱、地图、版画(税号 97.02 的除外)。

三、花瓶及其他陶瓷产品。

联合国《主要产品分类》(Carolina Population Center, CPC),是国际招投标、商品贸易、投资等领域的重要分类法,其分类大纲是:

0　农、林、渔业产品
1　矿石、电、气和水
2　食物产品、饮料和烟草、纺织品、服装和皮革产品
3　便携商品,除了金属产品机械和设备
4　金属产品、机械和设备
5　无形资产
6　经销业、住宿、食物和提供服务的饮料
7　金融、租赁服务
8　生意和生产服务
9　社区、社会和个人服务

《全国工农业产品分类与代码》(GB 7635—1987),是我国最权威的产品、物

资分类法,把各类产品划分为 23 个大类,其分类原则是按工农业产品(商品、物资)的基本属性分类,适当兼顾部门管理的需要、兼顾生产领域和流通领域的要求。大体以三次产业的顺序排列:

A　农、林、牧、渔业产品　　　　　N　黑色金属冶炼及其压延产品
B　矿产品及竹、木采伐产品　　　　P　有色金属冶炼及其压延产品
C　电力、蒸汽供热量、煤气和水　　　Q　金属制品
D　加工食品、饮料、烟草加工品和饲料　R　普通机械
E　纺织品、针织品、服装制品　　　　S　交通运输设备
F　木材、竹、藤、棕、草制品及家具　　T　电器机械及器材
G　纸浆、纸、印刷品、文教体育用品　　U　电子产品及通讯设备
H　石油制品、焦炭及煤制品　　　　　V　仪器仪表
J　化工产品　　　　　　　　　　　　W　工艺美术品、古玩及珍藏品
K　医药　　　　　　　　　　　　　　X　废旧物资
L　橡胶制品和塑料制品　　　　　　　Z　其他产品(商品、物资)
M　建筑材料及其他非金属矿物制品

但这个分类表里没有包括生产、消费和买卖同步完成的服务活动,显然不能满足加入世贸组织后对服务贸易统计的要求。2001 年根据《主要产品分类》(CPC)修订为《全国主要产品分类与代码》,由相对独立的两个部分组成,第一部分为可运输产品(GB/T 7635.1—2002),共列入 5 万余条类目,40 多万个产品品种。第二部分为不可运输产品(GB/T 7635.2—2002),包括:

5　无形资产,土地,建筑工程,建筑物服务
6　经销业服务,住宿服务,膳食和饮料供应服务,运输服务,公用事业商品销售服务
7　金融及有关服务、不动产服务,出租和租赁服务
8　商务和生产服务
9　社区、社会和个人服务

5. 其他信息分类法

除上述文献、学科、专业、项目、事物等分类法外,还有各种属性分类法、功能分类法等,如政府功能分类(COFOG)、个人消费目的分类(COICOP)、为住户服务的非营利机构的目的分类(COPNI)、生产者支出目的分类(COPP)、经济成分分类、企业类型分类等。这些分类法(表)在处理电子商务信息、电子政务信息中有着重要的作用。

(二) 不同编制结构的信息分类法

信息分类法按其编制的结构形式,可以分为列举式分类法、组配式分类法、体系—组配式分类法等类型。

1. 列举式分类法

列举式分类法也称枚举分类法、等级分类法、体系分类、系统分类法、展开式分类法、层次分类法等。列举式分类法有两个基本特点：

首先是有一个严密的类目等级结构。各级类目原则按概念逻辑划分的方法层层展开，这样类目的隶属、平行关系十分清晰，信息、知识之间的内在联系也通过这个等级结构充分得到揭示和排列，反映出信息、知识的系统联系，因此也称为系统分类法。由于它从一个起点划分出第一级分支，在第一级分支的基础上再划分出第二级分支，逐级次第地建立各级分支，形成庞大的疏密有序的知识树，所以也称其为树形分类法。

其次是代表信息与知识概念的类目以详尽列举的方式直接展现。采用列举方式的好处是：概念直接表达，直观明确，不易产生歧义；在分类浏览检索中，可以使用户在层层深入的过程中发现所有的类目，没有被隐藏起来的类目。这个特点决定了它非常适合建立面向用户的分类浏览系统，在编制具有统计功能、事物索引功能、信息交换功能的分类代码表时，也必须采用列举式分类法。

由于列举式分类法特有的等级系统性，对于知识的系统组织和系统查询有良好的适应能力，所以现代文献分类法绝大多数都是基于列举式模式编制的，其他各类信息分类法也基本采用这种模式编制。

列举式分类法的明显弱点是表达分类法没有列举的复杂知识主题非常困难，这一点在文献分类法上显得最为突出。另一个弱点是详尽的列举必然导致大型综合性分类法的篇幅巨大，带来使用的不便，而实际上详尽无遗的列举是不可能也是不必要的。

2. 组配式分类法

也称分面分类法、组面分类法、分析—综合式分类法，是根据概念的分析与综合的原理，将概括文献、信息、事物的主题概念组成"知识大纲—分面—亚面—类目"的结构，按一定的规则、通过各个分面内类目之间的组合来表达文献主题的一种分类法。《冒号分类法》(CC)、《布利斯书目分类法》(BC2)等就属于组配式分类法。组配式分类在宏观结构方面与列举式分类相同，但在微观结构方面则有较大的差异。

分面类表是组配式分类法与体系分类法在结构上最大的不同之处。组配式分类法也先构建自己的知识系统大纲，一般是一、二级类目，但不像列举式分类法那样再逐级层层划分，而是在一级或二级类目下分别列出若干个分面、亚面，在分面、亚面内列出相关的类目，构成组配式结构。分面分析、分面引用次序、分面标记制度，是分面分类法的核心理论和关键技术。

所谓分面分析，就是将一个特定的知识领域或主题按其不同的属性分解成为若干不同的组面，每个组面代表主题的一个方面。例如：

农作物
　　农作物的生物学
　　　演化学
　　　形态学
　　　……
　　农作物的用途
　　　食用
　　　药用
　　　……
　　农作物的结构
　　　根
　　　茎
　　　……

在分面分析中，通常先将一个知识领域归纳成若干个基本范畴（分面），也就是合成主题的最基本要素，每一个基本分面还可以继续按某种属性归纳成若干次一级组面。《冒号分类法》将整个知识领域归纳为本体、物质、动力（能量）、空间、时间五个基本范畴。上例中的农作物结构、农作物类型、农作物生物学等就是农作物的基本分面。

所谓分面引用次序，就是由类目合成新主题时的组配次序，不同知识领域的主题构成形式不同，组配次序也不尽相同，将组面的引用次序加以固定就是分面公式或组配公式。假如我们把农作物的组配公式规定为"类型—结构—用途—生物学"，那么"水稻根的发育"这一主题就按禾谷作物→根→生理学的次序组配。

分面标记制也称分段标记制，是为适应分面分类法组配结构的特点设计的一种标记制度。分面标记制的显著特点是有"分面符号"，一般用字母、数字或者标点作为区分不同组面的指示符并把类号分作数段。回溯标记制也是一种适用于组配分类法的标记制度。分面标记制具有容量大、组配灵活的优点，但编号复杂、冗长，对文献工作的多种环节难以适应。

从理论上讲，分面分类法具有极大的灵活性，用较少的类目可以组配出大量新的、复杂的主题，能提供多种检索途径，分面分析和组配技术为检索语言的发展注入了巨大的活力。但在实际应用中，由于它不论是组配技术还是标记技术都过于复杂且缺少直观性，对标引者和检索者形成很大的负担，大大降低了它的实用性；分面结构导致知识系统性的破坏——而这正是分类法的重要性能；对于分类浏览检索来说，其效果远不如体系分类法；对于其他需要全面列举的信息分类法（如各种事物分类法）其结构也不适用。因此，全分面分类法模式极少被使用,分面分析和组配技术更多的是被体系分类法吸收,用来改善体系分类法的性能。

3. 体系—组配式分类法

这是一种在等级体系分类法的基础上,引入分面分析和组配技术所形成的分类法结构模式。以等级体系分类为基础,是确保分类知识系统性的前提,也是满足文献工作诸多环节所需要的。引入分面分析和组配技术是为了提高体系分类对新主题、复杂主题的描述能力和灵活的检索能力,因此这种分类法兼有体系分类法和组配式分类法的长处。实际上大多数体系分类法都在不同程度上吸收了分面分析和组配技术,完全单纯的体系分类法已不多见。

体系分类法吸收分面分析技术,主要体现在"多重列类"上,使事物的多种属性在同一划分层次上都作为分类标准使用,为从该种属性描述主题、检索主题创造条件。体系分类法吸收组配技术体现在很多方面,一是运用类目仿分、设置专类复分表和通用复分表等手段增加细分的能力,提高标引专指度;二是使用主类号直接组配表达新的主题。伴随着组配技术的应用,也采用各种辅助符号提高组配的能力。

三、信息分类法的结构原理

信息分类法是以信息的知识内容为主要依据,通过归纳、聚类、列类形成的知识等级体系,用于对信息进行分类组织、存储和检索,以及进行分析、统计等活动。信息分类法一般由类目表、类目注释、类目标记符号以及编制和使用说明等组成。

信息是物质存在的一种方式、形态或运动状态,也是事物的一种普遍属性,一般指数据、消息中所包含的意义,可以使消息中所描述事件的不确定性减少。而知识则是经过人的思维整理过的信息、数据、形象、意象、价值标准以及社会的其他符号化产物,不仅包括科学技术知识——知识中最重要的部分,还包括人文社会科学的知识;既包括商业活动、日常生活和工作中的经验和知识,也包括人们获取、运用和创造知识的知识,还包括面临问题作出的判断和提出解决方法的知识。显然信息里包含的知识是人们利用信息的主要方面。信息分类法涉及知识分类、科学与学科分类、概念的逻辑划分、概念的分析与综合等多种理论的运用。

(一) 科学分类、学科分类、事物分类、知识分类

1. 科学分类

科学是整个人类历史发展总过程的产物,它抽象地表现这一发展总过程的精华。它作为一种社会现象和认识现象,是人们揭示客观世界的本质、关系、运动规律的认识活动,并反映一定历史阶段的认识水平。科学分类,是根据一定的

原则,全面研究某个时代各门学科之间的区分与联系,用一定的结构形式,把它们联成一个整体,从而确定每门学科在整个科学系统中的地位,揭示各科学领域之间的联系,其结果就是科学的分类体系。科学分类反映了物质运动所有形式总的联系,它多以某种哲学思想为基础,以基本科学范畴为分类对象,说明知识体系的构成、联系和发展,并不是对全部科学的分类。科学分类具有科学认识和解释功能。

建立科学分类体系,有着不同的方法,如从人类的活动出发(如亚里士多德)、从人类的认识能力出发(如培根)、从人类的认识过程出发(如黑格尔)、从研究对象出发(如圣西门、恩格斯)、从学科的性质或特征出发(如斯宾塞、毕尔生、冯特)以及从研究的角度或方法出发(如文德尔班、李凯尔特)等,都可以构建不同的科学分类体系。由于科学分类只是一个人类科学范畴的粗略大纲,并不进行深入的划分,因此可以为我们建立各种基于知识的分类体系提供一个哲学划分的依据。

2. 学科分类

学科是科学群体中的个体,是关于客观世界中特定事物本质和规律的相对独立的知识体系。一门学科在特定的发展阶段都有相对稳定的研究范围,通常只研究客观世界发展过程的某一阶段,或物质的某一层次,或某种运动形式。学科活动不断导致某学科内现有的知识体系的系统化和再系统化。一门学科通常由概念、范畴、公式、定律、推理、方法等组成。

按照各个学科的研究对象和研究方法的联系与区别,对全部学科或某一学科门类的学科进行全面、系统的划分和排列,就形成学科分类体系,它是科学分类体系的深化和具体化。学科分类都带有某种实用性,多用于科学统计、科研项目和科研成果申报、用于科研机构或学科专业的设置等,如国家标准《学科分类与代码》(GB/T 13745—2009)等。学科分类由于系统、全面地揭示各个学科的内在联系,是严格的知识分类体系,因而是信息分类法编制的主要依据之一。

3. 事物分类

事物分类就是依据事物的属性按一定的标准进行区分和聚类,并按照其相互关系建立有序化结构。事物的分类在人类活动的各个领域都普遍存在,是人们认识事物的基本思维和方法。各种过程、现象、问题的分类也可以归入事物分类的范畴。例如疾病的分类、茶叶的分类、水泥的分类、经济成分的分类、降水的分类、粒子的分类,等等,其中物种的分类最为复杂和严密。所有事物都包含特定的信息和知识,事物分类也是信息分类的主要依据之一。

4. 知识分类

知识分类一般是一个很宽泛的概念,对知识的分类有着不同的认识和划分方法,例如:

经济合作与发展组织(Organization for Economic Cooperation and Development, OECD)1996年在《以知识为基础的经济》报告中,将知识分为四类[①]:

知道是什么的知识(know-what),指关于事实的知识,如布什是美国的总统;

知道为什么的知识(know-why),指自然原理和规律方面的科学理论;

知道怎样做的知识(know-how),指做某些事情的技艺和能力;

知道是谁的知识(know-who),它涉及谁知道和谁知道如何做某些事的信息。

其中前两类知识大致属于显性知识,后两类知识则属于隐性知识。

现代认知心理学派认为知识可以分为三类:陈述性知识、程序性知识和策略性知识:陈述性知识是一种个体具有明确的提取线索,因而能够直接陈述的知识,通常包括有关某一具体事件、事实、经验性的概括的断言以及反映真理本质的较深刻的原理等;程序性知识是一种个体没有明确的提取线索,因而其存在只能借助某种活动形式间接推测出来的知识,主要是说明性的;策略性知识也是一种程序性知识,不过,一般程序性知识所处理的对象是客观事物,而策略性知识所处理的对象是个人自身的认知活动。

从认识论角度知识可以分为客观知识、主观知识与构造知识:客观知识,诸如物理学、生物学、工程学、经济学、政治学、社会学等学科的知识体系。这些知识体系反映的是认识对象的客观规律,陈述和描写认识对象存在和运行的客观状态。其特点是只有"真"与"假"的区别,没有"好"与"坏"的比较,这是本来意义上的"科学"。主观知识,诸如哲学、宗教、艺术等学科的知识体系。这些知识体系反映的是人类对其所处的世界或环境的感受和体验。构造知识,数学既不是客观知识,也不是主观知识,属于人类发明出来的构造型知识。数学具有十分强烈的工具特征。语言和文字也属于构造知识,它们是表达和传递人们对自身和自身之外世界的认识、理解和情感的方式。三种知识体系在发展中,相互之间会产生一些影响,但更主要的还是各自独立平行的生长和延伸。在知识的应用层面上,三种知识是相互融合的,成为人们认识、理解、感受和把握自身和世界的依据。

从知识的表现形态可以划分为隐性知识和显性知识两大类:隐性知识(tacit knowledge),也称隐含知识,是指存在于人的头脑中的未编码的经验性知识,如个人的技术诀窍、直觉、想象与创意等,往往是个人或组织经过长期积累而拥有的知识,通常不易用语言表达,也不可能传播给别人,或传播起来非常困难。显性知识(explicit knowledge),指可以通过语言文字方式传播的知识。显性知识是可以表达的、可以确知的,有物质载体,如图书、档案、数据库、各种计划、总结、报表、科学发明、专利、标准、技术等。在知识管理(Knowledge Management,KM)领

---

① 转引自:雷家骕.知识经济学导论[M].北京:清华大学出版社,2001:2.

域中的知识组织,主要是研究隐性知识向显性知识的转化。

通常,我们所谓的知识分类,是指对人类一切知识进行的分类。知识是人类认识世界、改造世界积累的经验,而不像"学科""科学"那么严密、是一个相对独立的知识体系。如"烹饪的知识""旅游的知识"等都是知识。

不管是科学分类还是学科分类,不管是文献分类还是事物分类,我们都可以将它们归入知识分类的范畴。

知识分类有两层不同含义或两个不同的过程:其一是指设计一种知识分类体系的过程,亦即知识聚类的过程,是将知识按一定的聚类标准分门别类地加以类集和序化的过程;其二是指通过使用分类概念标识的编码或术语,对对象进行编码或描述,将各种知识按其逻辑关系纳入既定的分类体系,使知识的逻辑结构重现。

(二) 分类法的宏观结构

一部完整的分类法是由若干个部分组成的,各个组成部分协同工作共同实现分类法的功能,各个部分的整体联系构成分类法的整体结构。分类法的结构分为宏观结构和微观结构。

分类法的宏观结构,是指分类法的基本组成部分及其联系,各个组成部分一般是一个独立的模块,具有特定的功能。分类法的宏观结构一般包括编制说明、基本类目表、分类法主表、辅助分类体系、分类法附表、分类法索引、分类法使用手册与附录等(见图3-1)。

1. 编制说明

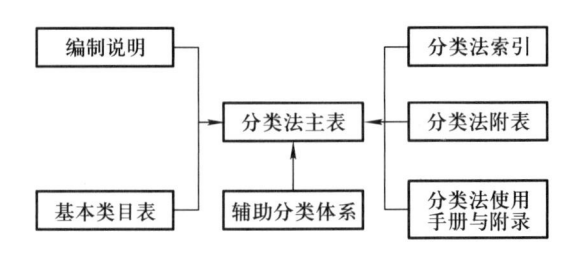

图 3-1 分类法的宏观结构

是对分类法的编制理论、指导思想、编制原则、结构体系、知识范畴、适用范围、标记制度,以及编制的目的与经过,各个版次修订情况等基本事项的总体说明。编制说明对于全面了解和掌握分类法、学习和使用分类法、评价分类法都是非常重要的。

2. 基本类目表

也称分类法简表,是由分类法的一级大类(基本大类)进一步区分出来的二、三级类目所组成(部分知识领域可能包括四级类目),是分类法的类目体系框架,分类法基本知识结构与划分规则等通过基本类目表清晰地展现出来,通过基本类目表可以迅速了解分类法的概貌、把握分类法的编制与知识结构脉络、把握各个知识领域的联系。

基本类目表也可以作为小型文献、信息单位的分类工具,专业文献、信息单位可用于非专业文献的粗分类,实行文献粗排架的单位也可以使用基本类目表编制排架分类号;一般的文献、信息报道通常使用简表的类目就可以满足需求。

分类法的一级类目也称为基本大类或分类大纲,是构建分类体系的基础。为了说明分类体系的知识范畴,有的分类法还把基本大类概括为若干部类(基本序列),体现某种哲学上的知识分类。

基本大类的设置没有一定的定例,取决于分类法的性质和功能需要,与处理的对象有密切的关系(如表3-1)。

表3-1 主要分类法的基本大类设置情况

分类法	一级类目	分类法	一级类目
中图法	22	CC	42
科图法	25	LCC	21
人大法	19	Google 搜索引擎	16
学科分类与代码	62	Yahoo! 搜索引擎	14
中国标准分类法	24	新浪搜索引擎	17
IPC	118	协调商品名称和编码制度	21
DDC	10	国际商品分类表	45
UDC	9	国民经济行业分类	20

注:搜索引擎目前多改为主题式和板块式分类,表中数据来自各搜索引擎之前的分类目录。

3. 分类法主表

也称分类法的详表,是由各级类目组成的一览表,分类法编制的理论、技术、规则等都贯穿在其中,是文献、信息分类标引的依据。主表按其功能又可以分为术语(类名)系统、标记系统、注释与参照系统。

4. 辅助分类体系

是分类法的次要分类体系,提供从主要分类体系聚类标准以外的检索途径,主要用于网络信息分类系统,也可以用于电子分类法。辅助分类体系一般按特定的用户需要、或特定的信息类型、或某类热点信息,按主题进行分类编列。分类法的辅助分类体系通常没有严格逻辑次序,各个辅助分类体系之间可以相互交叉。以新浪搜索引擎的分类体系为例:

主要分类体系:娱乐休闲　计算机与互联网　商业经济　生活服务……
辅助分类体系1:新闻　娱乐　游戏　女性　男性　饮食　旅游……
辅助分类体系2:企业服务　黄页　产业　招商　城市　会展……
辅助分类体系3:明星　写真　影视　音乐　时尚　人体　足球……

辅助分类体系设置的得当,可以大大提高分类法检索的易用性,因为它可以把隐藏在类目树深层之中的某些重要信息,超越知识结构的逻辑等级突出在明显的位置显示,而这些信息按正常的分类浏览检索步骤是很难快速查到的。

5. 分类法附表

也称分类法的辅助表、通用复分表,是一组组配有编号的标准子目表,单独编列在分类法主表之后,用于对主表中列举的类目进行细分。辅助表按适用的范围和内容可分为总论复分表、时间复分表、空间复分表、民族复分表、体裁复分表、人物复分表、材料复分表等。分类法附表的设置与主表类目细分方法密切相关并紧密配合。

6. 分类法索引

是分类法从字顺途径按类目名称、事物主题查找类目的工具。按索引的编制方法主要有直接索引和相关索引两种。直接索引是将分类法类目和注释中有检索意义的语词按其名称字顺排列、并注明相应的分类号而编成的索引,直接索引编制简单但功能较差;相关索引是根据标题法的原理,将类目及其注释中有检索意义的语词改成标题形式,按字顺排列而成的索引,能将分类法分散在各类的相关知识加以集中。分类法索引有各种编排方式,如关键词轮排索引等。电子分类法的全文检索,在一定程度上也可以起到分类法索引的作用。

7. 分类法使用手册与附录

分类法使用手册详细阐述分类法的编制理论与技术,各类文献、信息分类规则与方法,是指导用户学习和正确使用该分类法的权威性工具。

分类法附录,是有关使用分类法所需的参考资料,如不同分类法的类目对照表、历史年代表、名词术语等。附录一般与使用手册合编在一起。

(三) 分类法的微观结构

分类法的微观结构,是指分类法的类目结构。类目(包括复分表的子目)是一个个表达文献、信息内容的概念,每个类目都代表具有某种共同属性的文献、信息集合。类目是构造分类法的最基本要素,是构成分类检索语言的细胞,分类法的整体功能是通过类目及其联系实现的。一个类目是由类号、类名、类级、注释和参照组成的,其中类号、类名、类级是必需的。类目的微观结构如下所示(以《中图法》为例,下同):

第一节 分类法的原理

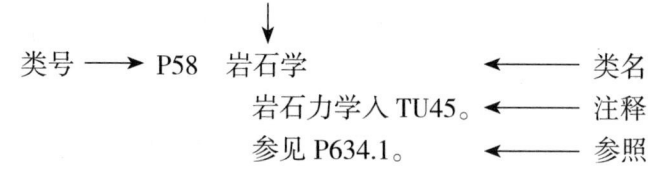

```
                    类级（通常用缩格和字体表示）
                              ↓
    类号 ——→ P58    岩石学              ←—— 类名
                    岩石力学入 TU45。    ←—— 注释
                    参见 P634.1。        ←—— 参照
```

1. 分类号

简称类号，是类目的标记符号或代号，它用号码表示类目的涵义，决定类目在分类体系中的排列位置，表达类目之间的关系。文献、信息经过分类标引之后就获得分类号，成为组织文献分类排架的标识，成为组织文献或信息分类检索工具的标识。

类号按其组成成分有纯数字类号、纯字母类号、字母数字混合类号；按其结构性有顺序制类号、层累制（小数制）类号、层累—顺序混合制类号等；按其组合方法有先组式、后组式的区分；按其标记方法有分段标记制、起讫标记制、回归标记制等。为了易认、易读起见，通常都以小圆点"．"作为分段标记符号，它也能为计算机自动检查分类法号的合法性提供帮助。

对于网络信息分类法，由于不涉及实体文献排架定位问题，因此分类号一般不显示在用户浏览界面上，但分类号还是必要的。分类号作为类目涵义的标识，始终与一定的信息主题范围相对应，即使类名发生变化也可以正确保持与各级下位类的联系（包括已经标引的信息）；分类号可以为各级类目在浏览界面上的显示格式提供依据。

2. 类名

是类目的名称，用以描述类目内涵、外延的语词。类名直接或间接表达类目的含义和内容范围。在体系分类法中，类名字面在多数情况下不能直接或完整地表达知识概念，其涵义都要受上位类、下位类、同位类、相关类、注释等的限定，下位类的涵义一般都承接其上位类的内涵，因此类目的涵义在很大程度上是隐含的。

对于电子分类法或网络信息分类法来说，最好设置两套类名系统，一套是简化的，用于用户浏览界面，使分类法的显示清晰简洁；另一套是完整的，类名能独立表达类目的涵义，用于编制索引及全文检索。例如：

交通运输经济
 铁路运输经济
  中国铁路运输经济
   <u>铁路联运</u>　　　　简化的类名
   <u>中国铁路联运</u>　　完整的类名

3. 类级

是指类目的级别，代表该类目在分类体系中的等级（划分的层次）、显示类目间的等级关系。类级在印刷版或文本界面中用排版的缩格和字体表示,在数据库中用特定的字段标记。

4. 类目注释和参照

是对类目含义及内容范围、分类方法、复分方法、特殊书次号编制方法、该类与其他类目的关系等进行的说明。注释按其功能有以下几种:

定义性注释:通过定义说明类目的内涵、外延。

内容范围注释:描述类目包含或不包含的内容范围,是运用最多的注释形式,通常用"××入此""××入××""××等"的固定语句表达。

分类方法注释:说明细分的方法、依据和次序,说明组配的方法,说明组号的规则,说明互见的方法等。

类目编列方法注释:说明本类编制的依据,便于理解类目编排次序。

同类书的区分方法注释:说明本类适用的同类书特殊区分方法,如按年代排、按届次排、按传主排、按字顺排、按首字母排列等。

类目沿革注释:说明分类法修订后各版次类目变化及其关联情况。类目沿革注释对文献工作人员熟悉新版分类法以及进行文献改编很有帮助。

类目关系注释:也就是参照注释,说明本类与哪些类目相关,正式类目与交替类目的关系等。这类注释对用户的导航指引作用非常重要,也是衡量分类法质量的重要因素。

在电子分类法中,注释的相关内容都使用超文本链接方式。在网络信息分类法中,注释主要是说明类目包含的内容范围以及与其他相关类的联系,或突出显示本类包含的重要信息,引起用户的注意。由于采用超文本链接,用户可以随时跳转到所关心的类中,并且可以在几个窗口对相关的类目进行比较,以判定检索方向,这是印刷型分类法所无法做到的。例如(带下划线的为超文本链接):

(中图法电子版)

B84　心理学

普通心理学,总论人的信息加工、人工智能心理学方面的著作入此。

专论感觉、知觉信息加工方面的著作入 <u>B842.2</u>。

〈实验心理学,5 版改入 <u>B841.4</u>〉

(新浪搜索引擎)

新浪体育

<u>游戏</u>　<u>中国足球</u>　<u>国际足球</u>　<u>NBA</u>　<u>CBA</u>　<u>综合</u>　<u>彩票</u>　<u>花絮</u>
<u>专栏</u>　<u>博客</u>

分类法全部类目的系统排列与联系,就构成分类法的术语系统、标记系统、注释及参照系统、类目等级结构。它们之间相互配合,实现对分类表的语义控制、类目之间的关系控制,以及先组度和专指度的控制,使分类法具有揭示文献、信

息内容及其相关性,对文献、信息进行系统化整序以及将标引标识与检索标识进行相符性比较的功能。

四、分类法结构与功能的关系

分类法最基本的功能是通过建立知识、信息的分类体系,把相关的文献、信息纳入既定的分类体系,完成对文献、信息的分类整序,从而建立分类检索系统,实现对文献、信息的分类检索。

由于分类法的功能要求不同,实现相应功能的结构也有所不同。对于文献分类法来说,编制分类检索工具和组织文献分类排架是其两个基本功能,如何使一个统一的结构兼顾这两种功能,历来是文献分类法的重要课题。分类检索功能要求分类法有一个详尽和有巨大容纳力的类目系统,标记系统可无限扩展并具有灵活的组配功能,从而能描述细小专深的主题、揭示文献的多种属性,提供多种检索途径。而文献分类排架的功能要求分类法结构简明,层次划分不宜过多,类目体系有较高的稳定性,类目进行单线排列,标记符号简短,一个主题在分类法中只能有一个正式位置和分类号。

一般来说,等级体系分类法最容易展现知识之间的从属关系,这种体系结构使用概念层层划分的方法,分别将基本大类划分成若干二级类目,再将各二级类目划分成众多的三级类目……这样层层展开形成一个知识的树形结构,显示知识分类的等级结构,所有的类目进行线性排列构成类目表。在这种等级列举结构中,每个类目都表达一个完整的主题,类号是先组式的,各个类目不论是纵向的还是横向的关系都相互关联和制约,构成一个有机整体。这种等级列举式模式的结构层次清晰,具有很好的系统性和族性检索功能,便于理解和掌握,便于浏览检索。由于类目是线性排列,能满足文献排架的需要。但这种线性结构形式难以揭示事物之间多种联系,提供的检索途径不足,类目之间的组合功能较差,因此检索的灵活性方面受到限制。

分面分类法的体系结构能很好地揭示事物的多种属性,类目之间组配功能强大,提供的检索途径多,在检索的灵活性方面有很大的优势。但这种体系结构在揭示知识的系统性方面不如等级体系分类法,分类浏览功能较差,灵活的分面也使得在满足文献排架方面不如等级体系分类法。

为了满足文献机构对分类检索和分类排架双重功能的需要,通常以采用等级体系结构为主,在此基础上增加分面技术的应用,突破一个类目在同一层次的划分只使用一个分类标准的限制,这样事物便可以按多种属性聚类,提供多种检索入口。

对于网络信息分类法,由于不存在信息载体的排架问题,其体系结构便可以完全从检索功能的需要出发进行设计。对于网络信息的分类检索来说,因为面向的是各种各样的用户,浏览性检索是最基本和最重要的检索行为,这与文献机构用户的计算机数据库检索有很大的差异。浏览性检索的出发点是从一个已知的类为入口,按照知识的隶属关系层层深入,发现用户所需的信息。在浏览中有两种主要倾向,一种是对信息的需求明确,在浏览中不断判断该信息应当属于哪个类;另一种是只有一个粗略的需求,希望在浏览中发现自己感兴趣的信息,这种浏览可能不断变化路径。因此,网络信息分类法的结构要满足这种基本功能。首先是要有一个能被广泛理解的、与所提供的信息相匹配、等级结构的知识体系,实现对信息的树形整序;其次是在逐层建立知识等级结构中把各种可能的检索入口(信息的属性)作为聚类标准,形成若干平行的类列;最后是在主要分类体系的基础上,建立必要的辅助分类体系,弥补较严格的知识等级结构隐蔽性带来的不足。这样,运用超文本技术就可以建立起一个网状、立体的分类体系结构,满足浏览检索的需求。

第二节 分类法的编制

一、分类法编制的基本程序

(一) 分类法的功能分析与定位

这是编制分类法的第一步,也就是确定分类法用途,其他工作都在这个基础上展开。分类法功能的定位受很多因素制约:

(1) 是综合性分类法还是专题、专科性分类法,是面向多种用户的还是面向专门用户的。

(2) 信息处理的对象是什么,是图书、论文、专利、标准、档案、公文、新闻,还是产品、行业、股票、金融信息等;或是兼顾各种信息的;是公共信息还是内部信息;所处理信息的数量及更新速度如何等。

(3) 所处理信息的载体是什么,是印刷型的、实物型的,还是多媒体型的、数字型的、网络型的等,或是兼顾各种信息载体的。

(4) 分类法用于的检索系统,是用于手工检索系统、计算机检索系统,还是网络检索系统,或是兼顾各种检索系统。还要考虑使用分类法建立的是单一的分类检索系统,还是和语词检索相结合的一体化检索系统。

(5) 对信息标引的方式,是用于手工标引、计算机辅助标引、自动标引,还是若干种标引方式结合。

(6) 分类法本身的载体,是印刷型的、电子型的(光盘),还是网络型的。

(7) 分类法管理和修订的方式,是手工式的还是计算机辅助式的,某些部分是否由计算机系统自动完成(如自动搜索同义词和更新相应的数据库、自动追加类名的同义词等)。

(二) 系统用户需求调查与分析

根据分类法的功能设计,对系统处理对象和系统使用对象进行调查分析:

1. 用户调查分析

包括用户的类型、用户的知识背景和文化能力、用户信息需要的类型、用户的检索习惯和能力、用户比较熟悉的分类法等。这些数据有的可以靠对现行分类系统的分析获得,有的可以从用户抽样调查获得。

2. 信息资源调查分析

包括印刷型、数字型、网络型信息的类型及生产情况,各种信息生产的趋势,特别是某些新兴知识领域。

(三) 分类体系设计

参见本节"分类体系的构建"。

(四) 分类标记设计

参见本章第三节"分类法的标记系统"。

(五) 分类法结构设计

为实现分类法的整体功能,设计必要的相应结构(子系统)并确定它们之间的联系。主要包括:

分类法的宏观结构及其功能。

分类法的微观结构及其功能。

分类法对信息组织的基本方式,如树形等级结构、分面式结构、超文本的网状结构等。

分类标准选用及其使用的次序。

分类法类目之间关系处理的基本方式。

分类法展开的层次。

主要分类表和次要分类表的关系。

电子分类法或数字分类法的数据库结构。

电子分类法或数字分类法的索引系统、标引系统、检索系统等。

(六) 分类法主表设计

从分类法大纲开始,设计分类法的基本(主要)类目及其关系,在此基础上以信息的知识领域或信息的类型为依据,一个大类一个大类地对相关信息进行归纳,层层划分出各级类目,并同时建立本大类类目之间的联系。各大类完成后再全面审视、检查、修改、完善各个大类类目之间的联系,直至完成分类法主表的初步设计。

(七) 分类法辅助分类体系设计

电子型或用于网络信息组织的分类法,除了主要分类体系之外,也可以根据需要设置若干辅助的分类体系,用来组织专题信息。辅助分类体系往往具有较高的动态性(与主要分类体系比较而言),并且与主要分类体系使用的分类标准有很大的差异。辅助分类体系主要是将特定的(针对特定信息类型、特定用户需要等)、使用频率较高的信息内容抽出来集中组织,满足特定的检索需求,提高常用信息检索的便利性。设计时除了考虑辅助分类体系与主要分类体系的关系和联系,还要考虑各个辅助分类体系之间的关系与联系。

(八) 分类法辅助表设计

根据分类法主表的结构和功能要求,决定是否需要编制辅助表(独立的复分表)。如果需要辅助表,则进一步设计辅助表的种类、辅助表的结构体系、辅助表与主表的关系等。

(九) 分类法索引设计

确定分类法索引的类型和结构、索引款目及其排列,使用分类法管理系统或编制相应的软件完成索引编制。

(十) 试标引与修订

分类法编制完成后,必须进行试标引,以检验分类法的性能和实用性。试标引一般采用分类法编辑部自行试标引和委托有代表性的文献信息机构试标引同时进行,从不同的角度对分类法进行检验。试标引要注意以下问题:

要具体规定某一知识领域标引文献信息的数量,文献信息类型的比例(如图书、论文、标准、网络信息等),文献信息的时间范围等。

规定文献、信息标引的深度和专指度。

重点检查某一知识领域涵盖的完整程度,文献信息的数量与类目编列深细程度是否匹配,类目名称与文献信息主题的常用表述是否基本一致,同一事物或主题在不同的类中是否表述的不一致,类目的含义是否存在模糊不清,类目之间的外延是否存在明显的交叉,类目注释是否明晰,类目的参照是否有利于标引和检索,交替类目与使用类目之间是否重叠,类目复分配号是否存在矛盾,等等。

对标引结果进行统计分析。

根据试标引发现的问题,对分类法进行再修改。如有必要还需再次进行试标引。

二、分类体系的构建

分类法的体系有两种含义,一是指它的理论体系,也就是分类法构建的知识分类体系;二是指它的技术体系或结构体系,也就是一部分类法为达到其特定的功能,各个结构之间相互联系、相互制约所构成的整体的形式。

分类法的知识分类体系,是根据文献、信息分类组织的实际需要,对人类知识所作的基本划分与排列,是构筑各级类目、编制整个分类法的依据。分类体系的设计与构建,首先要根据分类法的功能确定所包含的知识范畴,其次是在该知识范畴内将知识归纳成若干一级类目,形成分类法的类目大纲,这个大纲通常以某个较通用的分类体系为基础,结合文献、信息组织的要求进行调整而成。

分类法一级类目的排列是为了体现知识内在的逻辑性,对其组织文献、信息,检索文献、信息的功能没有影响。不论是先序列社会科学知识再序列自然科学知识,不论是历史类在前还是现实类在前,只要各个大类之间的逻辑次序基本合理就可以,因为没有公认的、为所有人接受的分类体系。

分类大纲只能显示分类法的基本知识范畴,各个知识范畴之间的联系还无法真正展现出来,当划分出二、三级类目后,就形成分类法的类目骨架(基本类目表),这是分类法真正的知识体系,各个学科、各个知识领域之间关系可以清晰地展现出来。

构建分类法的知识体系,要参考多种工具,主要有:

哲学上对科学的分类:只提供一种框架。

学科的分类体系、高等学校的专业分类体系:这些都是稳定的学科划分,但与文献、信息的数量没有直接的关系。

百科全书、百科词典的分类体系:可以了解某学科、某种知识可能隶属的若干范畴以及之间的关系。

教科书:可以提供较专指的知识领域包含的知识内容及其表述。

各种事物分类法(特别是以标准颁布的分类法):了解事物的类型及分类标准。

其他文献、信息分类法(包括词表的分类体系):除了参考相应的分类体系外,还可以借鉴各种分类法在处理学科与文献、总论与专论、一般与特殊、内容与形式等方面的思路和技巧。

在构建分类法的知识体系时,要始终关注和把握各个知识领域的联系,处理好不断层层展开过程出现的交叉问题。

三、类目的划分与排列

在分类法编制中,类目的划分是分类法立类、列类的过程。立类是指如何进行类目的设置,列类是对类目进行划分和排列,这两者表现在同一过程中,密不可分。类目的划分决定着分类法各个局部体系的建立,是编制分类法最重要的技术方法之一。

(一) 类目的设置

分类法的每一个类目都是一个特定的主题概念,都表达了一定知识的内涵和外延,是一组具有某种共同属性的文献、信息的集合。立类的一般原则是:

1. 类目要有文献、信息的保证

这是立类的客观性原则。类目所代表的事物必须是客观存在的,同时还必须有一定数量的关于该事物的文献、信息。整个分类法的文献、信息保证原则就是通过立类过程中文献、信息保证原则来实现的。

立类的客观性原则也具有动态性,原来有文献、信息保证的类目可能会随着时间的变迁失去必要的文献、信息保证,这时就需要进行相应调整。

2. 类目应当是稳定的

作为一个分类体系必须是稳定的,没有稳定性就没有实用性。类目的稳定性是分类法稳定的基础,类目的设置要考虑它在相当长一个时期是稳定的,越是基础的类目稳定性要求越高。一般来说,从知识分类、学科分类、专业分类以及惯用的划分等方面设置的类目是相对稳定的,因为人类的知识结构在一个较长时期内是基本稳定的。要保证类目的稳定性,就必须使用稳定的因素作为类目划分的标准。另外,提高类目的兼容性、可延展性也是提高类目稳定性的重要措施。

3. 类目应当是发展的

立类的发展性原则体现在两个方面,一是设置类目时应当具有发展的眼光,有预见性地为某些有强大生命力的新事物编列必要的类目,或留有发展余地;二是在分类法使用过程中要随着时代的发展对立类不当、使用频率降低的类目予以调整、合并或删除,对新生事物增补类目。

4. 类目应当是均衡的

不论是综合性的分类法还是专业性分类法,在类目设置上都要考虑各知识领域类目分布的均匀度,在文献、信息保证度相仿的情况下,防止某些局部过于概括或过细地展开。

5. 类目概念应当是清楚的

类目名称对于用户在浏览中判断其需求的文献、信息在哪个类十分重要。类名要做到所使用的语词或短语能确切表达类目的实际内容范围,内涵、外延清楚;类名要尽量采用科学规范、通用的术语或译名,当某事物具有几个常用表述形式时,应当通过注释加以说明;在表达相同的主题概念时,要做到在各个类中语词的一致性;在不影响类目涵义表达的情况下,概念的表达尽量简洁。

(二) 类目的划分

类目划分是选用一定的分类标准,对一个较宽泛的上位概念进行分组,形成一组平行的类目,这组平行的类目互称同位类,它们都具有其上位类共同的内涵,同时又增加了分类标准所限定的内涵。类目划分是建立分类法整体知识结构和局部知识结构的过程,决定着文献、信息聚类的方向和集中的程度,对文献、信息检索效率有着重大影响。

1. 类目划分的原则

（1）类目的划分应以事物本质属性中最有检索意义的属性作为主要划分标准。这样划分出来的类目才具有实用性。例如对于计算机软件的划分，首先按其功能划分为系统软件、支持软件、应用软件、编程软件、字处理软件、图形软件等，就比按软件的作者、时间、国家、大小划分有用。又如《协调商品名称和编码制度》为适用于国际贸易的需要，商品分类首先按制造用的材料划分，其次按加工的深度划分。

同一事物在不同的知识领域中选取的划分标准不一定是相同的，主要是根据文献、信息检索的实际需要来决定事物按何种属性聚合成类。比如关于植物的划分，在生物学中应当按植物的属种关系划分为孢子植物、裸子植物、被子植物等，而在农业类则按对人类的用途划分为禾谷作物、油料作物、药用作物、饲料作物、园艺作物等。

（2）类目的划分应基本遵循逻辑划分的规则。即类目的划分应当逐级次第进行，不能跳跃式划分。在对某上位类的同一划分阶段中，一般只使用一个划分标准，以保证划分后的子目相互排斥，外延不相交叉。这种概念划分的逻辑规则既是建立知识的等级体系所必需的，同时又制约着文献、信息检索系统的实用性功能。文献、信息分类毕竟不是概念的逻辑分类，所以在分类法编制中都是原则遵循这些规则，根据文献、信息自身特点以及检索的需要加以变通。对于不存在"排架"问题的网络信息分类法则有更大的灵活度。

（3）类目的划分应当力求全面。也就是要使由一个上位类划分出来的一组下位类的外延之和等于上位类的外延，以保证类列的完整。当不可能全面列举或无须全面列举所有类目时，一般在类列的最后编制"其他"类，用以容纳尚未列举的内容。有时也可以根据类目划分的实际情况，不编列"其他"类，而是在规则上限定把没有列出的内容归入能概括该主题内容的上位类。

2. 类目划分的技术

文献分类、信息分类、学科分类、事物分类等都有不同的需要和各自的特点，在类目划分中也应有所不同。对于文献分类法来说，类目划分主要有以下方法：

（1）划分层次的掌握。一个类目每使用一次分类标准划分就会产生一组子目，这样层层深入下去到何级为止？划分的目的是使具有某一共同属性的文献、信息聚成一类，类目划分的越深细，其专指性越强，同一类目所聚集的文献、信息的共性就越多，查准率会越高，但是检索的难度可能也增大。比如数学类如果划分为二级，那么微积分、函数论、级数论就会属于同一类（数学分析），如果划分为三级，上述学科就可以相互区分开来。一般而言，某知识领域包含的知识层次越多,相关的文献、信息量越大,划分就应当深细些,反之则类目应当概括一些。并不是类目划分得越深细越好,总的原则是最末级子目应当有足够的文献、信息保证量,而这必须建立在文献、信息调研的基础上。

(2)总论与专论的掌握。文献、信息的分类与学科分类重要的差异之一就是它们会包含各个层次的"总论性""概括性"问题。比如烟草作物的灌溉、天文和地质的哲学问题等。因此在划分的每一个阶段都要考虑是否设置相应的总论性类目。总论性类目常用"×× 基本问题""×× 一般性问题""×× 一般著作""×× 理论"等形式设置。

(3)"横向展开"与"纵向深入"的掌握。在类目划分时,总是伴随着"横向展开"与"纵向深入"这两个方面。"横向展开"是以某类事物的共性问题为分类标准,按事物某方面的属性聚类,划分的结果是形成一组组关于某类事物各个方面的类目;"纵向深入"是以事物的个性差异为分类标准,沿着"属→种"的方向进行个性化区分,划分的结果是形成一组组关于某事物细分种类的类目。这两种划分都是必要的。"横向"相对于"纵向"来说是总论性类目;"横向"与"纵向"又各自存在不同层次上的总论性类目。以动物的分类为例:

横向展开(总论)	纵向深入(专论)
动物演化学	无脊椎动物
动物细胞学	脊椎动物
动物遗传学	哺乳动物
动物生态学	真兽亚纲动物
动物生理学	灵长目动物
动物神经生理	原猴亚目
动物感官生理	猿猴亚目
动物循环生理	阔鼻次目
动物消化生理	狭鼻次目
口腔消化	人形超科
胃消化	猿科
小肠消化	人科
胆道生理	黑猩猩

这里一是要处理好"横向展开"中的层次,比如动物消化生理是否要细分?动物小肠消化是否要再继续细分?在动物生理类下,是否要区分为无脊椎动物生理、脊椎动物生理?二是要处理好"纵向深入"的层次,各类究竟细分到什么程度?一般来说,凡是同时涉及事物的方面与事物的类型划分的,应当以事物的类型为主,因为在一定的知识范畴中按事物(主题)集中相关的文献、信息符合大多数用户的检索习惯。而按事物的方面进行划分则作为一种补充,以容纳有

关的总论性文献,层次不宜划分过细。按事物的类型划分的层次应与相关的文献、信息量相匹配,并且可以归并某些划分层次,例如在灵长目类下可以直接列出"科",越过亚目、次目、超科三个层次。

(4) 共性区分的处理。在类目划分中,经常会涉及"共性区分"的问题,即在不同的知识领域中某些类目划分的标准基本相同,划分出来的子目也基本相同。例如关于按时代、按地区、按性能、按工艺流程、按结构等标准划分出来的子目,很多都是相同的。这时应采用"对应列类"的方法,保持相关子目名称和次序的一致性,并使分类号的配置也具有一定的规律,这样既有利于分类法编制的系统性、规律性,对用户来说也有助记作用。例如:

S821　马　　　　　　　　　　S823　牛
　S821.1　生理、解剖　　　　　　S823.1　生理、解剖
　S821.2　遗传、选种、育种　　　 S823.2　遗传、选种、育种
　S821.3　繁殖　　　　　　　　　S823.3　繁殖
　S821.4　饲养管理　　　　　　　S823.4　饲养管理

这种共性区分的对应列类,除了采用类目列举的方法编列外,在文献分类法中一般都采用编制通用复分表、专类复分表、"一般性问题"以及采用类目之间的仿照复分来处理,这样可以大大减少分类法的篇幅。

(5) 类组的划分。分类法的类目常常不是一个单纯的主题概念,有时会把一些相近的知识归并在一个类目中,这样的类目就称为类组。在类组性的类目下,由于涉及若干事物,很难使用同一种分类标准对不同的事物进行划分,这时应当根据类组所包含事物的特征分别选用不同分类标准进行划分。如果类组中的各个事物可以单独成类的话,则宜先按其中的各个事物列类,然后再分别进行下一度划分。

(6) 类目的多重划分(列类)。按概念的逻辑划分规则,事物的多种属性应当在不同的划分阶段分别使用,这样不但意味着划分层次的增多,也会将一些信息隐藏在更深的层次下不易查找,有时为了减少划分层次,不得不略去按某些属性的聚类,也就是无法再按该属性作为检索的入口。比如诗歌的题材没有作为分类标准使用,那么就不会按诗歌的题材单独聚成一类、形成检索点,用户要想按题材检索诗歌只能在各国诗歌、各时代诗歌、各种体裁的诗歌中去一一筛选。

当某些事物具有的若干属性都可作为检索入口,但又不宜在逐次划分过程中分别使用这些属性作为分类标准,这时可以同时使用若干分类标准对同一个类目进行划分,这种方法称为多重列类法,是分面技术在等级体系分类法中的应用。进行类目的多重划分会产生一组组平行的、外延有交叉的子目,对于有文献排架功能的分类法来说,应当规定当文献可以归入几个类目时的分类规

则，以保证文献有唯一的索书号。类目的多重划分只有与文献主题的多重标引相结合，才能实现文献多途径检索和组配检索的功能，否则只是提高了文献标引的便利性。

类目的多重划分有两种基本的方式，一种是在同一层次列出划分的全部子目，将同一分类标准划分出来的子目集中排列，并以"分面标头"的形式说明划分的标准，例如：

面包
  （按质地分）
  软质面包
  硬质面包
  ……
  （按配料和味道分）
  咸面包
  甜面包
  ……

另一种是用"结构性类目"（起构建类目框架支撑的类目）说明分类标准，在该类目之下排列相关的子目。例如：

桥梁
  按行车道位置分的桥梁
    上承式桥
    中承式桥
    ……
  按承重构件受力情况分的桥梁
    梁桥
    拱桥
      按主拱圈静力图式分的拱桥
      三铰拱桥
      ……

前一种方法划分的层次少，但不利于自动扩大或缩小检索范围，也无法容纳相应的总论性文献；后一种方法多了一个划分层次，但有利于自动扩大或缩小检索范围，容纳相应的总论性文献。

除了典型的类目多重划分之外，还有一些变通的方法。在同一划分阶段中，多数类目使用同一分类标准划分，而个别类目采用其他分类标准划分，并排列在类列之后，也是常用的一种划分方法。例如：

J23　各国绘画作品
　　　232　民族技法画 ┐
　　　233　油画　　　│
　　　234　素描、速写 ├──── 按画法分
　　　235　水彩、水粉画│
　　　237　版画　　　 ┘
　　　238　各种画:按用途分 ──── 按用途分
　　　　.1　宣传画

这种列类方法都隐含着一个分类标引规则,即这些排在类列最后的子目,通常都是按该属性集中某方面的文献。如"水粉宣传画"归入"漫画、宣传画",而不归入"水粉画",对于检索也是如此。

(7) 类目划分中"集中"方向的选择。当采用对一个类目同时使用多个分类标准进行划分时,也可以人为地把某些具有外延交叉的内容集中在一个类下,以满足某些专业特殊的检索需要。这种方法解决了某主题文献归类的唯一性问题(从标引角度而言),但对用户检索而言这是一个隐含的分类规则,一般很难知晓和把握。凡属该类情况,在编制时均应作出明确的注释或导引,否则会降低查全率。比如各类疾病一般按发病的部位(生理系统)划分,但有的疾病按发病的病因或病理集中更有实用价值,就可以把某类疾病按病因加以集中。例如:

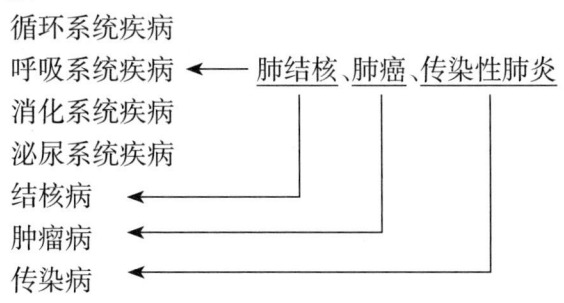

　　疾病
　　　循环系统疾病
　　　呼吸系统疾病 ◄──── 肺结核、肺癌、传染性肺炎
　　　消化系统疾病
　　　泌尿系统疾病
　　　结核病 ◄────────┘
　　　肿瘤病 ◄────────┘
　　　传染病 ◄────────┘

本来肺结核、肺癌、传染性肺炎等应当归入按生理系统划分的疾病类(主要划分标准),为了某种需要也可以分别集中在按病因划分的有关各类(次要划分标准)。在类目划分中是否需要该种情况的集中处理,应当根据专业用户的检索需求和习惯来判断。

(8) 交替列类和交叉列类。为满足不同性质、不同专业的文献机构从不同角度集中文献的需要,当某事物可以隶属多个知识领域时,可以按综合性文献机构的需求依据其主要隶属关系在一个类下列类,这个类目的类号可用来编制索书号,我们把它称为正式类目或使用类目。另外按专业集中文献的需要,在其他一个或几个类下也编列相应的类目,供选择使用,这样的类目称为交替类目。交替

类目和使用类目只能择一而用,不允许同时使用,交替类目一般都使用特殊的符号加以识别。当需要启用交替类目作为使用类目时,一是可以将原来的使用类目下的子目体系移植该交替类目下(包括配号的形式),作为进一步展开的子目;二是需要将原来的使用类目加上交替类目的标记,并且作出相应的注释。例如:

 矿山工程
  爆破工程 设置正式类目
 建筑工程
  [爆破工程] 设置交替类目
 水利工程
  [爆破工程] 设置交替类目

  在网络信息分类法中,遇有多重隶属关系的事物归属时,则可以分别在相关的知识领域下设置相应的类目,与文献分类法的交替类目不同,它可以相对自由地设置,我们称之为"交叉类目"。交叉类目虽然在用户浏览界面上没有什么区别,但要在若干个表达同一主题的交叉类目之内需要确定一个主要的类目(与使用类目相当),这样便于索引数据库的建立,其他交叉类目则与此建立链接。信息标引时,只要归入其中任何一个类目,通过管理系统都可以指向主要的交叉类目。例如:

 小说
  网络小说
  军事小说
  影视小说
 影视文学
  影视小说
 网络文学
  网络小说
 军事文学
  军事小说

  这里历史小说、网络小说、军事小说、影视小说互为交叉类目。一般应将"小说类"作为各类小说的主要位置。

  (9) 双表列类法。为了适应某种专业的文献整序与检索的需要,有时也可以在某个知识领域设置第二分类体系,并采用不同的分类标准进行划分,供专业文献机构选择使用,这种方法称为"双表列类法"。与网络信息分类法的辅助分类体系不同的是,第二分类体系类似于一个大的交替类目,一旦选用就不能再使用原来的分类体系组织文献。但如果编制成两个分类体系的对应表,在计算机检索系统则可以实现两个分类体系的检索。

（10）类目划分中的逻辑性。立类、列类中文献、信息的保证原则是十分重要的，但在构建类目的逻辑体系时会有少数类目缺少足够文献、信息保证，从知识体系的完整性和逻辑性考虑（以及今后的发展），重要的逻辑性类目还应当设置。比如类目按时代划分中的古代、中世纪、近代、现代，类目按地域划分中的亚洲、非洲、欧洲、美洲、大洋洲，类目按季节划分中的春季、夏季、秋季、冬季等。

（11）类目表达的信息内容与形式。在文献、信息分类中，绝大多数类目应当从知识内容的角度进行设置，但某些文献、信息的载体、著述形式（如丛书、工具书、技术标准等）具有检索意义时，也可以设置适量的形式性类目。

（三）分类标准的使用次序

分类标准使用次序也称引用次序，是等级体系分类法类目划分时使用分类标准的先后次序。一个类在连续划分过程中，需要分别使用该类事物的若干属性作为分类标准。这些分类标准的使用次序，决定着文献、信息聚合成类的次序和按某种属性集中的程度，决定着分类法局部的类目体系结构。一个事物具有的多种属性虽然在逐级划分中都先后被作为分类标准使用，但只有首先使用的属性才能据此单独聚合成类，按该属性集中全部文献、信息。越往后使用的属性聚类的能力越弱，因此分类标准使用的选择，对分类法的性能有重大的影响。例如：

小说
　长篇小说
　　古代长篇小说
　　近代长篇小说
　　现代长篇小说
　　　中国现代长篇小说
　　　　历史小说
　　　　战争小说
　　　　科幻小说
　　　美国现代长篇小说
　　　俄国现代长篇小说
　中篇小说
　短篇小说

该例中首先按小说的篇幅划分，那么长篇、中篇、短篇小说就可以单独聚类，在一个类可以查全全部长篇或短篇小说；"时代"是其次使用的分类标准，要检索近代小说，必须在长篇、中篇、短篇小说里分别检索；"题材"是最后使用的分类标准，聚类能力最弱，要查找科幻小说必须在各种篇幅、各个时代、各个国家的小说类里分别检索。

选择分类标准使用次序,决定文献、信息聚类方向的基本原则是:

(1)优先使用的分类标准一般是该学科、该事物的主要分类标准。比如在经济类首先使用经济活动的领域或范围(如工业经济、农业经济、贸易经济等)作为主要分类标准,而不是按经济活动的地域或时代分;在电机类首先以电机的原理划分为同步电机、异步电机、交流电机、直流电机,而不是按用途划分为工业用电机、农用电机、船舶电机等;在植物分类中,首先是按植物的形态划分,而不是按植物的分布地域或植物的生长周期等标准分等。

(2)优先使用能形成具有科学认识意义的类目体系的分类标准。比如在政治经济学类下,首先以"社会生产方式"这个分类标准划分;在数理科学和化学类中,首先按物质运动形式来划分;在物理学中,首先按宏观物理现象、微观物理现象划分。

(3)优先使用具有较高检索意义的属性作为分类标准。比如在综合性图书类首先按出版形式分,而不是按文献的内容分;在文学作品中首先按作者的国籍分,而不是按作品的时代、体裁和题材分;在药物类首先按药物的功能分,而不是按药物的制造方法分。

(四)类目与信息的排列

使用一定的分类标准对一个上位类划分的结果是产生一组同位类,如何排列同位类虽对检索效率影响不大,但能体现分类法编制的逻辑性、系统性和规范性,而且对于深入认识分类体系、方便标引和检索也有一定的意义。当各个局部成千上万的类目都呈现有序状态时,分类法整体的系统性、逻辑性就显现出来了。一个类下的同位类越多,这种排列次序越重要,对用户浏览的影响也越大。

类目的排列包括纵向排列和横向排列,纵向排列决定于分类标准的使用次序,一系列具有直接从属关系的类目就构成一个类系。横向排列指一个类列中同位类的排列顺序。类目排列的方法有内容相关排列、逻辑相关排列、形式相关排列以及实用性排列等。因为各个知识领域划分出来的子类有很大的差异,要根据类目不同的性质和特点分别选择排列的方法。如果一个类目下是用几个分类标准进行划分的,那么首先应当把同一分类标准划分的子类集中排列。

1. 内容相关排列

就是根据类目之间内容相关联的程度予以排列,反映事物之间内在联系的次序,是最有利于用户按知识内容浏览的次序,便于用户对内容相近的类目进行对比、判断,是主要的排列方法。例如,涉及生物种类的按进化次序排列,涉及生产制造的同位类按工艺流程排列等。

2. 逻辑相关排列

就是按照某种内在的逻辑次序排列,符合人们的思维规律,有利于引导用户对某个局部体系的理解、有利于从较大的视角出发检索特定的文献、信息。科学的系统次序、历史发展的次序、从总论到分论、从整体到部分、从理论到应用、从一般到特殊、从低级到高级、从简单到复杂的次序都是逻辑次序。

3. 形式相关排列

就是把某些形式性类目集中排列,以与内容性类目相区分。

4. 实用性排列

当某类事物的客观次序不明显或某种人为的次序更有利于检索时,则按人为次序排列同位类。包括按类目的重要程度、使用的频率、类目包含文献信息的多少、用户的习惯次序、某种法定的次序(如行政区划)等排列。

5. 对应性排列

对于性质相同或相似的类列,采用统一或对应的排列方法,以提高助记性。运用复分或仿分的办法将类目展开,也是达到类列的统一排列或对应排列的手段。

6. 按字顺排列

当一个类下要展开的子目很多,难以进一步归纳,又存在不可预见性时,可以按类名的某种字顺直接序列类目。比如计算机程序语言、某种同类事物等。如果同位类是大量的著作、人物、地点、商品等名称,则这种排列更加方便,在网络信息分类法中的应用比在传统分类法中的应用更普遍。例如:

(网易)　　　　　　　　(搜狐)
　游戏　　　　　　　　　旅游
　　暗黑破坏神　　　　　　国内
　　魔兽世界　　　　　　　出境
　　炉石传说　　　　　　　周边游
　　星际争霸　　　　　　　景区大全
　　风暴英雄　　　　　　　摄影
　　梦幻西游　　　　　　　物价
　　大话西游　　　　　　　自驾路线

7. 信息的排列

传统的印刷型分类法仅仅是一个独立的分类体系。电子分类法不仅包括分类体系,还包括相应的数据库和数据格式、检索系统、浏览界面、统计系统等,它们构成一个统一整体,不可分割。广义的网络信息分类法实际就是搜索引擎的一部分——分类导航系统,除了电子分类法的结构外,还包括索引系统及数据库、自动分类系统乃至数据发现和挖掘系统。网络信息分类法与电子分类法的最大区别是它还包括纳入该系统的各类信息,"分类体系—软件程序—信息"共同构成网络分类法的整体。因此网络信息分类法除了同位类的排列之外还有一个信息的排列问题。由于网络信息数量大、动态性高,多数要靠程序自动排列,通常采用的排列方法是：

按重要程度排。通常需要人工干预选择，把切题程度高、内容翔实丰富的网站排在前面，起到推荐的作用。

按点击频率排。这是根据用户利用该信息的次数确定重要程度的排列方法。

按字顺排。这种方法简单、快速，也便于用户按字顺查找相关信息。

按时间排。把信息按更新的时间排列，突出最新信息。

四、类目关系显示及交叉关系的处理

(一) 类目关系的显示

分类法每一个类目都是类目体系中相互关联、相互制约的有机组成要素，类目的涵义是在一个由上位概念、同位概念、下位概念、相关概念和类目注释构成的语义空间中进行限定，这是等级体系分类法进行语义控制、显示类目间关系的基本方式。类目之间主要有纵向的等级关系和横向的相关关系。

1. 类目的等级关系

类目的等级关系是一种纵向的隶属关系，反映类目之间的亲缘关系，包括从属关系和并列关系，主要使用等级结构来显示。层累制分类标记的数位基本能反映类目的级位，在分类表中还同时使用不同的字号、字体和排列的缩格来表示。

(1) 从属关系

类目的从属关系指上位类和下位类的关系。一个类与其细分出来的小类之间具有从属关系，连续划分的一系列具有从属关系的类目称为一个类系或类链。在划分中被区分的类称上位类，直接区分出来的小类称下位类，凡不具有直接从属关系的各级上位类和下位类则统称为上级类或下级类。在一个类系中类目的内涵逐次递增、外延逐次递减，上位类包含其所属的下位类，下位类具有上位类的属性，这是它们之间的基本关系。从属关系又分为属种关系、整部关系和方面关系。

属种关系，是包含和被包含的关系。如汽车与越野汽车、种子植物与被子植物等。

整部关系，是整体和部分的关系。如机床与机床传动系统、地球与地幔、上海市与宝山区等。

方面关系，是全面和某一方面的关系。如中国经济与中国经济政策、物理学与物理学史、松树与松树病虫害防治等。

(2) 并列关系

类目的并列关系指处在同一划分层次上的不同类目的关系。由一个上位类区分出来的一组下位类互称同位类,一组同位类总称为一个类列。在一个类系中,类级相同,又不属同一个上位类的类目称同级类,同位类和同级类之间都是并列关系。

还有部分具有从属关系的类目由于分散在不同的大类,不能直接显示出来,需要根据它们之间的内容联系进行判断,如仪表与飞机仪表、应用物理学与地球物理学、质量管理与产品质量管理等。

2. 类目的横向关系

类目的相关关系是一种横向联系的关系,指类目间虽不存在等级关系,但内容上相互关联,如理论与其应用、设备与相关的制造工艺、生产过程与相关的设备、器官生理与其病变、犯罪与相关的法律、机构与相关的职能、历史事件与相关的人物等。等级体系分类法主要通过类目的参见注释和类目的内容范围注释,揭示类目间的关联性并把它们连接起来,从而实现非等级关系类目的语义控制。例如:

R563　肺疾病

　　职业性肺疾病入 R135.2;肺结核病入 R521;肺源性心脏病入 R541.5;肺畸形入 R655.3;肺放线菌与真菌病入 R519。

大理石料

　　参见:大理岩、人造大理石

3. 类目的同一关系

类目的同一关系即类目的交替关系,使用交替类目来显示,它既能揭示非一个类系内的从属关系,也能通过跨类的指引起到揭示相关关系的作用,因为使用类目与交替类目所在的类目一定存在某种联系。在网络信息分类法中交叉类目之间是同一关系。

(二) 类目之间交叉关系的处理

在等级体系分类法的编制中,处理学科、知识间的交叉关系是最复杂的技术之一,既要保证按知识领域编列的系统性,又要充分揭示学科、知识之间的横向联系。

1. 理论及其应用的交叉

由于一种理论会在多个知识领域得到应用,并且其应用会不断地发展,因此等级体系法一般都将某种理论与具体应用分别编列类目。为了容纳有关总论某种理论应用的文献、信息,通常使用设置"应用管理学""应用物理学"一类的专类来解决。有关某种技术、某种设备及其应用,也采取了上述编列原则。

2. 自然科学基础理论与应用科学的交叉

自然科学基础理论是研究自然界物质运动最普遍、最基本规律的科学,也是其他科学技术理论研究的基础科学。应用科学(包括工程技术)是直接应用于生产、生活的技术和工艺,是改造自然、生产物质产品的理论与技术。因为自然科学基础理论广泛应用于工程技术,因此这两类科学之间存在着广泛的交叉,如半导体物理与半导体技术、流体力学与空气动力学、结构力学与船舶结构力学等。这类交叉一般都采用自然科学基础理论应用在工程技术的哪一个层次,就在哪一个层次编列相应的类目。例如:

　　摩擦理论　　——→ 动力学(自然科学)
　　机械摩擦　　——→ 机械学(应用科学)
　　拉拔的摩擦——→ 拉拔工艺(应用科学)
　　汽车摩擦　　——→ 汽车工程(应用科学)

3. 产品的理论、制造及其应用的交叉

产品的理论、制造、应用之间有着密切的关系。一种产品的理论与其制造技术和工艺密切相关,从用户检索角度看不论是设计人员还是工艺人员这两方面的文献信息都与他们相关。因此一般都以产品本身为中心,集中相关的理论与技术方面的文献信息(按事物或主题集中文献)。产品的应用虽然与其理论和生产技术也关系密切,但如果把某种产品应用的文献都集中在该产品类下,势必又造成其他知识领域的不完整。比如在造船技术中各种机床、电焊、电机、装载机、信号设备等广泛应用,如果这些产品在造船中的应用都抽走了,那么造船技术也就只剩下空壳了。另外,一种产品的应用范围具有很大的不可预见性,在产品本身下列类无论如何也是列不全的。除此之外还有一个问题,如果类目列得较概括则缺少专指性,如果列得很深细则造成篇幅巨大。因此产品的应用原则上都按应用到的领域聚类(特殊情况可以采用变通的措施),同时产生一个隐含的分类规则,即某项工程、某项技术都包含相关产品在此的应用,这样就使分类法具有了很大的灵活性和兼容性,比如只要有"罐头制造"这个类目,那么所有制造罐头的技术、设备都包含在该类——不管是已知的还是未知的。

4. 交叉学科的编列

科学的交叉化是当代科学发展的一个重要趋势和特点,边缘学科(交叉学科)是在两个或几个学科交汇处产生的新学科。对于边缘学科一般是按研究对象所属的学科(母学科)或边缘学科重点隶属的学科列类,例如环境地质学在环境科学列类,不入地质学;医学伦理学在医学列类,不入伦理学等。为了提高分类法的对边缘学科的容纳力,可以在相关类目下编列"新技术在××的应用""××学科的应用"等类目,容纳一个学科应用到另一个学科但尚未形成新学科的内容。

除此之外,使用编列交替类目、编制类目参照、规定互见分类方法、说明内容划分范围或分类方法,也是处理学科之间交叉关系的手段。

五、类目注释

注释是类目的重要组成部分,对正确了解类目的含义和使用分类法有着重要的指引作用,类目注释主要有以下几种类型:

(一) 类目内容注释

内容注释的作用是对类目的涵义加以说明,对类目的内容范围加以划分,指示某类包含与不包含的内容,当相邻的一些类目具有相同的注释内容时,一般不一一列出,而采用"见××注"(注释内容完全相同)或"参见××注"(注释揭示的范围相同)的方式。有选择地对类目编列的方法加以说明,也有助于用户理解类目的含义。

(二) 类目关系注释

一是为内容密切相关或性质相近的类目编制参照注释,帮助分类法用户了解相关类目编列的情况,参照均是双向的;二是在交替类目下编制"宜入××"的注释,指示正式使用的类目或文献集中分类的方法。当交替类目用于处理文献集中分类时,或该交替类目对应的正式类目较多并展开有细目时,则不设"宜入××"具体类目的注释。

(三) 分类方法注释

是指导用户正确分类的重要说明。包括说明复分的依据、复分的次序、组配编号方法、文献集中与分散分类的方法、某项特殊的分类规则或组号规则、说明互见分类的方法、说明同类书的区分方法等。

(四) 类目沿革注释

是关于分类法修订后说明类号、类名及类目内容范围变化的注释,对用户学习掌握新版分类法和进行文献改编非常实用。沿革注释包括说明类名变化情况、说明类号变化情况、说明类目内容变化情况、说明交替类目变化情况、说明类目停用情况并指示停用类目改入何类、说明类目体系变化情况等。

六、分类法的修订

分类法是一个生长的有机体,分类法来源于社会信息整序的需要,也必须在使用中始终保持着与外部环境的信息交换,只有在不断的修订中才能保持自己的生命力。有不少分类法原来的基础不错,但因年久失修而走向衰亡,因此分类法修订的意义与分类法的编制是同等重要的。

分类法修订的目的一是使自身的知识体系与社会的发展、科学的进步、文献的出版保持大体的一致,满足新的知识信息整序的需要;二是使自身的体系结构不断适应新的标引手段、新的检索设备、新的检索需求和习惯的要求;三是使自身的载体形态,满足信息存贮方式、传输方式、检索环境和条件的变化。

(一) 分类法修订的形式

分类法从修订的幅度和周期讲,有版本性修订和日常维护性修订两种基本形式。

1. 版本性修订

分类法的修订具有一定的周期性,这是因为一部分类法从出版(或从上一次修订)到用户熟悉和使用分类法有一个过程,分类法的管理机构从使用中发现问题、积累问题、形成新的修订思路有一个过程;其次是科学、知识的发展和更新都有一定的阶段性,经过一定的时期才能反映出较明显的变化。

分类法修订周期的选择是一个经验值,各个分类法有所不同,通常都在五至十年左右。修订的周期过长则与科学发展的差距拉大,周期过短又不利于用户的使用,特别是当分类法的使用与文献排架相联系时,频繁的修订将会给用户造成很大的负担。

版本性修订是对分类法有计划的全面检查与修订,不但涉及具体类目,也会涉及其体系结构、标记制度、载体形式等。

2. 日常维护性修订

就是把分类法在使用中发现的明显问题,以及在版本修订周期内出现的重要知识领域、新事物、新工艺、新设备等,及时作出必要的更正、增补,以简报等形式通告用户。这种维护性修订为版本的修订提供重要的素材。良好的维护性修订又可以延长版本修订的周期,有助于分类法的稳定性。

对于网络信息分类法来说,一般没有明显的版本修订和维护性修订之分,只要有必要,随时都可以修订,对新生事物作出敏捷的反应。

(二) 分类法修订的准备

分类法版本的修订是一项庞大的工程,一般需要一至三年甚至更长的时间才能完成。为了保证分类法修订的质量和效率,准备工作是十分重要的,主要包括:制定修订规划和原则,包括修订的重点和程序、修订的组织和分工等;用户使用意见调查,包括平时积累的、通过会议征集的、文章发表等,并汇集梳理,研究其可行性;分类标引和检索数据调查,主要通过大型的数据库系统对各个类目使用的频率进行统计分析,这是检验分类法编制的科学性、实用性的重要手段;除此之外,还包括学科领域发展动态与趋势的调查分析,文献出版调查分析,国内外主要分类法、分类理论与技术调查分析等。

(三) 分类法修订的主要方面与技术

1. 在渐变中实现结构性变化

分类法修订的一个突出特点是"渐变性",这是其工具性所决定的。为了保持分类法的稳定性,重大的修订一般每次只选一个局部进行,使用户有个认识和适应的过程。如果一次就把分类法修订得面目全非,将是分类法的灾难。杜威分类法就是采用每一版对一个类进行较大的手术,这样在不伤及全身功能的前提下完成了局部的改造。又如《中图法》每版修订都有明确的重点,第四版重点是对通信和计算机类进行了较大的修订。第五版重点是对马克思主义、经济、计算机、政治、图书馆学、生活服务业等类进行了修订。

2. 类目体系的扩充

这是对某一个局部进行的系统扩展,适用于该类的文献、信息有了较大增长,而原来的类目明显不敷使用。类目体系扩充一般使用原有的、类似的类目划分标准进行,或仿照相似的类目展开,或仿照类似的类目复分,或增加专类复分表。当这些方法不能满足扩充的要求时再编列新的子目体系。

3. 增补新的主题

这是最重要、最多使用的修订项目之一。大量的新主题、新学科、新事物的增补主要通过在成千上万的类目中小的增补来实现的。常用的方法有:利用空号个别增加类目;修订类名,扩大原类目的外延;将涵义相关的类目改为类组,容纳新的主题;通过类目注释,增加新的主题内容等。

4. 删除陈旧或错误的类目、合并使用频率很低的类目

当一组类目明显过时,失去必要的文献、信息保证时,应进行归并,但不要轻易删除类目,因为这些类目下还有标引过的文献。

5. 订正类目的错误

包括类名的错误、类号的错误、隶属关系的错误、参照关系的错误、注释的错误,以及校对排版印刷中文字、字体、字号、类级、格式等方面错误。类目的隶属关系、分类号一般不要轻易调整,这将会带来很零散的文献改编问题。

6. 对类名、注释等进行规范化处理

使类名的表述、注释的内容表述及段落层次等更加规范统一。至于分类号除错误的外一般都不轻易改动。

7. 完善注释参照系统

分类法使用中的很多问题都可以通过完善类目注释、参照得到解决,如类目含义不明确、分类方法不明确、类目关系不清楚等。

8. 修订复分表

不管是通用复分表还是专类复分表,由于其使用范围不是涉及全表就是涉及某个局部众多类目,因此复分表的修订应相当慎重,一般多局限于扩大类目外延、增加新类目、增加细分层次、增加注释、增加复分表种类等方面。

9. Web 版分类法的维护和修订

与分类法印刷版和电子版(光盘版)相比,分类法 Web 版的最大优点是可以进行动态更新和维护,减少因版本性修订周期较长与科学技术发展迅速产生的"时滞"。分类法 Web 版除了与印刷版同步进行版本更新外,大量是日常维护和

修订。首先是要确定日常维护的权限和程序,通常可以划分为网络版维护组、主编、编委会三级修订审查机制;其次是做好网络版修订日志;再次是做好修订的发布工作,不仅要在分类表上更新,还应在专门栏目集中发布更新信息,使用户全面了解更新的动态;最后是充分利用网络版的平台,加强与用户的互动,了解用户对分类法修订的建议。

第三节 分类法的标记系统

分类法的标记符号,也称分类号、类号,是类目的代号。标记符号是现代文献、信息分类法重要的、不可少的组成部分。分类法全部类目的标记符号及其构成的整体联系,就是分类法的标记系统。

一、分类标记的功能与要求

(一) 分类标记的功能

1. 以代号的形式表达类目

分类标记以简洁的非文字符号形式代表类目,包括类目表达的主题概念集合。这样,一个复杂的主题概念就变成了简单的号码,从而使类目的读、写、记忆,特别是类目的逻辑排序、使用类号的检索变成可能并且十分方便。在分类数据索引库中,记录指向的是分类号,即便类名发生变化,对数据库中信息的定位也没有影响。

2. 固定类目位置

一个类目只有唯一的分类号,这样不但使类目在庞大的分类体系中固定了自己的位置,也由分类号的次序固定了类目的排列次序,全部分类号的排序就是分类表所有类目的逻辑次序。在文献分类法中,这对于分类款目的排序、文献的分类排架是至关重要的。在网络信息分类法中,不同的知识内容可能使用相同的文字表述形式(与等级体系分类法一样承接上位类的内涵),但类目的代号是不同的(尽管分类号不显示在浏览界面上),这样就为类目之间的链接提供了方便。

3. 显示类目之间的关系

当分类标记采用结构制编制时,分类标记还能显示类目之间的从属、并列关系,甚至某些特定的含义。对于类目的识别和记忆、对于扩大或缩小检索范围都是有帮助的。

正是由于分类标记具有上述功能,也相应带来了对分类法的限制。

第一,类目一旦配备了类号,其位置就很难再变动。这会给调整类目的隶属关系带来困难。

第二,如果最初类号配置得不尽合理(如空号的预留、对应的配号等),就会给今后修订时插入新类目带来困难,也会为类目的进一步规范带来困难。

第三,如果分类标记系统设计得不尽合理(如编号制度的选择、辅助符号的设计等)、号码系统容量或弹性不足,将成为分类体系扩充的重大障碍。

分类标记的消极作用主要是对分类体系发展、变动的限制,如何把分类标记对类目体系限制的作用降到最低,是分类标记系统设计之初所必须考虑的。

(二) 分类标记的要求

人们在长期的分类法编制、修订、使用中,对文献分类法分类标记的基本要求逐渐趋于一致,这就是:

1. 容纳性

容纳性也称扩充性、弹性,是指分类标记系统不但能充分满足类目体系设计的需要,也能为分类体系的不断发展和变动提供足够、合适的号码。人类知识系统的稳定性、文献工作的稳定性要求分类标记系统必须是稳定的,但人类社会是一个发展着的开放系统,人类的知识、文献信息的工作都处在发展变化之中,因此类目体系也必须随之不断发展,要求分类标记系统有巨大的容纳性和灵活性适应这种发展。分类标记的容纳性主要取决于分类标记基本制度。

2. 简明性

也就是分类标记要简单、简短、明了,达到易认、易读、易写、易记、易排序、易于计算机处理的要求。由于分类号在文献、信息工作中是每天要大量使用、处理的一种特殊符号,它的简明性就显得相当重要。但简明性对于代码类分类法是不必要的。

3. 表达性

表达性是指分类标记能够(或在一定的程度上)表达类目体系的结构,显示类目之间的亲疏远近关系,表达某种类目的共同构成要素或属性(如手册、理论、统计资料等)。分类标记的表达性有助于对分类体系的理解、对类目的记忆。表达性与简明性是矛盾的,因为要表达层层展开的类目结构,将意味着牺牲标记的简短性,两者需要寻求一种平衡。

4. 助记性

就是要求分类标记便于记忆。助记性与表达性相联系,同时取决于分类标记配置的逻辑性、规律性、对应性。

分类标记的这四种基本功能相互联系、相互制约。通常应当在有足够的容纳性的基础上,根据分类法应用的范围,尽量提高其他功能。

二、分类标记的类型

分类标记的种类可从不同角度进行划分,通常都按分类标记的组成成分和分类标记的编制制度(结构)来划分。

(一) 按组成要素划分的分类标记

现代分类法的标记均采用数字和符号进行编制,根据分类标记中的组成要素分为单纯号码和混合制号码。

1. 单纯号码

凡只采用一种有固定次序的符号编制成的标记符号就称为单纯号码。单纯号码中又有单纯数字号码与单纯字母号码两种类型。

(1) 单纯数字号码

单纯数字号码(阿拉伯数字)由于具有通用、简明、易于排检的特点被广泛应用。单纯数字号码系统也可以使用一些其他符号作为辅助符号使用。DDC、UDC、《中国人民大学图书馆图书分类法》《中国科学院图书馆图书分类法》(简称《科图法》)等都使用单纯数字号码。

单纯数字号码受其进位基数的制约,在相同位数时容量最小,当同位类达到或超过十个时配号困难。为了利用数字号码的简明性又有足够的容量,发展出以两位数字代表一级划分,这样每一级划分都可以容纳 99 个同位类。有的为了展开一级大类的需要只在第一级划分使用两位数字,其他各级划分仍采用一位数字,以达到简短的目的。例如:

《科图法》:

51　数学
52　力学
53　物理学
　.1　物理基本概念

《学科分类与代码》

110　数学
110.11　数学史
110.14　数理逻辑与数学基础
110.1410　演绎逻辑学(亦称符号逻辑学)

《商品名称及编码协调制度》:

01010000　活马、驴、骡
01011100　改良种用(马)
01012010　改良种用的驴

《联合国政府功能分类表》(COFOG):

01.　YLEINEN JULKISHALLINTO

01.1 TOIMEENPANO JA LAINSÄÄDÄNTÖELIMET, FINANSSI-JA VEROASIAT, ULKOASIAINHALLINTO

01.1.1 Toimeenpano ja lainsäädäntöelimet

(2) 单纯字母号码

单纯字母号码，使用拉丁字母(包括大写字母、小写字母)编制而成，个别分类法还使用非拉丁字母标记，如《苏联图书书目分类法》(ББК)。由于字母进位基数大，所以在相同位数下它的容量大，号码简短。但是单纯字母号码在识别、记忆、书写、排序等方面都不如数字号码方便，所以很少被使用。某些专业分类法时有采用，如《伦敦教育分类法》：

Tab　异常儿童
Tap　残疾
Tas　身体残疾

2. 混合制号码

采用两种或两种以上有固定次序的符号系统编制的分类标记称为混合制号码。这种号码汲取了单纯数字和单纯字母号码的优点，既易识读又有较大的容量。混合制号码一般使用阿拉伯数字和拉丁字母组合，并且通常使用字母标记一级类目或一、二级类目，用数字标记其他各级类目，但也有少数将字母同时用于分类标记的末端甚至中间的情况。混合制号码的数字部分也有的使用双位数字编号，特别适合各级类目都有大量的同位类的分类法。例如：

《国际专利分类法》(IPC)：

A　人类生活必需(农、轻、医)
A01　农业；林业；畜牧业；狩猎；诱捕；捕鱼
A01B　农业或林业的整地；一般农业机械或农具的部件、零件或附件
A01C　种植；播种；施肥

《国民经济行业分类与代码表》：

A　农、林、牧渔业
　　01　农业
　　　　0111　稻谷种植
　　　　……
　　0200　林业

不论使用单纯号码还是混合制号码，其附表子目的编号可以与主表不同，如《中图法》使用混合制号码，它的通用复分表使用单纯数字号码。

(二) 按标记制度划分的分类标记

分类法的标记制度也称编号制度、配号制度，是编制分类标记的根本方法，

决定着分类标记系统的类型和性能。其中最常使用的是层累标记制、顺序标记制、混合标记制和分面标记制,不同的标记制度产生不同的标记符号类型。标记制度的选择,与分类法的结构体系有着密切的关系。标记制度根据其是否体现类目的层次结构,分为结构型标记制与非结构型标记制两个基本类型,结构型标记制可以(或在一定程度上)揭示类目体系的层次结构,非结构型标记制不能揭示类目体系的层次结构:

    结构型标记制
        层累标记制
        混合标记制
        分面标记制
        起讫标记制
        回溯标记制
    非结构型标记制
        顺序标记制
            单纯顺序标记制
            混合顺序标记制

1. 层累标记制

又称等级标记制、展开标记制、树形标记制。是类号的位数与类目的等级相对应的编号制度,一般用一位符号标记一级类,用两位符号标记二级类、用三位符号标记三级类,以此类推层层累加,与类目的划分层次相同步。层累制的主要优点是分类号码能够揭示类目的等级关系、有很强的表达性、便于扩大或缩小检索范围。其缺点是随着类目的逐级展开号码将越来越长,影响简短性;当同位类超过其进位基数后,就得采用变通的方法来弥补,号码位数与类目的等级就不能完全对应了。为了克服这个弱点可使用双位数字标记每一级划分,这样既满足了大量同位类配号的需要,又保持了号码位数与类目等级的对应,适用于非文献分类法。例如:

    U   交通运输   一级类目
    U4   公路运输   二级类目
    U44   桥涵工程   三级类目
    U443   桥梁构造   四级类目
    U443.1   桥基   五级类目
    U443.13   深基础   六级类目
    U443.131   沉井   七级类目

2. 顺序标记制

即在配号时不管类目的等级,只按类目排列顺序分配号码的标记制度。显然这种标记制度只反映类目的先后次序,不显示类目的等级层次结构。顺序制号码的优点是配号简单,因为不表达等级关系所以号码较简短、号码利用率高;主要缺点是表达性差,不能体现类目之间的等级关系,不便于扩大或缩小检索范围,对计算机信息处理的适应性也差,因此较少被采用。例如:

《美国国会图书馆分类法》:

H　　社会科学

HD　　经济史:农业和工业

HD101—2200　　土地与农业

HD101—1130　　一般问题

为了在采用顺序制的条件下也能在一定程度上识别类目的等级,有的通过特定的号码(通常是"0")标记不同等级的类目,这样也能起到一定的效果:

《概略分类体系》(Broad System of Ordering,BSO)[①]:

100　　知识总论

112　　哲学

140　　情报学与文献工作

143　　图书馆与图书馆学

3. 混合标记制

是把层累制与顺序制相结合的一种标记制度,包括层累—顺序制和顺序—层累制两种基本类型。较多采用的是在层累制的基础上有限、灵活地加入顺序制配号法,以缩短号码的长度或局部增加号码的容量,层累—顺序制基本上显示了类目的等级结构及逻辑关系。例如:

《科图法》:

71　　工程技术

72　　能源学、动力工程

72.1　　电能学

72.11　　电的产生

4. 分面标记制

也称分段标记制,是用若干节段符号的组合来表达主题概念的标记制,它能显示类目的组配结构。分面标记制最早在 UDC 中出现,在冒号分类法中得到全面系统的应用,后来也被等级体系分类法吸收,用于局部的类目配号。分面标记制采用特定的符号或组配方式表示复杂主题中各个主题因素所属的分面,使号码不仅揭示类目的次序和等级,也能显示类目的分面结构,其特点是灵活的组配性能可以充分揭示文献主题。但是分面标记制造成号码冗长复杂,易识别性和排序性都不如其他类型的号码,因此完全的分面标记制很少被使用,而是将其

---

① 国际文献联合会主持的一部综合性的分面组配式分类法。

融入其他的标记制度结合使用。例如在冒号分类法中"1950年印度数学书目"这个主题的类号为:Ba.44 'N5,其中"B"表示数学,"a"表示书目,"44"表示印度,"N5"表示1950年。

5. 回溯标记制

也称回归标记制,是一种适用于分面组配式分类的标记制。20世纪50年代被用于《布利斯书目分类法》。其配号的方法是直接将位置在前的组面类号加在位置在后的组面类号上,例如:

J　　教育
JB　　教育管理
JK　　课程
JM　　初等教育
JMN　　预备学校

按照回溯标记制,预备学校的配号从JMN开始,预留JM以前的号码。"初等学校课程管理"这个文献主题的类号是JMKB(去掉重复的"J")。回溯标记制一般采用单纯字母配号,号码简短,组配时不需要单独设置分面指示符。

6. 起讫标记制

又称扩充编号法,是用一个号码或一个起讫号码表示一类,用起讫范围内的若干个号码(包括起讫号码)标记某个起讫类号所在类目的下位类。在《联合国教科文组织叙词表》的分类表部就使用了起讫标记制:

Z　　　　　情报、图书馆和档案
Z20/84　　图书馆学和情报学
Z24　　　　情报、图书馆史
Z26　　　　情报、图书馆研究
Z40/56　　情报、图书馆操作

起讫标记制有一定的容纳性和表达性,号码比较简短和便于扩充。这种标记在易读、易记、易排序等方面都不如层累制,使用的很少。

现代分类法的标记,实际上很少使用单一的标记制度,经常以一种标记制度为主体,根据需要吸收其他标记制的优点,对原有标记制度进行改善。

三、分类法标记系统的构建

分类法的标记系统是与分类法的基本类型相适应的,为分类法类目体系构建、文献标引、文献组织、文献检索服务。构建分类法的标记系统要从以下几个方面考虑:

(一) 分类法的结构形式

分类法的不同结构形式对分类标记系统有不同的要求,例如等级体系式分类法最好使用层累标记制,而分面分类法则需要相应的分面标记制才能满足其组面设置、主题组配的需要。

(二) 分类法的功能

分类法的功能各不相同,对分类标记系统的要求也有所差异,例如文献分类法、信息分类法、学科分类法、事物分类法、现象分类法等因功能不同,对标记的要求也不尽相同。在各种分类标记系统中,文献分类法的标记系统最为复杂,其中是否具有文献排架功能,也对标记系统的要求不同。学科分类法由于不会划分得十分深细,号码长度不是主要因素,但等级显示的功能要强。某些事物分类法,比如电子商务的商品分类法的同位类可能相当多,就必须考虑号码的容纳性,而无须考虑其组配的功能。对于网络信息分类法来说,最重要的是能构成直观的树形结构,以便直接进行层层浏览检索。分类标记系统除了显示等级结构外,还要便于计算机处理。

(三) 标记系统的辅助符号

现代分类法不管是等级体系的还是分面式的,多配有一定的辅助符号用于标记特定的主题、或用于文献主题的组配。如 UDC 的 +、/、:、=…、(0…)等,《中图法》的 <>、""、-、a、+、( )等。辅助符号的种类、功能、使用及其与主类号的关系等都须根据分类法的功能要求进行设计。

(四) 配号方法

配号方法是具体构建分类标记系统的技术,在设计分类标记系统时需要进行全面的考虑。

1. 涉及总论与专论类目的配号

有关某类文献、信息、事物的共性问题,都是总论性的。文献、信息分类法通常编制一组总论性类目置于该类之前,并且在分类号上有所体现,便于识别和使用。例如:

TJ　武器工业

TJ0　一般性问题

TJ01　理论与试验

TJ02　设计、计算、制图

这里用"0　一般性问题"来标记总论性类目。

2. 通用复分表类目的配号

通用复分表由于适用于整个分类表,配号时不仅涉及号码编号制度,也常常涉及辅助标记符号的使用。例如在《中图法》中,总论复分表使用层累制号码,并加"-"来区分;在中国民族表里,使用顺序制号码,并规定在特定的类目下直接与主类号组合,如果自由使用时则使用辅助符号"="作为前缀。

3. 专用复分表类目的配号

专用复分表类目的配号主要考虑与主类号的组配需要,同时要与主表有关类目的配号相呼应。例如:

主表类目的配号	专类复分表子目的配号
U66　船舶工程	U674　各种船舶
U661　　船舶原理	01　　原理
U662　　船舶设计	02　　设计
U663　　船舶结构	03　　结构
U664　　船舶机械	04　　材料
……	……
U673　　造船厂、修船厂	08　　工厂

4. 号码扩充技术

由于知识体系自身的复杂性、事物本身的多样性,在编制分类法类目体系时会出现同位类极不平衡的现象,有的类目可能只有一、二个下位类,有的却多达几十个甚至上百个下位类。当原号码系统按常规不能满足类目配号时,就必须根据类目实际展开的情况和今后可能的需要,灵活地解决号码扩充问题。号码的扩充也要有一定规律性,相同或相似的情况下尽量使用相同的扩号方法。最常用的号码扩充技术有以下几种。

(1) 借号法

所谓的借号,是指同位类展开时比常规列类多出一、二个类目(包括不占用为了今后扩充需要预留的号码),而其前面的同位类展开后子目较少,剩余的若干号码(除去为了今后扩充需要预留的号码和进行复分预留的号码),这时就借用前面类目的下位类号为该类目配号,这种情况号码的长度已经与类级不相对应。选择借号的类目一般是重要性较低的类目。例如:

F31　世界农业经济
F310　　农业经济政策
F311　　土地问题
F319　　农业经济史
F319.9　　农业经济地理　◀── 借下位号码

这里农业经济地理就借用农业经济史的下位类号码。

还有一种情况是一个类列中的类目不多(号码有空余),其中某类下的子类比较重要,这时就可以借用空余的上位类号码为下位类配号。例如:

K23　古代史中期
K231　　战国
K232　　秦、汉
K233　　秦　◀── 借上位号码

第三节 分类法的标记系统

```
K234      汉    ←—— 借上位号码
K235      三国、晋、南北朝
```

(2) 八分法

也称扩九法,是同位类较多(或预计发展较多)但不超过 18 个时常用的扩充编号技术。基本编号方法是:使用前八个号码为前八同位类配号,将剩余的"9"扩成双位,为其他同位类配号。在八分法扩号的基础上还可以进行第二层的扩九,但这样同级类目的号码位数差距太大,一般很少使用:

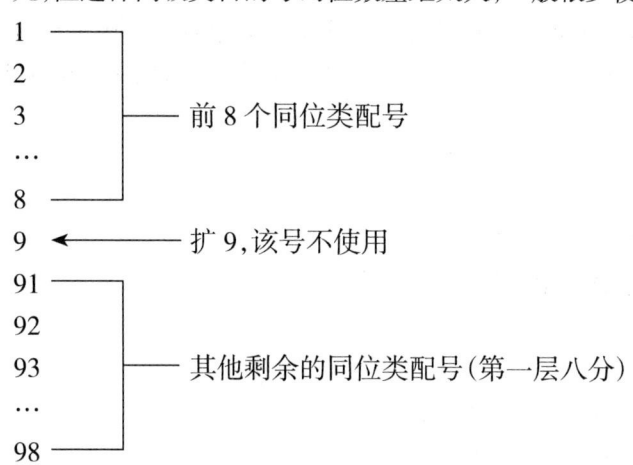

```
1  ┐
2  │
3  ├—— 前 8 个同位类配号
…  │
8  ┘
9  ←—— 扩 9,该号不使用
91 ┐
92 │
93 ├—— 其他剩余的同位类配号(第一层八分)
…  │
98 ┘
```

八分法在实际使用中,不一定要扩"9",也可以根据编号需要选择其他数字进行扩充。

(3) 双位法

也称百分法,是用于同位类数量相当多时的一种扩号技术。基本的编号方法是:1—9 本身不使用,每个号码直接扩充为双位号,为同位类配号,这样在同一个类列中号码的位数与类目的等级是相对应的。例如:

```
11    汉族
12    蒙古族
13    回族
21    满族
```

双位扩号法在实际使用中也有各种变通,可以根据需要只选择部分数字扩充为双位号码,也相当于八分法在同一层的多次使用。实际上,八分法是双位法的一种特例。

```
TQ0     一般性问题
TQ11    基本无机化学工业
TQ12    非金属元素及其无机化合物化学工业
TQ2     基本有机化学
```

TQ31　　高分子化合物工业

TQ32　　合成树脂与塑料工业

TQ41　　溶剂和增塑剂的生产

该例中 TQ0、TQ2 因类下同位类不多,也就无须再扩充为双位号码。

(4) 扩展同级类编号法

也称借同位类号法,是一种当某类列的同位类数量不多,但这些同位类中有的有较多下位类时采用的扩充编号法。编号的方法是:某类的子类较多,本身的号码不敷使用,就借用相邻空余的同位类号,并将其扩展成与该子类相匹配的同级号码,为剩余的子类配号。这种扩号法的特点是使同位类都有相同长度的号码。例如:

```
TK 41    汽油机
   413     构造
     .1    机体组
     .2    气缸、燃烧室
     …    ……
     .9    点火系统
   414   (空余的号码,本身不使用)
   414.1   润滑系统     ┐
     .2    冷却系统     │
     …    ……          ├── 扩展出的同级号码
     .4    传动装置     │
     .5    废气净化装置 ┘
```

该例中汽油机构造的下位类包括 TK413.1/.9、TK414.1/.9。

(5) 字顺扩号法

当某类下同位类很多,但无须再进一步划分,且同位类有不可预见性时,可使用类名的首字母进行扩号,即类号+字母。例如:

M675　　法国文学作品:按作家分

M675B　　巴尔扎克作品

M675D　　狄更斯作品

M675M　　莫泊桑作品

M675X　　小仲马作品

5. 空号的技术

在分类标记系统设计和实际配号中,为了给类目扩充或修订留有余地,或为了编号的逻辑性,或为了编号的对应性等目的,大量使用空号技术。空号预留如果合适,将会对今后的修订有着积极的意义。常用的空号方法有:

(1) 间隔空号

当号码比较充裕时、号码的预留难以预测时使用。例如：

网络信息分类系统（SJ/T 11268—2002）

AG　　大田作物

AG00　大田作物技术

AG10　禾谷类作物

AG20　豆类作物

(2) 对应性空号

为达到对应编号的目的,为性质相同的类列中但没有列举的类目配以对应性空号。例如：

TE 68	油气加工厂		TF 08	冶金工厂
681	加工厂规划与布局		081	厂址选择及建筑要求
682	设备与安装、施工		082	设备安装
683	力能供应		083	力能供应
684	空调与照明设备 ◀	──	084	（对应空号）
685	给水、排水		085	给水、排水
686	（对应空号）	──▶	086	贮运
687	生产安全技术与卫生		087	生产技术管理

(3) 逻辑性空号

当列类时按逻辑性的原则应为某事物设立某类目,但由于当时文献保证不足等原因没有列类,则为该主题应占据的位置进行逻辑性空号。例如：

R161　一般保健法

　　.5　青年卫生

　　.6　（4版逻辑空号：5版启用为"中年卫生"）

　　.7　老年卫生

(4) 尾部空号

这是最常用的空号法,编号时类列的前面类目依次顺序配号,把"其他"或"××应用"置于类列最后,用"9"配号,其余尾部号码为空号。例如：

R446.1　生物化学检验、临床检验

R446.11　血液学检验

……

R446.14　脑脊髓液检验

R446.15/.18　（空号）

R446.19　其他

(5) 预测性空号

在编表时根据类目今后可能展开的情况,有预见地在一定位置预留空号。例如:

TN915.6 接入网
　　.81　公用通信网
　　.85　专用通信网
　　.9　其他通信网

6. 配号的规律性

分类标记系统配号的规律性,对于体现标记系统的逻辑性、增强标记符号的易记性、提高文献分类标引与检索、报道和藏书排架等的功效都是重要的。配号的规律性主要表现在为性质相同、相仿的类列的有关类目配置尾部相同的一组号码;在一定的范围内,为某些事物、现象、过程配置尾部相同的号码。如地域、时间、时代、民族等是很多类目划分的标准,具有相同地域、相同时代属性的类目都可以统一配号。在文学艺术范围,某种"体裁"(如散文)会反复出现在理论、作品(包括各国的)类目中,应当给予统一的配号。在工程领域,很多工业技术都有相同或相似的工艺过程,对此应当进行对应列类和对应配号。

配号的规律性还体现在主表与附表的呼应上,凡属于性质相同或相似的类列,可能的条件下都应当在主表和附表之间取得配号的一致性。

第四节　《中国图书馆分类法》及其评价

一、《中图法》的发展沿革

(一)《中图法》编制的背景

《中图法》是为适应我国各类图书情报机构对文献进行整序和分类检索的需要,为统一全国文献分类编目创造条件而诞生和发展的。1956年中央文化部社会文化事业管理局主持召开了"全国中小型图书馆图书分类法座谈会",成立了编辑工作小组。1957年《中小型图书馆分类表草案》(简称《中小型表》)的问世,标志着我国图书分类法初步走上了在政府领导下集体编制的道路,并为编制统一的大型分类法打下了基础。它所确立的"五分法"基本体系和混合制标记符号等为以后不少分类法所继承。1959年文化、教育部联合召开会议,决定编制《大型法》,1964年内部出版了《中国图书馆图书分类法草案》(下册),包括自然科学和附表部分,1966年油印公布了其上册的未定稿,内容包括哲学和社会科学部分。1971年在北京图书馆的倡导下《中国图书馆图书分类法》着手编辑工作,1973年完成试用本,1975年正式出版了第一版。

(二)《中图法》在修订中完善发展

《中图法》问世后迅速在全国推广应用,成为我国应用最广泛的分类法,不仅图书情报部门类分文献使用,在图书发行、各类数据库乃至互联网也得到了应用。分类法的应用也是推动其不断发展的重要因素,根据用户的意见和科学发展的需要,《中图法》始终处在不断修订和完善之中。

1980 年出版第二版,1990 年出版第三版,1999 年出版第四版(更名为《中国图书馆分类法》,确定英文名为 Chinese Library Classification,简称 CLC,该版将类分图书和类分资料的类目合并为一个版本),2010 年出版第五版(2011 年推出第五版的 Web 版)。《中图法》的每一版修订都在不断提高对文献、信息整序和检索的适应能力,并且随着每一版的诞生都有更详细的使用手册出版,有与新版相对应的修订类目对照表等辅助工具出版。

(三)《中图法》系列版本的形成

《中图法》在发展中为满足不同文献信息机构、不同文献信息类型分类标引和检索的需要,逐渐形成了一个完整的系列。包括满足不同规模图书情报机构使用的版本,满足不同文献类型使用的版本,满足分类主题一体化标引的版本,满足计算机编目和检索的版本,满足从字顺查找类目的工具,满足用户标引使用的工具书,满足文献改编和编制书次号的工具等。除此之外,还有大量非编委会编辑的版本和工具书,这对完善《中图法》的外围系列,推动《中图法》的普及应用起了重要作用。

(四)《中图法》走向分类主题一体化

分类主题一体化是现代检索语言发展的重要趋势之一,《中图法》编委会于 1986 年开始启动《中国分类主题词表》编制工程,1993 年完成编制工作,于 1994 年正式出版。《中国分类主题词表》是我国,也是世界上第一部以"类目—主题词对照索引"方式编制的大型一体化检索语言,它的研制、问世和应用极大地推动了我国主题目录的建立,提高了主题标引和分类的质量及效率,促进了我国分类主题一体化检索语言的深入研究,为后来的广泛使用计算机编目、计算机检索提供了重要的保证。实践证明,《中国分类主题词表》对我国的文献信息机构有着广泛的适应性,并且在文献信息自动标引领域成为一种重要的工具。2010 年《中国分类主题词表》Web 版(http://cct.nlc.gov.cn)在互联网上正式发布,标志我国分类主题一体化发展到一个新水平。

(五)《中图法》在我国图书馆和情报系统的应用

在文献、情报、信息资源的组织与管理中,资源共享是一个重要的原则和目标,一部通用的、权威的分类法是各类知识、信息组织时所必需的工具。《中图法》自问世以来,以其科学而实用的体系、众多的版本、完善的管理,以及有计划的宣传、培训、辅导活动,使得它的应用日趋广泛和深入,成为我国在文献、信息分类组织领域最重要的分类法。

(六)《中图法》的组织和管理

分类法的发展和推广应用与它的组织管理是分不开的,自1979年《中图法》正式成立第一届编委会,到2000年已经组建了六届编委会,编委会由全国各系统的分类专家组成,负责《中图法》的管理、研究、交流、修订和推广应用。编委会1987年通过了编委会章程,1996年通过了《中图法》专业分类法编制规定。

为加强《中图法》与用户的联系,自1993年起编辑发行《〈中图法〉与文献分类信息简报》,2000年建立了《中图法》网站。《中图法》问世以来,编委会联合各类图书情报机构举办了大量的《中图法》学术研讨会、培训班、知识竞赛,编辑出版了大量的教材、辅导读物,不但极大地推动了《中图法》的普及和应用,也推动了我国情报检索语言的研究和发展。

(七)《中图法》的发展趋势

在文献信息载体数字化、文献信息管理计算机化、文献信息传输网络化的今天,《中图法》将不断改进和发展自己,满足信息时代对分类法的需求。

《中图法》的印刷版作为它的核心版本,将会继续朝着跟踪科学的步伐不断完善的方向、朝着更适应计算机编目和检索的方向发展,主要表现在:适当加速版本更新速度和日常更新,及时反映新学科新主题;分类款目进一步规范化,类名向叙词化方向发展;注释系统和参照系统更完善;突出"总论—专论"的编制结构,专类复分表向"一般性问题"转化,广泛使用多重列类法提高同一层次主题因素描述能力,为实现机读数据多因素标引、多途径检索创造条件,在计算机检索中从根本上解决"集中与分散"的矛盾;适当简化类目层次结构、简化组号方法,向易用化方向发展。

《中图法》的电子版、Web版将逐步成为用户使用的主要版本,电子版、Web版将朝着多功能、易用化、智能化方向发展,通过开发与检索系统的接口,实现书目数据库的分类浏览检索。《中图法》将在电子化、数字化的基础上实现真正意义上的"分类主题一体化",并通过后控词表的自动实时更新,实现自然语言检索功能。《中国分类主题词表》的电子版、Web版将最终成为用户最重要的版本,并成为自动分类、主题词自动标引的支撑系统。

《中图法》(包括《中国分类主题词表》)的编辑管理系统,在数据格式、系统功能、人机界面等方面将不断完善,智能化水平不断提高,实现系统自动提出调整类目结构、建立新的词间关系、增删类目和主题词的建议,由人工辅助完成日常的管理。

《中图法》将向互联网信息的组织与检索方向迈进,通过体系结构的根本改造,形成满足互联网信息分类组织和检索的《中图法》全新版本——搜索引擎版,在网络搜索引擎中占据自己的地位。

(八)《中图法》的评价

《中图法》是我国第一部也是唯一一部在政府领导下集体编制的大型综合性分类法。它在编制理论、结构体系、标记制度、版本设计、管理机构、维护管理、推广应用等方面都有诸多创新,成为我国各类文献信息机构使用最广、影响最大、版本最全、管理最完善的一部分类法。它的发展足迹,代表了新中国成立后我国文献分类法的理论研究、编制技术、应用推广的水平和主线。

一个具有广泛代表性、具有高学术水平的《中图法》编辑委员会,以及一个常设的专业化的管理机构是它成功和不断发展的关键。《中图法》编辑委员会几十年持续的理论研究、技术研究和管理研究,使《中图法》始终沿着自己的总体规划不断探索前进,并且以敏锐的前瞻性把计算机技术、数字技术、网络技术融入分类法研究、编制、管理的各个层面。《中图法》的常设管理机构则是分类法日常维护、宣传推广、与用户沟通互动、实施分类法修订所不可缺少的。

二、《中图法》的结构原理

(一)《中图法》体系结构

1.《中图法》编制的依据和原则

《中图法》最初是面向各类图书情报机构、以印刷型文献为主要对象的分类工具,为全国文献统一分类编目,实现书目数据共享创造条件。随着科学技术的发展,又逐步强调以各类文献信息为分类对象、满足计算机编目和检索的需要。因此,《中图法》应当有囊括人类一切知识领域的知识体系;具有满足大型综合性图书情报机构使用的类目体系,同时又兼顾不同规模和不同专业图书情报机构的需要;有详略不同、专业不同、针对文献类型不同、载体不同的版本,以满足各种文献信息分类整序的需要。

2.《中图法》的基本序列和基本大类

《中图法》以自然科学、社会科学、哲学作为人类知识领域的基本构成建立基本序列。并将作为社会主义分类法编制指导思想的"马克思主义、列宁主义、毛泽东思想、邓小平理论"(具有特藏性质)和结合文献特殊性设置的"综合性图书"作为部类,形成五个部类的基本序列。基本大类数量的确定,决定于分类法所包含的独立知识领域,《中图法》在考虑到各学科领域的平衡的基础上,以国际上通用的基本学科划分和专业划分为依据,同时考虑习惯的知识领域划分,设置了22个基本大类,大体按"上层建筑—经济基础—意识形态",即"政治—经济—文化"的次序排列。自然科学各大类的排列则按学科的属性遵循从一般到特殊、从简单到复杂、从低级到高级、从理论到应用的次序进行,并形成"基础理论—技术科学—应用科学"三个层次。

3.《中图法》的宏观结构和微观结构

《中图法》的宏观结构包括：编制说明、基本大类表、基本类目表、主表、附表、字顺索引、使用手册等，这些部分共同构成《中图法》的整体。

类目是构造分类法的最基本要素，每个类目代表具有某种共同属性的文献集合。《中图法》的类目结构由类号、类名、类级、注释和参照组成。

4.《中图法》各学科门类的编制结构

《中图法》根据不同学科门类的特点确立了不同的编制结构，以满足各学科、专业文献整序和检索的需要。

（1）马克思主义、列宁主义、毛泽东思想、邓小平理论类目的编列

《中图法》A 类具有特藏的性质，首先按著作类型区分为原著、传记、学习和研究三大部分，继而采用"依人列类"的方法按经典作家列类，在各经典作家之下，分别再按著作体例、时代细分。原著、传记、学习和研究三大部分都编列了相应的总论性类目。

《中图法》第五版提出了马克思主义、列宁主义、毛泽东思想、邓小平理论类目不集中处理的选择方案，即"若不集中 A 大类文献，可按文献性质及学科内容分散处理"，例如，马列主义研究入 D0-0；毛泽东思想研究入 D610.0。

（2）哲学和社会科学类目的编列

在哲学和社会科学类，国家和时代是重要的分类标准，在各学科的理论方法之后，突出序列世界各国的社会、经济、文化活动，这是哲学和社会科学类目的基本编制结构。对国家和时代的划分，因学科性质的不同，使用的阶段和层次也有所不同。由于时代的区分一般是限定在一定的区域，所以哲学和社会科学类目的时代区分，都规定在国家区分之后进行。

（3）自然科学基础科学类目的编列

《中图法》在自然科学基础科学（即狭义的自然科学）部分，主要是根据研究对象的物质结构或运动形式划分类目，类目的排列主要依据事物内部自身的规律和系统，形成"机械运动—物理运动—化学运动—无机物质的宏观运动—生命运动"的基本次序。其中生物学的编制结构与其他学科不同，Q1/8 首先编列各种生物的共性方面的问题，如细胞学、遗传学等，作为总论性类目，然后编列Q91/98 各类生物的专论性类目，这与应用科学的编列方法相同。

（4）技术科学和应用科学类目的编列

技术科学是以自然科学理论为基础的，针对工程技术中带有普遍性的问题进行应用研究形成的技术理论性科学。应用科学是改造自然、生产物质产品的理论与技术。医学和农林科学则是技术科学和应用科学的综合体。由于在文献中技术科学和应用科学常常是交融在一起很难区分，因此《中图法》将这两种科学合并编列不加以区分。技术科学和应用科学类目的编列，一般先依加工的

对象或方法划分,再按产品或技术方法进一步划分,各项具体工程技术都按工程的"方面"(即"理论—设计—结构—材料—设备—工艺—运行—工厂—综合利用")使用统一的体例进行细分。

(5) 综合性图书类目的编列

综合性图书是根据文献著述、出版的形式特点编列的。由于该类文献是多学科知识的集合,所以首先按出版物类型划分。该类文献大体分为参考工具书和检索工具书两类。参考工具书按"出版物类型—国家"的次序列类,专科性参考工具书也可按出版形式集中,按学科细分;检索工具书中的综合性图书目录的编列,与上述参考工具书基本相同。专科性的检索工具书一律不分国,直接采用组配编号法按学科内容细分。

(二)《中图法》的复分表

组配技术是分类法的类号合成技术,通过组配达到类目细分或形成新主题类号的目的,是体系分类法缩小类表篇幅、增强标引和检索灵活性的重要手段。《中图法》运用组配技术主要有三个方面,一是编制各种类型的复分表,作为全表或某个局部组配复分的依据;二是采用部分类目仿照已列出的类目进行细分;三是主类号之间使用冒号直接组配,合成新的主题。

1. 通用复分表

《中图法》共有八个通用复分表,即"总论复分表""世界地区表""中国地区表""国际时代表""中国时代表""中国民族表""世界种族与民族表""通用时间、地点和环境、人员表"。通用复分表只对主表类目起复分作用,不能单独使用。

2. 专类复分表

第五版《中图法》的主表共编列专类复分表 68 个,此外,在"总论复分表"和"中国地区表"中还各编列一个专类复分表。专类复分表的标记符号采用阿拉伯数字,自然科学各类的专类复分号前一律冠"0",专类复分表的两侧用竖线标记,以示醒目。

《中图法》编列的众多的"一般性问题"也具有专类复分表的作用,比专类复分表有更大的灵活性。专类复分表使用中要注意的问题主要有:按复分表规定的范围使用、按类目及复分表规定的次序使用、注意专类复分表内部子目的复分、要注意复分中加"0"的问题(参见:第六章 信息内容分析与标引)。

(三)《中图法》的类目仿分

类目仿分和依专类复分表复分,虽然可以使主类号达到相同组配细分的效果,但类目仿分更具有灵活性和对机读数据标引的适应性。《中图法》编制中大量运用类目仿分来压缩类表的篇幅和提高类目组配的灵活性。《中图法》的类目仿分有"临近类目仿分"和"仿总论性类目分"两种基本类型。

1. 临近类目仿分

是指当一组相邻的类目以相同的分类标准展开时,一般将在前的(个别将在后的)一个类目详细展开,后面的类目不再展开列举,而是分别仿照前面已展开的子目细分。临近类目仿分的特点是,仿分类目与被仿分类目基本是性质相同的类目,某类目所仿分的一组子目,与该类目拟细分的分类标准是一致的。

2. 仿总论性类目分

《中图法》类目编列的基本模式是将一个类区分为两大部分,前面编列总论性类目,按事物的方面横向展开;后面编列专论性类目,按事物类型纵向展开。这两部分的分类标准是不同的。专论性类目仿照总论性类目的划分标准细分,就称为仿总论性类目分,这是揭示事物及其方面的重要技术。《中图法》总论性类目一般用"一般性问题""理论""通论""世界"等方式编列,各类有所不同。

与临近类目仿分的不同之处是,举例来说,萝卜不是继续按原来的属种关系划分(白萝卜、红萝卜),而是转用了蔬菜方面的属性划分,从完全不同的角度再展开。

(四)《中图法》标记系统

1.《中图法》的标记符号和编号方法

《中图法》标记符号设计的基本原则是,充分满足类目体系编列及其发展对标记系统的要求,具有很好的容纳性、表达性、易记性、简短性和可扩充性。

(1) 标记符号

《中图法》采用拉丁字母与阿拉伯数字相结合的混合制标记符号,以拉丁字母标记基本大类,并可根据大类的实际配号需要再展开一位字母标记二级类目,如"T 工业技术"。在字母段之后,使用阿拉伯数字标记各级类目。为了满足某些类目按名称区分和排列其所属同类事物的需要,也有选择地使用了"字母标记法",即在类目的最后区分阶段,使用字母标记其下位类目,如"TP312 程序语言、算法语言"下的 JAVA 语言为"TP 312 JA"。

(2) 编号制度

《中图法》的编号制度采用基本的层累制,这与类目的等级体系相匹配。所谓基本的层累制,就是标记制度总体上使用层累制编号,但根据类目实际展开情况和配号的需要又可以有所变通,不严格地采用层累制编号,这样标记符号的位数就不一定与类目的等级相对应了。使用基本的层累制编号法,不但能满足类系纵深扩展对标记符号的需要,同时也可以满足类列横向扩展对标记符号的需要。

(3) 配号方法

为使标记符号具有良好的逻辑性和助记性,《中图法》在为类目(包括通用复分表和专类复分表)配号时,广泛采用统一配号法、对应性配号法和空号法等多种技术。

统一配号法。即在一定的范围内对类目中具有相同内涵的要素配以统一的号码。例如凡涉及国家和地区区分的类目体系,都以"1"表示世界、"2"表示中国、"3/7"表示各大洲及各国或地区;在哲学社会科学各类,"0"都表示理论性类目,而在自然科学各类则用"0"表示"一般性问题";在工业技术大类,"1"通常表示基础理论、"08"表示工厂等等。

对应配号法。即不同的类目具有相同区分标准或相同类目结构时,尽可能使相应部分的配号趋于一致,这与对应列类是相呼应的。如在工业技术类中,凡涉及工业产品的各种方面性问题时,其列类顺序及配号都大致相同。

空号法。即当类列的同位类不是很多,分类号码相对充裕的时候,不采用连续配号法,而是有间隔地为同位类配号。采用间隔配号法主要是通过预留空号,提高分类法对类目修订的适应能力,保持类目体系的稳定性。

2.《中图法》编号制度上的变通措施

《中图法》采用阿拉伯数字为标记符号,由于受其十进制的限制很难满足类列展开对号码的实际需要。在某些类系中,还有划分层次多而每个划分层次中同位类少的情况。为了在允许的条件下给较重要的类目以宽裕的号码,或减少类目划分层次,或缩短号码位数,在基本上遵循层累编号制度的同时,又采取了多种变通措施来增加配号的灵活性,扩大号码系统的容纳性。(参见本章第三节 分类法的标记系统)

3.《中图法》的辅助标记符号

为了进一步增强标记符号的表达能力,适应类号灵活组合的需求,《中图法》还另外采用了一些其他特殊符号,以作为辅助标记符号。

(1). 间隔符号

用作分类号数字部分的分隔,自左至右每三位数字之后加一圆点,目的在于使号码段落清晰、醒目、易读。例如:TS293.7。

(2) a 推荐符号

该号置于A类马克思主义经典作家著作的互见分类号之后,以示推荐作用。例如:G25a。

(3) / 起止符号

在主表类号中用以表示概括一组相连类号的起止区间;在注释中表示类目仿分的类号区段或参见的类目范围。例如:

J527　陶瓷、漆器工艺美术
　　　　　参见 TQ173、174。

(4) [ ] 交替符号

用以标记交替类目,表示该类目是供选择使用的。例如:[K902]经济地理学。

(5) – 总论复分符号

该号置于总论复分号码之前,是总论复分号的前置标识符。在主表中也有选择地列举了一些使用总论复分表复分的类目,目的是为了增加注释或将类目进一步展开;个别的则是借用了总论复分号的形式进行配号,以标识某类具有共性的类目,例如:–03　方法论,TU–80 建筑艺术理论。

(6)(　)国家、地区区分号

用于一般学科性类目下进行国家地区复分。例如:TJ761.2(351)印度的中程导弹。

(7) = 时代区分号

用于一般学科性类目下进行时代复分,凡具有中国属性的类目使用"中国时代表"复分,而其他类目则使用"国际时代表"复分。例如:O411.1=535 20 纪 80 年代的数学物理方法,K892.11=6 民国时期的纪念日。

(8) " " 民族、种族区分号

用于一般学科性类目下进行民族种族复分。例如:J732.2"510.5"吉普赛民间舞蹈。

(9) < > 通用时间、地点和环境、人员区分号

主表的类目依"通用时间、地点和环境、人员复分表"复分时,将通用时间、地点和环境、人员区分号用尖括号括起,加在主类号之后。例如:TV553<114>　冬季打桩工程。

另外,< > 号在类目注释中用来说明类目的沿革。

(10) : 组配符号

用于连接主类号,表示主类号之间的概念交叉组配。例如:Z89 :TV212 水利规划索引。

(11) + 联合符号

用于连接主类号,表示文献的若干个并列主题。例如:B2+G52　中国哲学与中国教育。

(12) —— 指示性类目提示符号

用一条横线标识,置于一组用"/"连接的类号之上,用来标识类表中的"指示性类目"。"指示性类目"是为给一组类目作共同的注释而设置的,不是用来类分文献的。例如:

U48　其他交通运输工具

―――――――――

[U481]/489　各种其他道路运输工具

可依 U469.1/.79 下专类复分表分。

(13) { } 停用类目指示符

用来标识在修订中停止使用的类目。通常某一版修订时停止使用的类目其分类号都暂时不再使用,为换用新版分类法和改编文献留下足够的时间。例如:

{P315.02} 物理地震学

        < 停用;5 版改入 P315.01>

4. 标记符号的组合及排列顺序

分类号组合时如涉及多种辅助符号的使用,按 –、( )、" "、=、< > 的顺序组合,用":"号和"+"号连接的主类号中的辅助符号,也按上述次序组合。例如:TL25(711)、TF351.4(545)=53、J523.5"217"=42、X515<113><326>。

《中图法》标记符号排列的规则是:类号由左至右逐位对比的方法进行排列,先比较字母部分,再比较数字部分,字母部分按英文字母固有的次序排列;类号中的阿拉伯数字依小数制排列;数字之后如果还有字母,则在前部类号相同的基础上,再按字母顺序排列;类号的末位标记有推荐符号"a"者,排在本类号的最前面;类号中有辅助符号时,在其前的各位符号相同的情况下,按 –、( )、" "、=、<3××>、<1××>、+、:的次序进行比较排列。

(五)《中图法》的索引

索引是《中图法》的重要组成部分,是从类目名称(主题概念)查找分类号的工具。它是将《中图法》全部类目名称及注释包含的主题概念按其名称的字顺排列起来,并分别指明其相应的分类号。它为标引人员和检索用户提供一条按照字顺查找、利用分类表和分类目录的途径。《中图法》索引开始编于第二版,是主题标目式的相关索引,第四版是题内关键词轮排索引,第三版、第五版未编制索引。

三、《中图法》的电子版和 Web 版

电子分类法,是指分类法的类目以及类目之间的关系以特定的数据格式记录在数据库上,通过软件程序实现分类表的显示、浏览、类号及语词检索、统计等功能,在计算机上进行使用的分类法。电子分类法的特点是:分类法数据的数字化,类目的属性和内在逻辑联系被程序详细记录和解释,其载体是光盘、磁盘。2002 年《中图法》第四版电子版问世,标志着我国文献、信息分类法已经开始从传统的印刷型分类法迈向电子分类法的新阶段。

(一)《中图法》电子版的功能设计

《中图法》电子版的研制和出版,是科技进步和用户需求两大动力作用的结果。计算机技术、通信技术、数字技术在文献信息领域的广泛应用为电子分类法提供了技术支持。传统印刷型分类法翻阅困难、检索困难、维护管理困难、与文献信息工作自动化系统不适应等越来越难以满足用户的需求,迫切需要电子化的分类法支持信息时代的文献信息工作。《中图法》电子版功能设计充分考虑了用户的各种要求:

(1) 直观方便的显示、浏览功能。包括：以方便快捷的形式展开类目的等级层次结构，便于在浏览中选择类目；多窗口显示分类法的相关部分；各个窗口的内容可以连动显示；各种显示方式之间随意切换等。

(2) 超文本链接功能。分类款目中任何有检索意义的字符都以超文本方式链接，实现信息结点之间的跳转。

(3) 完备的检索功能。包括单一条件的检索与复合条件的组配检索、精确检索与模糊检索、全文检索功能等。

(4) 与编目系统和检索系统通用的接口。不需要专门的程序或通过开放式的接口，与编目系统、检索系统实现挂接。

(5) 友好的用户界面和方便的操作形式、详细的使用帮助、用户口令管理、用户自加类目注释等辅助功能。

(二)《中图法》电子版的数据格式

实现电子分类法的设计功能，分类法的数据格式是关键，因为电子分类法的一切功能都来自分类法数据的保证。《中图法》电子版数据格式的设计基于两个原则，一是要与国际和国内的相关数据格式兼容，满足数据交换的需要；二是能充分描述《中图法》类目的特点并留有扩展的余地。因此选定在 UNIMRAC 和 CNMARC 的基础上研制《中图法》的分类数据格式。在字段和子字段的设计上重点参考了美国国会图书馆 1987 为分类数据开发的 USMARC 格式。《中图法》机读数据格式基本框架和主要字段如下：

记录头标区

 06—09 执行代码

  06 记录类型代码 1：

   x= 使用类目（规范款目）

   y= 交替类目（单纯参照款目）

   t= 停用类目（单纯参照款目）

   z= 指示性类目（说明款目）

  07 记录类型代码 2：

   a= 主表类目

   b= 通用复分表类目

   c= 专类复分表类目

目次区

 152 分类表与版本

  指示符 1：版本类型

   0 详本

   1 简本

……
|一般处理数据|
|类目标识块|
　　260　类号
　　　　指示符1:类号的编辑制度
　　　　　　0 层累制
　　　　　　1 八分法
　　　　　　2 双位制
　　　　……
　　　　子字段：
　　　　　　@a 单一类号或类号组的起始号
　　　　　　@b 旧类号的单一类号或起始类号
　　　　　　@c 类号组的结尾号
　　　　　　@h 类级
　　　　　　@m 类名(不完全)
　　　　　　@z 附表标识
　　　　……
|注释块|
　　330　含义范围注释
　　331　使用说明注释
　　332　沿革注释
　　　　指示符1:变更情况
　　　　　　0 新增类号
　　　　　　1 停用类号
　　　　　　2 占用类号
　　　　子字段：
　　　　　　同260子字段
|根查块|
　　460　无效类号根查(停用类根查)
　　560　有效类号根查(相关参见根查)
|主题词块|
　　750　主题词
　　760　自由词
|用户块|

从上述结构可以看出,分类法的全部数据,以及类目的各种属性,类目之间

的各种关系被完整记录下来,这些字段反映了《中图法》自身的特点。

(三)《中图法》电子版的功能和使用

1. 系统的界面

《中图法》电子版主框架界面包括:菜单栏、工具栏、显示窗口。显示窗口包括:一是检索窗口,由类目树框、检索栏、检索结果浏览框构成,是系统启动后默认的窗口(见图3-2);二是详细窗口,由类目详细窗和临近类目窗组成的子窗口(见图3-3)。

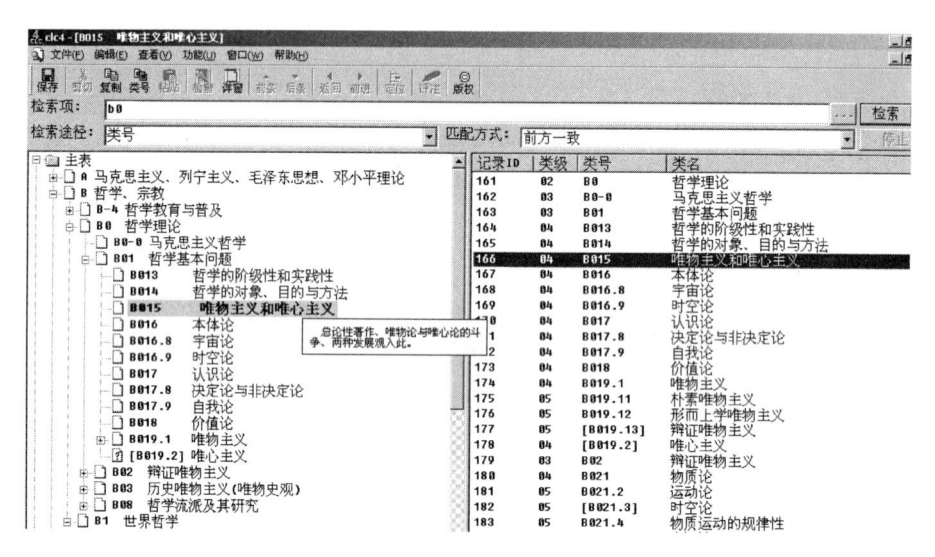

图 3-2　分类法主界面图:左面是类目树,右面是检索结果显示

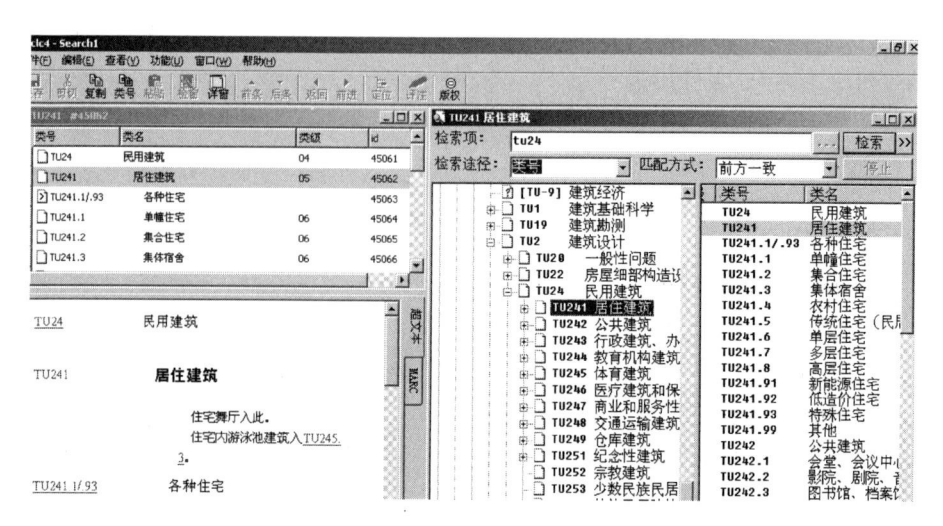

图 3-3　详细窗口:右面是检索窗口,两者连动

2. 浏览显示功能

浏览显示有：类目树显示，是各级类目详表的等级结构，可以按需要逐级展开显示；检索结果显示，通过分类号或语词检索的结果可以任意排序，并可以与类目树、详细显示窗互动和切换；详细显示，把选定的检索结果或在类目树中选定的类目，调入详细窗口可以显示临近类目、超文本或 MARC 格式的记录。

3. 检索功能

电子版分类法具有强大的检索功能，可以从类名、类号、类级、主表或附表等途径进行单一检索或组配检索以及任意一致的检索，还有类目及注释的全文检索和各个检索项的限定检索。检索结果可以保存、再次调用。

4. 用户注释功能

为方便用户制定各自的分类法使用本和记录标引中出现的问题，电子版提供了用户注释功能，可以随时在类目下添加必要的说明文字，使用网络版电子分类法可以共享这种信息并通过用户口令进行管理。

5. 实用的剪贴板功能

不管是类目树，还是检索结果显示窗口、类目详细窗口的分类法数据都可以复制，粘贴在编目窗口的相关字段，实现与编目系统的连接。这种功能也为研究分类法、编写教材等提供了巨大的便利。

6. 链接功能

电子分类法的各个显示窗口可以连接、互动，类目间的参照、交替类目之间、各级类目之间实现超文本链接而可以随意跳转。分类法的查检完全打破了印刷型分类法逐页翻检的模式。

(四)《中图法》Web 版

《中国图书馆分类法》第五版 2010 年出版后，于 2011 年 12 月推出了第五版 Web 版(http://clc5.nlc.gov.cn)。《中图法》Web 版是基于 B/S 架构开发的可以在互联网上管理与使用的分类法，是《中图法》电子版(包括局域网版)的延伸。

《中图法》Web 版分为上下两栏，上栏为检索途径选择、用户使用功能设置及管理；下栏分左右两栏，左栏为类目浏览表，右栏为检索结果显示窗口(初始页面为使用说明)(见图 3-4、图 3-5)。

《中图法》Web 版的浏览、检索功能与《中图法》电子版基本相同，如分类树的展开/折叠、检索途径和检索方式的选择等。为了便于用户了解《中图法》第四版/第五版的差异，在类目浏览表中，通过区分类目颜色标识出《中图法》第五版新增类、修改类(包括删除停用类)，其中红色为新增类；绿色为修改过的类(包括修改类名、类号、类级、类目性质，增改注释，停用类等)。

《中图法》Web 版可对分类树框中的类目进行 OPAC 文献检索。光标停留在分类树框的类号或类名时会变成手形，此时点击鼠标右键，从快捷菜单上可选

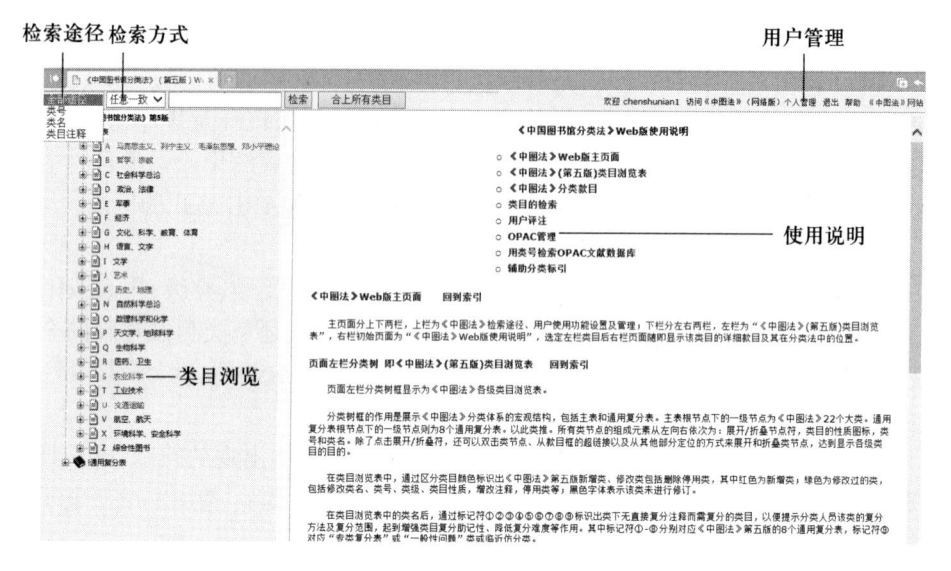

图 3-4 《中图法》Web 版主界面

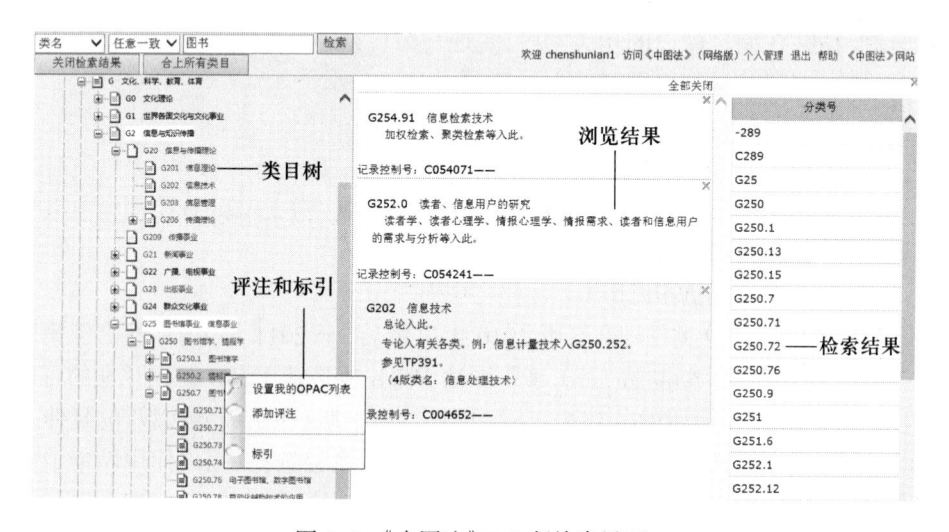

图 3-5 《中图法》Web 版检索界面

择具体的 OPAC 文献数据库，Web 版系统会用当前类在用户所选的 OPAC 文献数据库中进行检索。

在"个人管理/OPAC 管理"中单击左栏的"OPAC 列表"，系统将已有的 OPAC 检索式以表格方式提供。用户点击"操作"栏中的"加入首选"，即可将 OPAC 检索式加入到首选列表。用户可以填写"OPAC 名称"和"OPAC 地址"，然后点击"增加"按钮来添加自己需要的 OPAC 检索式（见图 3-6）。

图 3-6　《中图法》Web 版 OPAC 管理窗口

（五）《中图法》电子版、Web 版评价

《中图法》电子版是一部比较成功的电子分类法，它是基于 Windows 平台开发的视窗版分类法，既有单机版也有网络版。它完整的数据格式、方便的浏览功能、完备的检索和统计功能、通用的编目接口、实用的评注功能、各种方便用户的措施、为主题检索的兼容留有设计余地等，都表明它具有很好的实用性。

《中图法》电子版是我国研制、开发并正式出版的第一部大型电子分类法，它的问世是我国分类法研究和应用的一个里程碑。由于这部电子分类法是以我国影响最大、应用最广的《中图法》第四版为母本开发的，对我国的文献信息整序工作、分类法理论研究以及相关软件的开发等产生了深远的影响。

与世界上先进的电子分类法相比，《中图法》电子版也有其不足之处，如《中图法》第四版的索引没有加进去，使它的主题检索功能不足，当类名字面不包含某些概念时很难检出；没有《〈中图法〉使用手册》的相关内容；在一些功能或细节方面也有需要进一步完善和改进的地方。

《中图法》Web 版开创了我国大型综合性分类法 Web 版的先河，使分类法的应用和管理进入到一个更高的层次。《中图法》Web 版最大的优点是实现了分类法的动态更新，告别了传统分类法因修订周期长，不能及时反映社会与科技发展的历史，由此也对分类法的修订理论和方法产生深远影响。《中图法》Web 版实现了 OPAC 检索，使用户在任何时间、任何地方对提供 OPAC 服务的图书馆馆藏资源进行远程检索，从而把《中图法》与网络信息资源检索紧密连在一起。

当然，作为探索中的 Web 版分类法也存在一些不足和待改进的地方，如没有提供组合检索方式，与《中图法》电子版相比页面窗口固定，显示、使用都欠灵活等。

思 考 题

1. 以《中图法》为例,试析各种分类法在信息分类法中的应用。

2. 以"宠物"或"社会保障"为主题,试编一部适应网络信息检索的分类法。要求有:编制计划、体系结构设计与分析、二级类目及分类号(选择其中一个二级类目展开到三级类目)。

3. 类目划分的基本原则、方法,及其对信息检索的影响。

4. 分类标准使用次序的选择是怎样影响信息聚类的?怎样在不增加类目层级的情况下增加检索入口?

5. 分析分类法"集中与分析"矛盾产生的原因,是否可以从根本上解决这个矛盾?

6. 在"淘宝网"上检索某类商品:(1)分析其"分面技术"的应用,(2)分析其如何将分类检索与语词检索进行结合,(3)对信息分类法编制和应用的启示。

7. 分类标引的基本规则有哪些?以一篇(或几篇)文献为例,分析不同的标引方法对检索效率的影响(使用《中图法》)。

第四章　信息组织主题法

信息组织主题法真正的发展历史虽然仅有100多年,但在20世纪后半个世纪里,它得到了迅速发展,一度成为信息组织的主流方法,同时成为与分类法相对应的、互为补充的两大方法体系之一。主题法完全建立在自然语言的基础上,很好地满足了特性检索的需要,而且与计算机信息检索技术的发展相适应。可以明确地预测,主题法仍将成为信息组织的重要方法。

第一节　主题法的原理与功能

一、主题检索的特点与需求

(一)主题检索的含义

主题检索有广义和狭义两种所指,在国外多采用其广义所指,我国则多取其狭义。

广义的主题检索是指用与内容有关的属性,查找未知的文献或信息资源,以解答特定的问题或满足特定的信息需求。因此,广义的主题检索既包括用叙词、标题词、单元词进行的检索,用题名、文摘、正文中的词(关键词)进行的检索,还包括用分类号、被引文献进行的检索。它区别于对用户已知文献、信息资源的检索或用已知的文献、信息资源的形式特征(如著者、出版者、题名)进行的检索。①

狭义的主题检索是指用叙词、标题词、单元词、关键词等表达信息需求而进行的检索。它既不同于用分类号或依类目进行的分类检索,也区别于依被引文献进行的引文检索。我们所说的主题检索是指这种狭义的主题检索。

(二)主题检索的特点

无论是采用叙词、标题词、单元词,还是采用关键词进行主题检索,它一般具有以下特点:

1. 直接以事物为中心展开检索

主题检索都是直接以事物为中心进行的,检索的内容或者是关于事物本身

---

① Birger Hjørland. Information seeking and subject representation:an activity-theoretical approach to information science [M].Westport:Greenwood Press,1997:20-21.

(某种或某类事物)的,或者是关于事物的某部分、某方面的。总之,检索是直接围绕事物展开,而不考虑检索对象在学科体系中的位置。例如,要检索"汽车制造"和"汽车销售"的信息,可以以"汽车"这一事物为中心展开检索,而不必考虑它们分别属于哪个学科。

2. 以直观的语词表达检索要求

主题检索都是以自然语言的语词形式来表达检索要求的,不必用人工号码作检索标识。表达检索要求的语词,虽然经过一定的规范化处理,但是,其含义直观,基本上可以一目了然。例如,检索"汽车制造"这一主题,主题检索时可以用"汽车—车辆制造"来表达;分类检索时,需要用分类号"U466"(《中图法》分类号)来表达。

3. 以特性检索为主,族性检索次之

大多数主题检索是特性检索,也就是检索课题比较专深,检索范围比较狭窄,检索概念比较细小。但是,有的主题检索也可能是族性检索,即当检索课题比较泛、检索范围比较宽、检索概念比较大时,检索者也可能进行主题检索,而且检索系统有可能满足这种主题检索要求。

4. 以明确性的检索为主,模糊性的检索次之

一般来说,主题检索应该是检索课题比较明确、检索概念比较清晰、检索用词比较确定的检索。但是,与此相反的情况下,也应该并可以进行探索性的主题检索,使主题检索从模糊过渡到明确。

(三) 主题检索需求的发展

长期以来,我国的文献检索是分类检索而不是主题检索占主导地位。但是,近二三十年来,主题检索在我国有了很大的发展。由于科学研究的交叉和深化、检索人员的非专业化、检索系统的计算机化,导致主题检索的需求越来越多,相应地,主题检索系统越来越普遍。特别是互联网的蓬勃发展,使网络信息检索越来越重要,而网络信息检索中,主题检索需求有了进一步的发展。

二、主题法的类型

(一) 主题法的含义

所谓主题法,一般是指直接以表示文献主题的语词作标识,提供字顺检索途径,并主要采用参照系统揭示词间关系的标引和检索文献的方法。它是分类法之外,另一种从内容角度标引和检索文献的主要方法。

从检索语言的角度来说,主题法也就是主题检索语言,或称主题语言。它用自然语言语词或受控的自然语言语词直接表达主题概念,按语词字顺排列主题概念,主要用参照系统显示概念之间关系。

按照表达主题概念的语词标识的构成原理和特征的不同,主题法一般分为

标题法、单元词法、叙词法、关键词法。

（二）标题法

标题法是用规范化的自然语言语词作标题,直接表达文献主题概念,按照标题字顺排列,并用参照系统显示标题之间关系的一种主题法。标题(subject heading),或称标题词,是标题法表达文献主题的标识,它是自然语言中经过规范化处理的词或词组,通常为比较定型的事物名称。

标题法一般是将标题列举出来,供标引和检索选用。标题除了采用单词和词组形式的单词标题、词组标题外,还有倒置标题、带限定词的标题以及大量在标题表中预先组配好的多级标题形式。例如,美国《国会图书馆标题表》(*Library of Congress Subject Headings*,简称 LCSH)中有:

Automobiles

Budget deficits

Agricultural credit

Budget in business

Correlation (Statistics)

Copper ores-analysis

Art, American-20th century

标题法用参照系统显示标题之间的关系,现在的标题法已经采用类似叙词法的参照方式。例如,LCSH 中:

Electronic commerce (May Subd Geog)

  [HF5548.32–HF5548.33]

  Here are entered works on the exchange of goods and services and the transfer of funds through electronic communications.

UF Cybercommerce

   E-business

   E-commerce

   Internet commerce

BT Commerce

   Information superhighway

NT Electronic data interchange

   Internet advertising

   Internet auctions

   Internet banking

   Internet bookstores

   Internet marketing

— Law and legislation(May Subd Geog)

标题法是最早的一种主题法,它的出现一般以克特于 1876 年出版的《字典式目录规则》为标志。标题法具有主题法的共同优点:以事物为中心集中信息,便于从事物出发进行检索,特性检索功能较强,标识直观。此外,它还有标识含义明确,易于使用等优点。它的主要缺点是由于采用标题的列举方式和先组方式,概念表达能力受限,概念难以多向成族,检索途径少;由于采用自然语词,标识的通用性较差。

(三) 单元词法

单元词法,又称元词法,它是以取自自然语言、经过规范化处理的单元词作标识,通过单元词的字面组配来表达主题概念的一种主题法。

所谓单元词(uniterm),是指用来表示文献主题的、最基本的、在概念上不能再分解的词。例如,"大学"和"图书馆"是单元词,因为它们不能分解为"大+学"、"图书+馆";但是,"图书分类"不是单元词,因为它可以分解为"图书"和"分类"。

单元词法是在文献信息数量剧增,文献主题日益复杂,需要建立机械化主题检索系统,标题法却不适应机械检索系统的情况下,为克服标题法的不足而发展起来的主题法。单元词法对标题法的改进主要就是用单元词以后组方式组配表达标题语言中的那些标题。例如,"大学图书馆质量管理"这一主题,可以通过"大学""图书馆""质量""管理"这些单元词来组配表达。

单元词法主要于 20 世纪 50 年代应用于美国的穿孔卡系统。它的基本原理是:

(1) 用单元词作文献主题标识,依单元词的字顺进行排列和检索。

(2) 以标识单元方式(反记法)组织检索系统,即为每个单元词制作一张卡片,以单元词标识为中心记录标引该词的文献号。标引赋予各文献的多个单元词,并不组合在一起,也不集中记录在相应的文献著录卡片(款目)上。

(3) 采用后组方式检索,即用若干单元词表达检索课题,分别查找相应的若干单元词卡,比较这些单元词卡上的文献号,相同的文献号为符合检索需要的文献号。然后,根据文献号去查文献卡,从而了解相关文献的具体信息。

与标题法相比,单元词法有不少优点:词表体积小;不存在词序问题;通过最基本的词汇可以表达大量专指概念和新概念;每个单元词都是排检词,都可作为检索入口,从而提供更多的检索途径;可进行多因素组配检索,利用单元词的增减,可以较自由地扩大、缩小或改变检索范围,检索的灵活性较大。但是,单元词法强调标识的单元性,对词组的分解实质上是字面上的分拆,单元词的组配基本上是字面组配,因而,导致单元词组配的语义失真或含糊不清,造成误检。虽然为解决这个问题开创了联系符号和职能符号的使用,但是,这会增加标引和检索的复杂性和成本。而且单元词之间较少存在词间关系,因此,单元词法一般缺乏完善的参照系统,难以满足族性检索的需要。

单元词法在主题法的发展过程中,起到了承前启后的作用。虽然它后来被叙词法取代,但是,它为叙词法的产生做了充分的准备。

(四) 叙词法

叙词法,在我国又称主题词法,它是以规范化的自然语言语词为叙词,作为文献主题的标识,通过叙词的概念组配表达主题概念的一种主题法。所谓叙词(descriptor),我国多称主题词,是取自自然语言,经过规范化处理的,以基本概念为基础的表达文献主题的词或词组。

叙词法产生于20世纪50年代末,它是在吸取单元词法、标题法以及分面组配分类法等的优点基础上发展起来的,因而具有较多的优点。它除了具有主题法的共同优点之外,因采用组配方式,可以实现多向成族,多途径检索,多因素组配检索,灵活地扩检、缩检或改变检索范围;能以较少的语词表达较多的概念、较专指的概念、新的概念;因遵循概念组配原则,保证了组配语义的准确性;因采用多种手段显示词间关系,具有较好的族性检索功能。它的主要缺点是:编制和使用的难度较大,组配语义的明确性稍差。

随着计算机应用的发展,叙词法得到不断的改善和普及,至今,国际上已有数以千计的叙词表,我国也有百余种叙词表。叙词语言已成为检索语言的主流。其原理方法将在后面具体介绍。

(五) 关键词法

关键词法,是直接以文献中能够表达主题概念的关键词作标识的一种准主题法。或者说,关键词法是由计算机或人工从文献中抽取关键词作标识,并按字顺排列,提供主题检索途径的方法。

所谓关键词(keyword),是出现在文献题名、文摘、正文中,能够表达文献主题,具有检索意义的语词。例如,某一文献的题名为《略论数字图书馆建设中的著作权保护》,其中的"数字图书馆""建设""著作权""保护"都是关键词。

关键词法作为主题法的一种,与标题法、叙词法相比,具有两个主要特点:首先,关键词是自然语言的语词,一般不作规范化处理;其次,一般不编制受控词表(关键词表)进行词汇控制,不显示词间关系,只是编制禁用词表(非关键词表)来控制抽词。

一般认为,现代意义的关键词法产生于20世纪50年代,随着科技文献数量的急剧增长,迅速、简便检索的迫切需要,以及计算机的广泛应用,关键词法在信息检索中扮演着非常重要的角色。进入互联网时代,它所发挥的作用更加显著。

三、主题法的原理

在主题法中,叙词法是主流,标题法在向叙词法靠拢。下面就着重介绍叙词法的原理。

(一) 叙词法原理的综合性

各种主题法,在其形成和发展过程中,都出现了借鉴其他检索语言原理、方法的倾向。不过,这一倾向在叙词法中表现得最为显著。

叙词法在继承和发扬单元词法成功因素的基础上,还吸取并综合了多种检索语言的原理和方法。主要在于:

(1) 叙词法与标题法和单元词法一样,采用自然语言的语词作标识,但更严格地对自然语言语词实施规范化处理或控制,以保证标识与概念之间的唯一对应。

(2) 叙词法适当采用标题法的预先组配,选用必要的词组,放弃单元词法的语词尽可能分解的原则,以减少组配操作和组配误差。

(3) 叙词法采用了分面组配分类法的概念组配,来取代单元词法的字面组配,以增强组配语义的确切性。

(4) 叙词法采用并进一步完善了标题法的参照系统。

(5) 叙词法采用体系分类法的原理,编制叙词分类索引(范畴索引)和等级索引(词族索引),甚至直接引入体系分类表或分面分类表,实现分类主题一体化。

(6) 叙词法采用关键词法的轮排方法,编制叙词轮排索引。

(二) 概念组配是叙词法的基本原理

在叙词语言采用的多种原理方法中,概念组配是最基本的原理,它是决定叙词法特点和性能的根本因素。

1. 概念组配与字面组配的区别

叙词法采用的是概念组配,而不是字面组配。虽然概念组配与字面组配在形式上有时相同,有时不同。但是,在本质上两者是不同的。

(1) 概念组配与字面组配对词汇单位的要求不同。概念组配要求以表达基本概念的语词为标识,用于概念组配的语词既可以是单词,也可以是词组。字面组配只要求参与组配的词与组配构成的词在字面形式上的一致,强调参与组配语词的单元性,因此,要求采用最小的词汇单位——单词,而不用词组。例如:字面组配时,"隧道二极管"和"雪崩二极管"可以分拆成"隧道""二极管"和"雪崩""二极管",然后再用于组配。可是,在概念组配中,由于"隧道"和"雪崩"作为组配因素所表达的概念和它们独立表达的概念不一致,会造成误检。因此,对"隧道二极管"和"雪崩二极管"这样的词组不予分拆。

(2) 概念组配与字面组配的本质不同。概念组配本质上是在概念分析的基础上进行概念综合,是符合概念逻辑的组配。概念组配所表达的概念与参加组配的各方所表达的概念在逻辑上是有联系的,往往表现为下位概念(种概念、部分概念、方面概念)与上位概念(属概念、整体概念、事物概念)的关系。字面组配是利用构词法进行词的分拆和组合,它符合构词规律,但是不一定符合概念逻辑。

2. 叙词的概念组配类型

叙词主要用来以组配方式表达主题概念,这意味着,大多数情况下要用多个叙词组配表达文献主题或检索课题。对叙词概念组配类型的划分和命名还没有一致的认识,综合各家的观点,基本上分为三种:

(1) 交叉组配。交叉组配,是指使用两个或多个具有交叉关系的叙词进行组配。比如,参与组配的叙词所表达的都是学科,都是设备,都是动物等。例如,心理学和教育学组配表达教育心理学,电视机和录像机组配表达电视录像机,水生动物和哺乳动物组配表达水生哺乳动物,等等。

由于参加组配的叙词所表达的概念具有交叉关系,组配所表达的概念正是交叉的那个部分。因此,交叉组配所产生的概念肯定是各个参与组配概念的种概念。

(2) 方面组配。方面组配,也有人称之为限定组配,是指将表示某一事物的叙词与表示事物方面(部分、属性、状态、过程、条件、关系等方面)的叙词进行组配。参与方面组配的叙词不是同性质的词,它们所表达的概念,在外延上并不相交。但是,它们所代表的文献内容或文献集合却有交叉部分。例如,"汽车"和"发动机"组配表达"汽车发动机","汽车"与"操纵稳定性"组配表达"汽车操纵稳定性","汽车"与"车辆保养"组配表达"汽车保养",等等。

方面组配产生的新概念是一个下位概念,但是,它只是其中一个参与组配概念的种概念,与参与组配的另一概念的关系则是部分与整体关系,或方面与事物的关系,或过程与主体的关系等之中的一种。

方面组配的范围很广,使用也较自由,绝大多数的叙词组配是方面组配。

有一种称为联结组配或关联组配的叙词组配,其作用是表示两个或多个事物之间的联系,实际上是方面组配的一种特殊类型。它往往是表达不同事物的叙词之间用表示它们之间关系的叙词联结起来。例如,用"粤语—比较—普通话"组配表达"广东话与普通话的异同"。

(3) 特称组配。特称组配,是指用一个表示事物类称的属概念叙词与表达"种差"(即待表达种概念比参与组配的那个属概念多出某种特征)的叙词进行组配。例如,用"平面磨床"与"卧式"组配表达"卧式平面磨床",用"齿轮"与"不锈钢"组配表达"不锈钢齿轮"。

特称组配与方面组配似乎是相对而言的,即它是对同一种组配的两个不同角度的命名,正是这个原因,人们经常不对它们进行区分。例如,用"图书馆建筑"和"建筑设计"组配表达"图书馆建筑设计",从"图书馆建筑"的角度看,这个组配应是方面组配,从"建筑设计"的角度看,这个组配是特称组配。但是,有的时候特称组配与方面组配是易于区分或必须区分的。例如:"汽车"与"设计"组配,"晶体管"与"可靠性试验"组配,明显是方面组配;"电子计算机"与"小型"组配,"齿轮"与"球墨铸铁"组配,显然是特称组配。

一般来说,表示事物的叙词与用来区分事物,并表示事物的形状、形式、度量、材料等属性的叙词之间的组配属于特称组配。至于表示事物与其所处空间、时间,所属的人物、民族,所用的语言等叙词的组配,当作特称组配比当作方面组配更易于理解。

四、主题法的功能

1. 对信息内容加以标引的功能

主题法采用语词标识实现其对信息内容加以标引的功能。语词标识一般是利用自然语言的语词经过规范化处理(控制)作标识。

主题法的语词标识除了具有直观性特点外,一般还具有规范性特点,即标识符合唯一性、规律性、定型性、通用性、准确性等要求。

主题法用语词标识标引文献具有直接性和组配性。所谓直接性,是指语词标识是直接与文献内容相对应的。例如,如果文献内容是关于神舟五号宇宙飞船的,就直接用"宇宙飞船,神舟五号"标引,而不必像分类法那样按"航空、航天—航天—航天器构造—宇宙飞船"层层分解后,给出"V423.5"予以层层揭示。所谓组配性,是指主题法(尤其是叙词法)以语词标识的组配方式作为表达文献主题的基本手段。而且,从标题法到叙词法,组配形式已由先组标题形式发展到自由后组形式。自由后组的叙词标引,具有许多优点:减少标引所需词汇量;能够完整、细致地表达各种主题概念及新出现的主题概念,保证标识表达主题概念的专指性;方便自由地扩大或缩小检索范围;提供多途径检索。

2. 对与主题相同及相关的信息予以集中或揭示其相关性的功能

主题法通过语词标识的唯一性、标识之间的关系显示来实现对与主题相同及相关的信息予以集中或揭示其相关性的功能。

在主题法中,为集中与主题相同的信息,主要就是排除"一义多词"现象,即对一般同义词、学名与俗称、新称与旧称、全称与简称、不同译名、近义词、反义词进行优选,只使用选中的一个词作标识来标引文献,落选的词则视需要作为入口词,不用于标引。

主题法集中信息是以语词所表达的事物为中心,而不是以学科、专业为中心。例如,内容分别关于"茶的贸易""茶的焙制"的文献,分别用"茶—贸易""茶—焙制"进行主题标引后,就能依"茶"这种事物进行集中。但是,从学科角度看,就不可能集中了。因此,主题法适合从事物出发的检索,不适合从学科出发的检索。为揭示信息的相关性,主题法以参照系统为主要手段来显示标识之间的等级关系和相关关系。此外,还采用范畴聚类、轮排聚类等方法。

3. 对大量信息加以系统化或组织化的功能

主题法以字顺序列组织语词标识,既提供快速的主题字顺检索途径,又形成以事物为中心集中信息的系统,具有极强的特性检索功能。借助参照系统及其他手段,主题法可以将依标识字顺分散的相关信息联系起来,形成一个隐性的逻辑体系,实现大量信息的系统化,发挥一定的族性检索功能。

4. 便于将标引用语与检索用语进行相符性比较的功能

主题法既便于将标引用语与检索用语进行整体相符性比较,也便于将标引用语与检索用语进行局部相符性比较。这是因为,主题法的语词标识经过多方面的规范化处理(关键词法也越来越多地采用后控制措施),并有严密的参照系统相配合,使标引者和检索者的用词易于取得一致;由若干语词标识组成特定文献主题的完整检索标识时,有严格的组配规则作为依据;主题法的检索标识或者是层次结构标识,或者是组配式标识,特别便于进行局部相符性比较。

第二节　叙词法的词汇控制

一、词汇选择

叙词法是迄今词汇控制最严格,采用的词汇控制手段最完备的一种主题法。下面将以我国的《汉语主题词表》(简称《汉表》)为主要依据,阐述叙词法的词汇控制。

(一) 词类控制

叙词主要用来通过组配而精确、细致地表达文献主题,因此,可以作为叙词的主要是表示文献主题中涉及的事物及事物特征的各学科领域名词术语,包括简单名词(单纯词和合成词)和名词性词组。有的叙词表还收入少量的形容词。此外,根据标引需要,可以使用数量词(如表示年代)作叙词,但不在叙词表中列举。可以作为叙词的名词或名词性词组包括以下主要类型:

1. 普通名词术语

(1) 表示各种事物(具体的、抽象的、微观的、宏观的等)的名词术语,亦即事物名称。如集成电路、向量(数学)、现实主义、细菌、宇宙、海洋等。

(2) 表示事物属性、状态、现象、过程、作用等的名词术语。如导电性、强度、失真、老化、土壤熟化、日冕、船舶过载、腐蚀等。

（3）表示工艺、加工技术、方法、行为等的名词术语。如铸造、热处理、爆炸成型、抽样调查、有限元法、质量管理、经济核算等。

（4）表示科学门类、技术部门、理论、定理等的名词术语。这实际上是一类特殊的事物名称。如经济学、化学、遥感技术、万有引力定律等。

（5）表示文献类型或形式的名词术语。如期刊、索引、词典等。

（6）表示某些具有构词功能的词。如台式、小型、多用途等。

2. 表示特定事物的专有名词

（1）地理名称和行政区划名称。如亚洲、中国、广东省、太平洋、珠江、泰山等。

（2）民族名和语言名。如汉族、壮族、英语、俄语等。

（3）时代或年代名。如明代(1368—1644)、21世纪、1997等。

（4）人名。如李时珍、孙中山、毛泽东等。

（5）机构、会议等名称。如中山大学、中央电视台、联合国、奥林匹克运动会等。

（6）产品名称。如F-16战斗机、南京长江大桥等。

（7）历史事件名称。如辛亥革命、第二次世界大战、海湾战争等。

（8）法规、条约名称。如《中华人民共和国教育法》《中日和平友好条约》(1978)等。

（9）文献名称。如《资本论》《红楼梦》等。

（二）词组控制

叙词法中,选择一定的词组作叙词可以提高标引的一致性,保证较高的查准率。但是,词组过多或先组程度过高的词组,一方面会增加叙词数量,使词表体积庞大;另一方面,会减少检索途径和多向成族的机会,从而降低查全率。因此,在叙词法中,必须对词组(叙词先组度)进行适当控制。

《单语种叙词表编制规则》(ISO 2788)规定,"作为总的规则,应该是尽量将复词分解为单一概念词,但以不影响用户对词义的正确理解为准"。这意味着,词组控制的准则应该是：若将词组分解后用于组配会影响用户对其含义的正确理解或不符合用户的使用习惯,就不应将词组分解,而应选择词组作叙词,反之,就不应该选择词组作叙词(正式叙词)。

1. 不应该选择词组作叙词的情形

（1）可由具有交叉关系的已定型简单概念词组配表达的较复杂概念,一般不应选用词组作叙词。例如：

喷气式垂直起落飞机

　　用　喷气式飞机 + 垂直起落飞机

(2) 可用代表事物与事物方面的两个简单概念词组配表达的较复杂概念一般不应选用词组作叙词。例如：

汽车设计
　　用　汽车＋设计

(3) 表示事物的部分，一般用表示事物的词与表示部分的词组配，而不用词组表达。例如：

汽车发动机
　　用　汽车＋发动机

(4) 表示文献类型的词一般不与表示事物、学科或论题的词组成词组叙词。例如：

数学辞典
　　用　数学＋专科词典

(5) 专有名称一般不与普通名词组成词组叙词。例如：

陶行知教育思想
　　用　陶行知＋教育思想

2. 应该选用词组作叙词的情形

(1) 专有名词，即使是词组，一般也直接作叙词。例如中国政法大学、中国共产党十八届三中全会(2013)、《中华人民共和国刑事诉讼法》等。

(2) 在专业文献中出现频率较高，并且用户经常用于表达检索课题的词组一般应直接用词组作叙词。例如巡航导弹潜艇、捕获粒子不稳定性、航空航天医学试验设备等。

(3) 凡经分解后，分解出的单词至少有一方没有独立检索意义，或改变了它在词组中的原意，或组配结果可能有歧义的，应该用词组作叙词。例如：比例税、亲属语言、蜂窝材料、依赖脱氧核糖核酸的脱氧核糖核酸聚合酶等。

二、词形控制与词义控制

(一) 词形控制

叙词法的词形控制主要是指对同义不同形的词优选其中的一种形式作叙词(正式叙词)，以避免信息分散而降低查全率，有利于字顺排列。词形控制的主要内容包括：

1. 汉字形体的控制

当一个汉字有简体、繁体、异体等字体形式时，应选择目前通行的标准字体作叙词。当一个汉字有多种写法时，应选择使用较为广泛或有权威性规定的写法作叙词。例如：

储罐(叙词)　　　　贮罐(非正式叙词)

2. 外语词的形式和形态控制

一个外语词有几种拼写形式时,应该选择比较通行的一种形式作叙词。例如,Catalogue 和 Catalog 之间的选择。

外语名词的单复数形态,要依所用语种的习惯用法予以选择。在英语中,可数名词一般多用复数;专有名词及表示学科领域、工艺过程、事物属性的词多用单数。如果一个名词的单、复数分别表示不同的概念,则两者都可以作为叙词。例如:

Detector　探测器

Chemical　laser　化学激光器

Chemistry　化学

Viscosity　黏性

Painting　绘画

Paintings　图画

3. 外来词的形体控制

各自然语种中的外来词越来越多。在汉语叙词表中,外来词一般应采用汉译名。但是,如果外文形式的名词在我国没有译名或本名比译名更通行,可以用其原文形式或原文与汉字结合的形式作叙词。例如:

DMF

　　　代　二甲基甲酰胺

ECHO 病毒

　　　代　人肠细胞病变孤儿病毒

4. 标点符号和数字的控制

叙词中,只在必要时使用括号、连字符、小圆点,其他标点符号不用。数字在汉语叙词中视具体情况以两种形式出现,一是汉字形式,二是阿拉伯数字形式。例如:

锻炼(超导)

电压—频率变换器

九·一八事变(1931)

四氧化三铁

135 照相机

5. 词组叙词词序的控制

无论是汉语叙词,还是外语叙词,都只采用自然(正常)词序,不采用倒置形式。例如:用"轻型载重汽车",不用"汽车,轻型载重"。在必要的情况下,倒置形式的词可以作为非正式叙词指向相应叙词。

6. 同义词的控制

在词义相同而词形不同的语词之间,只能优选其中的一个作叙词,其余的

则可以作为非正式叙词(入口词)收入词表。从广义上讲,同义词有多种:

(1) 同义词之间,一般选择较通用的词作叙词。例如:

摔跤(正式叙词)　　　　　摔角(非正式叙词)
　　　　　　　　　　　　　角抵(非正式叙词)
　　　　　　　　　　　　　角力(非正式叙词)
排石汤(正式叙词)　　　　化石汤(非正式叙词)
祛湿剂(正式叙词)　　　　化湿剂(非正式叙词)

(2) 学名与俗称之间,一般选学名作叙词。例如:

马铃薯(正式叙词)　　　　土豆(非正式叙词)
乙醇(正式叙词)　　　　　酒精(非正式叙词)

(3) 全称与简称之间,一般选全称作叙词;但是,当简称更为通行,且含义清晰时,也可选简称作叙词,例如:

中国人民政治协商会议(正式叙词)　　政协(非正式叙词)
水陆两栖飞机(正式叙词)　　　　　　两栖飞机(非正式叙词)
联合国粮农组织(正式叙词)　　　　　联合国粮食和农业组织(非正式叙词)

(4) 新称与旧称之间,一般选新称作叙词。例如:

逻辑(正式叙词)　　　　　论理学(非正式叙词)
　　　　　　　　　　　　　名学(非正式叙词)
胡志明市(正式叙词)　　　西贡(非正式叙词)

(5) 不同译名之间,选择较通用或意译名;外来音译词已通用或被公认,也可作叙词;包含有外文译名的词应取通行的惯用译名作叙词,例如:

激光(正式叙词)　　　　　　　　　莱塞(非正式叙词)
布尔代数(正式叙词)　　　　　　　逻辑代数(非正式叙词)
索姆河战役(1916)(正式叙词)　　 松姆河战役(1916)(非正式叙词)

(6) 产品的型号与绰号之间,一般选择产品的型号加通称作叙词。例如,《国防科学技术叙词表·型号表》中:

AIM-7导弹(正式叙词)　　　"海麻雀"导弹(非正式叙词)
S-3A飞机(正式叙词)　　　　"北欧海盗"飞机(非正式叙词)

7. 准同义词的控制

准同义词,是指含义相近或不同,但在标引和检索时没必要予以区分,可以作为同义词处理的那些词。准同义词控制主要包括以下三种情形:

(1) 某些近义词之间,一般选择较为概括、通用的词作叙词。例如:

密闭灭火(正式叙词)　　　火区封闭(非正式叙词)
诗人(正式叙词)　　　　　词人(非正式叙词)
化石人类(正式叙词)　　　人类化石(非正式叙词)

(2) 某些反义词之间，一般选择表示正面含义的词作叙词，但也有例外。例如：

理想波导(正式叙词)　　　非理想波导(非正式叙词)
非均质流体(正式叙词)　　均质流体(非正式叙词)
光滑度(正式叙词)　　　　粗糙度(非正式叙词)

(3) 某些太专指词与泛指词之间，用泛指词代替太专指词作叙词。例如：

放映合成摄影(正式叙词)　背面放映合成摄影(非正式叙词)
　　　　　　　　　　　　正面放映合成摄影(非正式叙词)
飞行模拟(正式叙词)　　　仪表飞行模拟(非正式叙词)

8. 叙词长度的控制

为便于排检和计算机处理，也作为对词组的一种控制措施，叙词的长度一般有所限制。例如，《汉表》规定叙词长度不超过14个汉字。太长的词可用简称、缩写、分解等方法予以压缩。

(二) 词义控制

叙词法的词义控制，主要是对多义词(同一词形表示的多个相关性词义)、同形异义词(同一词形表示的多个词义之间不相关)和词义含糊而导致理解不一的词进行处理，使叙词的词义具有单一性和明确性。

叙词词义控制主要采用两种措施：一是加限定词或限义符号，二是用注释。除此之外，词义控制还有其他措施：尽量采用同义的其他词形作叙词，例如，军事上的"防御"和体育运动的"防守"；将叙词置于特定的语义网中，例如，显示上位词、下位词、相关词、所属范畴等。

1. 加限定词或限义符号

(1) 加限定词。它主要用来指明多义词和同形异义词所属的范围(学科专业、事物类别、地域、时间等)从而明确词义，使其具有单义性。有时也用于明确词义含糊词的词义。限定词一般置于圆括号内，紧接在被限定词之后。限定词与被限定词结合在一起，构成一个完整的叙词，因此，标引和检索时，限定词连同圆括号，都不能省略。

加限定词的方法有两种：一是对多种含义都加以限定而使之区别；二是对本义或通用义不加限定，只对转义或其他义加限定。例如：

涡旋(流体力学)　　　　涡旋(气象)
巴黎和会(1918)　　　　巴黎和会(1946)
稳定平台(导航)　　　　稳定平台(天线)
稳定性　　　　　　　　稳定性(数学)
测定标准(农药)

(2) 加限义符号。在《汉表》中，用"(P)"缀于某些叙词之后，作为叙词的组

成部分,表示某种化合物的衍生物,以区别于该化合物。例如:

次磷酸　　　　　　　　次磷酸(P)
硫酸盐　　　　　　　　硫酸盐(P)

2. 用注释

注释可以说明叙词字面所不能明确的含义,或者指示叙词的使用方法,或者注明叙词的始用日期及变化情况等。注释不是叙词的组成部分,标引时不必标出。因此,注释比限定词更自由,可以更细致地说明叙词的含义和用法。叙词注释主要有三种:

(1) 含义注释。含义注释一般是对叙词的含义或包括的范围作出说明,有时就是提供叙词的定义。例如:

封建社会学校
　　注:封建社会的各种学校,如太学、书院、私塾等
复合型空翻
　　注:沿身体横轴翻两周,纵轴转一周以上
多用途炮弹
　　(兼有杀伤炮弹和破甲炮弹作用)

(2) 用法注释。这是为保证叙词的正确使用而作的说明,例如:

称号等级(体育)
注:作教练员、运动员、裁判员的等级称号组配用。
例:一级足球运动员用"足球 + 运动员 +1+ 称号等级(体育)"。

(3) 历史注释。它主要用于说明叙词收入词表的时间,或其变化情况,从使用沿革的角度表明该叙词与相关词的联系和区别,从而增强标引和检索时使用该词的一致性。例如:

断层摄影术
　　(增词时间:1989 年)
对称网络
　　(增词时间:1989 年)

三、词间关系控制

(一) 词间关系符号

在叙词法中,采用了多种方法显示词间关系,如设立严密的参照系统,编制范畴索引、词族索引、轮排索引、词族图等。其中,参照系统是叙词法显示词间关系的主要方法,它用规定的参照符号,将词间的语义等同关系、等级关系和相关关系予以显示,将依字顺排列而分割的词间联系揭示出来。

《汉语叙词表编制规则》(GB 13190—1991)、《单语种叙词表编制规

则》(ISO 2788—1986)和《文献工作——多语种叙词表编制与修订准则》(ISO 5964—1985)规定了汉语及几种常用外语叙词表使用的参照符号,见表4-1。

表4-1　汉语及常用外语叙词表使用的参照符号

词间关系	参照符号含义	汉语拼音符号	英文符号	法文符号	德文符号	国际通用符号
等同关系	用	Y	Use	EM	BS	→
	代	D	UF	EP	BF	=
	组代		UFC			+
等级关系	分	F	NT	TS	UB	>
	属	S	BT	TG	OB	<
	族	Z	TT			
	(属种)属		BTG			—<
	(属种)分		NTG			>—
	(整部)整		BTP			
	(整部)分		NTP			
相关关系	参	C	RT	VA	VB	—

(二) 等同关系

等同关系,是指叙词与非正式叙词之间的关系,亦即在词形控制过程中被选作叙词的词与落选且保留在叙词表中作入口词的词之间的关系,又称用代关系或同一关系。

汉语叙词表的词间等同关系用字母"Y"和"D"表示。"Y"将非正式叙词引向叙词,只在非正式叙词下使用;"D"提示叙词所取代的非正式叙词,只用在叙词之下。两者相互对应,例如:

煤气警报器
　Y 毒气警报器
瓦斯警报器
　Y 毒气警报器
毒气警报器
　D 煤气警报器
　　瓦斯警报器

等同关系中,有一种组代关系,是指一个专指的非正式叙词与以指定的组配方式代替它的若干个泛指的叙词之间的关系。例如:

棉花产量
　　Y 棉花 + 农产品产量

（三）等级关系

等级关系,是指上位叙词和下位叙词之间的关系,亦称属分关系。汉语叙词表中,叙词之间的等级关系参照符号有三种:"S""F"和"Z"。"S"是上位叙词的指引符,用在下位叙词下,指出它所属的上位叙词;"F"是下位叙词的指引符,用在上位叙词之下,指出它的下位叙词;"Z"是族首词指引符,用在依等级关系构成一族的,除族首词及族首词的直接下位词之外的其他叙词下,指出它所属词族的族首词(一族词中最泛指的上位词)。

叙词之间的等级关系,主要包括属种关系和整体与部分关系。

1. 属种关系

属种关系,又称包含关系,是指下位叙词所表达的概念外延可以被上位叙词表达的概念外延完全包含的叙词之间的关系。例如:

电子计算机
　　F　处理机
　　　　电子模拟计算机
　　　　电子数字计算机
　　　　混合计算机
　　　　流控计算机

断裂力学
　　F　全面屈服断裂力学
　　　　弹塑性断裂力学
　　　　线弹性断裂力学
　　S　固体力学
　　Z　力学 *

2. 整体与部分关系

整体与部分关系,又称整部关系,它是表示事物整体的叙词与表示事物组成部分的叙词之间的关系。具有整部关系的叙词所表达的概念外延没有包含关系。

在一般叙词表中作为等级关系显示的整部关系主要是政区及地理区划之间的关系、组织机构与其分支机构之间的关系、人体系统与器官之间的关系。例如:

广东
　　F　佛山
　　　　广州

惠州
……
S 华南地区
Z 中国*

此外，一些专业叙词表有可能显示其他的事物整体与部分之间的关系,如生物体的系统与器官之间的关系；其他产品、建筑物等的整体与部分之间的关系等。这些关系在英语叙词表中,可以用BTP(整)和NTP(分)表示,以便与属种关系的BTG(属)和NTG(分)相区别。

叙词等级关系是双向相互显示的。上述例子在引用时省略了逆向显示的等级关系。有些叙词之间有可能建立多重等级关系。所谓多重等级关系,也称多重属分关系,是指一个下位叙词可以分别与两个或多个上位叙词之间的等级关系。例如：

高等师范教育
 S 高等教育*
  师范教育
 Z 专业教育

大多数叙词表的主表中,一般只显示叙词的直接下位词、直接上位词和族首词。但是,有的小型专业叙词表采用等级关系全显示。所谓等级关系全显示,是指在叙词主表中的叙词下显示它的全部(各级)上位词和下位词。

(四) 相关关系

相关关系,是指叙词之间除等同关系、等级关系之外的比较密切的关系。具有这类关系的叙词所表达的概念有着一定的联系,在叙词之间建立这种联系,不仅方便标引人员在相关叙词的比较中选准标引用词；更重要的是方便检索者从相关叙词中选准和选全表达检索课题的叙词,从而提高检索效率。

相关关系的显示是双向的,但是,所用的参照符号只有一个,在汉语叙词表中用"C"表示相关关系。

相关关系的范围很广,灵活性很大,种类很多,很难严格界定。一些显著情形有：

(1) 没有建立等级关系的事物整体与部分的叙词之间的相关关系。例如：

车站　　　　　　沉渣室(冶金炉)
 C 站台　　　　C 平炉

(2) 交叉概念的叙词之间的相关关系。例如：

大型机床　　　　门式起重机
 C 立式车床　　C 港口起重机

(3) 对立概念的叙词之间的相关关系。例如：

磁导率　　　　　　技术伪装
　C　磁阻　　　　　C　天然伪装

(4) 并列概念的叙词之间的相关关系，例如：

传真通信　　　　　大规模集成电路
　C　电报　　　　　C　小规模集成电路
　　数据通信　　　　　中规模集成电路

(5) 因果概念的叙词之间的相关关系。例如：

地基失效
　C　地基变形
　　固结沉降
　　流砂处理
　　砂上液化

(6) 近义叙词之间的相关关系。例如：

整训(军训)　　　　　交换(经济)
　C　轮训(军事)　　　C　交易

(7) 事物(学科、理论)与其应用的叙词之间的相关关系。例如：

辐照
　C　辐射改性
　　辐射火菌(食品)

(8) 原理、方法、工艺等与相应设备、工具的叙词之间的相关关系。例如：

车削　　　　　　　　船舶操纵
　C　车床　　　　　C　超声波接岸速度仪

(9) 事物与其性质、成分、过程等叙词之间的相关关系。例如：

磁场　　　　　　　　大气环境
　C　磁场强度　　　C　空气污染

(10) 学科、理论与研究对象的叙词之间的相关关系。例如：

气晖　　　　　　　　带电粒子输运理论
　C　大气光学　　　C　带电粒子

(11) 事物、事件、学科、理论与相关人物的叙词之间的相关关系。例如：

有效竞争　　　　　　辛丑条约
　C　克拉克,J.M.　　C　李鸿章

一般来说，一个叙词可以与一个或多个叙词建立相关参照。但是，一个叙词一般只与具有等级关系的两个或多个叙词中的一个建立相关关系。

第三节　叙词表的结构与编制

一、叙词表的宏观结构

叙词表（Thesaurus），在我国又称为主题词表。它是以特定的结构集合和展示经过规范化处理的叙词和非正式叙词，并显示它们之间的语义关系，作为叙词标引和检索依据的术语控制工具。它不仅提供标引和检索所用的叙词，而且提供多种查词途径，对正确选用叙词进行准确、全面的标引和检索起保证作用。

世界上现有数以千计的叙词表，它们的结构并不完全一致。下面主要以《汉表》为例予以介绍。

（一）叙词表的一般宏观结构

从宏观上看，叙词表一般由以下十大部分组成（见图 4-1）。

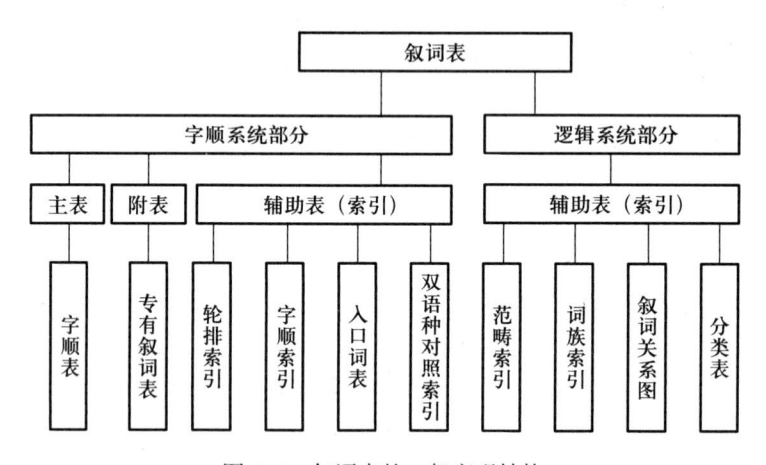

图 4-1　叙词表的一般宏观结构

1. 字顺表

字顺表，是将众多叙词款目和非正式叙词款目按字顺排列的词汇表。在传统叙词表中，字顺表含有叙词或非正式叙词的最完整信息，是标引和检索的主要依据，是叙词表的主体。因此，一般称为叙词表的主表。

字顺表的基本功能是为标引和检索人员提供直接从概念名称的字面形式出发，按字顺迅速查找所需叙词的途径；并且通过参照系统及有关标注项帮助查词者判定叙词的含义，找到更恰当的词或更多的词。

叙词包括普通叙词和专有叙词两大类，有的字顺表只收普通叙词和少量专有叙词，而将大多数专有叙词独立成附表；有的字顺表包括全部叙词和非正式叙词,不将专有叙词另设为附表。

2. 专有叙词表

专有叙词表,是将专有名称叙词或非正式叙词款目按字顺排列,单独集中展示的词汇表。实际上,它是字顺表的组成部分,微观结构与字顺表没有差别。单独设立专有叙词表的目的主要有两个:一是压缩字顺表的篇幅,方便从字顺表查引;二是便于用户迅速查到所需的专有叙词,不必去词量较多的主表中查找。

专有叙词的范围较广,叙词表中按类型单独编列的一般是人名、地名、机构名、产品型号等。例如,《汉表》的附表包括"世界各国政区名称""自然地理区划名称""组织机构"和"人物"四个专有叙词表;《国防科学技术叙词表》编有一个产品"型号表";《铁路汉语主题词表》的附表则包括地名、机构名、产品型号和铁路名。有些叙词表甚至不收也不编专有叙词(表),而是借用其他的专有名称工具书。如《新闻叙词表》就规定,涉及人名、地名、组织机构名等专有名称时,均以指定的专名工具书为依据进行标引和检索。

3. 轮排索引

轮排索引又称轮排表,是将叙词按其词素的字顺轮流排列到检索入口,使含有相同词素的词集中在一起的索引。

轮排索引的轮排方式有三种:一是词外轮排,二是词内轮排,三是倒置轮排。可根据条件的需要选择使用。

轮排索引利用字面成族原理揭示叙词之间的联系,可以发挥两个功能:一是提供查找词组叙词(包括非正式叙词)的多个字顺入口,既可以帮助查词者迅速判定词表中有无包含特定词素的词组,也可以省去查词者对词组首字(词)的推测和试探;二是将含有相同词素的词集中一处,增加了发现叙词间的联系和区别的机会,便于用户在比较中选择叙词。

4. 双语种对照索引

双语种对照索引,是将全部或大多数叙词和非正式叙词与其外语译名相对应,按外语译名字顺排列的索引。我国的叙词表多编制英汉对照索引。双语种对照索引的主要功能是提供从另一种语言语词字顺入手查词的途径,从而帮助标引人员标引另一语种的文献;帮助检索者查找另一语种文献;还可借以查找另一语种的检索工具;甚至作为翻译的参考工具。

5. 字顺索引

字顺索引,是将叙词(或包括非正式叙词)按字顺排列,而不包含叙词款目中的其他项目(非叙词含"用"参照)的一种索引。它是对字顺表的简化,一般是在叙词表的词汇量较大时,为提高查词速度而编制。

6. 入口词表

入口词表,是将非正式叙词按字顺排列,并指出其对应叙词的索引。叙词表总是会收录一定的非正式叙词,作为标引和检索查词的可能入口,指向相应的叙词,既提高查词速度,又减少选词错误。绝大多数时候,非正式叙词款目编入字顺表,与叙词款目一起按字顺混排。但是,在少数情况下,如果非正式叙词数量接近或超过叙词时,或希望收录更多的非正式叙词时,可以编制入口词表。

入口词表收的词一般是词形控制过程中落选的词。但是,如果是在叙词表使用过一段时间之后再编入口词表,也可在入口词表中收入标引中出现的入口词,即用组配标引、上位词标引、靠词标引等方式表达的主题概念的自然语言语词。

7. 范畴索引

范畴索引,又称分类索引、范畴表,是按叙词表全部叙词和非正式叙词所属学科或范畴编制的词汇分类索引。一般首先设立若干大类(范畴),大类之下再分出若干二级或三级小类,在小类之下,才将所属的叙词和非正式叙词按字顺排列。

范畴索引的功能是:首先,便于从学科或专业角度查找叙词。其次,在叙词表编制工作中发挥积极作用。例如,按范畴统计和控制词汇量,在范畴内便于进行词汇控制,可以按范畴分工编制叙词表等。再次,还可用于组织分类主题目录(索引)式的检索工具。

8. 词族索引

词族索引,也称等级索引、族系表,是将字顺表中具有等级关系的叙词按属分等级构成词族,并按各词族的族首词字顺排列的词汇索引。

词族索引一般是在字顺表中未对叙词款目或族首词款目进行等级关系全显示时,需要编制的一种辅助索引。词族索引的功能主要有四个:一是提供从族首词(即词族中外延最广的叙词)出发,查找所需叙词的途径。二是借助上位词、下位词和同位词,明确词义。三是在机检系统中,自动进行上位词登录,满足族性检索要求。四是方便进行扩检和缩检。

词族索引中只收入具有等级关系的叙词,并不反映没有等级关系的叙词和全部非正式叙词。

9. 叙词关系图

叙词关系图也称词族图或语义关系图,它是用图形显示叙词之间关系的一种工具。叙词关系图具有形象、直观的优点,但编制较为复杂。我国的叙词表中未见采用,国外的叙词表中也用得不多。

用于显示叙词关系的图形有环形图、箭头关系图、树形结构图等多种。

10. 分类表

这是指实现分类主题一体化的词表中,与字顺表相配合的分类表,它不同于叙词分类索引。具体内容将在第五章介绍。

叙词表的上述组成部分，不是每一个叙词表都可能齐备的。有的叙词表甚至可能只有一两个部分。

(二)《汉表》的宏观结构

《汉表》于1980年出版试用本，1991年出版了自然科学部分的增订本。其宏观结构为：

第一卷　　社会科学
　　第一分册　字顺表（主表）
　　第二分册　索引（包括词族索引、范畴索引和英汉对照索引）
第二卷　　自然科学
　　第一至二分册(试用本为第一至四分册)　字顺表（主表）
　　第三分册(试用本为第五、六分册)　　　词族索引、范畴索引
　　第四分册(试用本为第七分册)　　　　　英汉对照索引
　　第五分册(1996年出版)　　　　　　　　轮排索引
第三卷　　附表
　　包括：附表一　世界各国政区名称
　　　　　附表二　自然地理区划名称
　　　　　附表三　组织机构
　　　　　附表四　人物
　　　　　附表一、二、三、四的英汉对照索引

二、叙词表的微观结构

(一) 字顺表的微观结构

1. 叙词款目和非正式叙词款目的著录项目

在字顺表中，对一个叙词及其相关项目的著录就构成一条叙词款目；对一个非正式叙词及其相关项目的著录就构成一条非正式叙词款目。叙词款目和非正式叙词款目一般都由款目词项、标注项和参照项组成，但两者的具体著录项目，尤其是参照项的差别很大。叙词(正式主题词)款目的著录项目一般包括：款目词项，在汉语叙词表中除了款目叙词外，一般还有其汉语拼音和对应的外语(英语)译名；标注项，包括款目叙词所属范畴的范畴号，款目词的序号，族首词符号，部分款目词的含义注释、历史注释（事项注释）和用法注释等；参照项，绝大多数叙词包括"代"参照项(非正式叙词)、"分"参照项(下位叙词)、"属"参照项(上位叙词)、"族"参照项(族首词)、"参"参照项(相关叙词)，有的叙词只有其中的几项或一项，少数叙词没有参照项，称为"无关联词"。当"属"项参照词为族首词时，一般不重复"族"项参照。

非正式叙词（又称非正式主题词）款目的著录项中，其款目词项与叙词款目的词项基本相同；标注项中，一般没有注释项；参照项中只有也必然有"用"参照项，指出代替它的叙词。

各种叙词表的款目著录项目并不一致，主表的著录内容与整个叙词表的宏观结构也有很大关系。

2. 叙词款目和非正式叙词款目的著录格式

各叙词表主表的款目著录格式存在一定的差异。下面仅从《汉表》中选例予以说明。

(1) 叙词（正式主题词）款目著录格式举例

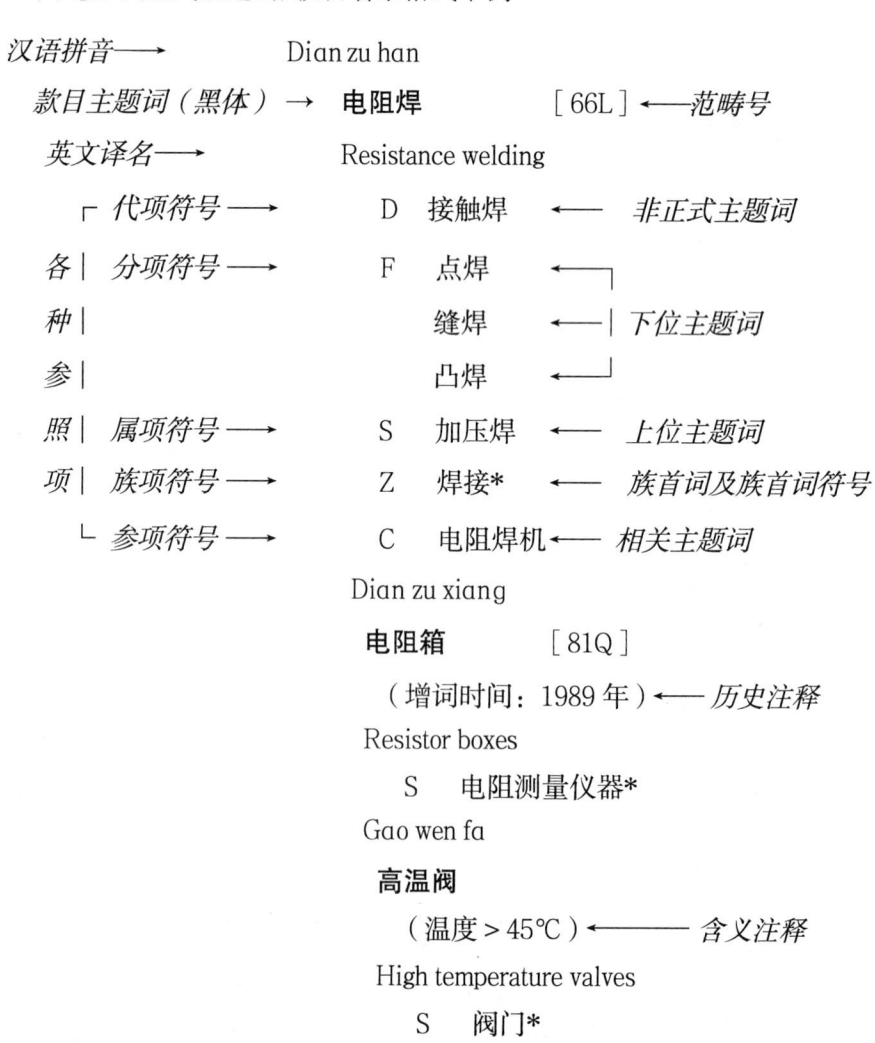

```
汉语拼音──→          Dian zu han
款目主题词（黑体）→   电阻焊        ［66L］ ←──范畴号
英文译名──→           Resistance welding
  ┌ 代项符号──→       D   接触焊    ←── 非正式主题词
各│ 分项符号──→       F   点焊      ←┐
种│                        缝焊      ←│ 下位主题词
参│                        凸焊      ←┘
照│ 属项符号──→       S   加压焊    ←── 上位主题词
项│ 族项符号──→       Z   焊接*     ←── 族首词及族首词符号
  └ 参项符号──→       C   电阻焊机  ←── 相关主题词
                      Dian zu xiang
                      电阻箱       ［81Q］
                      （增词时间：1989年）←── 历史注释
                      Resistor boxes
                          S   电阻测量仪器*
                      Gao wen fa
                      高温阀
                      （温度＞45℃）←────── 含义注释
                      High temperature valves
                          S   阀门*
```

(2) 非正式叙词（非正式主题词）款目著录格式举例

第三节 叙词表的结构与编制

```
                              Jie chu han
款目非正式主题词 ─────→ 接触焊              [66L]
    用项符号    ─────→ Y电阻焊 ←───── 正式主题词
```

3. 款目词的排列

字顺表的款目词(叙词和非正式叙词)一般按字顺排列。汉语叙词表和外语叙词表都有不同的字顺排列法。

汉语叙词表的款目词一般按汉语拼音顺序排列,具体方法有:

(1) 音节—音调—字形顺序排列法。这是先按每个字的汉语拼音字母顺序排列(即音节本位排列法);字母相同时,再按音调排列;音调相同时,按字的笔画笔形排列。这样可以将相同汉字开头的词集中(同形不同调的汉字被分开),也便于配备款目词首字的拼音、部首、笔画等检字索引。《汉表》自然科学(增订本)用了这种排列方法。

(2) 音节顺序—字形顺序排列法。这是先按每个字的拼音字母顺序排列;字母相同时,不区分音调,而按字形(笔画多少和起笔笔形)排列的方法。《中国档案主题词表》就是采用这种方法。它与上一种方法基本一致。

(3) 逐字母排列法(字母本位排列法)。它是以整个词的全部汉语拼音字母,逐个字母地排列次序。《汉表》试用本采用的是这种方法。此法会将相同首字起头的款目词分散,给查词带来不便,也丧失了配备款目词首字检字索引的可能性。

在采用某种基本的排列方法的同时,一般将以数字和外文字母等开头的款目词单独排列,置于字顺表的最后或最前。词内所含的数字、外文字母等可按原字符形式,以规定的排序值大小排列,或者赋予拼音字母后再排序。词内所含的标点符号、括号、连字符等一般不参加排序。

外语(西文)叙词表的款目词排列法主要有两种:

(1) 逐词排列法。它是依次按每个单词的字母顺序排列。有连字符的复合词作两个词计,除字母、数字、括号之外的其他符号作空格处理。这种方法采用较多。

(2) 逐字母排列法。它将单词之间的空格以及除圆括号、数字、字母之外的其他符号忽略不计,而按括号、数字 0—9、字母 A—Z 的顺序逐位排列。这种方法采用较少。

(二) 范畴索引的微观结构

范畴索引的微观结构主要表现在以下四个方面:

1. 类目(范畴)的设置

范畴索引中设置哪些类目,一方面应以学科分类为基础,另一方面应该考虑词汇分类的需要。一级类目一般是较大的学科、专业领域,类目细分一般只到二级或三级。每个容纳叙词的小类一般容纳几十个到一二百个叙词。在一级、二级或三级类目中需要设置一些"一般概念"类目。

《汉表》社会科学部分设置了15个大类,173个二级类,311个三级类。《汉表》自然科学部分划分为43个大类,333个二级类,770个三级类。

2. 类目的组织

范畴索引的类目大多是按类目内容的逻辑联系加以组织,类似于等级分类体系,我国的叙词表均是如此。但是,也有叙词表是按类名字顺排列类目,如美国《工程与科学词汇叙词表》(TEST)就是如此。

3. 类目的标记符号

范畴索引的类目可以采用字母、数字或字母数字相混合的标记符号。标记制度一般采用层累制。例如,《汉表》的范畴索引是用两位数字表示大类,二、三级类各用一位字母表示。

4. 各类下词的组织

范畴索引收入主表的全部叙词和非正式叙词,附表的词因本身具有明显的范畴划分性质,一般不再收入范畴索引。叙词和非正式叙词只放入每个类系的最下一级类,并在类下按字顺排列。大多数词只归入一个类,少数词允许一词入多类。范畴索引的具体式样见表4-2。

表4-2 《汉表》自然科学(增订本)范畴索引片段

45　生物科学

45A　普通生物学

　　45AA　生物科学一般概念

半咸水生物
变性
不成熟
超渗透现象
Y超滤
超微结构
……

　　45AB　生命起源

代谢起源
核仁
核仁结构*
核仁泡
……

　　45AC　进化

达尔文学说

分子进化
获得性性状
基因突变
进化
……

45B　细胞学

△细胞遗传学入
"45C 遗传学"。
△细胞生物学入
"45E 生物化学"
与"45G 分子
生物学"。

　　45BA　细胞学一般概念

巴尔氏体
Y性染色质量
靶细胞
……

（三）词族索引的微观结构

词族索引的微观结构主要取决于以下四个方面：

1. 收词限制

词族索引只收字顺表和附表中具有等级关系的叙词。没有等级关系的叙词不收入（某些词表的词族索引甚至不收只有一级等级关系的叙词），非正式叙词不收入。收进词族索引的叙词一般不带其他项目，然而个别的词族索引保留范畴号，如《汉表》社会科学部分的词族索引，而且汉语叙词表词族索引的族首词一般标有汉语拼音。

2. 词族的确定

族首词的选择决定着哪些词构成一个词族。族首词应是外延较宽、内涵较浅并且有实际检索意义的叙词。一般以范畴索引的小类为基础，将小类内能够成族的词中外延最广的叙词作为族首词。确定族首词时，要注意词族内的叙词数量不宜过多，等级数一般以五级以内为宜，过于庞大的词族应分解为若干个词族或分词族。

3. 族内词的组织

各词族内的叙词先按等级关系分级排列，并且前置小圆点表示等级：族首词前不加小圆点，二级词前置一个小圆点，三级词前置两个小圆点，依此类推。同级叙词一般按字顺排列，也可将词族索引先分面，再按字顺排列。如果一个叙词从属于同族内的不同叙词时，允许重复显示。有些叙词同时从属于多个词族时，允许归入多个词族。

4. 词族的排列

每个词族依其族首词字顺排列，汉语词族索引一般按族首词的汉语拼音排序。表 4-3 是分别从《汉表》自然科学（增订本）词族索引（B）和社会科学卷词族索引（C）抽出的片段：

表 4-3 《汉表》词族索引片段

B	
Bǎ	Bǎ（diàn zǐ shù guǎn）
靶 *	靶（电子束管）*
• 放射性靶	• 硅靶
•• 氚靶	• 嵌镶板靶
• 极化靶	• 贮存靶
• 经迹灵敏靶	Bà
• 喷射气体靶	坝
• 稳定靶	• 大坝
•• 氚靶	• 挡水坝
• 液氢靶	……

续表

		C		
Cái chǎn			*Cái tuán*	
财产	03LE		财团	05GB
• 不动产	03LE		• 法国财团	05GB
• 动产	03LE		•• 巴黎荷兰银行集团	
• 个人财产	03LE		•• 巴黎联合银行集团	
•• 家庭财产	03LE		•• 洛希尔集团	
• 国家财产	03LE		•• 温台尔集团	
• 集体财产	03LE		•• 许奈德集团	
• 遗产	03LE		•• 犹齐诺集团	
			• 荷兰财团	05GB
			• 美国财团	05GB
			……	

（四）双语种对照索引的微观结构

在我国，双语种对照索引一般具体为英汉对照索引，除采用英文译名与汉语叙词对照外，也可能包括少数某些学科习惯使用的拉丁文及德文、法文等的名词。

编制英汉对照索引需要确定有关微观结构的四个问题：

1. 译名的范围

一般应收录全部叙词及非正式叙词的译名。但是，如果有些叙词难以找到合适的译名，也允许空缺。

2. 译名的单复数形式

对于一般科技名词，其英译名依英文习惯，可数名词用复数，不可数或集合名词用单数；对表示学科专业领域、工艺过程以及事物的性质、状态、特性的词，一般用单数形式。

3. 译名与叙词的对应关系

两种语言的词或词组之间并不总是一一对应。除了一个译名对照一个叙词之外，如果一个外文词与两个或多个叙词对应时，可用单复数或限定词区分，使其分别对照；如果一个外文词与一个非正式叙词对应，应在非正式叙词下列出"用"项叙词；如果几个外文词对应一个叙词，则应该如实对照。

4. 译名的排列

双语种对照索引按译名的字顺排列。一般采用逐词字顺排列法。表4-4是《汉表》自然科学（增订本）英汉对照索引的一个片段：

表 4-4 《汉表》自然科学(增订本)英汉对照索引片段

Pilot boats 领港船 　　Y　引航船 引航船 引水船 　　Y　引航船 Pilot cabins 驾驶舱 　　Y　座舱	Pilot cut 掘沟 Pilot drifting excavation 导坑开凿 Pilot frequency switching 导频倒换 Pilot lights 指示灯 　　Y　信号灯

(五) 轮排索引的微观结构

轮排索引的微观结构体现在四个方面：

1. 收词范围

轮排索引最好是将叙词表的全部叙词和非正式叙词都予以编排，《汉表》自然科学(增订本)的轮排索引就是如此。但是，轮排索引也可以只收词组叙词，不收单词素叙词和非正式叙词。

2. 轮排形式

轮排索引可以选择的轮排形式至少有三种：词内轮排、词外轮排、倒置轮排。其中，以词内轮排形式采用较多。

3. 词的切分

轮排索引需要对词组进行切分，以确定置于检索入口的词素。切分方案可以有不同的选择：只切分置于检索入口的词素，还是切分所有词素；只切分出检索入口词素的起首，还是将检索入口词素的起止都切分出来。

4. 款目包含因素

轮排索引的款目因素，除了被轮排的词之外，可以或多或少地包含这些因素：词在字顺表中的位置、范畴号、参照项、外文译名等。表 4-5 是《汉表》自然科学(增订本)轮排索引的一个片段。

表 4-5 《汉表》自然科学(增订本)轮排索引的一个片段

多用途工作	船	73B			629 左
	船波 　Ship waves	73C			310 中
	船舶 * 　Ships	73B	D	舰船	310 中
破损	船舶	73B			1947 左
	船舶报废	71AT	Y	船舶市场	310 右
	船舶布置 　Ship's general arrangement	73E			310 右

(六) 叙词表结构的变化

叙词表的宏观结构和微观结构并不是固定不变的。虽然,一般来说,叙词表应该包括字顺系统和逻辑系统两种结构,但是,实际上,同一时期的不同叙词表,在其宏观结构和微观结构的选择安排上可能存在或大或小的差异;不同时期的叙词表,在结构上也有着明显的变化。

早期的叙词表往往仅有一个字顺表或轮排表,结构和功能都比较单一。后来,标引和检索的需要促使叙词表进一步完善其功能,许多词表就通过增加组成部分来增强其功能,出现了以字顺表为主,以多种索引为辅的词表结构。近些年来,为了在功能完善的同时优化其结构,叙词表又逐步向功能增强、结构简明的方向发展,具体表现为:

(1) 字顺表与词族索引合并,即在字顺表中进行等级关系全显示,或至少在字顺表的族首词款目中采用等级关系全显示。

(2) 范畴索引与词族索引合并,即各范畴(类目)之下的叙词不按字顺排,而按其等级编排。

(3) 字顺表与专有叙词表(附表)合并,许多词表不设专有叙词表。

(4) 以详细的分类表(分面分类表或等级列举式分类表)取代范畴索引和词族索引,实现分类主题一体化。

总之,当前的叙词表,在结构与功能上,应该是结构简明、功能完备,各部分的结构和功能相互补充、配合,易于掌握和使用。

三、叙词表的编制与维护

(一) 叙词表的编制程序

虽然叙词表的编制程序受多种因素的影响而会有所不同,但是,一般的编表程序为:总体设计、制定编制规范、拟订收词范畴、收集词汇、整理词汇、编制字顺表、编制其他辅助索引、全面审查初稿、试标引和征求意见、定稿及出版。下面就其中的几个环节予以说明。

1. 总体设计

叙词表编制的第一步是根据需要和条件对所要编制的叙词表作出总体设计,明确下述问题:

(1) 词表的使用目标。包括:叙词表将应用于何种检索系统,是计算机检索系统、手工检索系统,还是要两者兼顾,是受控语言检索系统还是与自然语言结合使用的系统;叙词表将用于标引何类文献,是图书还是论文,是标准文献还是科技报告;叙词表用于何种学科专业范围,哪些是核心学科,哪些是相关学科,等等。这些目标将对词汇选择、词表结构等方面的决定产生直接影响。

(2) 词表的词汇特点和收词量。根据词表的使用目标和文献现状及发展趋势，明确收录词汇的专指度、先组度、词类、词形要求，确定词表的大致收词量。

(3) 词表的结构。需要确定：主表的微观结构；是否设置附表；编制哪些辅助索引，各辅助索引的结构及其相互之间以及与主表之间如何联系和配合。

(4) 编表条件。为编好所设计的叙词表需要什么样的人力、物力、财力保证；是否已经具备了这些条件，如何提供保证。

(5) 编表分工和工作进度。当叙词表要由多人甚至若干单位的人员共同编制时，需要预先做好分工和进度安排，以便明确责任，及时调控。

2. 制定编制规范

这是要求对编表过程中涉及的理论和技术问题做出统一规定，作为编表工作的依据，保证词表编制的一致性。需要规定的内容主要包括：选词的范围、原则、方法，词汇数量及词汇的先组度和专指度，词汇控制的内容和原则，参照系统的项目、符号和设立原则，注释的类型及撰写方法，主表及其他组成部分的著录项目、格式和排列规则，编制程序及进度要求等。叙词表编制的国家标准和国际标准应作为制定编制规范的基本依据。

3. 收集词汇

收集词汇是一个发现和选择词汇的过程。能够作为叙词和非正式叙词的词汇只是自然语言的一部分词汇，因此，收集词汇时需要有所依据。一般的收词原则可以作为基本依据，但是，为具体词表收集词汇时，需要将一般原则具体化，使收词的依据更加明确。

收集词汇时，需要选择具体的词汇来源。一般的词汇来源包括：现有的相关叙词表、标题表、分类表；现有的检索工具，尤其是检索工具的主题索引所用词汇；词汇工具书，如专业词典、术语手册、百科全书、教科书及其所附主题索引；原始文献，即从一些代表性文献的题名、文摘、文内标题、重要段落，甚至正文中收词；用户检索提问，即记录用户以往的检索提问用词。

4. 整理词汇

对收集的词汇进行整理，第一，要对词汇进行分类，使同一范畴（类）的词汇得以集中；第二，可以在范畴内进行分面分析，将词汇归入各分面；第三，对各范畴分面的词汇进行分析比较，一方面发现和建立词间关系，另一方面检查收集的词汇是否全面、充分和均衡。通过词汇整理，既可以发现词汇收集中存在的问题，以便补充收集，也可以为生成词表准备必要的数据。

5. 试标引

在词汇整理的基础上，编出或生成叙词表各部分的初稿之后，应该进行一定数量文献的试标引，这对保证词表质量非常重要。因为初稿中隐含的一些问题，不经过试标引往往是难以发现的。用于试标引的文献应该有足够的数量，并且具有全面的代表性。进行试标引的人员应该既有词表编制者,又有词表的未来使用者。试标引过程中应及时记录发现的问题,并进行词频统计,以便整理分析后,对初稿进行修改、完善。

(二) 叙词表的一般收词原则

叙词表的质量很大程度上取决于收词质量。为保证叙词表的收词质量,应该遵循以下一般原则:

1. 目标性原则

词汇收集应紧扣词表的使用目标,即围绕目标而收词。具体地说,首先,应根据词表的学科专业范围进行收词。对于综合性词表和多科性词表,应保持各领域词汇的数量和专指性的大致平衡;对于专业性词表,应重点收集本专业领域的词汇,适当收集相关领域的词汇。其次,要考虑叙词对检索系统的适应性。一般而言,用于计算机检索系统的叙词表应该多收一些内涵较浅,外延较广,组配能力强的基本词汇(单词叙词);用于手工检索系统或机检、手检兼顾的叙词表,则应适当多收一些词组叙词,以减少组配级别。再次,应注意待标引的文献类型对收词的要求。标引学术论文的叙词表比标引图书的叙词表要收集更多的词和更专指的词。

2. 文献保证原则

收集词汇时的文献保证原则,是指应以语词在表达文献主题概念时的出现频率为重要依据。这意味着,并不是出现在特定学科专业范围文献中的名词都可收入词表,而是应该收集出现在文献中,并在表达文献主题时具有一定频率的词。一般来说,出现频率过高和过低的词,因相关的文献太多或太少而失去聚集文献的意义,不应收入词表作为叙词(有时可以作为非正式叙词)。出现频率过高的词,往往是些过于泛指的词,应该改收由该词与其他词结合而成的较专指词;出现频率过低的词,往往是些过于专指的词,应该合并到能够概括它的较泛指词中。当然,对那些反映新学科、新事物的词,即使初期的频率不高,也应予以收集,以适应将会很快出现的需要。

根据将要标引的文献数量及其发展趋势而收词,是文献保证原则的必然要求。文献数量与叙词和专指叙词的数量应该成正比。

3. 用户保证原则

为叙词表收词时遵循用户保证原则,即要求将用户表达检索课题的用词及其倾向作为收词的最重要依据。因为,从文献中选词固然重要,但是,有时有文献保证的词,用户检索时却不用或很少用。对这类词一般不应收录。例如,若用户的检索课题大多比较笼统,就主要收集表示事物名称的词;如果检索课题大多比较专深,除了收集事物名称之外,还应收集反映事物的具体方面、部分、类型等细小因素的词。

4. 组配优先原则

叙词主要是用来组配表达文献主题的,因此,收词时不能无控制地收集词组。凡是可以用基本名词术语组配表达的词组,应尽量不收词组。因为词组太多,不利于发挥叙词组配的优异性能。

5. 基本词汇完备和精练原则

任何一种叙词表,都应有完备的基本词汇。只有这样才能保证标引绝大多数文献主题时有词可用。但是,完备不意味着多多益善。完备和精练相结合才有意义。

6. 兼容性原则

兼容性原则,是指应尽量收集与国内外相关叙词表兼容的词。亦即注意收集出现在通用相关叙词表中的有关词汇。

(三) 叙词表的修订内容

叙词表与其他词表、类表一样,必须根据社会和科学技术的发展、文献和检索需要的变化,不断进行修订,保持长久的生命力。叙词表修订的内容主要是:

1. 增补语词及词间关系

需要增补的主要是:表示新学科、新事物、新概念的词及相应的词间关系;原先漏选而又有必要补上的词和词间关系;更多入口词及其与对应叙词的等同关系;更专指下位词及相应词间关系,以代替使用频率过高的组配用词和上位标引词。

2. 删除不必要的词及词间关系

删除旧词应该慎重,对标引和检索频率过低甚至长期没被使用过的词,可改作非正式叙词或从词表中删除;与其他词区别不大而导致相同或相近主题的文献过于分散的重复多余词,应改作非正式叙词或从词表中删除。将叙词改为非正式叙词或从词表中删除时,应将相应的词间关系进行调整或删除。

3. 修改款目词及其著录项目

对叙词表中原有的款目词及其著录项目,可能需要修改其语词的字面形式、语词的含义、词间关系、标注项等,以便消除原先存在的矛盾和不当之处。

4. 微观和宏观结构的调整

非常必要时,可以对叙词表的微观和宏观结构进行调整,或者引进新的编表技术。例如,改变款目词的排列方法,增加注释类型或者改变注释形式,合并辅助索引,增加辅助索引等。叙词表结构的调整比分类表可以自由一些,但也必须谨慎从事。

(四) 叙词表的共同管理

为了保证使叙词表的修订和管理工作持续、统一进行,对于许多单位共同使用的叙词表,应由叙词表的主编单位和使用单位的代表组成一个常设的词表管理机构，共同承担叙词表的修订和管理工作。词表管理机构的主要任务是：调查、汇集、分析用户在标引和检索过程中发现的问题和提出的增删改意见，及时作出相应决定并向用户通报；制定使用规则，解答叙词表使用中碰到的疑难；研究叙词表的提高和发展问题，举办相应的学术会议，负责叙词表的版本更新。

叙词表使用单位在做好各自的词表使用管理工作基础上，应参与和支持叙词表的统一修订和管理工作，一方面将有关问题及时反馈给词表管理机构；另一方面执行词表管理机构的规定，不各自为政。尤其是当涉及叙词的增删改时，应以使用频率统计为依据经分析研究之后根据叙词表的收词原则和词汇控制原则，填写叙词增删改记录卡，提交叙词表管理机构，等待统一的决定。叙词增删改记录卡可参考表4-6所示格式：

表4-6 叙词增删改记录卡

项目	类型			
叙词	汉语拼音			
	中文名称			
	英文译名			
	范 畴 号			
	参照关系	D		F
		S		C
	其　他			
提出日期			审定意见	
提出单位			联系人	

在联机标引和机助标引工作中，叙词增删改记录和标引频率记录都可以机读格式在计算机中进行。

（五）计算机在叙词表编制、管理和使用中的应用

随着计算机技术及其应用的发展，叙词表的编制、管理和使用已越来越多地利用计算机。因为，计算机可以迅速、准确地完成大量的事务性操作，可以节省投入，降低成本，可以利用各种手段甚至人工智能提高词汇控制、处理和使用的效率和水平。

1. 计算机在叙词表编制过程的应用

虽然由计算机自动生成叙词表，尤其是生成汉语叙词表还有较大的难度，但是，由计算机提供或推荐词汇，辅助生成词表，是相当容易实现的。现在，市场上已有一些计算机编制词表的通用软件出售。

在词表编制的词汇收集阶段，计算机可以完成以下工作：提供各种数据库或计算机检索系统所记录的标引词、检索词及其使用频率,作为词汇选择的重要依据;可以依据一定的算法直接从文献题名、文摘、正文中抽词,供词表选词参考;可以记录从各种来源收集的词汇,进行多种排列、统计、分析,为词汇优选、词间关系确定提供参考。

在叙词表的生成方面,计算机可以完成以下工作:根据输入的基本数据,自动生成反参照(即依据"代""属""参"项生成"用""分"和反"参"项),自动检查参照关系的正确性,自动生成字顺表及各种索引的款目并排序。最后,还可以为印刷输出词表数据甚至制版,或者直接为机读词表输送数据。

2. 计算机在叙词表管理中的应用

计算机在叙词表管理中的应用主要是建立叙词表的计算机管理系统进行词表的日常维护和修订。利用叙词表的计算机管理系统,既可以随时进行叙词的增删改,又自动积累增删改数据,便于词表的版本更新;只要输入增删改的基本数据和指令,系统就能够正确、快速地完成一系列的相关操作。

3. 机读叙词表在计算机、网络中的使用

在计算机应用于叙词表编制、管理的基础上,很容易产生机读化的叙词表(即电子版叙词表、网络版叙词表)。有了机读叙词表,用户(标引人员和检索人员)就能够在计算机和网络中操作、使用叙词表。

在计算机和网络中使用机读叙词表,可以:

(1) 将词表与数据库连接或整合;

(2) 允许用户远程联机查询词表;

(3) 检查标引人员和检索人员用词的正确性,发现用词错误并推荐正确的语词;

(4) 将非正式叙词自动转换为叙词,进行标引或检索;

(5) 提供所查叙词在词表各部分的显示,方便用户选词;

(6) 针对输入主题概念的自然语言表述,推荐标引或检索用的叙词;

(7) 统计叙词标引和检索的使用频率,为词表管理和检索策略优化提供依据;

(8) 根据叙词变化的沿革记录,进行自动换词或增词检索;

(9) 依据词表中的等级结构或参照系统,进行自动的扩检或缩检。

(六) 网络环境下叙词表的编制与维护

1. 网络时代叙词表的编制

(1) 在概念术语选用方面具备了科学依据和数据支持

过去叙词表概念术语的选择,主要由领域专家人工确定,虽然也要考虑文献覆盖、使用词频等因素,但由于当时计算机应用普及程度低、无法获取海量的信息语料,造成了在实际操作中无法准确地获取文献覆盖、术语词频等数据,实际结果往往为领域专家决定了术语的选取数量和具体词汇,因为人为因素占的比例大,所以出现了同一领域不同专家选用的术语不一致,导致叙词表的应用存在偏差和阻力。在网络信息环境下,我们具备了万方数据、重庆维普、CNKI等这样的大型文献语料库,具备了谷歌、百度这样可以搜索互联网上主要信息的网络搜索引擎,而且可以通过日志获取用户使用检索词汇的种类和频次,所有这些语料,为叙词表编制中基于概念覆盖、基于词频统计、基于用户使用的关键词来选取规范的概念术语提供了可能。①

(2) 基于知识关联获取词间关系

在词间关系建立方面,以前的叙词表同样为领域专家建立并确定,由于专家领域知识的个体差异和对叙词表的不同理解,造成领域专家提供的词间关系不一定适合专业叙词表词间关系的正确表达,词间关系以领域专家力图反映领域知识结构为主,体现文献知识真正关联度有一定差异,这样,不利于相关文献的扩检。目前叙词表词间关系的建立,同样可以利用海量的语料,计算机的计算速度和智能程度,也提供了获取概念术语间词间关系的可能。仍然以万方数据和重庆维普的数据为例,在选定了某一领域一定数量的概念术语以后,可以将这些术语两两组合,统计在专业文献的标题、关键词或文摘语料库中的共现频率,通过术语前方一致、后方一致等语言处理,甚至通过垂直搜索统计网络专业信息中的共现频次等多种方法和手段,确定词间关系,通过这些方法,同样为使用计算机建立词间关系提供了可能,同时也从建立词间关系的源头上保证了通过叙词表可以实现相关知识文献的大量获取。

(3) 基于网络信息组织需求确定概念术语和词间关系的数量和内容

对叙词表的传统评价或研究,主要涉及主题词与非主题词的比例、上下位分级的深度、相关关系在概念中占的比例等,甚至还有关于纸本叙词表使用便利性方面的指标,例如是词间关系全显示还是部分显示? 开本多大? 同一页上编排了多少可用主题词、行距是多少等。② 而在网络时代的叙词表,主要用户为计算机系统后台使用,纸本的一些评价指标转化成为网络版叙词表使用的便利性、易操作性、界面美观大方等。③ 更重要的是,在概念术语及其词间关系的建立和应用方面,计算机的应用与人工应用有着本质的区别。人工应用注重概念术语数量的控制④,所以控制叙词表的规模非常重要,一部中型词表,选用的概念术语大约为1 000到10 000个词汇⑤,而计算机应用在概念术语数量控制方面就不

---

① 曾建勋,常春. 网络时代叙词表的标志语应用[J]. 图书情报工作,2009(4):8-11.
② 戴维民. 叙词表评价论略[J]. 情报业务研究,1989,6(3):182-186.
③ 司莉,陈红艳. 网络叙词表用户界面设计策略[J]. 现代图书情报技术,2008(5):14-20.
④ 侯汉清. 论情报检索中的词汇控制[J]. 情报学报,1991,10(4):305-311.
⑤ 侯汉清. 网络时代的情报检索语言——进展及热点[OL]. [2013-10-30]. http://www.dlresearch.cn/download/beida60/hhq3.ppt.

是主要问题,主要考虑的是如何找全所有的专业术语,并且给出这些术语之间尽量多的词间关系,这样,就不必区分叙词和非叙词了,只选一个词频比较大的术语作叙词,其他同义词和近义词均可以定义为非叙词,尽量穷尽所有的同义词关系,在一部词表里非叙词的比例将不是传统叙词表的10%左右,而是更多,比如50%,甚至更多。相关关系也将大大超过传统叙词表的指标,平均每个概念或许具有10个甚至更多的相关关系,主要决定于通过计算机聚类和关联分析获得了多少相关关系。[①] 由于计算机在识别上下位关系方面没有明显优势,更多的是由领域专家来建立,所以在网络时代,叙词表的上下位关系可能减少,在网络环境下的叙词表,对词汇数量控制已不是第一位问题,主要精力应放到如何抽取完整范围的概念术语以及全面的概念关系。

(4) 标准的数据格式及可视化的编制和应用界面

网络时代的叙词表,使用标准的数据格式,利于不同系统、不同操作平台的数据转换和数据利用。目前已经使用的一些语言,基本可以表达叙词表的数据内容,例如有人使用简单知识组织系统(SKOS)的数据格式,或者使用网络本体语言(OWL)格式的数据。这些语言都与具体的系统分离,可以单独表达词汇概念及词间关系,机器可以读懂其中的知识结构和知识体系。在叙词表的编制和应用中,可以编制网络可视化系统,清晰表达各类知识结构层次关系,可视化系统表现在编制、维护、应用等多个方面。

在编制方面,系统支持在网络环境下不同地域的叙词表编制者同时在一个网络平台上工作,不同编制者上传的数据和词间关系,既可保留编制者的数据信息,也可展示所有编制者共同工作的集成成果,而且主要编制工作过程也在网上实现可视化,通过图形清晰表达概念及词间关系,通过拖动、链接、合并等界面简单操作,随时提出概念及词间关系的建立或修改建议,其他编制者也可在网上同步显示相应的工作过程及结果。

2. 网络时代叙词表的维护

无论是传统的叙词表,还是网络时代的叙词表,叙词表的维护是叙词表使用的生命。所以,网络时代的叙词表同样需要进行定期的维护,随着信息技术的发展,这种维护可以实现缩短周期、增加科学性、实用性等多种功能。

首先是词汇和词间关系的更新。包括对新词的发现和选用、现有词汇随着语言发展的不断规范和校正、停用那些随着时代发展已经逐渐失去标引功能的概念术语等工作。无论是新词的选用,还是现有术语的更新,都需要建立相应的规范和机制,符合叙词表编制时遵循的理念。

其次是维护制度的建立。在叙词表编制理念的基础上进行词及词间关系的

---

① 曾建勋,常春. 网络时代叙词表的标志语应用[J]. 图书情报工作,2009(4):8-11.

维护，还必须有相应的程序和制度方面约束，使得叙词表的维护工作走向规范化和可持续化。这些工作包括用户提供建议候选词汇的方式和途径，确定使用词汇的程序和机构，停用词汇的时间记录和数据表现格式，叙词表修订的周期，纸质版本与电子版本的更新周期与表现方式，如何使用一些自动工具或使用哪些标准的工具发现新词和词间关系等，都需要制度化、规范化，才能保证一部叙词表的可持续发展。

维护工作也应在网上进行。维护系统至少应该包括以下两个方面的设计，一是普通网络用户或专业标引人员都可以非常便利地在网上提出新增概念术语和相应的词间关系，或者上传对现有术语的修订意见；二是设置公共讨论区。

思 考 题

1. 简述叙词表的结构。
2. 试述叙词法建立参照系统的意义。
3. 简述信息主题组织的特点。
4. 简述叙词法采用概念组配的意义和作用。
5. 简述叙词法的原理和性能。
6. 比较分析主题法与分类法的异同。

第五章　信息组织集成法

　　信息组织方法多种多样,作为信息组织工具的检索语言也因结构的差异而使其功能有所不同,如何使结构功能的关系得到最优化,适应信息组织与检索的新需求,就要努力使多种信息组织方法予以集成。信息组织的集成法是指在检索系统中采用具有多维信息组织的检索语言,或在同一个情报检索系统中同时采用多种实现了兼容互换的检索语言。信息组织的集成法,可使信息组织及检索工作更趋灵活高效。

第一节　信息组织方法的融合

一、信息组织工具的结构与功能

　　检索语言作为信息组织的重要工具,必须采取一定的方法和手段,将其各种组成要素按照一定的结构组合成一个有机的统一体,以保证在信息组织和检索实践中发挥其自身的基本功能,并且通过不断改进和完善结构,发挥其信息组织的最佳功能。

　　信息组织工具能否最大限度地发挥其自身的基本功能,主要取决于其自身结构组成的合理情况。信息组织工具的结构可分为宏观结构和微观结构,两者相辅相成,共同组成为一个有机的整体,从整体上保障信息组织功能的发挥。

　　宏观结构是指信息组织工具是由哪些要素互相配合构建形成一个有机的统一体的。宏观结构关系到信息组织工具整体功能的发挥,任何一种结构工具的发展都是以一种结构为主,向着多元结构方向发展,使其功能得到更全面的发挥,起到相辅、相互补充的作用。如主题词表的宏观结构是以字顺结构(字顺表)为主,同时辅以范畴索引、词族索引、语种对照索引、轮排索引、专有名词索引、入口词表、附录、标引手册等,每一个组成部分都发挥着对信息组织的自身功能,同时各个组成部分又形成有机配合,共同保障信息组织工具整体功能的发挥。

　　微观结构是信息组织工具的重要结构的组成部分和构成要素,是宏观结构的细化。微观结构的设计是由宏观结构决定的,每一个微观结构的性质及编制质量关系到各组成部分个体功能的具体发挥和信息组织工具整体功能的充分发挥。也只有实现了各种微观结构的有机融合,才能成为一种性能优良的信息组织工具。

由于信息组织工具的宏观结构不同,因而构成信息组织工具的不同种类,如分类表和主题词表。又由于其微观结构的差异构成了同一种信息组织工具的不同类型,如主题词表中的标题表、叙词表,分类表中的体系分类表、分面分类表等。每一种不同类型的组织工具发挥着不同的信息组织功能。另外,同一种同一类型的信息组织工具又由于组织对象的不同,在宏观结构和微观结构的设计上也不尽相同。

虽然不同的信息组织工具发挥的功能不尽相同,但作为其各自组成部分的一些微观结构却具有相同或相近的功用,并且各有所长、各有所短,具有很强的互补性;同时一种类型的信息组织工具所采用的某种微观结构原理,往往也可以应用于另外一种类型的信息组织工具,这样,就为信息组织工具的创制者留下了选择和创造的余地,留下了相当大的设计和变化空间。信息组织工具类型的多样化,同一类型组织工具结构上的多样化,以及各种类型信息组织工具之间在方法上互相渗透、互相吸取的现象,正是说明各种信息组织工具在基本原理上的一致性和在构成方法上的差异性、互补性。信息组织工具创制者的设计思想和设计水平的不同,是造成各种组织工具构成方法上差异的重要原因。同时这种状况也充分说明,信息组织工具是可以自由设计的,它的宏观结构和微观结构是可以不断创新,其功能也是可以不断完善,逐步接近最佳功能的。

为了追求信息组织功能的不断完善,信息组织工具的结构在经历了一个从简到繁的发展过程后,目前信息组织工具的设计趋向是根据各种信息组织工具微观结构间存在的功能上的相近性、原理和方法的渗透性及互补性的特点,力求在一个组成部分中能包含更多的形成有机配合的微观结构,也就是说,功能力求增多,而组成部分力求减少,以此实现功能更加强大,使用更加方便的设计思想。信息组织的集成法就是通过各种组织工具结构上的有机配合及兼容转换,集多种信息组织工具于一身,既使作为单一信息组织工具的原有功能得到了进一步的保留和加强,又通过各种组织工具结构上的有机配合,产生出更加强大的信息组织及检索的总体功能。

二、信息组织方法融合的形式

从对信息组织工具结构及功能关系的分析可以看出,通过组织工具结构和原理、方法上的有机配合及兼容转换,可以促使其更加接近和发挥最佳功能。概括地讲,当前信息组织方法的融合主要有分类主题一体化、信息组织方法的兼容和规范语言与自然语言混合系统几种形式。

(一) 分类主题一体化

分类法系统和主题法系统作为信息组织的两种重要工具,在它们各自的修改和完善过程中,为充分吸收对方的优势来弥补自身功能的不足,分类法的编制原则和方法逐渐渗透到主题法,以提高主题法的族性检索功能;同时主题法的编制原则和方法也逐渐渗透到分类法,以提高分类法的特性检索功能。

分类法为提高特性检索功能而采取的主题法编制方法主要有:

(1) 为分类法编制字顺索引,或为分类目录设置字顺主题索引;

(2) 分类法中设立跨学科的主题区,在一个学科或专业范围内,强调按主题事物聚类;

(3) 对类目加强词形、词义和词间关系控制,明晰类名间的各种关系;

(4) 适度增加分类法中的组配因素,向着类目叙词化的方向发展。

主题法为提高族性检索功能而采取的分类法编制方法主要有:

(1) 编制范畴索引,对叙词进行粗略分类,以利于按学科、专业集中和查找主题概念;

(2) 编制词族索引或词族图,显示主题概念间的属种关系;

(3) 在款目词下建立属分参照,显示主题概念间的等级关系;

(4) 编制轮排索引,通过字面成族方式揭示主题概念之间的联系;

(5) 在标题表中设置倒置标题、复分标题、分类标题表以及在标题后加上相应的分类号等。

上述改进措施虽然使得分类法和主题法的各自功能得到了很大改善,但仍不能保证实现信息组织方法的分类主题一体化。根据经过改进的分类法系统或主题法系统进行信息的组织标引工作,仍然不能实现两种标引方法的集成。

要真正实现分类主题一体化,就必须从二者在结构上的差异性和相通性入手,实现二者结构上的求同存异及有机结合。将按学科体系或逻辑体系排列和组织的分类法系统与按字顺排列并用参照系统予以组织的主题法系统,通过词汇的统一或对应、词间关系显示的互补、以类号作为连接件或转换器,有机地融为一体,形成两种重要的信息组织工具的集成,从而也实现二者功能上的互补。

在有机结合的分类主题一体化词表中,包括分类表和主题词表两个组成部分,对两部分包含的概念、标识、参照、索引实施统一的控制,并根据相应的转换规则建立起一一对应的关系,这样就可同时作为信息分类标引和主题标引的工具,实现信息组织方法的集成。

由于分类主题一体化词表在结构上实现了分类法系统和主题法系统的有机结合,这就决定了这种一体化的信息组织工具的性能优于单一的分类法或单一的主题法的性能。一体化词表中的分类表既能从学科、专业角度揭示主题概念之间的等级关系及其在学科、专业系统中的位置,又能借助与之对应的叙词表或标题词表充分揭示主题概念的多重等级关系和相关关系;同样,一体化词表中的叙词表或标题词表既能揭示主题概念的相关关系、等同关系、等级关系,又能借助与之对应的分类表揭示主题概念在学科、专业系统中的位置及更加系统的主题概念等级关系。

根据分类主题一体化词表对信息进行标引和组织工作,可以实现两种标引数据的互换,使信息组织工作更趋规范化和标准化,同时也方便由一个统一的机构负责分类主题一体化语言的编制和管理。

(二) 信息组织方法的兼容

分类主题一体化实现了两种信息组织工具结构上的有机融合,提高了信息组织的效率。然而由于信息组织工具种类繁杂,编制的方式各有不同,所以欲实现所有信息组织工具间的一体化是不现实的。随着检索系统及数据库的迅猛增加,其所采用的信息组织方法各不相同,用户为了完成检索需求,必须利用所有相关的组织工具,这样就给信息检索带来了新的困难和问题。为了解决由此带来的问题,实现情报检索语言的标准化和兼容化就具有十分重要的意义。

情报检索语言的标准化要求在各种检索工具编制之前及编制过程中,实施统一的编制规则,如统一制定和颁布词表编制和修订标准,使词表编制规范化,甚至可设想编制所有语种通用的词表,以使标准化在最大限度上得以实现。然而面对日益复杂多样的检索语言发展实际,上述意义上的标准化目标欲彻底实现难度很大。

与此同时,采取检索语言的兼容化措施则显得灵活、方便,宜于实行。当用户为了某一种信息需求,而要检索多个数据库,即实行跨库检索时,为了提高其检索效率,用户当然希望自己检索的数据库之间采用的都是同一种规范化的受控词表,或至少是能够互相兼容的词表,这样才能保障用户自身的检索达到事半功倍的效果。虽然要求所有的数据库都采用同一种受控词表几近不现实,但在若干个数据库之间采用不同的但却可以互相兼容及转换的词表系统经过努力却是可以实现的,也是切实符合当今信息检索的实际需要的。正如印度学者尼莱姆汉(A. Neelamegham)曾经指出的那样:"为了使从不同角度建立的情报系统便于统一与协调运行,如果各个系统表达主题所用的'语言'在语法是一致的,彼此是兼容的,而且以合理的费用可以互相转换,那么将是有益的。"[1] 进入20世纪后半期,检索语言的兼容与互换问题更受重视,关于兼容与互换的理论、模式与方法等也成为热门的研究课题。这表明检索语言的兼容与互换已成为未来的发展趋势之一。

所谓兼容,是指两个实体结合起来工作的能力。《文献与情报工作词典》把兼容定义为"某一系统使用另一系统的输入或输出作为自身输入的能力"。[2] 具

---

[1] (美)兰开斯特 F W.情报系统的兼容性[M].北京:科学技术文献出版社,1998:79.
[2] 周智佑,等.文献与情报工作词典[M].北京:科学技术文献出版社,1982:45.

体地说,信息检索的兼容性是指用某种词表的词汇及其构造的检索式(或标引记录),可以直接适应于或通过交换适用于多个信息检索系统。

"兼容性"用于检索语言,是指"允许一种语言的成分与另一语言的成分在一起使用或互相变换使用"的能力[①]。实现检索语言的兼容,实质上是找到一种使具有不同标识、结构、版本类型的信息组织工具各组成部分能够互相对应转换的集成方法。

现代检索语言编制原理和方法上的相互渗透及融合是其彼此之间能够进行兼容互换的根本原因。任何的信息组织工具都是建立在知识分类和概念逻辑基础之上的,都是由自己的词汇和语法组成,都是为达到共同的要求及功能而设计编制的,在聚类、分面、范畴划分、提供辅助手段等方面采取的组织方法也是基本一致或相通的,这些都保证了不同类型的检索语言间的兼容互换。兼容化的检索语言是提高检索效率、实现资源共享的一个重要条件。

在实现一定范围内检索语言兼容的基础上,用户跨库检索的效果更加快捷,满意度更高,对于标引工作来说,由于在若干种不同词表之间的数据可以兼容互换,信息组织的方法也就不再仅仅局限于依赖于某一种信息工具的单一组织方法,而是实现了多种信息组织方法的兼容与融合。

(三) 规范语言与自然语言混合系统

一般而言,信息组织工具都是预先编制好的,建立在自然语言基础上,经过严格规范了的人工语言系统,都属于受控语言系统。由于受控语言系统具有通用性、标准性和规范化等特点,因而可以保证信息组织的结果在一定范围内的统一和兼容,也便于实现采用这种规范语言来组织的文献信息的资源共享。但规范语言系统对用户的信息检索技能要求较高,用户不能完全像利用自然语言一样进行信息检索,在一定程度上会制约用户的使用体验和检索效果。

更为直接的是,用户利用受控的规范语言系统,会迫切地希望其能及时、快捷地反映学科、主题方面迅猛出现的新知识、新概念,并对这些新知识、新概念予以科学揭示,从而满足其信息检索需求,而规范语言系统一般是在对现有自然语言中具有检索意义的主题概念经过严格加工和规范后编制而成的,相对于飞速发展的学科态势,其反映和容纳新知识、新学科、新概念的功能就显得相对滞后,不能同步加以组织和揭示,加之受规范语言系统编制和修改进程的影响,这种滞后状态可能会显得更加突出。在当今网络环境下信息组织过程中,自然语言被广为采用,仅仅依靠规范语言来组织和检索信息的局面将难以为继,为改善这种状况,在规范语言中采用更多的自然语言,建立规范语言与自然语言相结合的混

---

① 转引自曾蕾.联机环境中的情报检索语言[M].北京:书目文献出版社,1996:75.

合系统,并运用这种混合系统,对信息文献进行组织和标引,已成为信息组织的显著趋势,这种趋势也使得信息组织的方法更趋灵活、多样。

实际上检索语言发展的过程,也是一个不断自然语言化的过程。从国外情况来看,在一个检索系统中受控语言与自然语言结合使用已成为普遍现象。从实际使用、检索语言性能改进的需要看,信息组织的发展趋势,不是一种检索语言轻易取代另一种检索语言,而应该是两者的有机结合。检索实践证明,受控语言与自然语言性能上是各有优缺点的,是可以互补的。当今国外的一些原来主要采用受控语言的数据库,现在已逐步过渡到采用自然语言与受控语言结合的方式来建设,由此便形成了规范语言与自然语言混合系统。

目前常见的规范语言与自然语言混合系统的形式包括:

(1) 两者并存,建立平行系统。指在检索系统中同时提供文本检索、自由词标引、受控标引等多种检索形式,供用户根据检索需要选择使用。在受控词表中增加大量入口词,以提供更多的检索入口;或采用专用的入口词表,供用户直接用自然语言词汇输入,而无须查受控词表。我国20世纪八九十年代的书目数据库,往往同时提供分类号、受控主题词、关键词、文摘等多种检索途径;网络门户的搜索引擎往往同时提供分类检索系统和关键词检索系统,就是这种平行系统的典型代表。平行系统的优点是同时提供多种具有不同功能的检索途径,用户可以根据使用习惯和检索需要选择使用合适的方式,或通过同时对不同系统的检索改进检索效果。

(2) 建立自然语言与受控语言的混合系统。指同时在一个检索系统中采用规范化的控制术语和自由词对同一篇文献进行标引和检索。这种混合系统通常同时包括受控词、自由词、篇名词、文摘词等多种类型,可以同时使用不同类型的语词组合进行检索操作。如在一个检索系统中同时使用核心主题词表与自然语言进行标引,用户可以同时使用两者进行语词检索;又如在同时提供分类检索和关键词检索的系统中,提供在分类基础上的关键词检索和多种检索选择,如对标题的检索,对文本中的文摘的检索等,使系统同时兼有两种语言的优点。

(3) 自然语言标引,后控制词表检索。指采用自然语言进行文献标引,待积累的词汇达到一定数量后再进行后控制处理,有人也称这种后控制词表为自然语言叙词表。它的基本原理同一般叙词表相近,只是它不对标引实施控制,只对检索过程进行控制,是一种"只供检索的叙词表"。这种混合方法的特点是直接将词汇控制引进自然语言系统,通过词汇控制与自然语言的结合,改进系统的检索效果。

此外,自然语言与受控语言混合系统还可包括自动赋词标引的形式,通过将受控方法与计算机的功能结合起来,起到改进检索效果的作用。随着情报检索语言的不断完善与发展,与自然语言的融合集成已日益受到重视。

第二节 信息组织工具兼容互换

随着数量众多的数据库和检索系统加入信息网络,为了使用户能够方便快捷地实现跨库检索,就必须解决检索系统间的兼容问题,以完成信息组织工具间的兼容互换。

信息组织工具兼容互换的结果是保障某种词表或分类表的词汇(包括叙词、类目等)及其构造的检索式或标引记录,可以直接适用于或通过转换适用于多个不同的检索系统。也就是说,不同检索系统的标引数据可以互相转换,一个检索式可以适用于多个检索系统。

国内外对于信息组织工具兼容互换的研究已有较长时间。早在1971年,联合国教科文组织世界科学技术情报系统(后改名为综合情报计划)会议通过的一份报告中就指出:"需要研制出一些更好地控制和转换自然语言和检索语言的工具。"此后除了制定一些编制单语种和多语种叙词表的国际标准,推广一些机编词表和分类表的软件以及制定统一的标引规则以外,国外学者对词汇的转换、兼容的模式和方法也进行了大量的研究,形成了包括词汇转换、中介词典、宏观词表(与微观词表兼容)、集成词表、叙词词库等在内的影响较大的兼容互换模式。

我国学者自20世纪80年代后期以来,对检索语言的兼容与互换的研究和试验主要包括建立国家词库和叙词中心、研制中介词典、编制入口词表和后控词表,以及建立以《汉语主题词表》为中心的汉语叙词表兼容体系等,其中规模最大、影响最广的是编制各种分类表—叙词表的双向对照索引。

针对不同的信息组织工具采取兼容化措施,既可以在分类表、词表等各种信息组织工具的编制阶段,也可以在标引或检索阶段。在编表阶段采取兼容化措施,可使两种或多种检索语言间具有较大程度的兼容性,称为主动式兼容;在现有的两种或多种检索语言的条件下采取兼容化措施,不免有局限性,不及在编表阶段采取兼容化措施的兼容程度高,这种兼容称为被动式兼容。上述影响较大的兼容互换模式中,宏观词表(与微观词表兼容)、叙词词库属于主动式兼容。而词汇转换、中介词典、集成词表则属于被动式兼容。

一、信息组织工具的主动式兼容

(一)宏观词表(与微观词表兼容)

宏观词表和微观词表是针对词汇规模和覆盖学科范围而言的。二者是相对而言,并没有严格的标准和界限。实现宏观词表与微观词表的兼容有两个方法,一是在多部微观词表的基础上发展一部宏观词表,二是在一部宏观词表的基础上衍生出多部微观词表。

1981年,应国际标准化组织的委托,英国标准学会邀请艾奇逊(J. Aitchison)担任顾问,编制了《基础叙词表》。这是一部专供发展各种微观词表而编制的宏观词表。用户可以根据自己特定的需要,选择《基础叙词表》的有关部分作为基础,经过扩充和删节,计算机可自动生成一个定做的微观叙词表。这些生成的微观叙词表与《基础叙词表》是完全兼容的。以该表为基础,可以发展三四个层次的微观叙词表。

微观词表与宏观词表的兼容模式可用图 5-1 表示:

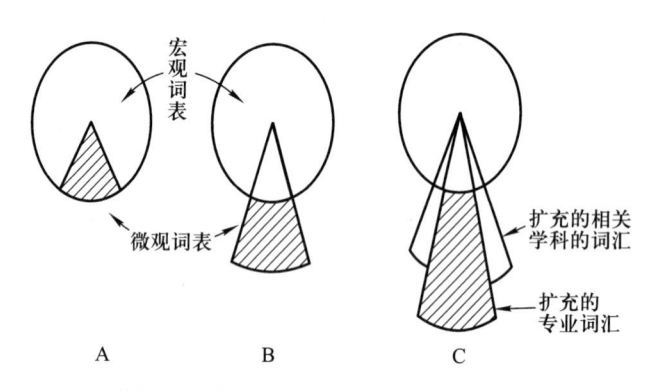

图 5-1　微观词表与宏观词表的兼容模式

图 5-1 中,A 表示从一个宏观词表中摘出一个微观词表来。微观词表成为宏观词表的一个组成部分,二者完全兼容。B 和 C 表示从一个宏观叙词表摘出有关部分,再增补扩充专业词汇和相关学科的词汇,发展成一个微观词表。

我国的《汉语主题词表》作为一部宏观词表,已经成为发展我国各种微观词表的基础。我国近年编制出版的几十部词表中,相当数量的词表是以《汉语主题词表》为基础的,基本结构、基本词汇以及参照符号等都是与《汉语主题词表》兼容的。此外,《军用主题词表》及其系列化专业词表也已成为宏观词表与微观词表兼容的范例。

(二) 叙词词库

叙词词库是将多部叙词表的词汇汇集存于计算机,从严格意义上说,它是叙词表库。叙词词库兼具词汇转换、宏观词表与微观词表兼容、生成集成词表等功能。UNESCO 计划编制(但最后未实现编制计划)的《社会科学集成词表》的一项基础工作就是建立社会科学叙词词库,由此再生成词表。

早在 1988 年北京"全国汉语叙词表发展方向研讨会"上,就有学者提议建立我国国家主题词库,并指出词库"就是经过了规范化处理的词的集合"。我国现行的几十部专业词表就是词库的词汇来源。词库建成后,对我国词表管理和更新、编制新的专业词表、数据库的检索和利用将起到有益的作用,并为辞书、术语、自然语言处理等相关课题研究提供基础数据。

二、信息组织工具的被动式兼容

(一)词汇转换

受控语言虽然有助于检索系统内部的一致性,但却降低了系统之间的兼容性。因此,需要对不同系统的受控语言的词汇进行映射转换,以达到兼容的目的。兰开斯特在《情报检索词汇控制》一书中曾指出,决定词汇转换难易程度的主要因素包括:

(1) 词表覆盖主题领域的重叠度。重叠越多,转换越易;重叠越少,转换越难。

(2) 词汇的专指度。两个专指度高的词表易实现转换;如一个专指,一个粗略,两个词表的转换不会令人满意。

(3) 词汇的先组度。两个先组度接近的词表易实现转换,反之则难于转换。

(4) 词表的等级结构和参照度。如两个词表的等级关系、等同关系及相关关系显示十分清晰,参照度较高,人们就容易识别它们之间的对应关系,实现转换。

不同词表之间的词汇对应是包括多种形式的。英国内维尔(H. H. Neville)曾指出一般有下列对应形式:确切对应、同义词对应、专指词对泛指词、组配对应、反义词对应、词义分解对应等。

同一类型检索语言可进行词汇转换,不同类型的检索语言的词汇也可进行转换。如叙词表与分类表之间的转换,即叙词与类目之间的转换。转换模式如表 5-1 所示:

表 5-1　词汇转换的模式

序号	词汇转换模式	名称	说明
1	B —→ A	单向转换	将 B 中心的词汇转换成 A 中心的词汇,即识别出 B 中心的词汇哪些与 A 中心的词汇有等同或准等同关系。转换后,A 中心可以使用 B 中心的记录,但 B 中心不能使用 A 中心的记录
2	B ←—→ A	互逆转换	为使 A、B 两个中心可以互相使用对方中心的记录,要对 A、B 两个中心的词汇进行往复转换

续表

序号	词汇转换模式	名称	说明
3	A ←--→ B / × / C ←--→ D	多向转换	如有多个中心需要进行词汇转换，各个中心可以两两转换。转换后，任何一个中心都可使用其他中心的记录。如有 A、B、C、D 四个中心，则需要转换 12 次
4	A B \ X / C D	中介转换	如有多个中心需要进行转换，为减少如模式 3 的转换次数，可采用中介语言 X 与 A、B、C、D 中心之间建立等同关系。如通过 B→X→D 转换和 D→X→B 转换，B、D 就可互用对方记录。由此总共要转换 8 次。当中心越多，则越显示其优势

由于数字信息组织与检索的需求，信息检索工具之间的词汇映射转换已成为信息检索系统之间实现跨库、跨语言集成检索，提高信息检索效率最为常用的做法。如中国农业科学叙词表的 6 万多个概念与联合国粮农组织（FAO）的多语种叙词表 AGROVOC 进行映射，DDC 与 LCSH、MeSH、BISAC，LC 与 LCSH 的映射匹配等。

（二）中介词典

上述词汇转换的第四种模式，实际上就是利用中介词典进行词汇转换。中介词典是一种转换方法或交换语言，是指利用中介词典进行多词表间的转换，它能将任何一个信息系统中标引文献时给出的标引词或分类号转换成任何其他信息系统中的概念等价词。中介词典不是一种专供特定信息检索系统标引和检索用的词表。

中介词典有多种形式，可以是一个分类系统，也可以是一种字顺索引或一种分类法与叙词表的对照表。

欧盟 Renardus[①] 项目就是以分类法 DDC 作为交换中介词典实现多个分类系统的兼容互换。Renardus 项目的宗旨是开发集成式的网络信息资源门户，使用户通过一个单一界面，能够跨库浏览和检索遍布欧洲的分布式主题网关内的网络学术资源。参与项目的十多个主题网关采用的分类体系不尽相同，主要有 DDC、LCC 以及专业分类法（如 Ei 分类法）与本地网关自编的分类法（如荷兰基础分类法 BC、Gfittingen 联机分类法 GOK）等。建立的门户网站选用 DDC 作为

---

① Renardus 项目是信息社会技术项目，欧盟第五框架计划项目的组成部分，来自丹麦、芬兰、德国、法国、瑞典、英国 7 个国家的国家图书馆、研究中心及主题网关等机构参与，由荷兰国家图书馆负责协调工作。

不同分类法的交换语言，先由各个参与项目的网关将本地使用的局部分类体系英语化、机读化，并上载到 CarmenX 工具中，然后，将各个对象网关的分类法映射到 DDC 上，并将信息资源按 DDC 的等级显示出来。

英国科技情报局(OSTI)曾进行一项编制情报学中介词典的研究计划。研究的结论是：输入语言的相对专指度越高和词表规模越大，词汇转换的性能就越好。如果输入语言专指度和使用频率低，则会影响转换的性能。他们还认为，就二者所编索引的检索性能来说，中介词典比得上一般的词表，二者的差别似乎不大。也就是说，中介词典虽然主要用于词汇转换，但有时也可用于标引。

(三) 集成词表

与中介词典不同，集成词表(也称为综合词表或整体化词表)在美国及欧洲一些国家的联机检索中心已投入实际使用。最早出现的集成词表是世界上几个主要联机检索中心编制的数据库索引，如美国 DIALOG 的 DIALINDEX、BRS 的 CROSS、SDC 的 Database Index 以及 ESA 的 QUESTINDEX。这些数据库索引分别列出了在它所收集的数以百计的数据库上出现的全部词汇及其标引频率，以便用户选择最适合的数据库进行有关课题的检索。这些数据库索引只是把众多的叙词表的词汇及其标引频率汇集在一起，而没有显示这些词汇之间的关系。

20 世纪 70 年代末，UNESCO 组织世界不少国家的情报学专家及社会科学家，计划编制一部大型的《社会科学集成词表》。计划先搜集各种机读版社会科学词表，然后建立一个叙词词库，最后在词库的基础上完成这部词表的编制工作。该词表分为以下部分：一是分类显示，与《基础叙词表》的主题显示表形式相同，不过它是以《布利斯书目分类法》第 2 版(BC2)为基础，根据叙词库及兼容矩阵提供的有关词间关系的信息作全面的修订和调整。二是兼容矩阵，把若干种检索语言与 BC2 的类目对照，列出等值兼容及近似兼容的概念。三是字顺表，由分类显示部分通过计算机自动生成，形式与《基础叙词表》相同。四是轮排索引。这种集成词表的主要功能是：(1) 提供一种指示现有检索语言之间的兼容性，以及在数据库检索中便于由一种词表向另一种词表转移的手段；(2) 提供从一种叙词表转译为另一种叙词表的辅助工具；(3) 提供一种在采用不兼容检索语言的系统之间传递标引数据的交换工具或中介词典；(4) 向不准备另建叙词表的单位提供一个可资利用的现成的词表；(5) 为一个包含其他学科的专业叙词表提供边缘学科的词汇及其间关系的来源。

目前，集成词表的开发与构建方面，国内外成果主要分为两类：综合型和专业型。国外综合型集成词表的典型有：OCLC 实现 DDC 与 LCSH、MeSH 的映射；国内有中国科学技术信息研究所主持的"十一五"科技支撑计划课题——汉语科技词系统的研究与开发。"汉语科技词系统"是基于网络信息环境开发的集成词表,并应用于《汉语主题词表》(工程技术卷)的编制,为科技文献检索系统提供基础数据。专业型的有由中国医学科学院医学信息研究所编制的、集分类主题为一体的《中国图书馆图书分类法(R类)与医学主题词表(MeSH)、中医药学主题词表对应表》。

第三节 分类主题一体化

一、分类主题一体化发展趋向

在分类法系统和主题法系统中,存在着原理上的相互渗透现象,这种原理和方法上的相互渗透必然会发展到结构上的一体化结合。

长期以来,人们一直在想方设法发挥分类法和主题法各自的优势,力图通过各种方法,使二者形成有机结合,互相取长补短,从而满足情报检索的不同需要。

1876年《杜威十进分类法》问世时,编著者就在编制分类表的同时,编制了配套的字顺主题索引。杜威本人也将该索引视为分类法的重要组成部分之一。

作为主题法系统的先驱,标题词表在其诞生伊始便在各种标题之外专门设置了一个庞大的参照系统,这种参照系统也起着分类指导的作用。美国学者克特、佩蒂(Q. Pettee)等人认为这种参照系统实际上就是一个隐蔽的分类体系。由此可见,分类法系统和主题法系统从诞生之初便注意吸收对方的优点,采用对方的编制原则和方法,在各自漫长的发展过程中,两者相互渗透、相互融合的痕迹清晰可辨。20世纪60年代以后,吸收了多种检索语言原理和方法的叙词表的编制更朝着两者有机结合的方向迈进了一大步。叙词表不仅具有用、代、属、分、参、族等组成的词间参照系统,而且在字顺表之外增设了范畴索引、词族索引(或词族图)、轮排索引,大量运用了分类的方法。为此英国的福斯克特(J. Foskett)和维克利曾指出:"一个叙词表实际上就是一种分类法,只不过它不愿意以其真实名字称呼自己而已。"[①] 加强分类法按事物聚类的功能及加强主题法词汇分类显示的功能使分类主题一体化有了良好的切入点。从20世纪60年代中期开始,国外对分类表和叙词表进行了大量的抽样调查和试验,而分类主题一体化的理论研究,也伴随着这些调查和试验同时进行。这些调查和试验中比较著名的有:1969年维克利等用TEST(工程和科学技术叙词表)与UDC等分类法的抽样比较;1971年斯图亚特(R. D. Stuart)用EURATOM(《欧洲原子能联营叙词表》)与UDC原子能专业分类表的比较以及韦立西(H. H. Wellisch)等学者进

---

① 转引自张琪玉,等.中国分类主题词表教程[M].北京:华艺出版社,1994:5.

行的 UDC 与 MeSH(《医学主题词表》)、TEST 等著名叙词表进行的对比调查等。通过一系列的调查分析,表明上述专业词表中的 90% 以上的叙词都可以用单个的或组配的 UDC 类号表示。1972 年美国的威廉斯(J. G. Williams)等人在计算机辅助下编成了《分类的美国国会图书馆标题表》,并在此基础上对《美国国会图书馆分类法》(LCC)与标题表(LCSH)进行了抽样分析,发现"几乎可以为每一个类目找到一个对应的标题"。大量的调查分析结果表明,分类表与叙词表之间有着非常密切的对应关系,在此基础上可以实现分类法系统和主题法系统之间的一体化。

计算机在情报检索系统中的广泛应用和情报语言学的研究进展,使建立分类主题一体化词表系统成为可能。1969 年英国的艾奇逊和戈默索尔(A. Gomersall)等首次将《英国电气分面分类法》成功地改编为一部《分面叙词表:工程及相关学科的叙词表和分面分类法》(简称《分面叙词表》)。《分面叙词表》包含分类表和叙词表两大部分,每个叙词(即类目)同时出现在两大部分之中,两部分之间用分类号相联系,真正做到了分类法和主题法的一体化。在这部词表中,叙词表实际上成了分类表的字顺索引,分类表则成了叙词表的范畴索引和词族索引。由于这种词表具有多种功能,可以同时用于手检和机检,可以同时用于分类标引和主题标引,因而受到图书馆界的极大重视和好评。许多著名专家和学者专门撰文予以称赞,指出《分面叙词表》的功绩在于"首次建立了一个真正实现了分类法和主题法两者合一的系统",是对标引理论和实践的一大贡献,"将有可能成为标引和检索所用受控词表的楷模"。在《分面叙词表》成功编制的影响下,英美等国陆续产生了一大批具有影响性的分类主题一体化词表。

在国外的影响下,20 世纪 80 年代初国内一批学者开始了对国外一体化词表的评价及研究工作,并具体探讨我国分类法系统和主题法系统相结合的理论和技术。通过多年的不懈努力,我国在一体化词表的研究和编制实践中也取得了比较大的成就。借鉴国外编制一体化词表的成功经验,先后编制了一系列一体化词表。尤其是作为国家哲学社会科学"七五"重点科研项目的《社会科学检索词表》和《中国分类主题词表》的相继问世和出版,标志着我国的分类主题一体化的理论和实践研究迈上了一个新台阶。

由于分类主题一体化语言将分类法系统和主题法系统有机地融合为一个整体,既能充分发挥各自独特的功能,又能通过相互配合,发挥最佳的整体效应,从而具有许多特殊的性能,成为现今情报检索语言发展的一大趋势。

二、分类主题一体化词表的结构原理

分类法和主题法系统作为两种不同的信息组织工具,存在着诸多差异,但是两者在原理上却有许多相同之处,这种原理上的共通之处成为它们结构上有机结合的基础。

(一) 采用了共同的认识论方法——分类方法

分类是把事物纳入一个知识分类体系,对千差万别的事物进行系统研究的重要手段。分类方法是认识事物和事物之间关系的基本方法。无论是分类表和词表的编制工作,还是主题分析和文献标引工作,都贯穿着分类方法的运用。差别仅仅在于分类法系统是显式地采用分类方法,而主题法系统在早期的标引词表阶段主要是采取参照系统这样一种隐蔽的分类体系,及至发展到叙词表阶段编制范畴索引和词族索引时,可以说是集中、公开地采用了分类方法,以弥补其自身族性检索功能差的不足。

(二) 二者的结合有着共同的情报语言学基础

分类法和主题法系统所表达的对象都是主题概念。二者在相应领域所表达的概念基本相同,对同一文献进行信息分类组织和主题组织时所要表达的主题概念也基本相同。两种信息组织工具在组织和使用主题概念时,都是以有关概念的形式逻辑理论、规则为基础,都应用了概念的划分和概括、概念的分析与综合等逻辑原理。

分类法系统和主题法系统,各自都具有一套建立在概念逻辑基础之上、用以描述文献主题和情报需求的词汇;在构成类号和主题词的方法中都使用比较相近的术语;彼此都强调规范、全面显示词间关系,对词形、词义加以严格控制,以便正确认识和使用类目或叙词,保证对文献主题描述的准确性;建立专门的语法规则,也是两者的共同特性,是统一词语组合秩序所必需的。上述这些共同的语言学基础为建立统一的分类主题一体化系统提供了保障。

(三) 二者基本构件的实质相同

作为分类法的基本构件——类号(或类名)与作为主题法的基本构件——主题词在实质上都是代表一组相同主题文献的类集,是文献所论述事物(即主题概念)的字面形式。

现代分类法在不同程度上都采用了按事物集中,即以事物为纲、按照研究对象排列的分类方法。分类法类目的设置上,多是在前两级或前三级设置一些学科性的类目,余下则主要是面向事物及事物属性设置各种类目。从这个角度分析,分类法和主题法类集的内容是相同的,表达的都是主题概念,处理的对象都是语义单元,两者的差异只是在于类集方式不同和采用的标识不同。只要采用有效的控制措施,就可以促进两者的融合和兼容,实现分类主题一体化的有机结合。

(四) 二者的结合可强化彼此功能,共同满足社会需求

分类法和主题法系统是从不同的角度对文献进行揭示和组织的工具。如

能采用有效和经济的方式在一个统一的系统范围内将二者有机地结合起来,就可以帮助标引人员同时完成对文献的分类标引和主题标引,提高工作效率。用户也可以在一个统一的检索系统中完成分类查询和字顺主题查询,并借助对查询结果的转换及利用,取得更加满意的检索效果。另外检索语言的编制和管理也可由一个统一机构集中实施,从而节省人力、物力,提高词表编制及管理水平。

分类法系统和主题法系统原理上的趋同,为分类主题一体化结构上的有机融合奠定了基础。在分类主题一体化词表结构中,既包括将主题概念按学科体系或逻辑体系排列和组织的分类法系统,也包括将主题概念按字顺排列并用参照系统加以组织的主题法系统,他们是一个统一的系统中的相互配合、又相对独立的两个子系统。这两个子系统通过词汇的统一或对应,词间关系显示的互补,以类号作为连接件或转换器而有机地结合为一个整体。其结构可用图5-2具体表示:

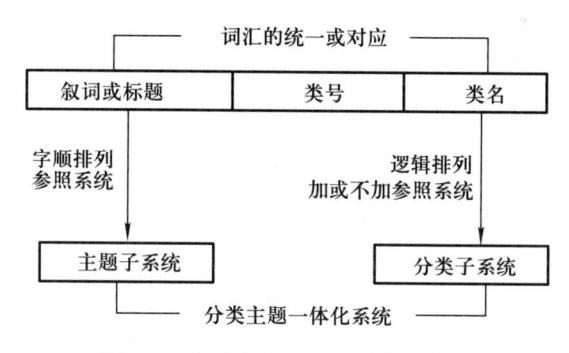

图5-2 分类主题一体化系统的结构

在一体化词表中,分类表不但能从学科分类的角度揭示主题概念的系统关系和等级关系,并且借助与之对应的叙词表部分可进一步揭示主题概念的多重等级关系和相关关系,其功能优于单一分类法的功能;同理,叙词表不但能揭示主题概念的相关关系、同一关系和组配关系,并且借助与之对应的分类表部分可揭示主题概念之间的系统关系和等级关系,其功能也优于单一主题法的功能。由于在一体化结合中通过内部的协调和兼容,一体化词表具有许多特殊的功能。这种特殊功能对系统自身、标引人员和用户检索策略和目标的实现都带来了极大帮助。

三、分类主题一体化词表的类型

(一) 分面叙词表

这是以世界上编制的第一部分类主题一体化词表——艾奇逊等的《分面叙

词表》命名的类型,是最典型、影响最大的分类主题一体化检索语言。

分面叙词表的基本结构包括分类表和叙词表两大部分,有些还编有轮排索引、化学式索引或专有叙词索引等。分面叙词表是把分面分类法或半分面分类法的类名叙词化,叙词严格按照分面分类法聚类和配号,做到叙词和类号一一对应,实现类与主题等值概念的转换和对应,使分类表和叙词表完全融为一体的词表。分面叙词表以分面分类结构作为其主体结构,它能够多重反映概念的复杂性和多种属性,不仅为每一概念确定出分类号和规范化的自然语言的语词,而且把二者一一对应在概念结构中,这种结构不仅可全面揭示信息和文献主题,还可以部分实现叙词表用来组织文献分类排架的功能,加强实体文献的检索。[1] 但由于分面分类体系的局限,分面叙词表不适合一种文献一个固定排架位置的整序方式,更适合对文献单元的知识组织、概念组织提供良好的应用方法,在数字环境下具有很好的应用前景。

(二) 叙词表式索引

1966 年,比利时学者温古里安(O. Ungrian)基于对 UDC 与叙词表关系的调查分析,提出了为 UDC 专业表编制叙词表式索引的设想。20 世纪 70 年代初比利时学者达恩恩斯(L. Dhaenens)和洛勒菲弗雷(G. Lorphevre)用 UDC 的经济学大类编成了世界上第一部叙词表式索引。这种叙词表式索引与分类表相配合,就构成了一种新颖的分类主题一体化词表。

这种叙词表式索引的特点是把分类表的字顺索引款目改造为叙词款目。一般分类表的索引款目仅由类名和相应的分类号组成,没有其他成分。经过改造的叙词表式索引是在索引款目中增加类名的用、代、属、分、参等项参照及各自相应的分类号,以加强词间关系(即主题概念之间的关系)的显示。这样编成的虽名为分类表的字顺索引,实际上已是可以用于主题标引和检索的叙词表了。通过对分类表类目进行严格的词汇控制以及对分类表索引的改造,实现了由一般分类表索引向一体化词表的过渡。

(三) 分类表—叙词表对照索引

在调查 UDC 与叙词表之间关系的过程中,西方学者设计、研制了一批分类表与叙词表的对照索引。这方面影响较大的是 UDC 专业表与 UNESCO 所编叙词表之间的对照索引。这种对照索引通常包括:(1) 英文叙词与 UDC 类号对照表,(2) UDC 类号与英文、法文叙词对照表(不列任何参照项),(3) 法文叙词与 UDC 类号对照表。

这种对照索引是分类检索语言和主题检索语言兼容、互换的工具,通常用

---

[1] 国家图书馆《中国图书馆分类法》编辑委员会.《中国分类主题词表》(第二版)及其电子版手册.北京:北京图书馆出版社,2006:12.

作信息检索查词选类的辅助工具,便于分类标引数据和主题标引数据之间的转换。如果在这种对照索引的分类号(以及类名)和叙词下加上原有的注释项和参照项,就可以同时用于分类标引和主题标引。从这种意义上说,分类表—叙词表对照索引也可视为一种特定类型的分类主题一体化词表。

分类主题一体化词表对照索引与分面叙词表相比,后者分类表与叙词表之间一般存在着等值兼容(等值对应)的关系,而前者的分类表与叙词表之间只有一部分是等值兼容关系,还有相当一部分是在不同程度上的兼容关系,另有一小部分无法兼容互换。这主要是因为后者是编制一部新词表,可以根据需要对分类表和叙词表实施统一的词汇控制;而前者是在两部已经出版的分类表与叙词表之间寻找并揭示其兼容关系,根本不允许对原词表和类表进行大的改动,这样两者兼容的程度势必受到现存的词表和类表情况的种种限制。因此有些学者根据兼容对应的水平,把前者称为低层次的分类主题一体化词表,把后者称为高层次的分类主题一体化词表。

(四) 综合词表

它是将特定主题领域的若干分类表和叙词表汇编而成的。往往是以一部分类表或叙词表为主,列出与某一分类号或叙词对应的其他分类法或叙词表中的分类号或叙词。这种词表可用来进行书目数据库之间的转换,或用于在联合分类和标引活动中实现分类系统和叙词表之间的兼容。

四、分类主题一体化方法的应用与发展

伴随着分类法系统和主题法系统的各自发展历程,情报语言学界一直在孜孜以求二者原理上的融合及方法上的渗透,力求使二者有机结合。我国古代类书组织文献资料的方式由早期的"随类相从"(如《艺文类聚》《太平御览》等)向"用韵以统字,用字以系事"(如《佩文韵府》《永乐大典》等)体例发展,以及近代英美国家图书馆所编制的分类目录经过早期的字顺目录向字顺主题目录发展的事实,都是分类方法和主题方法结合的有力佐证。而现代计算机和网络技术在图书情报领域的广泛应用和检索语言理论和实践的进一步完善,使得分类主题一体化真正成为了现实。分类主题一体化方法得到了广泛的应用,如美国国家医学图书馆于 1986 年开始研制一体化医学语言系统(简称 UMLS)的超级叙词表。在词表编制过程中,广泛借鉴和采用了分类主题一体化方法,建立了一种以概念为中心,汇集了生物医学领域 30 余种叙词表、分类法、术语表的 30 多万个概念的 70 多万个名称,通过指定概念的语义类型并借助"语义网络"揭示概念之间各种关系,必要时提供概念的定义或注释,标明概念名称来源词表的机读型集成词表。

伴随着分类主题一体化方法的广泛应用,从 20 世纪下半叶开始,国内外

编制了大量的分类主题一体化词表，大大提高了信息组织和检索工作的效率。在英国艾奇逊于1969年编制《分面叙词表》前后，世界上出现了数十部分类主题一体化词表，其中著名的有美国巴希特（C. C. Barhgat）等于1969年编制的《教育检索词表》，英国米尔斯（J. Mills）于1971年编制的《建筑工业叙词表》，美国住房与城市发展部于1971年编制的《城市叙词表》，英国艾奇逊于1972年编制的《老年福利分类表与叙词表》、于1977年编制的《联合国教科文组织叙词表》、于1981年编制的《青年叙词表》、于1984年编制的《教育课程与职业叙词表》，英国艾奇逊等于1985年编制的《卫生与社会安全数据叙词表》，英国福斯克特于1974年编制的《伦敦教育分类法》（第二版），国际劳工处于1926年编制的《职业安全与健康叙词表》，英国标准协会于1981年编制的《基础叙词表》，英国国家图书馆于1981年编制的《物理学叙词表》，英国消费者协会于1982年编制的《消费者词汇叙词表》，国际劳工处于1982年编制的《ILO叙词表》等。

我国随着对分类主题一体化方法实践研究的不断深入，在借鉴国外分类主题一体化词表编制经验的基础上，也集中编制了一系列有影响性的一体化词表。1983年，熊兴成采用《分面叙词表》的模式编制了《常规武器工业分面主题词表》，成为我国编制分类主题一体化词表的首次尝试。之后，《中国图书馆图书分类法（R类）与医学主题词表（MeSH）、中医药学主题词表对应表》（1992）、《教育分面叙词表》（1993）、《航空航天医学主题词表》（1993）、《人口主题词表》（1994）、《农业科学叙词表》（1994）、《中国分类主题词表》（1994）、《音像资料叙词表》（1995）、《社会科学检索词表》（1996）等相继问世。

在上述我国编制的分类主题一体化词表中，《中国分类主题词表》和《社会科学检索词表》作为国家哲学社会科学"七五"重点科研项目，集中体现了我国分类主题一体化研究及词表的编制成就。

随着现代信息环境的飞速发展，数字图书馆作为新的发展形态应运而生，分类主题一体化的方法在数字图书馆的知识组织模式中也发挥着重要作用。这种知识组织模式具体可分为三个组成部分：首先是建立一个结构简明的知识分类体系，并通过该知识分类系统，实现对信息知识领域的宏观控制；其次是建立一个智能化的控制词表，实现对作者语言和用户语言的控制与转换；最后是建立分类体系与控制词表的系统联系，将标引语言进而也将作者语言和用户语言纳入分类体系，从而实现自然语言检索。应用分类主题一体化方法对数字图书馆知识进行组织已成为数字图书馆建设和发展的一大趋势。《中国分类主题词表》Web版、DDC的网络版WebDewey、LC与LCSH的Web版甚至SKOS版的推出和在知识组织和检索中的应用将分类主题一体化组织方法推向一个新的高度。

第四节 《中国分类主题词表》的结构与功能

一、《中国分类主题词表》的发展沿革

《中国分类主题词表》(以下简称《中分表》,CCT)是在借鉴吸收国外先进的分类主题一体化理论和技术的基础上,由我国自行编制的一部大型的、综合性的词表,期间经历了漫长的发展历程,凝聚着我国情报语言学界众多专家、学者的辛勤劳动。

《中分表》实现了《中图法》与《汉表》两种组织工具的一体化。经过广大学者的研究,发现两种组织工具之间有着极大的兼容可能性和现实性,体现在:

(1) 学科的覆盖面几乎完全相同。两者皆是综合性的检索语言,覆盖了哲学、社会科学、自然科学及技术科学等各个学科领域。

(2) 词汇的专指度比较接近。两者都属于专指度较高的检索语言,因而易于实现类目与主题词的转换。

(3) 词汇都具有不同程度的解析性。《汉表》作为一种后组式语言能够通过自由组配来表达各种不同先组程度的词汇,即可以用两个或两个以上的叙词与一个先组度较高的类目对应。《中图法》是一个正在由体系分类法向组配分类法转变的检索语言,其类目具有较高的解析性,不仅设有众多的专用复分表和通用复分表,而且拥有多种组配手段,这些都为两者实现语义兼容创造了条件。

(4) 分类体系的相似性。《中图法》的分类体系与《汉表》的范畴索引在一、二级类目上几乎完全相同,完全对应,三级以下也十分接近。两者分类体系的相似性正是两者兼容的基础。另外,两者分别用等级结构和参照系统清晰地显示了词汇之间的等同关系、等级关系和相关关系,因而便于人们认识它们之间的对应关系,实现兼容和互换。

(5) 语种的同一性。《中图法》类目的名称和《汉表》的叙词都采用了相同的自然语言——汉语,因而两者的术语体系十分接近。

研究成果为《中分表》的编制提供了理论和实践上的准备。为此,北京图书馆图书馆学研究部和武汉大学图书馆学情报学研究所于1986年10月共同提出了研制《中图法》与《汉表》对应表的设想,并联合起草了编制方案。同时,北京图书馆向全国公共图书馆正式发函提出编制"《中图法》《汉语主题词表》对照索引"的建议。同年11月在文化部图书馆局及北京图书馆联合召开的全国公共图书馆系统主题标引与主题目录研讨会上对上述方案进行了广泛的讨论。会后北京图书馆图书馆学研究部召集在京的部分专家对编制方案进行论证,将对照索引正式定名为《中国分类主题词表》,并拟定了详细的编制规则。

此项工作后来得到国家社会科学基金的支持,成为国家"七五"哲学社会科学研究重点项目。

作为一部分类主题双向对照索引式的一体化检索语言,《中分表》是在《中图法》编委会的主持下,从1987年开始由全国40个图书情报单位共同参加编制的一部大型文献标引工具书。具体而言,它是在《中图法》第三版(包括《资料法》第三版)和《汉表》的基础上编制而成的分类检索语言和主题检索语言兼容互换的工具,其目的是为实现分类主题一体化标引,为机助标引、自动标引提供条件,以及降低标引难度,提高检索和标引工作效率。《中分表》第一版于1994年由华艺出版社出版(见图5-3)。《中分表》出版后,受到了各方面的一致肯定,并于1996年通过文化部鉴定,同年荣获由国家科委、国防科工委、中国科学院、中国科协、国家自然科学基金会五部门联合颁发的"国家优秀科技信息成果奖"二等奖;1999年10月又荣获国家社会科学基金项目二等奖。

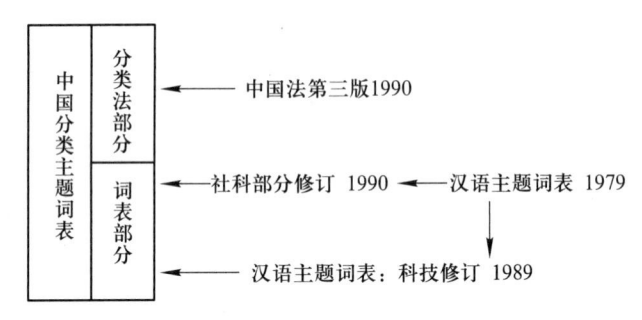

图5-3 《中国分类主题词表》(第一版)的编制构成

考虑到计算机技术与网络技术在图书馆的广泛应用,联机编目与远程网络编目的进一步发展,词表的易用性问题,以及如何反映《中图法》第四版的变化,如何对原有主题词做更全面的增补更新,2004年4月《中图法》编委会在桂林召开全体会议,决定开始修订《中分表》,并把研制适应计算机检索环境下的电子版和主题词及其与类目对应关系的修订作为重点。《中分表》第二版在《中图法》第四版的基础上修订,2005年出版时还一并开发研制了《中分表》第二版电子版及其编辑、维护管理系统。为顺应网络环境的新需求,借鉴国内外的理论成果和实践经验,《中分表》在其电子版先期成果和研制实践的基础上还研制开发了Web版,即Web CCT。

《中分表》第二版是我国目前规模最大的分类主题一体化标引工具,共收录分类法类目52 992个、主题词110 837条、主题词串59 738条、入口词35 690条,涵盖哲学、社会科学和自然科学所有领域的学科和主题概念,可适用于图书馆、档案馆、情报所、书店、电子网站等进行各种类型、各种载体的文献资源分类主题一体化标引和检索。《中分表》的不断修订完善,电子版及其编辑、维护管理系统,Web 版的研制与应用,标志着我国信息组织工具的研制水平达到了一个新的高度。

二、《中分表》(第二版)印刷版的结构

《中分表》(第二版)印刷版由"编制说明与修订说明"和分类主题一体化对照索引主体构成。其中,主体部分包括 2 卷:第 1 卷"分类号—主题词对应表"(2 册)和第 2 卷"主题词—分类号对应表"(4 册)。

(一)编制说明与修订说明

编制说明是 1994 年版的编制与使用说明,简述了《中分表》的编制目的、编制原理、结构及功能、使用方法等有关事项;修订说明是 2005 年版对 1994 年版的修订经过、修订指导思想与原则、修订重点问题等的记述。编制说明与修订说明是了解与初步掌握《中国分类主题词表》的入门。

(二)第 1 卷"分类号—主题词对应表"

《中分表》"分类号—主题词对应表"共一卷两册,是从分类体系到主题词对照的完整索引,包含了《中图法》22 个大类、8 个通用复分表、大类中的专用复分表及其对应的主题词、主题词串、对应注释和说明。该表相当于一部增加了主题词以及主题词组配形式、对应注释与说明的新版《中图法》,以及一部以《中图法》体系组织而成的《汉表》的分类索引。

1. "分类号—主题词对应表"对应款目构成与格式

"分类号—主题词对应表"的对应款目由下列要素构成:

(1) 分类号、类名、类目注释(来源于《中图法》第四版);

(2) 对应主题词和主题词串(非交替类的交替词改为双竖线,主题词串组配符号一律用"\"表示)。(见图 5-4)

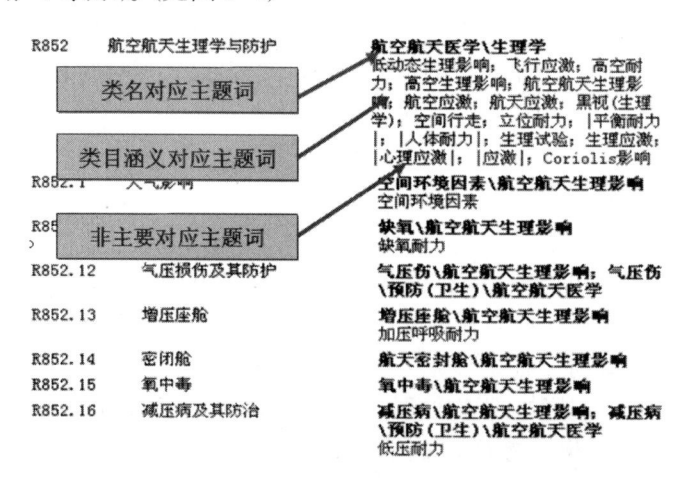

图 5-4 "分类号—主题词对应表"款目样例

在印刷版中,分类号—主题词对应款目仍分为左右栏,但对应的主题词部分区分为两段:第一段黑体字部分为与类名对应的主题词及主题词串,按类名陈述顺序排列;第二段为类目注释对应的主题词、主题词串以及归属该类目的其他主题词,按主题词或主题词串的汉语拼音字顺排列。

2. 对应款目中使用的符号

(1) 分类号中间的加号"+",作为区别图书、资料使用的标记,不用于标引文献;方括号"[ ]",只用于表示交替类目及其对应的主题词;分号";",作为多个主题词或主题词串之间的分隔符号。对于在第一版中使用的如冒号":"、短横"-"、逗号","、三角号"△"等符号,在第二版中均不再使用。

(2) 增加斜杠符号"\",用于表示概念相交或概念限定或倒置关系的主题词之间的组配。

例:"各国军事地理"标引为"军事地理\国外"。

(3) 增加双竖线符号"‖",当一个主题词对应于多个类目时,作为对应于非主要类目的指示。

3. 对应表对应规则

(1) 一般类目的对应规则

① 对应时,必须使用词表中的正式主题词,不得使用非正式主题词,如自由词、入口词等。

② 组配对应是概念组配,一般依据上下位类概念限定次序,要起到类目释义、排他性作用,取消倒置组配形式。例:

G449.1　测验方法

对应为:教育心理\心理测验\方法

不对应为:心理测验,教育心理—方法

③ 在新增主题词和《中图法》第四版修订(增删改类目)的基础上。选择与类名概念和注释概念专指对应的主题词进行对应标引,需对所有正式主题词重新归类,选择最专指的类对应。例:

G71 职业技术教育

对应为:职业技术教育

不对应为:技术教育

④ 为表达类目的唯一性、排他性,除交替类、"其他类"等特殊类目之外,类专指对应标引的主题不能重复。例:

X783.1　高聚物工业

对应为:高聚物废物\废物处理;高聚物废物\废物综合利用

TQ31　高分子化合物工业(高聚物工业)

对应为:高聚物\化学工业

⑤ 对具有多重属性可归入两个或两个以上类的主题词,选择一个类作为主要类,其余类对应时均加"‖"符号,以示区别。例:

G353.21　题录、索引	题录\编制;索引\编制
	……篇名索引
Z89　文摘、索引	文摘;索引
	……‖篇名索引‖
[G257.5]　文摘、索引	[文摘];[索引]
宜入 G353.21。	……[篇名索引]

(2) 特殊类目的对应规则

① 类组类目的对应:构成类组的几个概念应分别对应,各个概念所对应的主题词或主题词串之间用分号隔开;"其他"类的对应:"其他"类用上位类目的对应词对应,并将其注释所包含的概念加以对应;说明类、停用类等非标引用类不对应主题词。

② 特殊类名类目,如:"各种××""按××分""各国××"之类的类目,对应时采用正式主题词标引。若产生歧义则采用上位类标引。例:

U448　各种桥梁	桥;桥\类型
TN722.1　按频率分的放大器	放大器\类型\频率
E993.3/.7　各国军事地理	军事地理\国外

③ 关于学科或事物应用的类目或与其他学科的关系的类目,对应时采取以学科或事物为主体因素,其他为限定因素,如"应用""计算机应用""新技术应用""关系"等为限定因素。例:

C39　新技术的应用	社会科学\新技术应用
电子技术、计算机技术等的应用入此。	电子技术\应用\社会科学;社会科学\计算机应用

④ 通用复分表和专类复分表类目对应时:

通用复分表类目本身直接对应相应的主题词。有些学科主题词、区域主题词、民族主题词等与主表类目概念交叉,则采取多重对应的办法,复分表对应的主题词只起到提示辅助标引和检索的作用。

对总论复分表"-8"类的下位类进行了调整,由原来 10 个下位类调整为 8 个下位类,修改删除与"-1"至"-7"重复交叉的类。这些类不仅可对无主类可归的主题词起到归类作用,而且需要时,也可以用来作为类分图书资料的复分号。

由于受机读数据格式限制,专用复分表类目没有对应主题词,限定组配时可参考主表专指的主题词。类表中规定使用通用复分表、专用复分表以及仿分的类目,在对应时未再加注释说明,主题标引时可根据标引公式和类目注释采用组配标引。

⑤ 交替类目对应时。一律将对应主题词(包括需归类对应的主题词)加方括号"[ ]",不再加参见注释。例:

[N99] 情报学、情报工作	[情报学];[情报工作]
宜入 G35。	[情报效益];[情报职能];[情报资料工作]

(3) 名称主题词的对应规则

人名、团体机构名称、题名主题词,除少数类目专指对应需要在主表类目下显示外,其余均按字顺排在"主题词—分类号对应表"中,并按类表给出 1 个或 1 个以上的类号。地名主题词由于具有学科等其他属性,按普通主题词归类处理,即在第 1 卷相应的类对应显示。

(三) 第 2 卷"主题词—分类号对应表"

《中分表》"主题词—分类号对应表"是《中分表》从主题词到分类号的对照索引。它包含了 110 837 个正式主题词和 35 690 个非正式主题词(入口词),相当于一部以《中图法》类号为范畴号的《汉语主题词表》,以及一部主题词表式的《中图法》类目索引。

1. "主题词—分类号"对应款目构成与格式

"主题词—分类号"对应款目(见图 5-5)由下列要素构成:

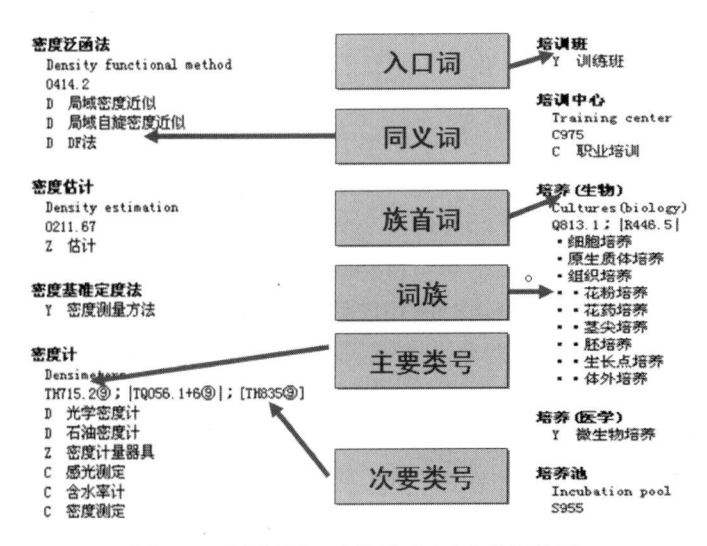

图 5-5 "主题词—分类号对应表"款目样例

(1) 主题词；

(2) 主题词的含义注释及语义参照（族首词下采取等级关系全显示，族内词语义参照省略属、分参照）；

(3) 对应的分类号（包括正式分类号和交替分类号，类目复分用"圈号"表示）。

主题词串—分类号对应款目仅列出主题词串和分类号。例：

镭矿床\金属矿开采   TD868

为了节省印刷版篇幅和翻检难度以及与电子版配合使用，第二版与第一版比较，第二版印刷版中不包含主题词的汉语拼音和英译名；主题词串—分类号对应款目不加注释和参照项，对主题词也不再轮排。用于说明一些特殊主题词对应问题的对应注释说明也不再使用。①

2. 对应款目中使用的符号

(1) 圈码符号

圈码加在主表分类号的后部或附表分类号的前部，提示可依圈码所示的附表复分，或为附表类号标记。具体如下：

圈码① — "总论复分表"

圈码② — "世界地区表"

圈码③ — "中国地区表"

圈码④ — "国际时代表"

圈码⑤ — "中国时代表"

圈码⑥ — "世界民族与种族表"

圈码⑦ — "中国民族表"

圈码⑧ — "通用时间、地点复分表"（适用于类分资料）

圈码⑨ — "专用复分表"或需仿分

(2) 参照符号

主题词的参照项，有用代参照项（等同参照）、属分参照（等级参照）和相关参照三种类型。这三种参照在一般词表中使用 Y（用）、D（代）、S（属）、F（分）、Z（族）、C（参）和圆点"·"七种参照符号。

在主题词—分类号对应表中仅采用 Y、D、Z、·、C 五种参照符号。

Y（用）表示正式主题词，用于从非正式主题词指引到正式主题词。用在非正式主题词款目下，不反映分类号。

D（代）表示非正式主题词，用于指明被正式主题词代替的词。用在正式主题词款目下，标注分类号。

---

① 国家图书馆《中国图书馆分类法》编辑委员会.《中国分类主题词表》(第二版)及其电子版手册.北京：北京图书馆出版社,2006:38.

Z(族)表示族首词。指具有等级关系(属分关系)的一个词族中,概念外延最大的主题词。标引人员可以据此去查看族首词下的等级关系全显示。

C(参)表示相关主题词。即除用代关系(等同关系)和属分关系(等级关系)外,在概念上具有某种密切联系的主题词。

"·"(主题词等级符号)表示某个族首词下的主题词相对于族首词的等级数,一个圆点表示族首词的直接下位词,两个圆点表示二级下位词(即下位词的下位词),其余类推。同级主题词之间按汉语拼音字顺排序。

(3) 其他符号

双竖线"‖"在类号两旁,表示次要类号,也称互见类号,提供检索途径,区别于主要类号,即排架类号。"+"在类号前或类号之间,带"+"的类号表示为类分资料的类号,类分图书时归其上位类,一般为加号"+"前的部分。这两种均为符号区分标记,类分图书、资料时均省略此标记。

三、《中分表》电子版体系结构与功能

《中分表》(第二版)电子版是以《中分表》的编制规则和"叙词机读规范数据库""《中图法》第四版机读数据库"为基础,并兼顾印刷版的需求而开发的、可应用于网络环境下独立使用的资源组织和检索工具。

《中分表》机读数据格式由《中图法》机读数据格式(CLCMARC)和"主题词规范数据格式"两部分构成,在此基础上,根据《中国分类主题词表》对应结构的特点和对应需求,对以上两种格式可自定义的某些字段和指示符进行了规定,以便完成数据对应,这样形成了《中分表》机读数据格式的有机构成。

《中分表》(第二版)电子版的编辑、维护管理系统是开发和维护电子版词表的关键项目,基本实现了如下功能:① 增加、删除、修改分类和主题词款目的功能,② 辅助生成及动态校验数据格式和类目、词间关系的功能,③ 通过索引和算法生成多种数据内部结构和显示界面的功能,④ 满足维护管理词表特定需求的数据检索和归类整合功能,⑤ 提供不同级别(用户级、委员级、主编级)的维护管理以及统计功能,⑥ 相关数据产品(印刷版和各种索引)的生产功能。

(一)《中分表》电子版的界面构成

电子版的各种功能都是以不同的界面展现给用户。电子版采用多文档界面,框架窗体称为主窗体,除浏览表外,所有子窗体表均显示在主窗体中。主窗体包括:分类号—主题词对应表子窗体,简称分类表;主题词—分类号对应表子窗体,简称主题表;词族表子窗体,简称词族表,三个窗体在互动条件下可独立进行一体化标引。主窗体还包括一个不属于子窗体类型的一般窗体,仿印刷本式对应显示,称为浏览表。主窗体还包括菜单栏、快捷工具栏、检索栏、检索结果栏和状态栏(见图5-6)。

第四节 《中国分类主题词表》的结构与功能　　　　　　　　　　　　　　　　*183*

图 5-6　电子版主窗体

1. 分类表子窗体

分类表子窗体由分类树框和分类款目框构成（见图 5-7）。

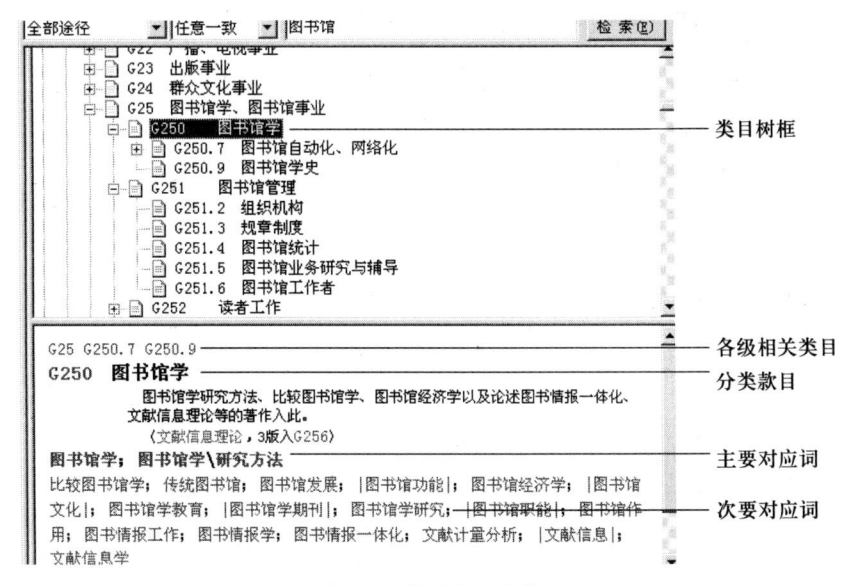

图 5-7　分类表子窗体

分类树框采用树视图(TreeView)显示整个分类体系,各级节点与各级类目一一对应。在类目树窗中,使用不同颜色的标记(红、黄、绿、蓝等)显示不同的类目等级,便于用户识别;分别使用"+""-"标记来展开或折叠各级类目;使用不同的图标显示类目的性质,如用■表示正式类目,用❷表示交替类目、用▶表示指示性类目、用✖表示停用类目等。

分类款目以印刷版格式显示当前节点类的款目内容,其中注释中的类号和该款目的直接上下类位类号为超链接点,可点击定位,显示该类目的各级上下位类和相关类。类目对应的主题词,分为类目或类名对应的主题词和主题词串(用粗体表示)、类目含义对应的主题词两种类型。所有对应词均为超链接,可点击定位到主题表中的该词。

分类树框、分类款目框是联动的,分类树定位在什么类目,分类款目就显示该类目的详细内容和对应的主题词。在需要时,可以同时打开多个分类表,以方便在多个类目之间进行比较和选择。

2. 主题表子窗体

主题表子窗体由主题词字顺表框和主题词款目框构成(见图5-8)。

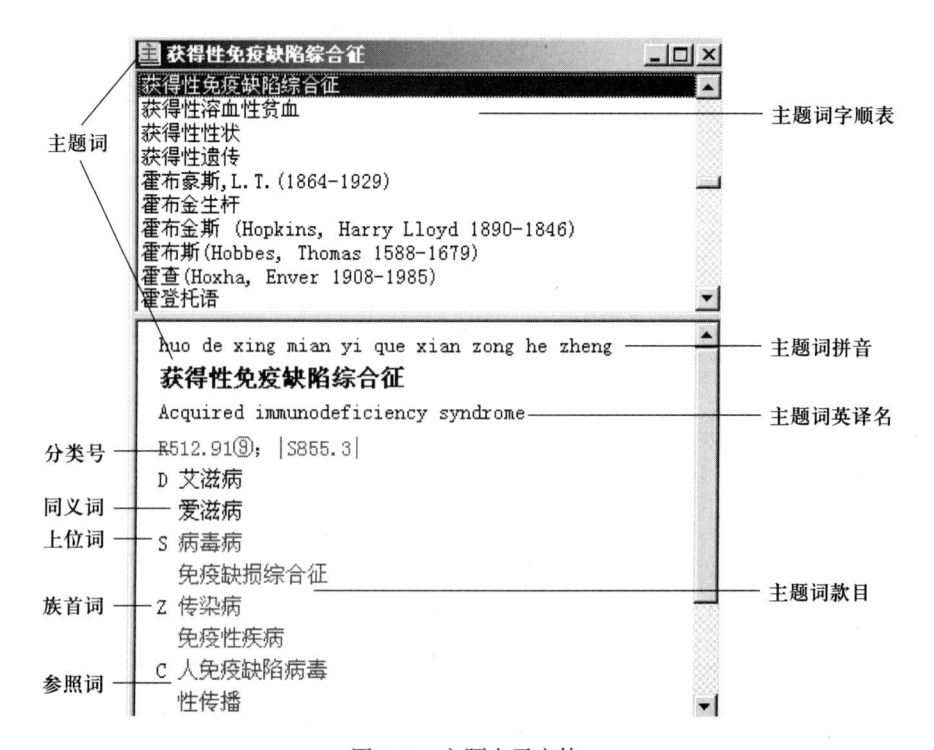

图 5-8　主题表子窗体

字顺表框将词表中所有正式主题词按音、调、笔顺等顺序排序,非汉字开头的主题词排在末尾。主题词款目框以卡片格式显示当前主题词款目的全部内容,包括:主题词的汉语拼音、款目主题词、注释、主题词英译名,对应的分类号,所有参照关系词,以及本主题词款目记录的控制号、标引评注等。主题词款目的对应分类号和所有参照关系词以超链接显示,可点击定位到分类树相应类节点和主题表里的该词。主题表也可以像分类表一样打开多个窗口,进行相关主题词的比较和选择。

3. 词族表子窗体

词族是一系列具有等级关系的主题词组成的"家族",外延最大的主题词为族首词。在族首词之下,先按第一等级主题词的字顺排列,在同一等级的主题词中,分别按主题词字顺排列。

词族表子窗体由两部分组成:族首词字顺表框和词族框(见图5-9)。族首词字顺表是将全部族首词按字顺排列的一览表,可以按字顺查找族首词,双击某个族首词,即可在词族框中显示整个词族。词族框用于动态生成和显示族首词字顺表中选中的词族。词族表子窗体只能打开一个词族表。而在族首词下采用等级关系全显示。

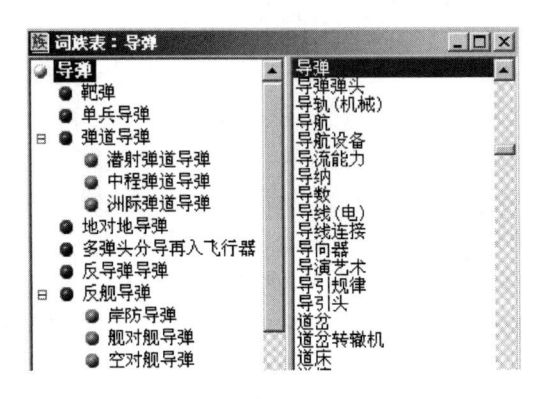

图5-9　词族表子窗体

4. 浏览表子窗体

浏览表是专门为习惯翻阅印刷型词表的用户所设计的特殊窗口。浏览表子窗体由两部分组成:仿印刷型的"分类号—主题词对应表"和仿印刷型的"主题词—分类号对应表"。通过"文件菜单"的"打开浏览表"或相应的快捷图标可以打开、定位浏览表窗口(见图5-10)。

仿印刷版的"分类号—主题词对应表",与印刷版《中分表》的页面一致,完全按页的次序显示。左侧是分类表,右侧是该类目对应的主题词。"分类号—主题词对应表"按大类进行编制、显示,可以从顶端的相应字母选择相应的类目。

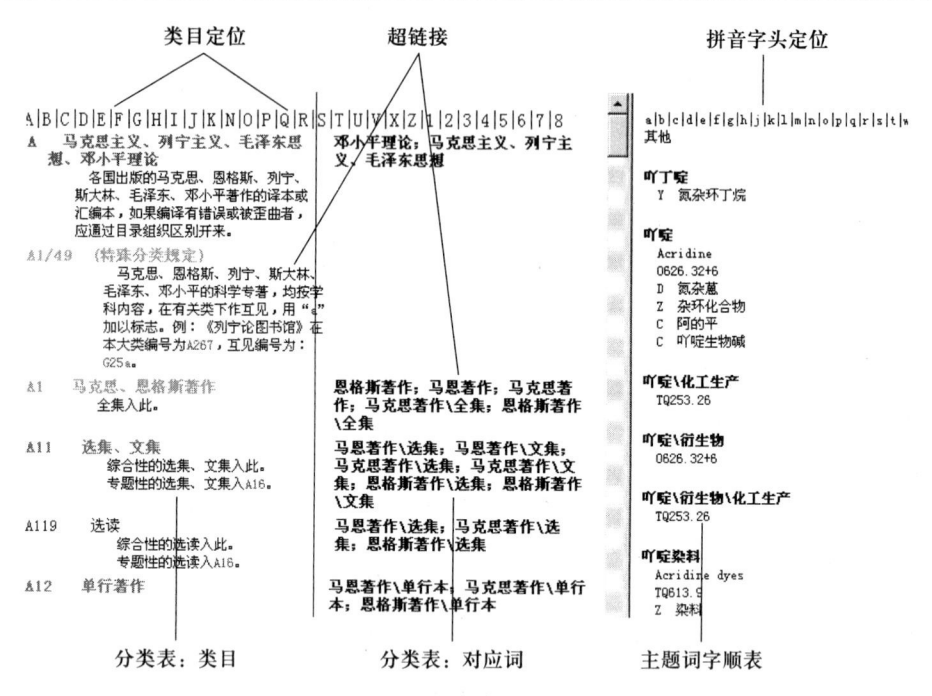

图 5-10 仿印刷版浏览表子窗体

仿印刷版的"主题词—分类号对应表"与"分类号—主题词对应表"是分离构造的,是全部主题词的字顺一览表。"主题词—分类号对应表"可以从顶端选择相应的拼音字头,查阅相应的主题词。

与印刷型词表不同的是,浏览表中所有的关系类号和关系主题词均为超链接,可实现点击定位和表切换(在浏览表之内)。

浏览表的主要功能是通过同时浏览两种对应的体系表对同一个概念释义进行比较分析,快速准确地确定类目或主题词含义,帮助解读分类表和主题词表。①

(二)《中分表》电子版的功能和使用

1. 窗口互动功能,提供强大的浏览功能

《中分表》电子版设置了多种浏览方式,并通过超文本技术实现了类目间、叙词间、类目与叙词间的自动链接与跳转。窗口之间的互动,是电子版词表的重要功能之一(见图 5-11)。《中分表》构建的多结构的复杂语义网络中,当用户在某一个结构(如分类表、主题表等)中选中一个语义单元时,其他各个结构都会自动定位到与该选中的语义单元相对应的关系类或关系词上来,为一体化标引提供了选

---

① 国家图书馆《中国图书馆分类法》编辑委员会.《中国分类主题词表》(第二版)及其电子版手册.北京:北京图书馆出版社,2006:164.

第四节 《中国分类主题词表》的结构与功能

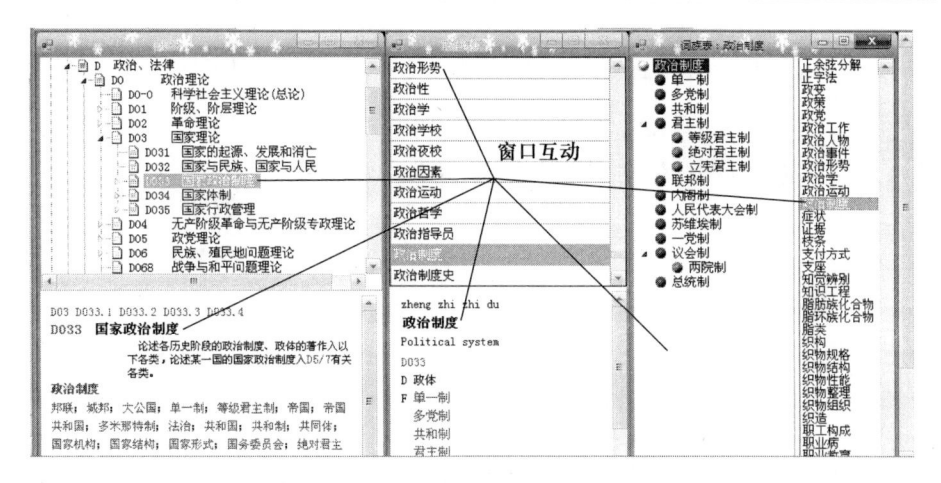

图 5-11 《中分表》窗口之间互动示例

择判断的捷径,起到了机助标引的作用。这在印刷版使用中是无法实现的。

2. 强大的检索功能与检索方法

《中分表》电子表为用户提供了非常丰富的检索功能,通过选择《中分表》各款目要素的不同检索途径,可实现任意类号、主题词(规范词或入口词)、短语(类名及注释、主题词的注释等)、主题词拼音、英文、控制号、评注的快速准确定位等同检索或不同程度的一致性检索,充分满足标引文献和检索文献时的各种检索需求。同时,类号、类名、主题词检索途径可选择"一体化扩检"方式,实现各范围内的参照项、对照词、对照类的检索,从而实现扩检和一体化标引的目的。参照项的扩检范围包括相关参见类、主题词、交替类、用代关系词、停用类、直接属分关系词的检索。[①]

具体查找分类号的途径有:浏览类目树,输入分类号的一部分,输入类名、类目注释的词素,直接输入主题词;查找主题词的途径有:直接查找主题概念,通过主题词的英译名查找,通过词族索引查找,通过分类表查找。

3. 用户评注与管理

分类法、主题词表是一个单位标引文献信息的依据,通常都记载着某馆使用分类法、主题词表的详细规定和特殊细节。《中分表》电子版设计了"评注"功能,用户可以在电子版类目或主题词的详细窗口中随时加入必要的使用说明(用户记录在词表电子版中的信息称为"评注"),成为特定用户对分类表和主题词表使用的特殊规定。用户评注起到了形成本馆/本机构使用本、规范标引的作用,也便于用户及时反馈使用信息、方便《中分表》的维护修订(见图 5-12)。

---

① 国家图书馆《中国图书馆分类法》编辑委员会.《中国分类主题词表》(第二版)及其电子版手册.北京:北京图书馆出版社,2006:160.

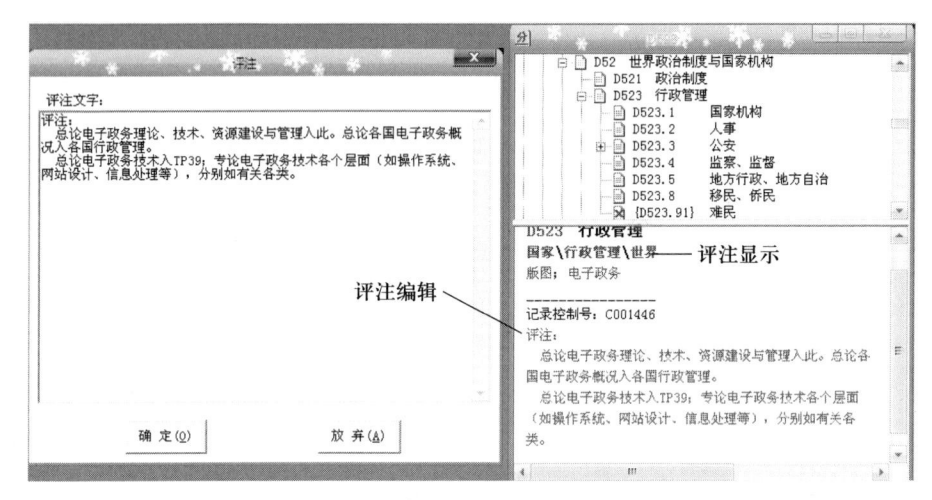

图 5-12 《中分表》电子版用户评注示例

4. 与编目系统和检索系统的挂接

《中国分类主题词表》电子版数据格式中,记录了分类号、类名、类目注释、普通主题词、名称主题词的字段号,通过系统设置的标引工作单,为实现词表与编目系统的挂接奠定了基础。

为了实现用户在电子版中选择的检索词(类号)直接"发送"到用户编目系统的相关字段,需要先在"帮助菜单"中选择"设置标引接口参数 …",由用户自行设置标引接口参数。同时,用户需要联系各自的系统开发厂商协助加入标引接口协议。一旦接口协议加入,并且设置了标引接口参数,那么用户在分类表或主题表选中某标引词(分类号)后,点击"发送"图标或在功能菜单选择"发送标引词",该主题词或分类号就会填加到编目系统的相关字段中(见图 5-13)。

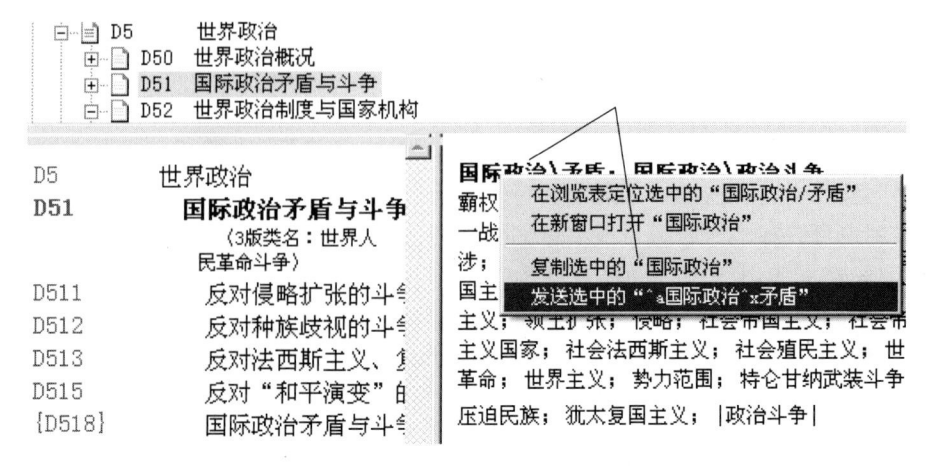

图 5-13 《中分表》电子版与编目系统挂接

《中分表》电子版提供与检索系统开放的挂接环境,主要功能是满足特定用户的文献信息检索。用户在浏览类目树的同时显示该类目下本馆的馆藏文献信息,一般用户极少会用特定分类号直接检索,而主要是通过类目树显示的分类体系层层发现自己的信息需求。

(三)《中分表》Web 版

《中分表》Web 版在《中分表》电子版先期成果和研究实践的基础上,于2010 年在互联网上正式发布。《中分表》Web 版访问地址是 http://cct.nlc.gov.cn。《中分表》Web 版具体提供如下服务和功能:

(1) 提供各类知识内容、主题词的在线浏览、互动显示和多途径检索服务;

(2) 为广大读者和参考咨询人员提供文献检索服务,可与多个 Web OPAC(联机公共检索目录)连接,提供文献信息内容的多库实时检索和学科导航服务;

(3) 为分类标引用户提供利用分类号和主题词标引发送服务,把所需分类号或主题词粘贴到剪贴板供标引系统使用;

(4) 为广大读者等各类用户提供评论注释服务,针对知识款目或主题词或类目从任何角度添加评注,方便用户建立个人书签以及我们快速掌握读者及用户使用信息,提高《中分表》质量,更好地开展知识服务;

(5) 为图书馆业界提供《中分表》第二版和数据实时更新服务;利用其网络更新系统、检索词统计系统和评注系统可实时更新《中分表》的数据,缩短《中分表》维护修订周期,在《中分表》第二版基础上 Web 版已增补 7 000 多条学科主题、个人名称、地理名称、机构名称等概念款目,并更新所有数据的关系系统;

(6) 为《中国分类主题词表》Web 版修订和维护提供用户检索词的频率统计功能,以便系统增删改主题词或类目;

(7) 其他特殊服务等。

四、《中分表》(第二版)的评价

《中分表》的编制是考虑《中图法》(包括其系列的《资料法》)使用广泛以及《汉表》如何在图书馆界尽快推广这两个因素的基础上,而选择的一条适应我国国情的分类主题一体化的道路。

《中国分类主题词表》的编制对我国标引语言和检索语言研究以及文献工作和检索工作都有重大的现实意义:

第一,便于在分类标引的同时进行主题标引,降低主题标引的难度,提高主题标引的一致性和准确性,同时也提高分类标引的质量;

第二,便于对已经分类的文献自动补标主题词,以建立主题目录和主题

索引;

第三,沟通分类目录与主题目录、分类检索系统与主题检索系统两者的联系,使分类法的族性检索与主题法的特性检索相互补充;

第四,从标引语言的角度来分析,它是一种先组式的等级分类体系与后组式的主题词术语相结合的分类主题一体化的标引语言。①

总之,《中分表》整体功能超过了《中图法》和《汉语主题词表》两种信息组织工具功能之和,实现了分类法与主题词表、先组式语言与后组式语言的结构、语义与功能等方面的兼容与优化,是信息组织工具结构优化、功能互补的成功典型。

《中分表》电子版的诞生实现了真正意义上的分类主题一体化标引和检索,并为实现机助标引和自动标引提供了知识库和应用接口。

《中分表》电子版从实现一体化标引和检索的功能要求出发,为不同用户设计了个性化服务界面,并采用分类树视图直观显示,多表、多文档互动结构,参照关联的超文本链接显示,提供多途径、多方式的检索(结构化全文检索、一体化扩检功能)、词族表动态重组生成、与编目和检索应用系统挂接的公共接口等功能,从根本上克服了《中分表》印刷版的线性体系结构和检索效率低等功能缺陷,免除了用户在印刷版六大分册之间来回翻检的烦恼,增强了词表的易用性,提高了标引和检索的效率,实现了真正意义上的一体化标引与检索,为分类主题一体化标引提供了理想的工作平台。②

《中分表》的编辑、维护管理系统具有录入和修改、纠错、链接、自动生成各种索引、多种显示模式、编辑、自动校验、排版、检索、统计等功能,该系统的开发成功为《中分表》的修订和维护全面实现计算机化、动态维护管理、远程反馈用户信息提供了基础,使我国词表编制水平有了一个极大的跃升。该系统已成功应用于《中图法》第四版的修订和《中分表》与《中图法》第五版双向对照索引修订的过程中。

2010 年,《中分表》Web 版成功上线,并实现了以下功能:① 以授权方式使文献标引用户能在互联网上获取和利用不断更新的《中分表》数据库,即可通过网络获得《中分表》的最新版本和查询所有数据,解决了长期存在的词汇更新时滞问题。② 使互联网环境下的文献检索用户可通过《中分表》的语义浏览界面向类似 OPAC 的检索系统获得主题检索(包括分类检索)服务,即通过镜像方式提供连接本地网络实现联机检索目录(Web OPAC)。③ 在

---

① 《中图法》编委会.《中国分类主题词表》(第二版)及其电子版手册.北京:北京图书馆出版社,2006:40.

② 侯汉清,李华.《中国分类主题词表》(第二版)评介[J].国家图书馆学刊,2006(2):19-20.

一定权限下,系统能满足可更新扩展的实用分类体系(知识本体)的建设需求,方便推出新的行业或专业分类主题对应表的建设平台,同时能保证与国外有影响力的分类法、主题词表映射关联的机制,从而可进一步形成一个有影响力的知识本体。④ 通过特殊授权可下载数据库和管理系统(MARCXML 转换格式),为网络用户、专业用户、多语种用户服务。⑤ 提供友好的可视化网络界面。[①]Web 版的成功开发以及推广应用,为我国各类文献资源的组织、检索和利用提供了一个最大、最全面、可动态扩展更新的知识体系,以及一个通用的数字型检索语言交换平台,在我国文献资源整合、重组、共享中具有不可替代的作用。

虽然《中分表》第二版、电子版及其编辑、维护管理系统和 Web 版的研制成功,对我国图书馆和情报机构文献管理和服务的现代化具有重大意义,但还存在以下不足:

(1)《中分表》词表的性能和功能有待完善。由于类目和对应的主题词之间只是一种先组语言和后组语言之间的兼容互换关系,很难进行两者之间的精确转换,不少类目上下对应的主题词数量不够,不能详尽包括标引较深层次的类目含义或隐含主题。另外,《中分表》类目的处理由于由人工按照概念关系的理解转换而成,因而存在随意性和不一致性,从而影响对应的质量。

(2)《中分表》单线多层次的体系结构与多属性多元化一站式的多用户检索需求不相适应。例如,主题词概念关系多为线性体系,缺少多属性划分形式,而且同主题的属种关系与《中图法》类目概念体系也存在着矛盾、重复和交叉。

(3)《中分表》第二版的等同率虽然已经有了大幅度的提高,但还远不能满足今后网络大众用户使用自然语言进行检索的需求。[②]

思 考 题

1. 信息组织工具的结构与功能之间的关系?
2. 信息组织方法融合的形式有哪些?
3. 分类主题一体化词表如何在结构上实现分类法系统和主题法系统的有机结合,并发挥 1+1>2 的功能?
4. 信息组织工具兼容互换的方式及其优缺点。
5. 分类主题一体化词表的类型有哪些?

---

① 《中分表》Web 版简介[OL].[2013-9-15]. http://clc.nlc.gov.cn/ztzfbweb.jsp.
② 侯汉清,李华.《中国分类主题词表》(第二版)评介[J].国家图书馆学刊,2006(2):19-20.

6.《中国分类主题词表》是如何进行分类法和主题词表之间的对照式索引的?

7. 学会使用《中国分类主题词表》电子版和网络版。

8.《中国分类主题词表》电子版、网络版便利标引和检索的特点有哪些?

第六章　信息内容分析与标引

　　信息组织必须对信息的内容进行分析,以对其进行描述,揭示信息的学科和主题内容,只有这样,我们才能方便地获取信息和利用信息。对信息内容的描述我们称为标引,标引工作在信息组织中是必不可少的主要环节。因此,要确定信息内容的分析方法,运用标引技术,充分揭示信息的内容,构建信息检索系统。

第一节　信息主题与主题分析

一、信息主题的含义、结构与类型

(一)信息主题的含义

　　信息主题或文献主题,作为图书馆学、情报学的一个专业概念,虽然已经使用了100多年,虽然它的界定对图书馆学、情报学的理论有着重大影响,但是,它却没受到应有的重视,也没有获得一致的理解。基于这样的认识,约尔兰德(Birger Hjørland)在他的书中花了一章的篇幅对信息或文献"主题"的多个概念从哲学和认识论的角度进行分析,提出主题是信息或文献推动知识和实践进步的信息潜力。① 这个关于主题的定义突出地强调了主题的价值特性,但是较为抽象,用它来指导标引实践还有一定的困难。

　　我国的国家标准《文献叙词标引规则》(GB/T 3860—1995),将主题定义为:文献所具体论述与研究的对象和问题。

　　国际标准《文献工作——文献审读、主题分析与选定标引词的方法》[ISO 5963—1985(E)]定义文献主题为:表达文献中心论题的一个概念或若干个概念的组合。

　　张琪玉认为:文献主题就是概括文献中关于某一事物的情报内容的概念。文献标识则是文献主题的书面表达形式。②

　　曹树金分析了一些代表性的主题定义之后,认为应该将文献主题定义为:直接概括文献中有参考和检索价值的单元内容的概念,它重点指向文献内容单

---

　　① Birger Hjørland.Information seeking and subject representation:an activity-theoretical approach to information science [M]. Greenwood Press,1997:55-103.

　　② 张琪玉. 文献主题的构成因素及层次[J].图书情报知识,1985(1).

元所论及的核心事物或论题。[1]

这些关于"主题"的定义之间还存在一些差别,要想在信息主题的概念上达成共识,合理界定信息主题的含义,还需要继续努力。

(二) 信息主题结构

信息主题结构是指构成信息主题概念的各个基本概念因素以及它们之间的相互关系。构成主题概念的基本概念因素称为主题因素,少数信息主题只有一个主题因素,大多数信息主题有多个主题因素。

为了把握信息主题的构成规律,有必要对主题因素及其关系进行分析和归纳,找出一定的信息主题结构模式。

1. 国外有代表性的几种主题结构模式

(1) 凯撒的主题结构模式

为了进行商业和工业文献的主题标引,凯撒提出了"事物—国家—过程"的基本标题结构模式。并规定两个并列的事物不能出现在同一个标题中;有关联的两个国家出现在同一个标题时,需要明确它们之间的关系。[2]

(2) 柯茨的主题结构模式

柯茨在凯撒模式的基础上扩展出表达主题的"事物—部分—物质—行为—性质"标题结构模式。[3]

(3) 阮冈纳赞的主题结构模式

为了使用分面类号组配表达主题概念,阮冈纳赞提出了著名的 PMEST 五个基本范畴构成的分面公式及其扩展方法。

(4) 维克利的主题结构模式

维克利提出了"物质—部分—成分—性质—测度"和"物质—行为、操作或过程—施动者或工具"两种主题结构模式。[4]

2. 国内的几种主题结构模式

(1) 国家标准中的主题结构模式。在《文献叙词标引规则》中,基本采用了刘湘生提出的主题结构模式,认为构成主题的主题因素可以归纳为:主体因素(研究对象、材料、方法、过程、条件)、通用因素、空间因素、时间因素、文献类型因素。在剖析文献主题的结构因素时,尚需要明确其中的中心主题因素与修饰限定主题因素,以便根据需要进行精选与取舍。

在这个模式中,主体因素是指文献所研究和论述的主题中关键性的主题概

---

[1] 曹树金,罗春荣.信息组织的分类法与主题法[M].北京图书馆出版社,2000:15.

[2] Kaiser J. Systematic indexing [C]//Chan, L. M. et al. Theory of Subject Analysis. Libraries Unlimited, Inc., 1985:52-70.

[3] Coates E J. Subject catalogues:heading and structure. London:Libr.Associ., 1960. 50-58.

[4] 维克利.分面分类法:专业分类表的编制和使用指南[J].秦明,译,宁夏图书馆学通讯,1984(3).

念。在有些主题中,构成主体因素的主题概念往往会有多个,可以细分为研究对象(包括事物及其部分、学科、问题、现象、人物、机构等)、材料、方法、过程、条件等因素,它们都具有独立检索意义。通用因素是指文献主题中反映其次要特征或属性的因素,只对主体因素起细分作用,无独立检索意义。空间因素是指文献研究和论述对象、问题等所处的空间或地理位置的主题因素,一般不具有独立检索意义。时间因素是指对象、问题、现象、状态所处的时间范围。文献类型因素指表示主题的文献形式特征方面的概念。

(2) 钱起霖的主题结构模式。该模式将全部主题要素归纳为六个面,并用图 6-1 表示它们之间的关系。①

(3) 张琪玉的主题结构模式。张琪玉较为详细地阐述了文献主题的构成因素及其层次关系,同时对主题因素及其层次关系和变化规则作了说明。该模式提出,以事物为中心的文献主题的构成因素有六个层次,分别是:事物,事物本身诸剖面,本事物与其他事物的关系,对事物的研究、改造或产品的生产、制造,客观环境,文献的外表特征。其中,第一层次有四个更小的层次,第三和第四层次各有两个更小的层次。以学科为中心的文献主题的构成因素有三个层次,分别是学科、学科的一般问题、文献类型及其他外表特征。文献主题的层次是一个具体性递增,而必要性递减的次序。②

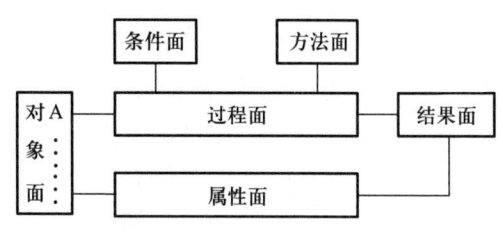

图 6-1 钱起霖的主题结构图

(4) 曹树金的主题结构模式。曹树金将主题因素归纳为事物因素、部分因素、方面因素、特称因素、关联因素。其中,事物因素是主题中最重要的因素,每个信息主题应有一个,也只有一个事物因素。特称因素与被限定对象的组合,使组合体与其同类相区别。特称因素不仅可以分别对事物因素、部分因素、方面因素和关联因素予以限定,而且还可以对同一限定对象进行多层限定,即一个被限定对象可以有多个特称因素。因而,在一个信息主题中,既可以没有特称因素,也可以有多个特称因素。部分因素是对事物因素的分解,方面因素是对事物因素的深化。一个事物因素可以有多层部分因素或方面因素。各层部分因素或方面因素之间有着特定的次序。因而,在一个文献主题中,可以没有部分因素或方面因素,也可以有多个部分因素或方面因素,但多个部分因素或方面因素应处于不同的层次。如果一个事物因素有并列的多个部分因素或方面因素处于同一层

---

① 钱起霖.《汉语主题词表》标引手册[M].北京:科学技术文献出版社,1985:72-76.
② 张琪玉.文献主题的构成因素及层次[J].图书情报知识,1985(1).

次,一般应将并列的部分因素或方面因素分属于不同的主题。关联因素是与事物因素或事物的其他因素有着某种联系的另一事物及其部分、方面、特称因素。主题因素之间具有相对性,可以轮排变换。各因素之间的关系有交叉关系、种差关系、部分关系、方面关系、具体的关联关系。[①]

这些主题结构模式,尤其是国内的几种模式,在信息标引的不同方面各有一定的适应性,可以相互配合地加以利用。

(三) 信息主题类型

1. 依据主题结构区分

(1) 单因素主题。称单元主题,是只有一个主题因素,表现为简单概念的主题。如"图书馆""生物学"。

(2) 多因素主题。它是由多个主题因素组成,结构较为复杂的主题。有人称它为复杂主题,也有人称之为复合主题。为防止复杂主题与复合主题相混淆,可将多因素主题细分为复合主题与联结主题。

复合主题,是由两个或两个以上主题因素结合构成的主题,它的一个主题因素是事物因素,其他的一个或多个主题因素是事物的特称因素、部分因素、方面因素。例如,"水生植物+海洋+地带分布""温带植物+水生植物""联合目录+馆藏期刊+高校图书馆""汽车+发动机+汽缸""汽车+稳定性+试验"等。

联结主题,是反映研究对象之间某种联系的主题,其中一个对象为事物因素,另外的对象为关联因素。对象之间常见的联系有比较、影响、作用、因果、应用关系等。例如,"美俄军事力量的对比""气候对农业的影响""盐对铁的腐蚀作用""优选法在农业中的应用""经济与政治的关系"等。

2. 依据主题与检索系统专业性质相关程度区分

(1) 专业主题。是指与检索系统的学科专业范围相一致的主题。在专业检索系统中,对专业主题的标引应该力求全面专指。例如,"农作物病虫害的无污染防治方法"主题,对农业科学信息检索系统来说,无疑是专业主题。

(2) 相关主题。是指与检索系统的学科专业范围不一致,但有一定联系的主题。在专业检索系统中,一方面要注意对相关主题的选取,另一方面又不要与专业主题那样标引得全面专指。例如,"农作物病虫害的无污染防治方法"主题,在生物科学、环境科学、化学工程等专业信息检索系统中,应该作为相关主题来对待。

(3) 非专业主题。是指与检索系统的学科专业范围既不一致也不相关的主题。在专业检索系统中,不必要标引非专业主题。例如"农作物病虫害的无污染防治方法"主题,对许多专业信息检索系统中而言,都是非专业主题。

在综合性信息检索系统,一般没有必要作专业主题、相关主题与非专业主

---

① 曹树金,罗春荣. 信息组织的分类法与主题法[M]. 北京图书馆出版社,2000:19-21.

题的区分。

3. 依据主题概括的文献内容范围区分

(1) 整体主题。是概括某一文献全部内容或基本内容的主题。每一文献只能有一个整体主题，但也可能没有整体主题。例如，《电子技术实验》一书的整体主题是"电子技术实验"；《现代数学和力学》一书就没有整体主题，它的整体内容要用两个局部主题"数学"和"力学"来概括。

(2) 局部主题。是只概括某一文献部分内容的主题。每一文献可以有多个局部主题，但是是否标引或标引多少局部主题要根据局部主题的价值和检索系统的性质而定。例如，《电子技术实验》一书包含"模拟电子技术实验""数字电子技术实验"两个局部主题。

4. 根据主题在文献中的重要程度区分

(1) 主要主题。主要主题是概括作者在文献中重点论述内容的主题，也可以称为中心主题。每一文献至少有一个主要主题，但可能不止一个主要主题。一般来说，主要主题是标引的重点，例如，《农作物病虫无害化治理》一书的主要主题是"农作物病虫的无污染防治方法"。但是，根据检索系统的专业性质也可能不需要标引主要主题。

(2) 次要主题。次要主题是概括作者在文献中有所论述，但不是重点内容的主题。必要时需要标引次要主题。例如，《农作物病虫无害化治理》一书中包含的主题"无污染化学除草"和"植物防疫"就是次要主题。

5. 依据主题在文献中呈现的清晰程度区分

(1) 显性主题。是文献明显论述的主题，即根据文献内容的字面表述能够直接概括出的主题。它一般不易被标引者遗漏。相反，人们有可能将一些没有包含实际内容的显性概念分析成主题，这是应该防止的。

(2) 隐性主题。是指文献中没有表述，却隐含在字面形式中的主题。也就是主题的某个、某些甚至全部主题因素在文献中没有直接的字面表述，而要付出更多的智力劳动才能标引出的主题。如"大气污染对植物蚜虫生长的影响"就隐含有"环境生物效应"这个主题。标引出隐性主题是非常有益的，但是，标引隐性主题的难度较大，需要标引人员有较深厚的学科知识。

之所以对文献主题进行多角度区分，是为了标引时，能够对同一主题从不同的角度予以考察，以便作出尽可能正确的标引。

二、主题分析的水平和要求

(一) 主题分析的含义与意义

1. 主题分析的含义

主题分析，一般是指标引过程分析文献内容和提取主题概念的环节。具体地说,主题分析是通过审读文献而了解文献内容及其表现形式,选择内容单元而确定文献主题数量,概括单元内容而形成主题概念,分析主题的结构和类型,并在必要时判断主题的学科专业属性的一种智力劳动。

2. 主题分析的意义

主题分析是标引的基础环节,正确的标引必须以正确的主题分析为前提。主题分析的质量不仅直接影响标引的质量,而且在根本上影响着检索系统的检索效率。主题分析的意义主要表现在以下四个方面:

(1) 主题分析是标引不可缺少的环节。许多文献的主题并不是显而易见的,只有通过对文献内容的仔细了解和分析,才能明确文献中究竟包含哪些有参考价值的内容,应该用什么样的概念予以概括,然后,才能用相应的语言将其准确、简明、适度地表达出来。

(2) 从文献中分析出的主题和主题因素的多少决定着文献标引深度。文献标引深度是指用标引语言揭示文献主题的详尽程度,可具体分解为标引网罗度(标引主题的多少)和标引专指度(各主题所用标识的多少或确切性),最终以文献所用标识数量为衡量指标。当标引语言选定之后,文献标引深度取决于主题分析所形成的主题概念和主题因素的多少。标引深度的大小对检索系统的检索效率和文献利用率有着决定性影响,因此,主题分析所提炼主题概念和主题因素的多少,在很大程度上影响着检索效率和文献利用率。

(3) 从文献中分析出的主题概念和主题因素的准确性是决定标引结果是否准确的首要环节。如果主题分析不准确,标引所赋予文献的标识就不可能与文献的实际内容相符合,从而在检索时造成漏检和误检,显著降低检索效率。

(4) 从文献中分析出的主题概念是否符合用户的需要,影响文献标引的有效性和文献的利用率。

(二) 文献主题分析水平

文献主题分析水平是指从文献中析出主题概念时所持的深入细致程度。它是决定主题分析的穷举度和专指度的基本因素,是标引深度的决定因素之一。

文献主题分析水平可以从两个角度区分:一是依据主题分析所取内容单位的大小区分为宏观主题分析和微观主题分析,二是依据概括内容单元所用主题概念的复杂性(概念因素的多少或完整性)区分为概括式主题分析和描述式主题分析。

1. 宏观主题分析和微观主题分析

宏观主题分析,是将一套、一种、一册或一篇文献的整体内容作为一个单位进行主题分析。经常所说的"单主题和多主题"就是指,只对文献进行宏观主题分析,所得到的是一个主题还是多个主题。这种主题分析也可称为题名级主题分析,它或者是依据题名进行主题分析,或者是围绕题名进行主题分析。例如,一种名为《高等数学》(上、下册)的书,宏观分析所得到的主题就是"高等数学";一本名为《世界的尽头》的书,通过了解其内容,知道它的主题实际是"未来学"。

微观主题分析,是以一种、一册、一章、一节、一篇文献,或一篇文献的一节、一段、一个内容单元作为一个单位进行主题分析。只要进行微观分析,任一文献都有可能分析出多个主题。

对一个检索系统来说,一般应该根据具体的条件、需求、文献类型和标引语言,决定以宏观分析为主还是以微观分析为主。对某一文献来说,则应根据文献的内容价值和形式特点,决定是进行宏观分析还是微观分析,或者既进行宏观分析,又进行微观分析。

2. 概括式主题分析和描述式主题分析

概括式主题分析,是用比较简单的概念粗略地概括文献内容单元。如仅指出内容单元所论及的事物因素,而不指出事物的方面因素。因而,它所析出的主题因素相对较少。

描述式主题分析,是用比较复杂的概念细致地概括文献内容单元。它往往用较多的概念因素描述内容单元论及事物的具体方面、特征。因而,它所析出的主题因素相对较多。

概括式主题分析和描述式主题分析的区别,主要体现在析出主题的数量上。例如,《汽车电控自动变速器的结构与检修》一书,如果作概括式分析,只析出"汽车自动变速器"这个主题;如果作描述式分析,可分析出"汽车电控自动变速器结构""汽车电控自动变速器检修"两个更复杂的主题。此外,概括式分析与宏观分析、描述式分析与微观分析有一定的对应关系,但是并不完全等同。

(三) 主题分析的质量要求

文献主题分析的重要性,使得我们必须努力保证文献主题分析的质量能达到以下要求:

1. 充分析出主题概念

这是要防止主题概念提炼不足,即分析出来的主题概念或主题因素少于文献中论述的主题概念或主题因素。也就是说,主题分析不应遗漏文献中已有论述并符合检索系统要求的主题概念或主题因素。因为,主题概念提炼不足,既导致漏标漏检,降低检索系统的查全率,也可能影响查准率。

为达到这一要求,应该注意提炼这样几类主题概念:文献内容论述的重点主题概念,概括创新内容的主题概念,适应需要的隐含主题概念,有参考价值和检索价值、符合标引要求的局部主题概念。例如,《神经与精神疾病》一书,不能只分析出"神经系统疾病"和"精神病"这两个主题概念,还应该提炼出"神经系统疾病的诊断""神经系统疾病的验方""神经系统疾病的治疗""精神病的诊断""精神病的验方""精神病的治疗"等主题概念。

2. 不过度析出主题概念

这是要防止主题概念提炼过度，即提炼出来的主题概念多于应提炼的主题概念。主题概念提炼过度，会导致过度标引，从而产生误检，降低检索系统的查准率。

一些出现在文献中，但不应该作为主题概念的概念主要是：

（1）文献中没有具体内容论述的概念。有些概念虽然出现在文献中，但无具体论述的内容，不应分析为主题概念。

（2）文献中没有参考价值的一些内容概念，不应提炼出主题概念。例如，常识性的内容、非综述性文献的回顾性内容、非历史性文献的背景性内容等，因没有提供新的信息，而不能概括为文献的主题。例如，《开放的地区主义与亚太经济合作组织》一书，虽然提到经济全球化的背景，但是，不应该提炼出"经济全球化"这一主题，只应该分析出"亚太经济合作组织研究"和"亚太地区的地区开放经济研究"主题。

（3）文献中没有检索价值的一些内容，即使是较详细的内容，也不应分析出主题概念。例如，专业性检索系统对与专业无关的内容，综合性检索系统对过于专深的内容，一般不概括为主题概念。

3. 用准确的概念概括相应的内容

这是要求分析出的主题概念与它所概括的内容相符。因为，提炼出的主题概念与文献论述内容的实际主题概念的内涵、外延如果不相符或部分不相符，会造成错标、漏标，降低检索系统的查全率和查准率。

准确提炼主题概念，既要防止析出的主题概念与文献内容完全不符，也要防止主题表达不完整或不专指，做到不遗漏必要的主题因素，不扩大或缩小主题概念。例如，《马克斯·韦伯的思想肖像》一书是关于德国著名社会学家马克斯·韦伯的思想传记，可以分析出主题"马克斯·韦伯的社会学思想评论"，但不应该提炼出"马克斯·韦伯的思想肖像"或"马克斯·韦伯的肖像"等主题。

第二节 信息标引的种类、方式和程序

一、信息分类标引和主题标引

（一）信息标引及其意义

信息标引，又称文献标引，是根据文献的特征，赋予文献检索标识的过程。信息标引所根据的文献特征以内容特征为主，外部（形式）特征为辅。信息标引过程包括两个主要环节：一是主题分析，即在了解和确定文献的内容特征及某些外部特征的基础上，提炼出主题概念；二是转换标识，即用专门的检索语言（标引语言)中的标识表达主题概念,构成检索标识。

信息标引是建立信息检索系统的基础和前提,对信息资源的开发和利用具有重要意义。因为,建立信息检索系统是信息资源开发和利用的关键,而建立信息检索系统,首先要对大量的无序文献或信息进行整序和组织。文献或信息只有经过标引,获得检索标识之后,才能按检索标识加以组织,转化为有序的集合,使得从内容特征进行检索成为可能。

信息标引的目的就是通过标引人员把文献或信息与用户联系起来,使用户能够在大量的文献或信息中全面、准确、迅速地查到所需的文献或信息。

信息标引是一项十分复杂的技术工作,既要求很高的严密性,又具有很大的灵活性,因而,需要标引人员具有较高的素质,需要对信息标引全过程进行规范化控制。信息标引的规范化主要包括选用规范化的检索语言作为标引的工具,制定并遵守科学实用的标引工作程序和标引规则。

(二) 分类标引和主题标引

信息标引所用的检索语言主要是分类语言和主题语言,标引所赋予的检索标识主要是分类标识和主题标识,因此,信息标引就主要分为分类标引和主题标引这两种类型。

1. 分类标引

分类标引,又称文献分类或信息分类,是依据特定的分类语言,赋予文献分类标识的过程。通过分类标引赋予文献分类标识(分类号),可以将大量的文献分门别类,纳入特定的分类体系,实现文献的分类组织。

2. 主题标引

主题标引,是依据特定的主题语言,赋予文献主题标识的过程。主题标引所依据的主题语言可以是标题语言、叙词语言、关键词语言等,因此,主题标引赋予文献的主题标识可能是标题、叙词或叙词标目、关键词等。不过,目前我国主要采用的是叙词语言,因此,主题标引主要是叙词标引。

二、各种信息标引方式

不论是分类标引还是主题标引,可以根据检索系统性质和条件、用户的检索需要、文献的特点等因素,采取相应的标引方式。依据不同的标准,可以区分出许多信息标引方式。

(一) 依揭示文献内容的方式分

1. 整体标引

是一种概括揭示文献内容的标引方式,它只针对文献整体内容提取主题予以标引。这种标引方式往往用一个主题概括文献的整体内容或主要内容,但是,当无法将整体内容或主要内容概括为一个主题时,也可以标引出一个以上的主题。例如,对《环境工程中的功能材料》一书进行整体标引,只需标引"环境工程的功能材料"这个整体主题,不必标引具体的功能材料;对《几种鸡呼吸道病的鉴别诊治》一文进行整体标引,只需标引"鸡呼吸道病的诊断"和"鸡呼吸道病的治疗"这两个主题,不必标引出五种具体的鸡呼吸道病。

整体标引既可单独使用,也可与其他标引方式结合使用。单独进行的整体标引主要用于手工检索系统,尤其是综合性图书馆和信息机构对普通图书的标引。

2. 全面标引

是一种充分揭示文献内容的标引方式,它深入揭示文献中的各部分内容,全面提取局部主题予以标引。这种标引方式要求对文献内容进行分解,详细标引文献中有检索和参考价值的各部分内容。例如,对《环境工程中的功能材料》一书进行全面标引,就应标引出具体的功能材料:环境污染净化用材料、高效电催化电极材料、用于污染物去除的功能催化剂材料;对《几种鸡呼吸道病的鉴别诊治》一文进行全面标引,就应标引出五种具体的鸡呼吸道病:慢性呼吸道病、传染性鼻炎、传染性喉气管炎、传染性支气管炎及曲霉菌病。

全面标引既可与整体标引结合使用,也可单独使用。它主要适用于计算机检索系统,尤其是机检系统中学术论文、科技报告等的主题标引。

3. 对口标引

是一种只揭示文献中符合专业检索系统需要的部分内容的标引方式,即只提取个别局部主题予以标引,亦称重点标引。例如,《现代数学和力学》一书,在数学专业检索系统可采用对口标引方式,只标引"数学"这个主题。对口标引有较强的针对性和筛选性,主要适用于专业单位或检索系统对部分内容与本专业相关的文献进行标引。

4. 综合标引

是一种以整套(部)丛书、多卷书、论文集、会议录等为单位,概括揭示其内容的标引方式,是一种特殊的整体标引。综合标引除了揭示内容特征外,一般还应标引出表示文献类型的主题因素。例如,《自然科学小丛书》宜按其整体内容综合标引,不宜按其中的各种书分散到自然科学各类。

5. 分散标引

是一种以丛书、多卷书、论文集、会议录等文献中的每一种、一册、一篇文献为单位,揭示其内容的标引方式。例如,《环境科学与工程系列丛书》中的《城市节制用水规划原理与技术》《环境毒理学》《空气污染控制》等按各自的主题分散标引。

6. 分析标引

是一种在整体标引或综合标引基础上,进一步深入揭示文献的部分内容,提取个别或若干局部主题的标引方式,亦称补充标引。例如,《网络营销学》一书,除了对整体主题"网络营销学"进行标引外,还可将其中的"网上顾客行为"内容析出,作分析标引。

分析标引可以在概括揭示文献整体内容的同时,突出文献中有较大检索和参考价值的内容,特别是那些独立文献不多的内容。

7. 互见标引

是从不同角度多次揭示同一文献内容的标引方式,即对已经从一个角度或学科标引了的文献内容,再从其他角度或学科出发予以标引。这也是一种补充标引,其目的是从不同角度或学科揭示同一文献内容。例如,《邓小平论财经》一书,在按主题"邓小平著作专题汇编"标引之后,应依"经济学理论"主题作互见标引。

互见标引主要用于分类标引,尤其是类号不能组配轮排的分类标引,以便提供检索同一文献的不同途径。在叙词标引中,检索标识的组配轮排或后组基本上取代了互见标引,但不一定能完全取代。

(二) 依标引深度分

1. 深标引

这是赋予文献较多标识,详细揭示文献内容的标引方式。全面标引必然是一种深标引。深标引主要适用于计算机检索系统和学术论文的标引。

2. 浅标引

这是赋予文献较少标识,粗略揭示文献内容的标引方式。整体标引必然是一种浅标引。浅标引主要适用于手工检索系统和图书的标引。

深标引与浅浅标引是相对而言的,它们之间没有一个绝对的界限。

(三) 依所用标识与主题概念的对应性分

1. 专指标引

是指所选用的一个标识表达的概念与被标引主题概念完全或基本相符的标引方式,亦称相符性标引。例如,《教育心理学》一书,用"教育心理学"这个叙词或"G44"这个分类号标引。

2. 组配标引

是指选用两个或多个标识共同表达一个主题概念的标引方式。例如,用"植物分类学"和"图谱"两个叙词标引《植物分类图谱》一书。

3. 上位标引

是指所选用标识表达的概念是被标引主题概念的上位概念的标引方式。例如,用表示"图书馆学"的类号"G250.1"标引"比较图书馆学"这一主题概念。

4. 依附标引

是指所选用标识表达的概念与被标引主题概念相近或相关的标引方式。亦称靠类标引或靠词标引。例如，用表达"人民经济生活状况"这一概念的类号"F113.9"标引"贫困问题"这一主题概念。

5. 暂定标引

是指所用标识在类表或词表中没有收录，但建议增加的标引方式。亦称增类标引或增词标引。例如，由于科学的综合化，不少综合性学科需要在分类语言中设置更适当的标识，有关标引单位可以在必要时增设新类用于标引，并报类表管理机构审定确认。

(四) 依组配标识是否组合分

1. 先组标引

是指标引时要将组配表达主题概念的若干标识组合起来的标引方式。例如，用"高等教育—教育改革—中国"标引"中国高等教育改革"这一主题。先组标引主要用于手工检索系统。

2. 后组标引

是指标引时并不将组配表达主题概念的多个标识组合起来的标引方式。如上例，"高等教育""教育改革""中国"三个词并不组合在一起，而是通过相同的文献号建立联系。后组标引多用于计算机检索系统。

(五) 依所用标识受控程度分

1. 受控标引

这是一种采用受控语言(检索语言)中的标识表达主题概念的标引。如采用《中图法》的分类号、《汉表》的主题词进行标引。

2. 自由标引

这是一种采用自然语言语词作标识表达主题概念的标引方式，又称非控标引。它是主题标引的一种特殊形式。

3. 混合标引

这是一种同时采用受控语言标识和自然语言的语词表达主题概念的标引方式，又称半控标引。它主要在主题标引中采用。

(六) 依标引的自动化程度分

1. 人工标引

这是一种完全由标引人员亲自思考和操作而完成的标引方式，亦称手工标引。

2. 自动标引

这是一种基本由计算机及其自动化、智能化系统完成判断和操作的标引方式，又称机器标引。它又分为自动抽词标引和自动赋词标引，前者为自由标引，后者为受控标引。

3. 半自动标引

这是一种将人工标引与自动标引相结合的标引方式。它又分为以人工标引为主的机助标引和以自动标引为主的人助标引。

（七）依标引的实施方式分

1. 独立标引

这是由各机构独自标引本机构或本检索系统文献的标方式。这种标引方式正在逐渐减少。

2. 统一标引

这是在一定的区域或系统范围内，由一个机构进行标引其他机构或检索系统共享标引成果的标引方式。

3. 联合标引

这是各机构开展合作，各自只对一部分文献进行标引，相互共享标引成果的标引方式，亦称合作标引。在网络环境中，以联机标引为主的联合标引将会有更大的发展。

4. 在版标引

这是在文献出版或发表前就完成标引，并将标引成果记录在文献之中的标引方式。

上述多种标引方式，在标引实践中，有些需要预先选择，有些需要在具体标引时根据预先确定的原则临时选择。

三、标引工作程序

为了保证标引的质量，标引工作必须遵守一定的操作程序。一般来说，标引工作程序包括五个基本步骤：查找并利用已有标引成果、主题分析、转换标识、标引记录、审核。

（一）查找并利用已有标引成果

这是要查明待标引文献是否已被本单位、本系统或其他单位、系统标引过，有无标引成果可以直接采用或作为参考。查找已有标引成果的具体途径包括：

1. 查重

主要是指查复本，即查看待标引文献（图书）是不是本单位收藏并标引过的文献复本。如属复本或内容变化不多的不同版本，可以使用原先的检索标识；如是新的，则重新标引。查重的目的是避免重复标引，防止同一文献的标引不一致。查重的方法是在公务目录或机读目录中进行查对，以确定待标文献是否为已标引文献的复本或不同版本。

2. 查找统一标引成果

如果待标文献是新入藏的文献，则可查看是否有相应的统一标引成果可以利用。统一标引的检索标识是统一编目数据的重要组成部分，现在已越来越多地记录于以光盘为载体的统编机读目录中。如果查到待标文献的统一标引成果,还要考虑是直接采用统一标引的检索标识,还是只以统一标引的检索标识作参考。

3. 查找联合标引成果

随着计算机网络的普及,以联机方式在网络中查找并利用其他单位已标引了的文献检索标识将会越来越普遍。当然,有必要注意联合标引的检索标识对本单位是否完全适合。

4. 查看在版标引成果

我国已有越来越多的出版社在图书上记载在版编目数据,美英等国出版的图书几乎都有在版编目数据。在版编目数据中包含的分类号、主题词就是在版标引成果。这些成果,有的可以直接采用,有的只能作为参考,更有一些不够全面或不够准确,需要注意。

至于期刊论文、学位论文、科技报告、政府出版物等类型文献中,不少也记录有在版标引的主题标识,可供采用或参考。

(二) 主题分析

对没有现成标引成果可以采用的文献,需要予以标引。为此就要进行主题分析。

无论是分类标引还是主题标引,人工进行的主题分析可以细分为四个紧密联系甚至多次循环的环节,即:了解文献内容及其表现形式;选择标引所针对的各个内容单元;概括单元内容,形成自然语言表述的主题概念;分析主题概念的结构、类型、学科属性。

自动标引的主题分析则表现为从文献中抽取表达主题概念的自然语词的方法运用,如词频统计分析、语词位置加权等。

(三) 转换标识

转换标识,是指将主题分析所得主题概念的自然语言表述转换为检索语言表述,也就是用检索语言的标识表达主题概念。

人工标引中的转换标识这一步可以细分为三个环节,即:检索语言中相应标识的含义辨识,如分类标引中的辨类,主题标引中的辨词;选择表达主题概念或概念因素的恰当标识;构成完整的检索标识,不但进行同一主题标识的句法控制(如复分组号、确定组配词序、联号、职号等),而且要正确处理同一文献不同主题的标识之间的关系(如排架分类号和目录分类号的选择、手检标识与机检标识的选择、不同主题之间标识的分组处理等)。

自动标引中,赋词标引的转换标识是由计算机将文献中能够表达主题概念的词与标引语言的标识进行相符性比较而完成的,实际上也包含了人工标引中的转换标识。如果采用分类主题一体化语言同时进行分类标引和主题标引,或采用主题语言同时标引主题词和范畴号,在将主题概念的自然语言表述转换为主题标识和分类标识时,可以相互联系,但仍然要注意它们之间的差异。

分类标引在转换标识的同时,可能还要给出书次号,以便组成分类索书号。

(四) 标引记录

标引记录包括两方面内容,一是标引成果著录,即将标引所得的检索标识按规定格式予以记载。现在,为计算机检索系统进行标引,一般是将标引成果直接输入计算机,作为临时记录,待审核之后确定为正式记录。二是对标引中遇到的重要问题及处理结果加以记录,如上位标引、依附标引、暂定标引、类目注释的增改、分类方法的说明等的记录。

(五) 审核

审核是对前述标引步骤,尤其是主题分析和转换标识步骤的各环节的考察和把关。审核的主要内容是:主题分析是否充分,主题概念提炼是否准确,选用的标识是否正确和完整,检索标识的构成是否符合要求。

审核是保证标引质量,减少标引误差的重要步骤。一般应由标引经验丰富、标引水平较高、工作态度严谨的人员承担。只有通过审核,确认无误的标引成果才能正式输入检索系统使用。

第三节 分类标引的方法与规则

本节以《中图法》为依据,说明进行文献或信息资源分类标引的主要方法和规则。

一、辨类的方法

对文献进行分类标引时,通过主题分析,形成主题概念之后,关键的工作就是在分类表中查寻最能表达或包含文献主题概念的类目。为此,必须进行辨类,也就是辨析分类表中有关类目的含义,弄清它包括什么,不包括什么。

(一) 大类结构解析辨类法

分类法将众多的类目依据它们的内在联系,按照一定的原则组织成具有特定结构、相互联系和制约的逻辑性类目体系。因此,为辨识类目含义,首先应该分析各大类的内部结构,从各构成部分的联系和区别中去把握具体类目的含义。这种方法要求先分析大类内的组成部分及它们之间的区别,再弄清每个部分的层次及层次间的关系,然后比较不同部分相似或相关类目的差异。

例如,《中图法》社会科学类的基本层次结构可以用下面的示意图来说明(以经济类为例)。

这样,"中国工业经济管理"应该入 F425,而不是入 F406 或 F123;"广东汽车工业"应该入 F426.471,而不是入 F427.65。

第一层次	第二层次	第三层次
总论 F0 理论 　　　F1 各国概况 专论 F2 经济管理 　　　F3 农业经济 　　　F4 工业经济 　　　……	总论 F40 工业经济理论 专论 F41 世界 　　　F42 中国 　　　F43/7 各国 　　　……	总论 F420/429 中国工业经济 专论 F426 中国部门工业经济 　　　F427 中国地方工业经济 　　　F429 中国工业经济史 　　　……

(二) 类目含义限定辨识法

分类法的类名往往不能完整地表达类目的含义,类目的实际含义受到其他因素的制约,因而,应该采用相关因素限定的方法来辨识类目含义。

1. 上位类限定法

这是通过上位类的限定来明确下位类的含义。有时甚至需要通过间接上位类的限定才能辨识类目的含义。例如:

I 106.4　　小说　　（作品评论和研究,世界）

I 210.6　　小说　　（鲁迅著作）

I 24　　　小说　　（中国）

2. 下位类限定法

这是借助下位类来判明上位类的含义。

H172　　　北方话（官话方言）

H 172.1　　北方方言（华北官话）

H 172.2　　西北方言

H 172.3　　西南方言

3. 同位类限定法

这是通过同位类的限定来辨识类目的含义。因为,同位类的外延一般是相互排斥的,所以可以根据一个类列中的同位类设置,分析各同位类的含义。例如:

I2　　中国文学

I24　　小说

I28　　儿童文学

这里的"小说"就不包含属于"儿童文学"的小说。

4. 相关类限定法

这是通过相关类来限定类目的含义。相关类目之间的关系密切,但是,相关类目在含义上必然有所区分。例如:

C8　　统计学

　　　参见 O212

O212　　数理统计

参见 C8

因此,C8 就不包含"数理统计"。

5. 注释限定法

这是借助类目注释进一步辨明类目的含义。例如:

F590　旅游经济理论与方法
　　　　　　　旅游学、旅游经济学等入此。

(三) 类目含义推理辨识法

这是当类目仅凭直接因素无法完全辨明含义时,而借助间接因素,通过推理明确类目含义的方法。根据推理的不同依据,可以细化为:

1. 依据相关类目下位类推理

这是未展开细分的类目含义通过性质相同或相关类目已列出的下位类进行推理的方法。例如:

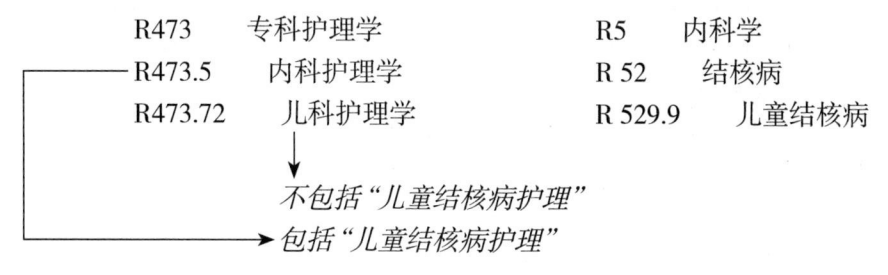

```
R473      专科护理学              R5       内科学
R473.5    内科护理学              R 52     结核病
R473.72   儿科护理学              R 529.9  儿童结核病
                                          不包括"儿童结核病护理"
                                          包括"儿童结核病护理"
```

2. 依据类目内容范围划分规则推理法

类目内容范围划分规则是推断类目含义时广泛使用的一种依据。其中,有两种重要的方法,一种是依据"能入专论的不入总论"的规则,推断"事物"类目包含"方面"概念;另一种是依据"B 事物"类目包含"A 在 B 中的应用"内容的规则来辨明类目含义。例如:

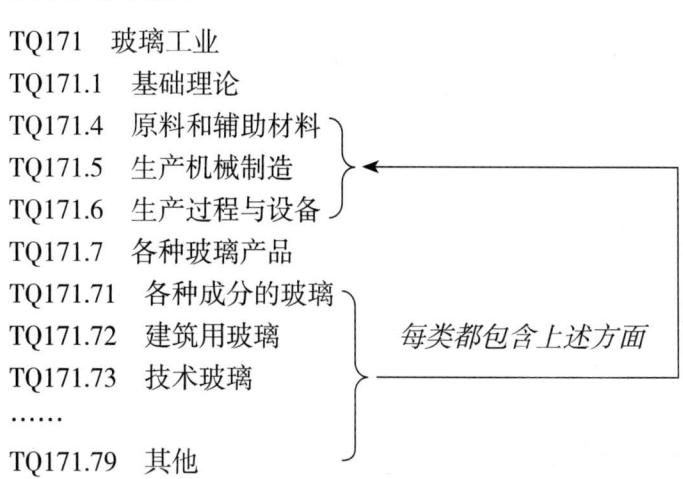

```
TQ171     玻璃工业
TQ171.1   基础理论
TQ171.4   原料和辅助材料
TQ171.5   生产机械制造
TQ171.6   生产过程与设备
TQ171.7   各种玻璃产品
TQ171.71  各种成分的玻璃
TQ171.72  建筑用玻璃          每类都包含上述方面
TQ171.73  技术玻璃
  ……
TQ171.79  其他
```

二、分类标引的基本规则

(一) 分类标引规则的层次

分类标引规则是分类标引时的规范,它包括基本规则、一般规则、特殊规则和补充细则四个层次。

1. 分类标引基本规则

它是贯穿于整个分类标引工作的准则,不仅指导各学科领域及各种类型文献的分类标引,而且是制定后续标引规则的基础。

2. 分类标引一般规则

主要包括各类型主题的分类标引规则、多主题文献的分类标引规则、各类型文献的分类标引规则和复分、仿法、主类号组配规则。它适用于各学科领域的分类标引。

3. 分类标引特殊规则

它是适用于不同学科领域或不同大类文献的分类标引规则,一般针对分类表各大类的具体类目而规定。

4. 分类标引补充细则

它是各文献、信息单位根据特定需要,在允许范围内制定的分类标引规则,往往表现为确定分类法使用本时做出的补充规定。

(二) 分类标引基本规则

(1) 分类标引以文献内容属性为主要依据,形式特征为辅助依据。这是要求标引时,一般首先考虑文献的内容属性,在内容属性中,首先考虑学科性质,其次考虑地区(国家)、民族、时代等属性。形式特征,一般到最后才考虑,只有那些无法依内容属性或不适于依内容属性归类的文献才首先考虑依形式特征归类。例如:

《外国音乐曲名词典》入 J65-61

《简明不列颠百科全书》入 Z256.1

(2) 应客观、正确、全面地揭示文献内容。这是要求标引时努力避免标引人员的主观片面性造成对内容主题的理解、表达错误以及有价值内容主题的遗漏,尽量忠实地、正确地、充分而不过度地揭示文献内容。

(3) 进行周密的主题分析。分类标引时必须首先对待标引的文献进行周密的主题分析,概括出主题概念,不能单凭题名进行分类标引。因为题名不可能总是准确反映文献内容,而且往往不能充分反映文献内容。例如,《结构主义和符号学》一书的主题实际上是:"结构语言学"和"西方文学研究和评论中的结构主义"。

(4) 符合分类法的系统性和逻辑性。分类法是一个具有逻辑性的概念系统,每个类目的内涵和外延受到多种因素的限定,分类标引时必须仔细辨析类目的确切含义和范围。其中,上位类与下位类的从属性是分类标引时需要格外注意的,即依据凡能分入下位类的文献,必能入其上位类来检验分类标引是否正确。例如,G47、G647、G657、G717 这几个类都是"学校管理",但是,"高等学校管理"只能归入 G647。

(5) 归类满足实用性。分类标引在依据内容属性的同时,还应结合考虑文献的用途、宗旨与读者对象、检索系统的专业性质和用户需要等因素,归入能够发挥最大用途的类。当被标引文献涉及分类法的多个类目时,应首先归入对用户最有用、最容易检索到的类目,然后,再考虑进行互见分类、分析分类。例如,《农业气象学》在综合性或农业检索系统应分入 S16,在气象专业检索系统可入 P49:S16。

(6) 归类满足专指性。分类标引一般应依文献的内容和形式,分入内涵、外延与其最相符的类目,达到专指性要求。例如,《插秧机的使用与维修》入 S223.910.7,一般不能只归入 S223.9 或 S223.91。

(7) 保持分类一致性。这是要求相同主题的文献前后归类一致,同类型或同性质的文献,其主题分析水平、分类标引方式等方面也保持一致。

三、分类标引的一般规则

(一) 各类型主题的分类标引规则

1. 单因素主题分类标引规则

分类标引中的单因素主题是指仅有一个表示事物或学科因素的主题。这个单因素主题是事物主题,就依事物的学科属性归类;如果这个主题是学科主题,就依学科在类目体系中的位置归类。例如:

《中国图书馆分类法》入 G254.122

《植物学》入 Q94

2. 复合主题分类标引规则

(1) "事物—方面"型复合主题的分类标引

"事物—方面"型复合主题是最常见的一类主题。往往是某一文献只论述某一事物的一个方面,或从某方面研究一事物。对这样的主题,一般应首先依"方面"的学科性质确定所归的大类;然后再看它是一类事物的方面,还是一种事物的方面,分别归入该类事物的相应方面类目,该种事物的相应方面类目或该种事物类目。例如:

《茶疗法》入 R247.1

《茶叶加工》入 TS272

(2) "事物—部分"型复合主题的分类标引

论述某一事物的某个部分的文献,一般应依"部分"归类,无"部分"的类目时，可入"事物"的类目。

(3) "事物—部分—方面"型复合主题的分类标引

从某一方面论述事物某一部分的文献，一般应依"部分"的"方面"所属的学科性质归类。例如：

《汽车轮胎制造》入 TQ336.1

(4) 交叉复合主题的分类标引

交叉复合主题是指由两个或两个以上具有交叉关系的因素复合而成一个事物或学科的主题。对交叉复合主题的文献，一般依分类法的安排、规定或用户需要入某个类，这个类可能是依交叉复合主题概念与某个交叉主题因素的密切关系而在其下设立的专指类目，也可能是只包含交叉复合主题中的一个交叉因素的类目，如多重列类时入前面或后面的类目。例如：

《教育心理学》入教育类的 G44，组配编号为 B849:G44

《中承式钢筋混凝土拱桥施工文集》入拱式桥 U448.225-53

3. 联结主题分类标引规则

对联结主题分析标引时，应先弄清楚主题中的联结关系，然后依据关系类型进行标引。

(1) 应用关系型联结主题的分类标引。论述某一事物或学科应用到另一事物或学科的文献。一般应归入应用到的事物或学科的有关类目。例如：

《对地观测卫星在全球变化中的应用》入 X87，不入 V474.2

《数控技术在飞机制造中的应用》入 V262.06，不入 TP29

(2) 影响或因果关系型联结主题的分类标引。论述一事物影响另一事物的文献，某事物一方面影响另一方面的文献，或者一事物是原因另一事物是结果的文献。一般归入受影响的事物、方面或结果一方所属的类目。例如：

《金属热处理对其工艺性能的影响》入 TG113.26

《吸烟与肺癌》入 R734.202

(3) 比较或一般关系型联结主题的分类标引。两个事物的比较或一般关系的文献，一般应分入作者重点论及或赞同的事物或学科所属的类目，必要时再对另外的事物或学科作互见分类；若比较或论述一般关系的目的只是为了阐述事物之间的联系或异同，没有重点或倾向，而且分类表有相应的类组或上位类目概括比较的两个或多个对象，则归入相应的概括性类目。例如：

《东西方经济体制比较》入 F113.1

《商品审美与艺术审美的区别和联系》一文，重点在于阐述商品审美，入 B832.3

(二) 多主题文献的分类标引规则

1. 多个单因素主题文献的分类标引

当文献有多个（两个或两个以上）单因素主题时，分类标引应首先分析它们之间是并列关系还是从属关系。

(1) 多个并列的单因素主题文献的分类标引。一般应归入能够概括它们的上位类；无共同的上位类，依重点主题或专业主题归类；若重点不明确，依在前的主题归类，并为另外的主题作互见分类。例如：

《股票·债券·股份制》重点阐述股票和债券，入 F830.91

《财政与金融》入 F8

《家畜与家禽》入 S82，在 S83 作互见

(2) 多个从属的单因素主题文献的分类标引。一般应依重点主题或专业主题归类；若重点不明显，可依较大的主题归类；必要时可用全面标引，为检索系统提供多个类号。例如：

《物理化学与胶体化学》，依较大主题入 O64

2. 多个复合主题文献的分类标引

(1) 论述一事物的多方面文献的分类标引。如果某一文献论及一事物的多个并列方面，一般依重点或主要论述的方面归类；如果分类表中有可以概括这些方面的一个类目，就归入该类目；必要时可为检索系统标引各方面；如果论及的方面较多，或者分类表中没有方面类目，可以归入相应学科内的该事物类目。例如：

《苹果栽培与病虫害防治》依重点论述的栽培入 S661.1

《药物滥用：临床·治疗·检测·管理》入 R9

(2) 论述多个事物相同方面文献的分类标引。当一文献论述多个事物相同的一方面或多方面时，一般先依方面或重点方面的学科性质确定归类方向，再依事物确定类目；如多个事物有共同的上位类或能概括它们的类，则归入该类或其方向类目；否则，就入重点事物的重点方面类目；必要时，可作全面标引。例如：

《板栗、核桃、枣、山楂、杏栽培与病虫害防治》入 S660.4，在 S436.6 作互见。

(3) 论述一事物的若干部分文献的分类标引。如果事物的若干"部分"有共同的上位类，归入有关的上位类；否则，依重点（主要）部分归类；如果论述事物的许多部分，则入该事物类目。例如：

《船舶电话及自动化装置》入 U665

3. 多个联结主题文献的分类标引

文献中的联结主题数量也有一个和多个之分。某种关系联结的两个事物(学科)往往构成一个联结主题，而不能说是两个主题，尽管它可能与两个知识领域有关。在文献中，某一事物与两个或两个以上的事物发生关联时，则往往意味着文献中有两个或两个以上的联结主题。

(1) 多个应用关系型联结主题的分类标引。论述某一事物应用到多个事物的文献，一般归入被应用的事物的有关类目；必要时再选择应用到的若干事物的

类目作互见分类。例如:

《概率论在经济、军事、历史领域的应用》入 O211.9

论述多个事物应用到一个事物的文献,一般归入应用到的事物的有关一个类目或几个类目。例如:

《CAD、CAE、CAM 在锻压生产中的应用》入 TG316.8

(2) 多个影响或因果关系型联结主题的分类标引。论述多事物影响一事物的文献,或者多个原因造成一个结果的文献,虽然是多主题文献,但是一般依受影响或结果的一方归入一个类;必要时也可依产生影响或属于原因的事物作互见分类或重点标引。例如:

《健康·环境·天气》的主题是环境、天气对健康的影响,入 R12

论述一事物影响多事物的文献,或者一种原因造成多种结果的文献,虽然是多主题文献,但一般依产生影响或属于原因的那一事物归类;必要时,也可依受影响或结果事物归类或作互见分类。例如:

《太阳黑子对地球磁场、通信、电子仪器的影响》入 P182.41

(3) 多个比较或一般关系型联结主题的分类标引。文献论述三个或三个以上事物的比较或一般关系时,就存在多个比较或一般关系型联结主题,但是,一般将该文献归入一个概括性的类目。例如:

《台港澳高师教育比较研究》入 G659.2

(三) 各类型文献的分类标引规则

1. 丛书的分类标引

(1) 丛书的集中归类。即按照整套丛书的内容归入一个类,此时,除类表中的丛书专类外,应在分类号后加上丛书复分号;必要时再为其中的每种或某几种书作分析分类。宜集中归类的丛书主要有:科普性、知识性丛书;各书内容联系紧密的专题性丛书,尤其是专题狭小的丛书;一次刊行的丛书,或连续刊行并有总编辑计划和总目次的丛书。例如:

《爱我中华历史小丛书》集中归入 K209-51

《社会道德教育丛书》集中归入 B82-51;必要时再作分析分类,如其中的《企业与道德》入 F270-05

此外,完全综合性的丛书可集中归入 Z1 及其下位类,社会科学综合性丛书可集中归入 C51,自然科学综合性丛书可归入 N51。

(2) 丛书的分散归类。即分别依丛书中各种书的内容各自归类,丛书分散归类时不必使用表示丛书的总论复分号。必要时,再为整套丛书作综合分类。宜采用分散归类的丛书主要是学科性和专业性强、学术价值高的丛书,内容广泛、各种书之间联系不密切的丛书。例如:

《管理心理学》(现代管理科学丛书)入 C93-051

《现代系统工程学概论》(现代管理科学丛书)入 N945

2. 多卷书的分类标引

多卷书各卷、册内容上的联系非常紧密,因此,多卷书应该集中归类。对分卷内容相对独立,并有分卷书名的卷、册,可再作分析分类。例如:

《云南植物志　第五卷:种子植物》应集中归入 Q948.527.4,本卷再作分析分类入 Q949.408。

3. 工具书的分类标引

(1) 参考工具书的分类标引。参考工具书主要包括词典、百科全书、类书、年鉴、手册等。这类工具书按内容的学科性质可分为综合性的和专科性的。综合性的参考工具书入"Z 综合性图书"下的有关各类;专科性的参考工具书一般应依内容的学科性质归入有关各类,并加相应的总论复分号(C 和 N 类除外)。若需将专科性参考工具书集中,可入"综合性图书"的有关各类,并用组配编号法,依学科细分。例如:

《中国小百科全书》入 Z227

《广东统计年鉴》入 C832.65-54,集中入 Z58:C832

(2) 检索工具书的分类标引。检索工具书包括目录、索引、文摘等。检索工具书一般都是集中归入"Z 综合性图书"类下的有关类目,专科性的要用组配编号法,按学科细分。如愿将专科性目录、文摘、索引分散归入有关各类,则可在各学科的类号后再加总论复分号"-7"。专书索引一般随原书归类或按分类法的规定归类;查找事物(而不是文献)的工具书按其学科内容归入有关各类。例如:

《2000 全国总书目》入 Z812.1

《外研社出版物总目》(2002 年版)入 Z852.76

《广东社会科学研究文献题录:1990 年》入 Z88:C

《中国科学院图书馆图书分类法索引》,随《科图法》归入 G254.122

《有机化合物索引》入 O6-64

(3) 语言工具书的分类标引。语言类的字典、词典集中归入语言学的有关类目。各语言的普通字典、词典入相应语言的字典、词典类;专门词典入相应语言的有关各类,并加复分号"-61"。单语种的词典入该种语言的有关类目,两种外语对照的词典入前一(被解释的)语种,汉语与中国少数民族语言或外语对照的词典入有关少数民族语言或外语的有关类目,三种以上语言对照的词典入"H061 词典"类。例如:

《汉语大词典》入 H164

《汉语成语大词典》入 H 136.31-61

《牛津现代高级英汉双解辞典》入 H316

《中、日、英、法、西、葡、意七国语词典》入 H061

《英汉化工词典》入 TQ-61

4. 与原著关联文献的分类标引

(1) 对原著缩写、改写文献的分类标引。凡内容改动不大的应随原文献归类。在文艺作品中，从一种文体改写成另一种文体的，应依改写后的文体及改写者的国籍及时代归类。例如：

《水浒传》，由湖海根据中国古典文学名著施耐庵著《水浒传》改写成儿童读本，入 I287.45

《简明不列颠百科全书》，中国大百科全书出版社根据英文原版《新不列颠百科全书》第一部分译编，与《新不列颠百科全书》入同一类 Z256.1

(2) 对原著的注释、解说、研究文献的分类标引。对原著的注释、解说、考证、校勘、评论、研究等文献，一般随原著归类。但是，在分类法中没有专类或另有规定的，则应入专类或依具体规定归类。例如：

《〈中国图书馆分类法〉(第四版)使用手册》一书，随《中图法》归类，入 G254.122

《〈三国演义〉美学价值》不随《三国演义》归类，而是入 I207.413

5. 特种文献的分类标引规则

特种文献包括专利文献、标准文献、会议文献、学位论文、产品资料和科技报告等。如果没有必要使用专门的分类法来对某种特种文献进行分类标引，就可以采用《中图法》对这些特种文献进行分类标引。

(1) 专利文献的分类标引。专利文献主要是指专利说明书。使用《中图法》时，一般依专利内容的学科、专业属性入有关各类。其中 C18、N18、T-18 可分别容纳内容涉及社会科学多学科、自然科学及技术科学多学科的专利文献；内容有关某一学科、专业的则归入各学科、专业的有关类目，并加总论复分号"-18"，专利综合汇编入 G306.9。有关专利或专利文献的理论著作，则依其内容性质入有关各类。如专利制度入 G306.3，专利法入 D913.4。

(2) 标准文献的分类标引。标准文献一般进行分散归类，C65、N65、T-65 分别容纳内容涉及社会科学、自然科学、技术科学多学科的标准文献；内容属于某学科、专业的标准文献入有关学科、专业的类目，必要时加上总论复分号"-65"。如愿集中归类，则可入 T-65 及以下各类，并按标准号排列，然后在有关各类作互见。有关标准理论的文献入 G307。

(3) 会议文献、学位论文、产品资料的分类标引。会议文献主要是指会议录(论文集)，学位论文一般包括硕士和博士论文，产品资料包括产品样本、产品目录、产品说明书等。它们的分类标引规则是一致的，一般依其内容进行分散归类。除了入 C、N、T 类的有关类目外，分入各学科、专业有关类目的，则应加上相应的总论复分号。

(4) 科技报告的分类标引。科技报告一般依每份报告的内容所属学科、专业分散归入有关各类。若是连续出版的科技报告,应以整套报告的内容归类,然后再依每份报告的内容作分析分类标引。

6. 期刊、报纸的分类标引

(1) 期刊的分类标引。期刊的分类标引应采用《中图法期刊分类表》。该分类表的体系结构、标记符号与《中图法》基本一致,只是类目较粗,个别类目作了合并、订正和改动,编列了"形式复分表"。

期刊分类标引时应注意以一种期刊的内容标引,不能以某一期的内容为依据;多主题的期刊应适当进行分析分类或互见分类标引。

(2) 报纸的分类标引。报纸一般不依内容分类标引,而按"地区—刊名—年代"或"刊名—年代"进行排架或组织目录。对于专业报纸,可以用《中图法期刊分类表》进行分类标引。

7. 非书资料的分类标引规则

非书资料是指缩微资料、声像资料(视听资料)、机读文献等非印刷型文献。非书资料的分类标引规则与普通文献的相同,应依它们的内容属性归类。如果非书资料有相应的印刷型出版物,其分类标引应相互一致,如果一件非书资料包含有几个主题或几种印刷型文献的内容,则应进行全面分类标引。

(四) 复分、仿分、主类号组配规则

1. 复分、仿分、主类号组配的一般规则

当分类标引需要使用复分、仿分、主类号组配时,都应遵守下述一般规则:

(1) 复分表中的号码不能单独使用,必须与主表中的类号(主类号)结合使用。

(2) 除总论复分表可根据需要自行使用外,其他复分表及仿分、组配方法一般要有注释指示才使用。当确实需要自行使用除总论复分表之外的各通用复分表时,应分别使用各种复分辅助符号,并在分类表的相应类目下注明。

(3) 主表中已有专类的概念,不得采用复分组号表达。例如:

《现代汉语词典》的类号是 H164,不是 H1-61

(4) 当某个概念可以采用多种复分组号方案时,应依据仿分、专类复分、通用复分、主类号组配这种优先顺序,不可任意使用辅助符号组号。例如:

《中国冶金史》的类号为 TF-092,不能组号为 TF-09(2) 或 TF(2)-09

(5) 连续复分组号的引用次序必须依分类法的规定(注释指示或相关类推)进行,不可随意变动。例如:

《第十一届亚运会田径成绩表》的类号应为 G820.813-64

(6) 为标引某一文献主题进行复分组号时,一般只使用某一复分表或仿照类号中的一个号码。例如:

《外交名词手册》的类号是 D8-61 或 D8-62,不能组号为 D8-61-62

2. 使用通用复分表组号的规则

(1) 使用总论复分表组号时必须保留号码前的总论复分标志符"-"。

(2) 使用世界地区表和中国地区表中的"概括性地区"类目(如东亚、中南地区)的类号后,若再采用其他标准复分,则必须在其号码后先加"0",再接其他标准复分的号码。例如:

《亚洲货币史》的类号为 F823.09,而不是 F823.9

(3) 注意"世界"和"各国"的区别:总论全世界或跨两洲及以上地区的入"世界",其余均入"各国"后再区分。但也有个别例外,如 G81 下有关类目。例如:

《欧美统计学史》入 C8-091

(4) 当主表规定某些类先依世界地区表分再依中国地区表分时,不要漏掉世界地区表中的"中国"号码 2。例如:

《淮河流域地图册》入 P982.5

(5) 中国地区表中有一个专类复分表,不要忘记根据需要选用。例如:

《深圳房地产年鉴·2003》入 F299.276.53-54

(6) 使用国际时代表和中国时代表组号时,如果文献主题涉及时代表中的多个时代,一般先考虑概括性时代,或文献主题涉及的主要时代,或在前的时代,其中,政治人物传记依主要活动时期或卒年取号,而跨时代的作家作品集依后一时代取号。例如:

《明清广东社会经济形态研究》入 F129.48(65)

《沫若文集》入 I217.32

(7) 使用中国民族表组号时,由于该表采用双位编号法,要注意号码的转换。例如:

《云南回族历史与文化研究》入 K281.3

(8) 通用时间、地点表主要供标引资料时使用,使用时均需用"<>"将该表复分号括起。当某一文献主题同时涉及通用地点和时间时,应将通用地点复分号置于通用时间复分号之前。例如:

《广东年鉴》入 F127.65<54/1>

3. 使用专类复分表组号的规则

(1) 专类复分表一般只限定在类目注释规定的类目范围内使用。复分时将专类复分号按有关注释说明加在主类号之后的相应位置。例如:

《塔里木油气地球化学》入 P618.130.624.5

(2) 使用哲学、社会科学各类的专类复分表时,如果被复分的类是上位类,它与下位类是层累制编号,需要先加"0",再加专类复分表中的类号,如果被复分的是最下位类目,或虽不是最下位类目但其类号是最下位类号,就可直接加上

专类复分表中的类号。例如:

《河北金石辑录》入 K877.21

(3) 自然科学各类的专类复分表中已统一在复分号前冠"0",因此,依这些专类复分表复分时无须再加"0"。例如:

《小麦遗传学》入 S512.103.2

(4) 专类复分表有时距被复分类目较远,应注意不要遗漏必要的专类复分。

4. 类目仿分组号规则

(1) 临近类目仿分一般根据注释规定进行,仿分时只需将被仿类目号码中的相应部分直接加到待分类号之后即可。如果注释为"仿××分",那么就将"××"后的号码加到待分类号后。例如:

《中国古代生物志:西南地区寒武纪三叶虫动物群》入 Q915.641

(2) 如果仿用"/"连接的一组类目分,要弄清真正的仿照号码,以防漏掉号码而重号。例如:

《医药市场营销学》入 F724.763,不是 F724.73

(3) 当被仿类目的子目是采用借号法编制时,要注意仿分时也相应转号。例如:

《燃汽轮机冷却系统》入 TK474.2,不是 TK473.2

(4) 如果类目注释要求先"仿××分",再依其他标准复分或仿分,而实际却没有进行前面的仿分时,后续的仿分或复分组号要加"0"。但是,后续如果是仿"一般性问题"分,注意只加一次"0";如果是依自然科学类的专类复分表复分,注意不要再加"0"。例如:

《中国骑兵战术》入 E271.204

《微型计算机组成原理》入 TP360.3

(5) 主表中的类目,凡仿"一般性问题"分的,应在仿分号前加"0"。例如:

《有色金属及合金铸锭连续铸造的热物理学基础》入 TP290.1

(6) 如果是"一般性问题"仿"一般性问题"分的类目,实际上是临近类目仿分,因此,不用加"0";或者是类目注释只允许某类仿"一般性问题"类下的个别子目分,也不用加"0"。例如:

《铸钢表面缺陷的防止方法》入 TG260.6

《机织物的印花》入 TS194.64

但是,如果"一般性问题"类下的个别子目依其他"一般性问题"仿分,则仍然要加"0"。例如:

《无机化工设备的制造工艺》入 TQ110.506

(7) K21/27 仿 K20 分时,一律在仿分号前加"0"。例如:

《秦汉农民战争史料汇编》入 K232.01

5. 主类号组配编号规则

《中图法》只允许有限地采用冒号进行主类号组配：一是被分散到各类的"专论"，如愿集中在"总论"类目，可用组配编号法进行集中处理。如"F08 各科经济学""O39 应用力学"等类目下的"集中"选择。二是用组配编号法将某些类目进一步按学科细分。如"H319.4（英语）读物""Z89 文摘、索引"等类的细分。三是类分资料时，允许将若干概念相关的类目，用主类号组配表达分类法未列举的主题概念，或对事物进行不同属性的区分。采用主类号组配编号的主要规则有：

（1）标引图书时，组配编号法的使用要严格按类目注释的指示进行，凡没有注释指明可用组配编号法的类目，不能任意采用。标引资料时，也应在允许的范围内选择使用。

（2）凡主表中已有专类或已用注释指出所属类目的主题概念，除为了按规定"集中"外，不得用主类号组配编号法表达。凡通过主类号的复分、仿分可以表达的主题概念，不得使用冒号组配标引。例如：

《图书馆经济学》入 G250

《图书馆学的哲学》入 G250–02

用于主类号组配的类号应是与文献主题概念相对应的专指类号。例如：

《社会心理学》集中归类的组配类号是 B849:C91

（3）标引资料时，可以按照规定扩大冒号组配使用范围，如：用于连接具有因果关系、影响关系、应用关系、比较关系的两个主类号，表达联结主题概念；利用已列举的类目合成新的主题概念；连接多重列类的多个相关类目表达多主题因素的主题概念。例如：

《中美教育制度比较》的类号为 G522:G571.22。

《台风对房屋构造设计的影响》的类号为 TU22:P444。

《太阳能客货两用汽车》的类号为 U469.14:U469.721。

四、各学科信息的分类标引规则

各学科门类信息（文献）的分类标引，不仅要依据分类标引的基本规则和一般规则，而且还应遵守反映各学科知识结构和相应类目体系特点的特殊规则。

一般来说，各学科门类信息的分类标引需要把握三个关键：一是分类法中与各学科相对应的大类所包括的信息范围及类表结构，二是大类内部有关类目之间的内容范围划分，三是各大类及其下属类目与有关大类及其下属类目的内容范围划分。

至于用《中图法》标引各学科门类信息的特殊规则，不仅记录于分类表的类目注释中，而且在《〈中图法〉（第五版）使用手册》中有详细介绍，限于篇幅，本节将不再介绍。

五、确定分类法使用本与图书改编

（一）确定分类法使用本

1. 分类法使用本的意义

分类法的使用本,是指具体单位根据自己的文献情况和用户需要,在允许的范围内,对通用分类法作适当的调整、补充、说明后,确定下来作为分类标引最后依据的本子。

通用的分类法,一般是综合性的大型分类法,如《中图法》,它编制的出发点就是供各类型图书馆、信息单位共同使用。为此,它既要考虑综合性单位的文献分类标引需要,又要兼顾各专业单位文献分类标引的特点。所以,通用分类法中,总是为各单位留有一些选择的空间,如交替类目的选择、集中或分散的选择等。确定分类法的使用本就是要求分类法的具体使用单位作出确定的、一致的选择。

分类法对科学技术和文献主题发展的反映总是滞后的,因此,在分类法修订之前,或分类法编委会作出决定之前,各单位必须对新出现主题概念的归类作出明确规定,对由此而带来的变化在分类法中予以说明和补充,这些应该及时反映在分类法使用本中。

2. 确定分类法使用本时需要具体规定的内容

确定分类法使用本时,需要具体规定的内容主要有以下方面:

（1）规定使用类目的级别。并不是所有的单位使用分类法时,都要用最专指的类目类分文献,而是可以根据不同的情况规定不同类目的使用级别。一般原则是:综合性单位按分类法设定的类目级别使用,普遍实行专指标引。专业性单位对本专业范围的文献,应细分到最专指的类目,甚至必要时加深分类法的类目;对非专业文献可以粗分。

（2）规定复分、仿分、组配的使用级别和范围。这是规定类目使用级别的特例。具体单位可以根据特殊需要作出规定,如:主表类目的哪一级之下或哪个范围不采用复分、仿分、组配;复分表、仿照类目、组配类目本身的使用级别,如只用复分表中的一级类目;不进行连续复分、仿分;取消某些复分、仿分。

（3）规定"集中"或"分散"的选择。分类法中存在着大量"集中与分散"的矛盾,为缓解这些矛盾,分类法在"集中"和"分散"之间提供了一些选择,确定分类法使用本时就要作出选择决定。例如,总论与专论是分散还是集中？参考工具书是分散还是集中？对综合性单位来说,一般应依分类法中的倾向而选择；对专业单位则应从自己的角度进行集中。

（4）增加必要的细分类目。必要时,专业单位可以设法增加必要的细分类目。如:可以将注释列举的概念配号形成类目,扩大复分表的使用范围,加细复分表或增加新的复分表，在某些类下编列新的子目。

(5) 用注释将新的主题概念归入相关类目。在分类法还没有反映新的主题概念之前，可以用注释列举新概念，并依据某种关系，将其归入相应的学科。

(二) 图书改编

如果作为分类标引依据的分类法经过修订出了新的版本，或者有的单位想放弃原来使用的分类法，采用一种新分类法，就需要用新的分类法版本或新的分类法对已经分类标引过的图书重新进行分类标引，这就是图书改编问题。

1. 依据分类法新版本改编图书

依据分类法新版本改编图书时需要确定图书改编的内容和范围，一般可以在以下四种方案中作出选择：

(1) 彻底改编。在分类法新版本的基础上确定本单位的使用本，对书架上的图书和目录中的记录进行彻底的改编，使之与新编图书的分类排架和目录组织取得一致。

(2) 改目不改书。只根据分类法的修订内容改目录中需要更新的分类号，但不对书架上的图书进行改编。

(3) 部分改编。除对目录进行全面改编外，对书架上的图书只进行部分改编。对书架上的书，需要改编的是分类法新版本中改变了类目位置关系的类目所对应的图书；对于分类法新版本中新增加细的类目所对应的图书则不改编。

(4) "一刀切"。原先的书和目录都不改编，只用分类法新版本对新书进行分类标引。

2. 更换分类法的图书改编

如果图书馆要更换分类法，就必须决定是否改编用原先的分类法标引的图书，一般有三种选择方案：

(1) 藏书和分类目录全部改编。这是最彻底、效果最好的做法，可以使全馆藏书的目录的分类体系完全统一，方便读者检索和工作人员管理。但是，这样做的工作量非常大，需要大量的人力、物力和时间投入，而且会影响流通工作。因此，只适宜于馆藏量不多的中小型单位使用。

(2) 只改目录不改架上图书。这是在更换分类法后，藏书保持新旧两种分类体系，目录则统一使用新的分类体系。这种做法不需投入大量的人力、物力和时间，通过目录的统一分类，为读者检索提供方便；但藏书有新、旧两套组织，给管理和寻找带来一些不便。一般大型图书馆多采用这种方法更换分类法。

(3) 不改编原藏书和目录，仅用新分类法标引新书，另行组织藏书和目录。采用这种方法实际上不存在改编问题，因此，不费人力、物力，也不影响流通工作。但是，新旧藏书和目录组织不统一，不便于检索和管理。这种方法只应在藏书量很大，人力、物力又很紧张的单位考虑采用。

六、同类书区分

(一) 书次号

用分类法对图书进行分类标引的结果,必然是绝大多数类目下分别聚集了若干种或许多种图书,亦即多种图书拥有同一个类号。为满足检索和管理的需要,还必须对同类书进行区分,实现同类不同种的图书号码个别化。对同类书中特定图书的个别化编号,就是同类书的区分号,简称为书次号。

1. 同类书区分的要求

同类书的区分最好能够达到以下要求:

(1) 适应类目的性质,达到延续分类的目的。
(2) 符合书的特点和人们检索利用图书的习惯,有一定的规律性。
(3) 能够集中相关的图书,如多卷书、不同版本的书等。
(4) 实现号码个别化的同时,争取号码的简明、易读、易写、易赋、易排。

2. 分类法已规定的同类书区分方法

在分类法中,部分类目的同类书区分和排列方法(取书次号的方法)已经根据类目的性质做了必要的规定。例如:

A 大类:六位经典作家的单行本著作按写作年代顺序排。
D 大类:各类会议及其文献按其届次或年代排。
F 大类:关于具体企业的文献按企业名称排。
O 大类:无机高分子化合物可依元素周期表各族细分排列。
Z 大类:中国期刊、连续出版物按刊名排,再按出版年代排。

凡此种种,主要是按时间顺序和名称字顺区分和排列。

3. 四种常用的同类书区分方法

对于分类法中的大多数类目,各单位需要决定采用何种方法进行同类书区分。一般采用的方法有以下四种:

(1) 按著者姓名字顺即著者号区分。所谓著者号,是按文献著者姓名,依一定的方法所编的号码。这种方法的优点是:能够集中同类中同一著者的著作,这对某些类的图书是很适用的,如文艺作品,对其他类也无不便之处;取号规范,有规律可循,可以实现全国统一,有利于在版编目、集中编目、资源共享;著者号不因类而异,更换或修订分类法后,不用变更书次号,或方便采用不同类目级别组织图书和目录。其缺点是:可能出现重号现象,著者名称不稳定带来不便,一般需要编制和查找著者号码表。

(2) 按分编先后次序即种次号区分。所谓种次号,是按照同类书分类编目的先后依次所取的顺序号。此法的优点是:取号简便,号码简短。只要确定取号的起点类目,并配一套种次号记录卡即可。但是,它的缺点也很明显。首先,它不够科学,因为,种次并不是图书本身的一种属性,而是一种偶然次序,没有规律可循,各单位之间无法取得一致,不利于集中编目和资源共享。其次,随着分类法的修改和变更,种次号就要更改。最后,种次号不便于按不同类目级别排列图书与组织目录。

(3) 按书名字顺编号区分。有些单位认为,有的图书难以确定著者,但总有书名,而且比较容易确定,因此,部分或全部按书名字顺编号以区分同类书。它比较简便,但是,这种方法使用得不多。

(4) 按出版年月顺序编号区分。此法的优点是:方便读者在一个类或多个类中寻找同一时期的出版物,从而了解学科、事物的发展阶段和进程;取号简便,易于理解;此号并不因类而异,不受类目变动的影响。其主要缺点在于:同类书中出版时间相同的较多,为进一步区分必定加长号码,不便排检。

此外,还有按图书登录号、专利文献的专利号、标准文献的标准号、技术报告的报告号等区分同类书的。不过,目前使用较多的同类书区分方法主要是著者号和种次号区分方法。种次号的编号方法相当简单,下面只对著者号的编制方法稍加说明。

(二) 著者号码的编制方法

1. 拼号法与查号法

著者号是最常用的书次号。虽然著者号都是依著者名称字顺编号,但是按给号的方式分,有拼号和查号两种。

(1) 拼号法。它是根据所有汉字的音或形的共同特点划分成若干组,每组给一个号;给具体著者编号时,就依该字组成部分的特点,到既定的各组中去找号码,然后将表示各组成部分的号码拼在一起,成为著者号码。如依据著者姓名汉语拼音首字母取号,依据四角号码规则取号等。这种方法无需编制著者号码表,但往往会造成过多的重码,一般较少采用。

(2) 查号法。它以字的音或形为基础,将常用个人和机构著者名称用字按一定方法排序,并配给相应号码,组成号码表;当需要给具体著者编号时,就按一定的检字法查找相应的字和号码。根据编排和查检号码的方法不同,查号法分为汉语拼音著者号码表查号和笔画笔形著者号码表查号两类。这种方法重号较少,具有较好的规范性,有利于集中编目和在版编目,有利于标准化和资源共建共享,因此采用较多。国外常用的有美国的《克特著者号码表》、俄罗斯的《哈芙金娜著者号码表》、日本的《植村长三郎著者号码表》,我国有《通用汉语著者号码表》。

2.《通用汉语著者号码表》的编号方法

我国用于中文图书的著者号码表原先有多种,没有实现全国统一。1992年出版了刘湘生主编、全国情报文献标准化技术委员会第五分会、《中图法》编委会、中国图书馆学会学术委员会分类主题研究分会共同编成的《通用汉语著者号码表》，它力图为同类书书次号(著者号)的编制向规范化、标准化方向改进创造条件。

(1) 主表和复分表的结构和使用方法。该表共收汉字2 867个，以个人著者的姓、团体著者首字、部分图书题名首字以及《中图法》某些类目下规定按名称排列的首字及相关的常用复合词为限，收录的名词为少量的地区名称(国名、省名及主要市名)和机关团体名称(党政军机关、高校、科研和文化部门)。表中汉字依汉语拼音音序排，同声调的字再依笔画笔顺排。著者号码采用由一个字母(名称第一个字首字母)和三位阿拉伯数字组成的混合号码，每个名称首字(词)所占号码多少依其出现频率分配，每个汉字至少有一个号码。某些字下的字母分段中出现的地名和机构名，基本按其音序排入音序段落中配号，但是，为了查表方便，在配号后将其抽出移至该字的后部集中排列。因此，查表时应先看该字下是否列出了地名和机构名所配的专号，凡已列出专号者应取专号。对表中缺字的增补和其他例外情形的处理，都有具体规定。

如表6-1所示，依据此表的"北"字部分的编号加上必要的著者复分号，"北京大学"的号码是B380，"北京大学信息管理系"的号码是B398["北京大学"后的"信"字号码为395⑤，根据复分分段号⑤转查著者复分表(见表6-2)得"息"的复分号为"3"，两号相加为"398"]，"北海公园"的号码为B340。

表6-1 《通用汉语著者号码表》主表片段

Běi		北京大学	380
北		A–F	380③
A–C	320⑤	G–L	385⑤
D–E	325⑤	M–S	390⑤
F	330⑤	T–X	395⑤
G	335⑤	Y–Z	400⑤
H	340⑤	北京化工学院	430
J	345⑤	A–J	431②
K–R	665⑤	K–T	433②
S–Z	670⑤	W–Z	435②
北京		北京农业大学	460
A–B	350⑩	A–J	461②
C	360⑩	K–T	463②
D	370⑩	W–Z	465②

表 6-2 《通用汉语著者号码表》著者复分表

		0	1	2	3	4	5	6	7	8	9
②	双名	A-P	Q-Z								
	单名	a,e,g,i,m	n,o,r,u,ü								
③	双名	A-J	K-T	W-Z							
	单名	a,e,g	i,m	n,o,r,u,ü							
⑤	双名	A-G	H-L	M-R	S-X	Y-Z					
	单名	a,e	g	i,m	n	o,r,u,ü					
⑩	双名	A-E	F-G	H-J	K-L	M-P	Q-R	S-T	W-X	Y	Z
	单名	a	e	g	i	m	n	o	r	u	ü
		0	1	2	3	4	5	6	7	8	9

著者复分表适用于分配有多个号码的汉字的定号。表 6-2 中左边的②③⑤⑩为主表中所标注的分段号,上、下边的 0—9 是复分号;双名栏适用于双名著者依名字的第二字首字母取复分号,单名栏适用于单名著者依名字的尾字首字母取复分号。使用时只要将主表中的号码与相应复分号相加,其和即为实际著者号。例如,曹植,从主表中查到"曹"字,按"植"字的首字母"Z"查得号码为"C160 ⑩",再在复分表分段号⑩的单名栏依"植"字的尾字母"i"查得复分号"3",将 C160 加 3 等于 C163 即为曹植的著者号。

(2) 取著者号的依据和规则。著者号以图书的主要责任者为取号依据:

第一,多著者时,依第一著者取号。

第二,无责任者时,依题名取号。

第三,外国著者依译名取号。有多个译名时,依先分编的图书上的译名取号。

第四,无主编者,分卷著者又不同的多卷书,依第一卷或先分编的一卷著者取号。

第五,人物传记依被传人取号。

第六,著者(主要是团体著者)名称中的外文字母,一律省略不予取号。如"《R 之谜》编写组"按"之"开始取号。数字一律按其汉字读音取号。如"1"为"一"。

第七,当有两名或两名以上著者重号时从第二名著者起加序号(即著者种次号)区分,序号从 1 起。著者号基本部分与序号之间用圆点分隔。如,刘益周 L709,刘亚周 L709.1,刘亚洲 L709.2。

此外,对团体(机构)著者、单字著者、复姓著者等的取号依据和规则作了具体规定。

(三) 同类书的辅助区分号

同一类图书,经过著者号或种次号区分后,相当一部分能够实现号码个别化。但是,还会有一部分没有实现号码个别化。因此,有必要作进一步区分。作进一步区分用的号码称为辅助区分号。图书馆的分类索书号一般是由分类号、书次号和辅助区分号组成。

采用种次号作书次号时,辅助区分号一般是:同一著作的不同卷册,用卷册号区分;同一著作的不同复本,用复本号区分。

采用著者号作书次号时,辅助区分号一般是:同一著者的不同著作,用著作种次号区分;同一著作的不同版本,用版本种次号区分;同一版本的不同版次,用版次号区分;同一著作的不同卷册,用卷册号区分;同一著作的不同复本,用复本号区分。这些在《通用汉语著者号码表》中都有说明。

第四节 主题标引的方法与规则

一、主题概念分解与查表选词的方法

(一) 主题概念分解

用叙词表达主题概念时,由于绝大多数主题概念是复杂概念,主题标引时往往要进行主题概念的分解转换,只有少数简单主题概念能够进行直接转换。

主题概念的直接转换是指主题分析得到的主题概念可以直接用词表中的一个叙词(主题词)表达。直接转换比较简单,在正确提炼主题概念的基础上,只要采用适当的查词途径,就可以完成主题概念转换。例如,"无线电干扰仪"这一主题概念,转换成相应的叙词"射电干扰仪"。

主题概念的分解转换是要先将一个复杂主题概念分解成若干个简单概念或概念因素,然后选用与各简单概念或概念因素对应的叙词,按照一定的规则组配起来表达这个复杂的主题概念。

主题概念分解转换的关键是概念的分解,主题概念分解正是采用叙词进行主题标引(简称叙词标引)的难点,掌握主题概念分解的方法有助于提高叙词标引的效率和质量。

1. 依据主题概念内部关系分解法

(1) 交叉关系概念分解法。这是指将复杂概念分解成两个或两个以上外延部分相交的属概念(作为概念因素的简单概念)的方法。当一个复杂概念的构成因素都有一个共同的上位概念(属概念),或当两个或两个以上的修饰成分并列(而不是连续)限定一个中心因素时,一般可将其分解成分别包含有共同属概念(中心因素)的两个或两个以上具有交叉关系的简单概念。例如,"变形固体动力学"分解为"连续介质力学""固体力学"和"动力学"。

(2) 事物与方面关系概念分解法。这是指将复杂概念分解成表达事物和方

面的两个或两个以上的简单概念。这样分解出来的若干简单概念之中，只有一个方面概念是被分解概念的属概念。当一个复杂概念的构成因素没有共同的属概念时，或一个复杂概念是由具有连续性、层次性的多个修饰成分限定一个中心成分时，往往可以采用这种分解方法。例如，"水上飞机机体结构设计"分解为"水上飞机""飞机机体"和"结构设计"。

(3) 事物与"种差"关系概念分解法。这是指将一个复杂概念分解成表示事物的属概念和表示该属概念与被分解的种概念之间相差属性的简单概念。当一个复杂概念是由一个属概念加"种差"构成，尤其该"种差"是表示事物的形状、方位、数量、形式等一般概念或事物的构成材料时，往往可以考虑采用这种分解方法。例如，将"微型货车"分解为"货车"和"微型"。至于复杂概念中表示单独概念的因素，如人物、机构、地区、民族、语种、时代等，以及表示文献形式的因素，往往可以独立地分解出来。

2. 概念的概括和限定分解法

(1) 概念概括分解法。这是逐渐减少复杂概念内涵、不断扩大复杂概念外延，根据词表收词情况进行概念分解的方法。如果主题概念用自然语言的偏正结构表达，进行概念概括时，一般是从前往后，逐一分解出有相应叙词表达的最复杂概念因素。例如，"军用运输机机身结构设计"这一概念，可以从前往后逐一分解出"军用飞机""运输机""机身"和"结构设计"四个因素。

(2) 概念限定分解法。这是从被分解的复杂概念中找出最上位的属概念，然后从这个概念入手，利用词表中的等级关系显示，逐一找出能表达被分解概念中最专指因素的叙词，进行概念分解。它与概念概括正好相反，对于表达文献主题概念的自然语言短语，概念限定分解一般是从后往前分解出有相应叙词表达的最复杂概念因素。例如，对"军用运输机机身结构设计"这一概念，先查"设计"，发现它的下位概念词中最专指的只有"结构设计"；次查"结构"，没有相应叙词；再查"机身"，没有发现合适的下位词，然后查"飞机"，其下只有相应的"军用飞机"和"运输机"两词，从而完成分解。

3. 主题概念分解应注意的事项

(1) 把握概念分解依据。为提高主题概念分解效率，不但应该综合运用主题概念内部关系分解法、概念概括分解法和概念限定分解法，而且，应该掌握和利用两个依据：一是特定的主题结构模式，二是特定叙词表选收叙词，尤其是词组叙词的原则和类型。

当然，确定主题概念分解最终方案的依据是词表的具体收词。因为，一个复杂的主题概念往往有多种分解形式，什么分解形式是最合适的，取决于词表的收词情况。例如，对"汽车发动机试验"这一概念，词表中有"汽车试验"和"发动机试验"，因而可以采用交叉关系分解法；但类似的"汽车发动机设计"却只能分解为"汽车""发动机""设计",因为词表中只有这几个专指词,没有"汽车设计""发动机设计""汽车发动机"等叙词。

(2) 必须进行概念分解,避免字面分拆。概念分解是概念组配的逆过程,因此,为选择叙词进行组配而作的概念分解,应该是对概念内涵的分析,而不能简单地对表达概念的自然语词字面进行分拆。例如,"船舶自动化防火系统"不能按字面分拆成"船舶+自动化+防火+系统",尽管词表中有相应的这些叙词;而应分解为"船舶系统+防火系统+自动化系统"。

(3) 必须根据概念内涵析出最专指的分解形式。对特定主题概念,应该采用最专指的分解形式。在逐层分解时,要选用最邻近的上位概念进行分解。为此,概念分解时,首先,应利用叙词的字面成族和等级关系显示,找出最专指的叙词所能表达的概念因素。其次,要注意分解出字面上没有直接显示的最接近被分解概念的概念因素。例如,"物理哲学"应分解为"物理学+自然哲学"。最后,应特别注意概念分解结果是否有缺损或冗余。例如分解"农村住房结构设计"时,不难分解出"农业建筑""居住建筑""结构设计",但容易遗漏"建筑结构"这一因素。

(二) 查表选词的方法

1. 查词途径的正确选择和相互配合

词表的各部分分别提供特定的查词途径,为尽快找到表达主题概念的相应叙词,应该根据标引者把握主题概念的角度,正确选择查词途径,并注意多种途径的配合。下面依据《汉表》予以说明。

(1) 主表和附表的查词途径。这是查词的主要途径和最终途径。应该选择或配合使用主表和附表查词途径的情形主要是:

第一,直接按字顺查款目词。当主题概念或主题概念分解出的概念因素比较常见,而且能够用比较定型的自然语词表达时,应该直接在主表或附表中依字顺查找。按字顺查词时,要尽量找出与主题概念相对应的最完整的词。例如,为表达"低温绝热技术"这一主题概念,不应查到"低温"后就另外去查"绝热技术"而应继续往下查,看有无"低温绝热技术"。实际词表中有相应的叙词"低温隔热技术"。

第二,注意利用参照系统查词。从某个主题概念的自然语词查到某个款目词后,首先要看它是正式叙词还是非正式叙词,如果是非正式叙词,应根据"用"参照转变正式叙词;如果是正式叙词,则应看它的参照项提供的叙词是否更合适。必要时可转查上位词、下位词、相关词,甚至词族索引。实际上,当某个主题概念的自然语词的起始部分不是很明确、稳定时,可以先从其固定的后面部分所表达的上位概念入手查款目词,然后从其下位词或词族中选词。例如,为标引"300万人口以上的城市"这一概念时,可先查"城市",再看其下位词中有"大城市""特大城市"等,然后试查"特大城市",发现其下有注释"100万人以上的城市",从而确定可用此词表达这一概念。

第三,可以利用款目词后的范畴号扩大查词。当查到某一款目词时,为确认其表达待标引概念的准确性,或者为查找主题概念的其他概念因素叙词,可根据款目词后的范畴号转查范畴索引。例如,为标引"城市污水脱氮原理",查"城市污水"发现词表中有这个叙词,其范畴为"91D 水污染及其防治",依此转查范畴索引,发现该范畴下还有"生物处理""反硝化作用"("脱氮"正式叙词)可用于表达该主题。

第四,主表和附表提供中间或最终查词途径。这是指先从各辅助索引查词的情形下,必要时需回到主表和附表查词,以提供从其他辅助索引查词的线索,或者最终确认从辅助索引查获的叙词。

(2) 范畴索引的查词途径。范畴索引除了用于配合主表查词之外,还可以在下述两种情况下作为首选的查词途径:

第一,对主题概念的语词形式没有确切的把握,但知其所属的学科专业范围。此时,可在范畴索引中找到相应范畴,浏览、分析并选择范畴内的词,转查主表。例如,为标引"智能决策系统程序的结构图设计方法"这一主题概念,首先利用自然科学部分的范畴索引,在"58CB 程序"类下查出相应叙词"结构化程序设计"和"模块化程序";在"58CG 计算机应用"类下查出相应叙词"决策支持系统"。

第二,某文献的主题涉及的多个主题概念或概念因素集中在某一学科范畴。此时,为了提高查词速度,可首先查范畴索引,再转查主表。例如,"输电线路大跨度铁塔用金具"这一主题概念,可在范畴索引的"54G 输配电工程"下查出相应叙词"输电线路""大跨越杆塔""输电铁塔""输电线路金具"等。

(3) 词族索引的查词途径。词族索引提供从族首词出发,查找具有等级关系的族内叙词的途径。它主要在两种情况下采用:

首先,一个主题概念或几个概念因素的语词形式不明确,但它或它们的最上位概念词比较肯定,因而首先查词族索引。例如"外国银行来华开办的分行"这一主题概念,利用词族索引,查"银行"这一词族,发现只能用"跨国银行"来表达。

其次,根据主表、附表或其他辅助索引提供的族首词,查找更专指词或更多的词。例如,为表达"战地救护车"这一主题概念,从"救护车"入手在主表中找,发现它没有下位词,但族首词是"车辆",据此转查词族索引,发现只能用"军用车辆"与"救护车"组配标引。

(4) 英汉对照索引的查词途径。英汉对照索引一般在标引英文文献时使用,提供从英文词出发查找汉语叙词的途径,节省标引人员的翻译过程。此外,在标引从英文翻译过来的中文文献或附有英文词的中文文献时,也可参考英文原文词,利用英汉对照索引查核汉语叙词。

2. 没查到预想词的各种可能性

在词表中查找表达主题概念的最恰当叙词往往是一个探索过程,许多时候不会一次查找就能成功。因此。当没查到预想词时,需要分析可能的原因,以便再次查找。张琪玉对此曾经做过论述,下面予以进一步的归纳。

(1) 预想词没被收在词表中,但词表中有同义或准同义的相应叙词。这可能有以下多种情形:

第一,预想词是词表中某叙词的同义词,但该词没收入词表作入口词,因而查不到。例如,"电脑""计算机""电子计算机"是同义词,词表只收后一个词作叙词,前两个词未收入词表,如果预想词是前两个词,就查不到。

第二,预想词的开头部分没定型,所设想词的开头部分与词表收录词的开头部分不一致。例如,以"部队""军队"开头的词在词表中各有一些,当词表中的叙词是以"部队"开头时,如"部队生产""部队训练"等,如果查词者以"军队"开头就查不到。

第三,预想词与词表的相应词在字面上略有差异而查不到。例如,词表中有叙词"飞机门",却没有"飞机窗",如果查"飞机窗"就查不到,词表中只有"机窗"。

第四,预想词来自被标引文献,但词表中表示相应概念的词的字面形式与之相差甚远,因而不易查到。例如,"笔记本电脑"这个概念在词表中要用"便携式计算机"这个叙词表达。

第五,预想词的字面形式与词表相应叙词字面形式的词素是倒转的,因而查不到。例如,"贴补"在词表中是"补贴","援外"在词表中用"对外援助"表示。

第六,冠以地名、人名等专有名词的词组,预想词因减去专有名词部分而查不到,或因未减去专有名词部分而查不到。例如,"山东快书"从"快书"查不到;"东北虎"则因词表中没有相应的专指词而查不到,只能查"虎"。

第七,预想词如果是被合并的近义词、反义词、太专指词,本应保留在词表中作非正式叙词,但却未保留,因而查不到。例如,"外商投资"查不到,应用"外国投资"表示;"国外投资"查不到,应用"对外投资"表示。

(2) 预想词的字面与词表中的相应词一致,但却没有查到相应词。这种情况的可能原因是:

第一,预想词的起始汉字有不同的读音,如果查词时所依据的读音不准确,就可能查不到预想词。例如,"卡片穿孔机"应从 Ka 开始查,"卡盘"应从 Qia 着手查,否则就查不到。

第二,《汉表》是分卷的,某个预想词在第一卷没有,可能在第二卷有;主表没有,可能附表中有;反之亦然。如果没查遍,某个预想词就可能查不到。例如,为标引"管理与社会经济系统仿真",要在第一卷查"经济管理学",在第二卷查"计算机化仿真"。

(3) 预想词不明确,按理可通过参照系统或辅助索引查出,但因故而查不到。

第一,如果在只显示上、下各一级等级关系的字顺表中,试图从上位词入手查预想词时,但没有从直接上位词查,就会查不到所要的词。例如,为标引"进口科研设备征税政策"这一概念从"经济政策"查不到合适的下位词,只有从"对外贸易政策"着手查,能查到较合适的下位词"关税政策",再与相关词组配。

第二,试图从上位词或相关词入手查找所需的词时,如果上位词或相关词下没有显示本该显示的某个或某些词,就可能查不到所需的词。例如"民族历史""医学史"等词没有作为下位词在"历史"下显示,如果从"历史"查,就查不到。

第三,试图从词族索引或范畴索引中查找所需叙词时,如果词族索引的特定词族或范畴索引的特定范畴收词不全面,或者是应该重复反映的词没有重复反映,或者所查的词族或范畴不对,都可能查不到词表中已有的所需叙词。

(4) 词表中确实没有预想词或其概念的专指表达形式。其原因可能是:所要标引的概念本来就应当用若干个泛指词组配标引,词表中当然不收其专指词作叙词,也没必要保留专指词作非叙词显示组代关系;所要标引的概念太专深,词表不收其专指词作叙词,并且也没必要保留该词作非叙词,需要选用其上位词或近义词标引;一些专有名词,词表不可能全面列举,但标引时可根据需要作为叙词使用或增补为叙词;预想词是词表应该选作叙词的,但词表漏收了,可以建议增补为叙词;预想词是表达新出现概念的词,词表中尚未来得及收入,可以建议增补为叙词。

二、选择标引词的一般规则

(一) 选用标引词的基本规则

1. 必须用正式叙词标引

这是指标引用词应是叙词表中的正式叙词,并且书写形式必须与词表中的正式叙词词形完全一致。词表中的非正式叙词只是入口词,不能用作标引词。因此,应该注意词表中正式叙词与非正式叙词的区别,最可靠的标志就是有"用"项参照的词必然是非正式叙词,不能用于标引。例如,"卡车"这一概念,要用"载重汽车"这个正式叙词,不能用"载货汽车"这个非正式叙词。

2. 遵守选定标引词的优先顺序

(1) 标引词应该首先考虑叙词表中与主题概念相对应的专指叙词。例如,

"国际公法"这一主题概念,既不能用上位的"国际法"标引,也不应用下位的"国际习惯法"标引,要用专指的"国际公法"标引。

(2) 叙词表中无专指的叙词时,应考虑组配标引,而且要选用词表中最接近主题概念的两个或多个叙词进行组配标引。例如,对"电子电路 CAD 程序"这一主题概念,应该选用"电子电路""计算机辅助电路分析"和"应用程序"三个词组配标引。而不应只用"计算机辅助电路分析"标引,或者选用"电子""电路""计算机辅助设计""程序"进行组配标引。

(3) 当叙词表中既无专指叙词,又无合适的词进行组配标引时,可以选用上位词进行标引。例如,对"国有商业银行"这一主题概念,用"商业银行"这个上位叙词标引。

上位词标引所用叙词的概念外延总是大于被标引概念的外延,因此,它是一种有助于查全率,不利于查准率的标引方式。为了尽可能减少上位词标引的不利影响,应该注意上位词标引时必须选择词表中与被标引概念最接近的上位叙词(多为直接上位词)。例如,"省市图书馆"这一概念,在词表中既没有专指叙词,又不能进行组配标引,只好考虑上位词标引。在词表中,可以找到它的直接上位词"公共图书馆",因而可以用它标引。至于"图书馆"这个词则是它的间接上位词,不能用于标引。

(4) 如果没有合适的上位词可以标引,应选用最近义的词进行靠词标引。例如,对"害虫天敌的保护"这一主题概念,可用"天敌利用"这个词来标引。

靠词标引所导致的检索误差比上位词标引的更大。国外的标引规则中很少提及这种标引方式,我国的标引规则中则大多允许进行靠词标引。无论如何,靠词标引应该受到严格控制。

(5) 当无法进行以上某种标引,或不宜采用专指词标引之外的任何标引方案时,应考虑增补叙词标引(即增词标引)。增词标引主要用于:

第一,表达已有或将有较高出现频率和使用价值,表达新学科、新事物的新概念。例如,"多媒体技术""数字图书馆"等。

第二,表达某些不再适合采用组配标引、上位词标引、靠词标引的概念。例如,"文献资源共享""联合编目",虽然可以用叙词"馆际互借""统一编目"靠词标引,但可考虑增补相应的专指叙词。

第三,有必要由非正式叙词改为正式叙词表达的概念。例如,将非正式叙词"数字制图"增补为正式叙词,作为"机助制图"的下位词。

是否将某词增补为叙词,要注意以现有的或预计的出现频率为依据,考察它是否具有较大的检索意义;所增新词应符合词表的收词原则和叙词控制规则,而且应该报词表管理机构审批。

(6) 对专有名称和重要程度还不足以用新增叙词表达的概念,可以采用自由词标引。

自由词一般是指不受词表控制,用于主题标引和检索的自然语词。自由词标引主要是在机检系统中用于标引词表未收的专有名称,如地理名称、机构名称、人名、文献名、产品名、商标名等以及文献中出现的、需要与有关叙词连用的重要数据,如密度、速度、比例等。例如"IBM 计算机"这一主题概念,用叙词"电子计算机"和自由词"IBM"标引为"电子计算机,IBM"。

3. 标引深度要适当

叙词标引深度一般以每一文献标引的叙词数量来衡量。标引深度受特定文献内容、检索系统及其所用词表、标引方针、文献的学科范围和类型等因素影响,因此,对适度标引所要求的叙词数量无法一概而论。例如,在我国每一文献标引的叙词数量,在手检系统中有的规定以 1~8 个为宜,有的规定以 2~5 个为佳;在机检系统中,有的规定为 5~20 个,有的规定为 4~10 个。一般来说,分析出的各个主题概念应用足够的叙词完整地表达,如果要省略若干叙词,则应依次省略必要性最小的叙词。

4. 保持标引的一致性

这是指对相同的主题概念,应选择相同的叙词标引。虽然标引的一致性首先取决于主题分析的一致性,但是,分析出的相同主题概念或不同主题概念中的相同概念因素是否使用相同的标引词也是一个关键。

(二) 叙词组配标引规则

组配标引是叙词标引的基本标引方式。为了保证叙词组配标引的正确性和一致性,叙词组配标引必须遵循一定的组配规则。

1. 必须概念组配

这是要求叙词组配必须是概念组配,应防止简单地进行字面组配。叙词的概念组配要求每个参加组配的叙词所表达的概念与组配表达的概念之间存在合理的逻辑联系。例如,"多媒体课件"这一主题概念,如果用"多媒体""课程""软件"三个叙词组配标引,就是字面组配。正确的组配应该是用"计算机辅助教学""多媒体"与"软件工具"组配。

2. 优先交叉组配

叙词的组配应该优先采用交叉组配,只有在无法采用交叉组配时,才用方面组配或特称组配。例如,"有机元素分析"这一主题概念,应采用"有机分析"和"元素分析"进行交叉组配,而不用"有机元素"与"元素分析"进行方面组配。

3. 不能越级组配

这是要求参与组配的每个叙词,相对于被标引的主题概念应该是尽可能专指的,不应越级使用更上位或更下位的词。例如,"工程结构设计"这一主题概念应用"工程结构"和"结构设计"进行组配,如果用"工程"而不用"工程结构"或者用"设计"而不用"结构设计",就是参与组配的词以粗代细。又如,"汽车设计"这一主题概念应用"汽车"和"设计"组配,而不应以"结构设计"代替"设计"。

4. 保证组配合理

这是指所用叙词进行的组配必须是科学的、合理的。例如,具有矛盾关系的叙词不能组配在一起,像"天然纤维"与"合成纤维"的组配就是不合理的组配;具有等级关系的叙词一般也不能组配。

5. 组配语义应该清晰确切

叙词组配所表达的语义必须明确和单一,不应具有多义性。为此,可根据需要采用明确词序、组配符号、职能符号等方法。

在手工检索系统或机读目录的主题字段中,叙词的引用次序(组配中的词序)与组配符号相配合,可以使叙词组配的语义明确,消除组配结果的歧义。叙词引用次序,一般可依据规定的文献主题结构模式而确定和变化(轮排)。至于组配符号,我国《文献叙词标引规则》中只推荐用":"表示交叉组配,用"–"表示方面组配(实际上还表示联结组配)。但是,实践中,还有用","表示特称组配或说明语组配,并表示倒置词序。例如,"专业学校的体育"组配标引为"专业学校–体育",轮排后最好表示为"体育,专业学校"。

在许多计算机检索的数据库中,组配词序和组配符号基本上不被采用,可以起到类似作用的是职能符号,但是,基于成本效益原则,只有极少数机检系统在非常必要时才使用职能符号。

6. 多主题应该分组标引

这是要求对多主题的文献,按各个主题分组组配。这是为防止表达同一文献不同主题的叙词之间发生虚假组配。不同的检索系统可以制定具体的分组标引规则。一般来说手检系统中的分组标引形式是分别组成各自的叙词词串(或称叙词标题、叙词标目);机检系统的分组标引形式是联系符号,即赋予各组叙词组别编号。例如,文献涉及"广东的对外贸易"和"香港的转口贸易"两个主题,在手检系统中可分别组成如下标目:

对外贸易—广东

转口贸易—香港

在机检系统中,则可使用联系符号,标引为:

对外贸易 1

广东 1

转口贸易 2

香港 2

三、各类型主题与各类型文献的主题标引规则

(一) 各种主题因素的主题标引

在我国的《文献叙词标引规则》将构成主题的主题因素归纳为:主体因素(研究对象、材料、方法、过程、条件等)、通用因素、空间因素、时间因素、文献类型因素。当主题标引需要将多个叙词组配成叙词标目(标题)时,这些主题因素组成的主题结构模式对确定各叙词的引用次序有较大的指导作用。

1. 主体因素的标引

每个文献主题的主体因素,不论是一个还是多个,一般都有独立检索意义,因此,需要优先标引,并作为主标目(即叙词标目中第一个引用的词,或称主标题)。如果一个主题包括多个主体因素,应注意安排它们之间的引用次序,使叙词标目的含义易于理解。例如:

《现代动物生物化学》标引为:动物学—生物化学

《汽车电器故障诊断与排除实例》标引为:汽车—电器设备—车辆修理

2. 通用因素的标引

表示通用因素的叙词一般是较泛指的单元词,无独立检索意义,例如:

《汽车底盘维修》标引为:汽车—底盘—维修

《中国经济难题》标引为:经济—问题—研究—中国

3. 空间因素的标引

表示空间因素的叙词一般不作为主标目。例如:

《美国银行业务法》标引为:商业银行—银行法—基本知识—美国

《最新日本庭园设计》标引为:庭院—园林设计—日本—图集

但是,如果文献是全面论述某一国家或地区的社会、历史、地理,或者某一自然地理区域是文献的研究对象,表达文献主题中国家、地区、自然地理概念的名称应该作为主标目。例如:

《今日澳大利亚》标引为:澳大利亚—概况

《法国通史》标引为:法国—通史

《西太平洋富钴结壳资源》标引为:太平洋—钴矿床—海底矿物资源

主题标引中,对叙词表中没有收录的地理名称,均可以采用自由词标引;我国的县及县级以下地区前应冠省、市名称,外国除首都、著名城市之外的地名前应冠国家名。例如:

《梧塘镇志》标引为:地方志—福建省—莆田县—梧塘镇

《温哥华与不列颠哥伦比亚》(世界旅游指南 第二辑之一)

标引为:旅游指南—加拿大—温哥华

旅游指南—加拿大—不列颠哥伦比亚

4. 时间因素的标引

文献主题中表示时间因素的概念主要有时代、年代、通用时间、朝代和地质年代。主题标引时，前三种时间概念一般只作为时间因素标引，也就是相应的词不作为主标目；后两种概念可以成为主体因素，其叙词应该作为主标目。例如：

《古代希腊神话》标引为：神话—文学研究—希腊—古代

《二十世纪的社会理论》标引为：社会学学派—思想评论—世界—20世纪

《冬季药膳精选》标引为：食物疗法—食谱—冬

《唐代的外来文明》标引为：唐代—文化交流—文化史

《中国环太平洋带北段晚三叠世地层古生物》标引为：晚三叠世—古生物—中国

5. 文献类型因素的标引

表示文献类型因素的叙词一般在叙词标目的最后引用。但是，如果文献内容是综合性的，文献类型因素的叙词应该作为主标目；如果文献的内容以某类型文献为研究对象，则该文献类型概念实际上是主体因素，应该首先引用。例如：

《建筑装饰设计手册》标引为：建筑装饰—建筑设计—手册

《辞海》标引为：百科辞典—中国

《〈现代汉语词典〉评析与补白》标引为：《现代汉语词典》—研究

（二）单因素主题、复合主题、联结主题的主题标引

1. 单因素主题的主题标引

当某一文献内容全面、概括地论述某一事物（对象）时，一般只标引文献内容论及的事物本身。如果该事物概念只需或只能用一个叙词表达，那就是单因素主题的标引。例如：

《分布式网络》标引为：分布型网络

2. 复合主题的主题标引

标引复合主题，应注意三点：一是保证表达主题概念的完整性，防止遗漏必备的主题因素；二是保证叙词表达主题因素的正确性和专指性；三是准确把握主题因素之间的关系和组配类型，保证叙词的引用次序和组配符号的合理性。一般来说，应当将表达主题中事物因素的叙词首先作为主标目。

复合主题有多种类型，下面是一些基本类型的标引举例。

（1）事物与事物因素交叉复合主题，例如：

《工业企业财务管理》标引为：工业企业管理：财务管理

《高层体育建筑结构设计》标引为：高层建筑：体育建筑—建筑设计：结构设计

（2）事物与方面或部分因素复合主题，例如：

《教育方法论》标引为：教育学—方法论

《汽车发动机的保养》标引为：汽车—发动机—车辆保养

(3) 事物与特称因素复合主题,例如:
《鱼类亲本培育》标引为:亲鱼培育,人工方式
(4) 事物与方面、特称因素复合主题,例如:
《脂肪猪药物催肥法》标引为:猪,脂肪型—快速肥育,药物
3. 联结主题的主题标引
联结主题的标引关键在于要弄清并表达关联事物之间的关系。
(1) 一般联结主题,例如:
《产权与市场》标引为:产权—关系—市场
(2) 比较联结主题,例如:
《中日管理思想比较研究》标引为:比较管理学—研究—中国—日本
(3) 影响联结主题,例如:
《大气臭氧变化对气候环境的影响》标引为:臭氧层—环境影响—气候环境
《激光与材料相互作用》标引为:激光—相互作用(物理)—工程材料
(4) 应用联结主题,例如:
《薄层色谱及其在食品分析上的应用》标引为:薄层色谱—应用—食品分析

(三) 多主题文献的主题标引

相对于分类标引而言,主题标引应该更多地标引文献的局部主题。因而,即使对分类标引来说是单主题的文献,主题标引也可能标引出多个主题。不过,多主题文献主要是指整体内容无法用一个主题确切概括,而是用多个主题概括的文献。一般来说,文献有两个主题时,应该分别标引每个主题;如果文献的主题较多,也可以将它们概括成较少的(甚至只一个)主题进行标引。

1. 并列的多主题文献
(1) 论述两个或多个事物。例如:
《电脑通信与Internet》
　　应分别标引为:计算机通信
　　　　　　　　计算机网络
(2) 论述多个事物的同一方面
《岩石与矿物的化学分析》
　　应分别标引为:岩石—化学分析
　　　　　　　　矿物—化学分析
《小麦、高粱、玉米的栽培技术》
　　可概括标引为:禾谷类作物—栽培
(3) 论述同一事物的多个方面。例如:
《肺结核的诊断、治疗和护理》
　　可分别标引为:肺结核—诊断

　　　　　肺结核—治疗
　　　　　肺结核—护理
　　或概括标引为：肺结核
(4) 论述多个事物的各自方面。例如：
《社会的信息化和信息的数字化》
　　可分别标引为：社会发展—信息革命
　　　　　　　　信息—数字技术
(5) 论述多个事物的多个方面。例如：
《鸭和鹅的饲料与饲养》
　　可概括标引为：家禽—饲料
　　　　　　　　家禽—饲养
(6) 论述联结的多个事物，例如：
《二氧化碳、臭氧、紫外辐射与农作物生产》
　　可分别标引为：二氧化碳—影响—作物
　　　　　　　　臭氧—影响—作物
　　　　　　　　紫外辐射—影响—作物
《计算机、激光及真空技术在医疗中的应用》
　　可分别标引为：医药学—计算机应用
　　　　　　　　医药学—激光应用
　　　　　　　　医药学—应用—真空
　　或概括标引为：医药学—应用—科学技术

2. 从属的多主题文献

这是指文献内容相对独立的两个或多个主题之间是包含与被包含的关系，即是一个大主题和一个或多个小主题。一般应分别标引各主题；但是，如果各主题的内容分量相差较大，也可只标引重点论述的主题。例如：

《网络安全与防火墙技术》
　　分别标引为：计算机网络—安全技术
　　　　　　　防火墙
《领导科学与领导艺术》
　　分别标引为：领导学
　　　　　　　领导艺术

(四) 各类型文献的主题标引

1. 丛书的主题标引

丛书的主题标引方式应与其著录方式一致，即分散著录的丛书要分散标引；综合著录的丛书应综合(集中)标引。

(1) 丛书的分散主题标引。这是按丛书中每种著作(单书)的内容进行主题标引。其标引方法与普通图书的主题标引相同,不必标引表示"丛书"的叙词。应该分散主题标引的丛书主要是学科性、专业性较强的丛书,或内容广泛、各种书之间联系不密切的丛书,例如,《中国职业经理财务丛书》进行分散标引如下:

《利润与现金》标引为:企业管理—利润—关系—流动资金

《企业内部控制框架》标引为:企业管理—财务管理

《职业经理会计》标引为:企业管理—会计

《资金集中控制与结算》标引为:企业管理—资金管理
　　　　　　　　　　　　资金—结算业务

(2) 丛书的综合主题标引。这是将整套丛书作为一个单位,按整套丛书的内容进行主题标引。此时,需要标引"丛书""地方丛书""自著丛书"等表示文献类型的叙词,但是,它们一般不作为主标目(综合性丛书除外)。应进行综合主题标引的丛书主要是一般知识性、科普性的丛书;围绕特定的时代、地区、人物、事物,内容联系紧密的丛书;一次刊行的或有明确出版计划的丛书。对综合主题标引的丛书,必要时应该再依据每种书的内容进行分析标引。例如:

《当代小学生丛书》综合标引为:小学生—课外读物—丛书

《数学方法论丛书》综合标引为:数学方法—方法论—丛书

《白族文化史》(《云南少数民族文化史丛书》之一)

　　综合标引为:少数民族—民族文化—文化史—云南省

　　分析标引为:白族—民族文化—文化史—云南省

2. 多卷书的主题标引

多卷书的主题标引,首先都要以全书的内容进行综合标引,必要时可以标引"多卷书"一词;其次,如果各分卷(册)有独立研究对象和分书名,在对整部多卷书进行综合标引的同时,应再对各卷册或某些重要卷册进行分析标引,多卷书分析标引时不要标引"多卷书"一词。例如:

《大学物理》(上、下册)

　　综合标引为:物理学—高等学校—教材

《大学物理　第一册　力学》

　　综合标引为:物理学—高等学校—教材

　　分析标引为:力学—高等学校—教材

《大学物理　第二册　热学》

　　综合标引为:物理学—高等学校—教材

　　分析标引为:热学—高等学校—教材

《大学物理　第三册　电磁学》

　　综合标引为:物理学—高等学校—教材

分析标引力：电磁学—高等学校—教材

3. 文集的主题标引

文集类文献有多种，在《汉表》收有"文集""选集""全集""参考资料""会议录""会议资料""总集""别集"等，它们用于表达相应类型的文集，但不用于标引文集内的单篇文献。

(1) 综合性文集的主题标引。综合性文集一般以"文集"或表示文集类型的叙词与表示国家(地区)、时间的叙词进行组配标引。例如：

《百家讲坛》

　　标引为：文集—中国—当代

《世纪档案：1896—1996：影响20世纪世界历史进程的100篇文献》

　　标引为：文集—世界

《陕西博士后优秀论文集》

　　标引为：文集,博士后—中国—陕西

(2) 专科或专题文集的主题标引。应该首先标引表示内容的叙词，并与表示相应文集类型的叙词组配。例如：

《参政论文集》

　　标引为：民主党派—行政管理—中国—文集

《第四届世界化学工程会议论文集》

　　标引为：化学工程—国际学术会议—会议录

(3) 个人或机构文集的主题标引。个人或机构文集，如果是综合性或多科性的，可以用个人或机构名称与相应的文集类型叙词组配标引；如果是专科或专题性的，一般以表示学科或专题的叙词和个人或机构名称分别与文集类型叙词组配标引。例如：

《邓小平文选》

　　标引为：邓小平著作—选集

《邓小平论行政管理体制与机构改革》

　　标引为：邓小平著作—专题汇编

　　　　　国家机构—行政管理—体制改革—中国—专题汇编

《费孝通学术文化随笔》

　　标引为：费孝通—文集

　　　　　社会科学—文集

4. 工具书的主题标引

(1) 综合性工具书的主题标引。应该以表示工具书类型的叙词与表示国家(地区)、时间的叙词组配。例如：

《澳门百科全书》

　　　　标引为:百科全书—中国—澳门
《中华人民共和国年鉴》(2000)
　　　　标引为:年鉴—中国—2000
《澳大利亚地图册》
　　　　标引为:地图—澳大利亚
《全国总书目》(2002)
　　　　标引为:国家书目—中国—2002
《全国报刊索引》
　　　　标引为:期刊索引—中国

(2) 专科性工具书的主题标引。一般应以表示其内容的叙词与表示工具书类型的叙词组配,例如:

《英日汉数字家电技术辞典》
　　　　标引为:数字技术:电子技术—对照词典—英语:日语:汉语
　　　　或者为:数字技术:电子技术—对照词典—英、日、汉
《工商管理大百科全书》
　　　　标引为:企业管理—百科全书
《中国自然灾害系统地图集》
　　　　标引为:自然灾害—中国—地图集
《SCI 收录期刊信息大全》
　　　　标引为:科技期刊—期刊目录—世界
《国外社会科学论文索引》
　　　　标引为:社会科学,国外—索引

(3) 普通语言词典的主题标引。应该以表示语种的叙词与表示词典类型的叙词组配标引。例如:

《新华字典》
　　　　标引为:汉语—字典
《俄汉词典》
　　　　标引为:俄语:汉语—对照词典

(4) 专门语言词典的主题标引。一般应以语种名称叙词、语言内容叙词与词典类型叙词组配标引。例如:

《北京话词语》
　　　　标引为:北京话—方言词典
《英语俚语词典》
　　　　标引为:英语—俚语—词典
《现代日语副词用法词典》

标引为：日语—副词—词典

(5) 专书(报、刊)索引的主题标引。应以被索引的书、报、刊名称与表示索引类型的叙词组配标引，必要时，可另按表示其内容的叙词与表示索引类型的叙词组配标引。例如：

《人民日报索引》

  标引为：人民日报—日报索引

《〈全唐诗〉作者索引》

  标引为：《全唐诗》—著者索引

    唐诗—著者索引

(6) 藏书(报、刊)目录的主题标引。应以收藏单位名称与表示收藏对象或范围的叙词、目录类型的叙词组配标引。例如：

《北京图书馆古籍善本书目》

  标引为：北京图书馆—善本—图书目录

(7) 器物目录的主题标引。以表示目录收录对象的叙词与表示目录类型的叙词组配标引。例如：

《中国齿轮产品目录》

  标引为：齿轮—中国—工业产品目录

《中华人民共和国邮资票品目录：1999—2000》

  标引为：邮票—中国—1999—2000—目录

    明信片—中国—1999—2000—目录

5. 特种文献的主题标引

对标准文献、专利文献、学位论文、科技报告等特种文献，一般应以表示内容范围的叙词与表示文献类型的叙词进行组配标引；而且，对标准文献、专利文献，往往还应该用国家(地区)名称叙词参与组配；对学位论文，一般还要标引其学位级别和授予学位的机构。例如：

《建筑制图国家标准汇编》标引为：建筑制图—国家标准—中国—汇编

《中国建材专利大全》标引为：建筑材料—专利—中国

《中国社会科学博士硕士文库哲学卷》

  标引为：社会科学—学位论文—中国—1981—1994

    哲学—学位论文—中国—1981—1994

《世界经济论坛2002—2003年全球竞争力报告》

  标引为：世界经济—经济发展—研究报告—2002—2003

    国际市场—市场竞争—研究报告—2002—2003

第五节 分类主题一体化标引

一、分类标引和主题标引的流程分析

通过对图 6-2 所示分类标引和主题标引流程的比较分析，我们可以发现分类标引和主题标引在主题概念转换之前和确定分类号或主题词前的流程是一致的，包括最核心的环节——"主题分析"。

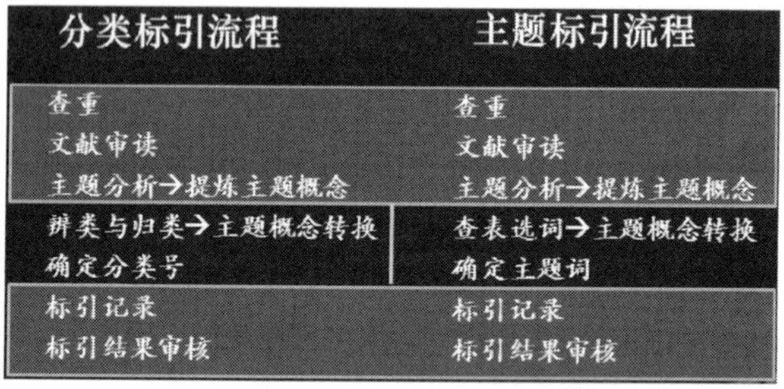

分类标引流程	主题标引流程
查重	查重
文献审读	文献审读
主题分析→提炼主题概念	主题分析→提炼主题概念
辨类与归类→主题概念转换 确定分类号	查表选词→主题概念转换 确定主题词
标引记录 标引结果审核	标引记录 标引结果审核

图 6-2 分类标引和主题标引流程比较

以往在实践的标引工作中，标引人员都是分别使用分类法、主题词表进行分类标引和主题标引，并且，这个过程还常常是由两个人分别进行。这样不仅标引难度大，标引质量、效率也低。造成这种状况的主要原因是分类法和主题词表是两种完全独立的检索语言。那么我们能否从文献信息标引的流程上来思考分类标引和主题标引在查表选词上也能实现一体化呢？即对文献信息的主题进行一次性分析，在此基础上给出分类检索标识——分类号和主题检索标识——主题词，也就是分类标引和主题标引在一个过程完成。显然实现一体化标引的前提和基础是有一个"分类主题一体化"的标引工具。《中分表》正是出于"一体化标引"的需求编制而成的分类主题对照索引式一体化检索语言工具。《中分表》的基本功能就是在文献资源的标引、检索中，提供一个规范的主题术语系统（包括分类系统），用于对文献资源的内容特征描述，提供一个分类主题一体化的、多维的语义网络，使用户得以迅速查找和准确判断所使用的术语。

《中分表》的结构功能及使用在本书第五章已有详细介绍，本节我们主要介绍如何用《中分表》(第二版)电子版来进行分类主题一体化标引。

二、《中分表》分类主题一体化标引方法

如前所述，《中分表》是分类主题一体化的标引工具，既可用于文献分类标

引,也可用于文献主题标引,并可使分类标引与主题标引结合起来一次完成。使用《中分表》进行分类标引或主题标引时,既可从"分类号－主题词对应表"入手,也可从"主题词－分类号对应表"入手。

(一) 先分类标引？先主题标引？

分类标引和主题标引的立足点不同:分类标引的立足点是文献内容的知识体系,重视整体主题;主题标引的立足点是文献的主题特性,兼顾整体和局部。由于文献资源的主题是多样和复杂的,以及标引人员的知识结构和思维方式各不相同,从而形成对同一文献资源理解的切入点不同。因此,对于一种文献资源究竟是先从分类标引入手,还是先从主题标引入手,可以因人、因文献资源而异,并主要取决于标引人员对某一特定文献资源更易从哪个角度(分类或主题)来把握其中心内容,以及他们的标引习惯。对于论文的标引,由于涉及的内容比较专深,且常常涉及多个主题和方面,更适合从主题标引入手进行一体化标引。

(二) 从"主题词－分类号对应表"入手进行主题标引

从主题标引入手的一体化标引,基本步骤是:

首先,将文献资源的主题按主题分析的要求分解成各个主题因素,并正确概括文献资源的内容,提炼其主题概念,将整体主题和局部主题、主要主题和次要主题分别标引出来。

其次,在词表中利用检索功能查找相应的主题词。如果"主题词－分类号对应表"中已经列出与文献资源主题因素一致的主题词或主题词串,就可将其直接作为标引主题词,否则可进行组配标引、上位标引、靠词标引。使用《中分表》电子版进行主题标引时,要善于利用电子词表所提供的各项检索功能,从多种途径查找主题词。

最后,根据主题标引的情况和分类规则决定文献信息的分类号。需要注意的是,由于主题标引与分类标引揭示文献信息的角度不同,由主题词向分类号转换时一定要把握文献信息整体主题所属的知识领域,通常整体主题或主要内容对应的分类号为文献的主要分类号。

(三) 从"分类号－主题词对应表"入手进行主题标引

从分类标引入手的一体化标引,基本步骤是:

首先,浏览分类目录树,确定文献信息的主要类号、次要类号;

其次,在分类号所对应的主题词中选择与该主题直接相关的主题词(串)进行主题标引;

最后,如果与分类号对应的主题词还不足以描述文献资源的主题,再从其他角度查找合适的主题词进行标引。

从"分类号－主题词对应表"入手所查出的主题词串对于文献资源的主题

往往不够专指,必要时可根据标引专指度要求查出其他主题词并进行组配;对于主题词后带"各国""各种""按…分"等概括性限定词的,更应根据文献资源的具体内容替换成专指词进行组配标引。

三、分类主题一体化标引实例分析

下面我们通过实例讲解如何利用《中分表》(第二版)电子版进行分类主题一体化标引。

例1:以《网电空间战》一书为例,从主题先入手进行一体化标引。

第一步:审读文献内容(篇名+内容提要)

书名:《网电空间战——美国总统安全顾问:战争就在你身边》(CYBER WAR)

内容提要:本书用大量翔实和富有震撼性的事例说明网电空间攻击将对美国政治、军事、经济和社会产生重大影响和破坏,分析了美国政府机构、国会、利益集团等在这个问题上的怀疑、争论及角力,指出了美国在网电空间战时代所面临的严峻挑战和应采取的对策。

第二步:遵循信息主题结构,主题分析,提取主题概念(因素)

网络战;

网电空间;

国家安全;

研究

第三步:查表转换主题概念

- 网络战→信息战(专指主题词)(对应分类号:E869);
- 网电空间→网络→互联网络(对应分类号:TP393.4);
- 国家安全(对应分类号:D035);

第四步:标引结果

主题词标引结果:

互联网络—应用—信息战—研究

国家安全—研究

分类标引结果:

E869(非常规战争);D035.3(公共安全学)

例2:以《大洋角逐:审视历史上强国扩张的战略方向》(宋宜昌著)一书为例,从分类入手进行一体化标引。

第一步:审读文献内容(篇名+内容提要)

书名:《大洋角逐:审视历史上强国扩张的战略方向》

内容提要:本书审视了历史上强国扩张的战略方向,是一本关于历史上列强争夺海上霸权的文献。

第二步：遵循信息主题结构，主题分析，提取主题概念(因素)

  强国扩张(领土扩张)；

  海上霸权；

  战略(大洋)；

  历史；

  史料

第三步：查表将主题概念转换成分类号

- 这是一本关于历史上列强争夺海上霸权的文献，属于政治类→世界政治范畴。在类目树中查到"D51 国际政治矛盾与斗争"，其下位类均不能涵盖本书的内容，因此应归入此类。

该类对应的主题词有：霸权主义、海洋霸权、扩张主义、领土扩张、势力范围等与本书的主题相关，经分析其中"海洋霸权""领土扩张"可以用作本书的标引词。

- 该书内容涉及海洋战略问题，因此，还应当从"军事→战略"角度归类。其中"E815 制海权与海军战略"包括海洋战略的内容，可用作辅助分类号。

该类下对应的主题词有海洋战略，在战略学类下对应有战略方向，与本书的主题相符，选为标引词。

- 另外，"世界""史料"也是必要的标引词。

第四步：标引结果

  分类标引结果：

    D51(国际政治矛盾与斗争)；E815(制海权与海军战略)

  主题词标引结果：

    海洋霸权—世界—史料

    海洋战略—世界—史料

    海洋霸权

    海洋战略

    领土扩张

    战略方向

《中分表》(第二版)电子版中，已记录了标引和检索系统所需数据的数字化信息，因此可以利用这些数据，通过发送有关分类或主题标引的信息辅助计算机编目系统的标引。

思 考 题

1. 试述主题分析的方法和依据。
2. 标引和标识的种类有哪些，其作用如何？

3. 试述单主题图书与多主题图书的分类标引规则分别是什么。
4. 文献标引的作用是什么？
5. 试述叙词标引的选词规则。
6. 试述如何实现分类主题一体化标引？

第七章　信息组织中的自然语言应用

美国著名情报学家兰开斯特早在《情报检索词汇控制》中就指出，随着用智力加工所需成本的不断上涨，计算机存储费用的不断下跌，以数字形式存取的文本数量的逐渐增多以及在联机检索中对熟悉的"中间人"依赖的逐渐减少，"自然语言将变成情报检索的规范，普通受控叙词表的使用将会衰退，这似乎是肯定无疑的了"[1]。

自然语言化可以说是当代检索语言发展最重要的特征和趋势，应当引起我们足够的重视。在信息量极大丰富的网络时代，自然语言无疑已经成为网络信息检索的主要检索用语言。

第一节　自然语言在信息组织中的应用概述

一、自然语言的演化

"自然语言"，是人类在社会生活中发展起来的用来互相交际的声音符号系统。从信息检索角度来理解，自然语言是指文献作者所使用的书面用语，在信息检索中包括关键词、自由词和出现在文献题名、摘要、正文或参考文献中的具有一定实质意义的词语。

在信息检索系统中，自然语言是一种对所有词汇不加任何控制的系统，与自然语言相对的是"受控语言"，也就是标引员和检索者必须采用的某些受到限制的词集。受控语言是某一学科领域的自然语言的一个子集，它并不复杂，但往往具有某种结构，如分类表、叙词表、标题表都属于受控语言的范畴。广义而言，检索语言包括受控语言和自然语言两类语言系统。

检索语言在很大程度上影响着检索系统的效率。一种检索语言的优劣，主要依其检索效率来衡量。根据信息检索产生、发展的历史，在基于印刷型文献的手工检索，基于数据库的计算机检索和基于网络的信息检索沿革、发展中，相应地，检索语言也经历了以受控语言（分类法、主题法）为主、受控语言和自然语言结合，以及以自然语言为主（大量使用自然语言标引和检索的方向发展）三个阶段。

---

[1] （美）兰开斯特 F W.情报检索词汇控制[M].侯汉清,等译.上海:同济大学出版社,1992:93.

1. 前信息检索阶段的自然语言

原始信息的状态是自然语言态的。就自然语言本身来讲,它很早就被纳入了"检索语言范畴"(作为原始状态的信息获取语言)。当信息的产生与信息吸收间的"剪刀差"越来越大时,人们便开始寻求缩小"剪刀差"的有效办法,于是现代意义上的信息检索才得以萌芽并得到发展。因此从一定意义上讲,原生态的自然语言是前信息检索阶段的原始的"检索语言"。

2. 规范的受控语言

受控语言就是为克服自然语言的不足而产生的。为了实现信息的存储、加工和传递,图书情报人员一直致力于对情报检索语言的研究,在文献量有限的情况下,规范化的受控语言得到广泛的应用,并取得了丰硕的成果。

长期以来,在围绕"查全"与"查准"这一对矛盾的研究中,人们设计并发展了多种信息检索语言,如分类表、标题表、单元词表、叙词表、分类主题一体化词表,而且已经形成了较为成熟的方法和体系。基于这些规范化的检索语言建立了各种情报检索系统,如分类检索系统、运用词表理论的受控语言检索系统等。在这些系统中,无一例外地都包含了情报检索语言的基本理论:对语料词汇的控制,以提高标引或检索的相关性,从而获得较为满意的查全率和查准率。

受控语言有许多突出的优点。概括而言,受控语言有三个主要功能:(1)减少语义含混现象,(2)促进主题表达的一致性,(3)有助于进行全面的检索。第一个功能是通过区分同形异义词的不同含义而实现的,第二个功能是通过同义词与准同义词的控制得以实现,第三个功能则通过联结语义相关词的某种附加结构而实现。在长期的手工检索、计算机检索(主要指大规模的网络信息检索出现之前)阶段,受控语言发挥了信息组织和检索的方便快捷的作用,保证了检索效率的高效性。受控语言的引入和发展在相当程度上克服和解决了自然语言检索所存在的致命性弊病。

但受控语言是一种人工语言,不可避免地受到语言编制者专业领域、知识水平等因素的影响,因而,容易造成标引上的不一致,且人工制作成本高,更新维护困难,对一些新学科、新技术和新方法等新概念的反映上具有严重的滞后性。从用户角度看,由于受控语言具有较高的专业性,相对来说只便于专业人员使用。

3. 受控语言向自然语言"回归"

伴随着对情报检索语言研究的深入,加之信息技术,特别是计算机、通信和网络技术在图书情报工作中的应用,检索语言的发展出现了由受控语言向自然语言"回归"的趋势。应该说,这种表面上的回归源于人类对情报检索语言的深刻认识,是一种发展式的"回归"。

一方面,这种发展的"回归"表现在对词汇控制的科学性上(如对词汇的出现频率、等级、权重、辨别值、相似值的计算及其在语义环境下的综合运用)、规范化程度上(停用词、同义词等)以及方法上(先组、后组、后控)等方面的进步。自然语言本身的特点又是对受控语言先天不足的弥补,在借助现代信息技术的条件下,自然语言处理初步实现了原来力不从心的处理和运作。因此,人们在改进和发展受控语言的同时,又加大了对自然语言研究的力度,并把它作为现代信息检索,尤其是网络信息检索的主流保障语言。

另一方面,随着文献数量的剧增,计算机技术的不断更新换代,尤其是网络的发展,信息呈海量状,受控语言根本无法适应信息快速增长的态势,越来越不能适应用户的检索要求,于是对原始自然语言态的海量信息采用自动化信息处理技术成为信息整序发展的必然要求。因此,受控语言的作用相对减弱,自然语言得到广泛的应用。

二、自然语言区别于受控语言的特点

自然语言虽然也可以应用于手工检索(如关键词目录或索引),但只有在计算机和联机网络环境下,自然语言标引和检索的效能才得以真正的体现。自然语言之所以得以广泛应用,除了计算机的大量应用和网络的日益普及以外,自然语言标引和检索还具有许多优异的特性。

大量研究表明,采用自然语言较之受控语言有如下优点:

第一,可以降低标引难度及成本,从而提高标引速度;

第二,采用用户熟悉的自然语言,符合用户检索习惯,减少了概念转换中产生的失真现象,专指度高;

第三,由于自然语言标引检索多采用自动处理方式,省略了编制词表和词汇的智力负担;

第四,自然语言标引检索入口词多,有利于提高查全率;

第五,操作简单方便,灵活,比较适合没有专业知识的广大网络用户使用。

当然,自然语言固有的歧义、模糊性,影响了它的检索效率。例如,由于自然语言对标引用词不加严格控制,必然会形成非关键性词语的大量出现,影响查准率的提高;同时,由于不能反映概念词间的一一对应关系,也不能反映概念关系的隐含性,无法排除同义词、近义词等词间的模糊现象,势必直接影响到查全率的提高。信息检索阶段标引词的无控,加上检索阶段用户检索选词的随意性,这样的匹配检索,其检索效率之低当然是难以避免的。

因此,自然语言和受控语言有其各自独特的优点和缺点,不能简单彼此替代,而应当相互补充、交融。针对上述自然语言标引及其检索中存在的问题,一方面要依靠计算机技术和自然语言处理技术的突破发展;另一方面"受控语言的基本原理——对词汇的控制,是永远不会被省略的,变化的只是词汇控制的方式、方法和手段"[①]。

三、自然语言处理及其在信息组织和检索中的应用

自然语言处理(Natural Language Processing，简称 NLP)就是利用计算机为工具对人类特有的书面形式和口头形式的自然语言的信息进行各种类型处理和加工的技术，这种技术现在已经形成一门专门的边缘性交叉性学科，它涉及语言学、数学和计算机科学等多个学科。[②]

自然语言处理在不同的研究和应用领域具有不同的层次，如图 7-1 所示。通常所指的是自然语言处理研究者所进行的研究，包括自然语言处理基础研究和应用技术研究。主要研究计算机对输入的自然语言文本的分析、理解和生成，旨在建立人与计算机之间友好的交流通道，实现更高层次的信息交互，是人工智能领域的一个重要分支。一般认为，自然语言处理主要有以下四个应用领域：机器翻译、信息检索、人机接口、篇章理解。

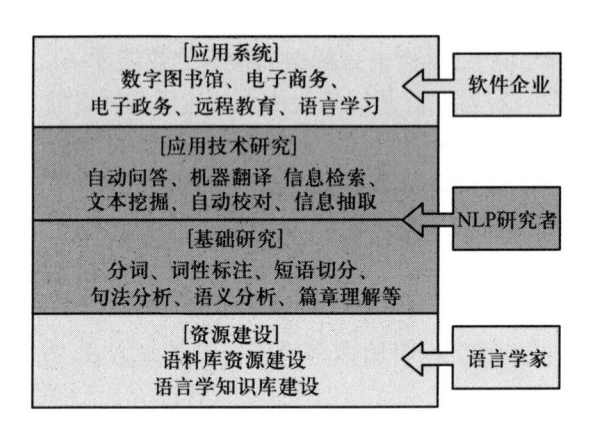

图 7-1 自然语言处理的不同层次[③]

自然语言处理和信息检索发生联系与信息检索的计算机化及自然语言化有着直接的关系，对自然语言的自动处理是信息检索实现计算机化和自然语言化的关键。自然语言在信息组织和检索中的应用，主要表现在自然语言智能处理技术的应用上。

具体来说，自然语言自动分词、自动标引、自动分类、自动文摘、人机接口、

---

① 吴建中，侯汉清.从人工语言到自然语言——关于图书馆未来的对话之十[J].图书馆杂志，1996(4).
② 冯志伟.自然语言的计算机处理[M].上海：上海外语教育出版社，1996.
③ 刘挺.统计自然语言处理 PPT[OL].[2008-12-03].http://www.nlp.org.cn/docs/download.php?doc_id=1115.

问答系统、机器翻译等,都是自然语言处理在信息组织和检索研究和实践中颇有价值的应用领域,这些应用领域构成了信息组织和检索领域有关自然语言处理研究的主要内容。

目前,自然语言处理技术在信息组织和检索中的应用主要有:自动标引(包括自动主题标引、自动分类标引)、自动文摘和自然语言检索技术。下面的内容将就自然语言在信息组织和检索中的具体应用与研究展开阐述。

第二节 自然语言在信息组织中的应用

标引工作是建立检索系统的关键环节,随着信息和技术的发展,传统的基于词表的手工作业标引模式已经不能适应信息组织的要求,于是文献标引工作逐渐由基于词表的纯手工标引模式向人工自然语言标引(即自由标引)的模式转变,并由卢恩(H.P Luhn)在1957年开创了自动标引的标引方式。在众多专家学者的努力下,自动标引的技术与理论都得到了较快的发展。

自动标引技术(关键词标引、索引)在对西文信息的处理方面,已基本成熟和实用化,但由于中文信息本身的书写要求和构词特点,矗立在中文信息自动标引研究面前的最大障碍就是中文文本的切分。自20世纪80年起,我国许多专家学者在中文自动分词和自动标引方面进行了实验研究,取得了许多可喜的成果。

一、自动标引的实现基础——自动分词

(一)中文分词概述

由于汉语属于黏着性语言,较之于属于屈折型语言的西语系(如英语、法语、德语等)语言,词与词之间缺乏任何形式上的标志,而其特有的书写形式、灵活多变的构词方式以及不同的分词形式代表着不同含义等特点,给中文信息的自动标引带来了很多困难。

如何进行自然语言自身的语言信息的识别与处理,首先取决于对构成句子的字词的分析,因为"词是最小的能够独立活动的有意义的语言成分"[①]。分词是中文信息处理从字符处理水平向语义处理水平的关键,是中文信息处理系统的基础,有着极其广泛的实际应用。因此,自动分词是中文自然语言处理系统都难以回避的第一道基本"工序",是最基本的、无法回避的一个技术环节,其作用怎么估计都不会过分。

中文自动分词是实现中文自动标引的前提,所以,中文自动分词的研究是

---

① 朱德熙.语法讲义[M].北京:商务印书馆,1982.

中文自动标引研究的开路先锋。20世纪80年代以来,我国自动标引的研究主要集中在解决中文的分词问题上。

自动分词技术是针对现代汉语字序列文本,自动分解为词序列文本的技术(见图7-2)。

众所周知,中文自动分词的难点和障碍主要包括以下两个方面:

1. 切分歧义

汉语文本中含有许多歧义切分字段,典型的歧义有交集型歧义

图7-2 自动分词技术图示

(约占全部歧义的85%以上)和组合型歧义。交集型歧义是指如果AB和BC都是词典中的词,那么如果待切分字串中包含"ABC"这个子串,就必然会造成两种可能的切分:"AB/C/"和"A/BC/"。这种类型的歧义就是交集型歧义。比如"网球场"就可能造成交集型歧义(网球/场/:网/球场/)。组合型歧义是指如果AB和A、B都是词典中的词,那么如果待切分字串中包含"AB"这个子串,就必然会造成两种可能的切分:"AB/"和"A/B/"。这种类型的歧义就是组合型歧义。比如"个人"就可能造成组合型歧义((我)个人/:(三)个/人/)。

只有提供进一步的语法、语义知识,分词系统才有可能作出正确的决策。排除歧义常常用词频、词长、词间关系等信息,比如"真正在"中,"真"作为单字词的频率大大低于"在"作为单字词的频率,即"在"常常单独使用而"真"作为单字词使用的可能性较小,所以应切成"真正/在"。有时切分歧义发生在一小段文字中,但为了排除歧义,需要看较长的一段文字。如"学生会"既可能是一个名词,指一种学生组织,也可能是"学生/会",其中"会"为"可能"或"能够"的意思。在"学生会主席"中只能是前者,在"学生会去"中只能是后者,在"学生会组织义演活动"中歧义仍然排除不了,则需要看更多的语境信息。

对于分词的歧义处理,已经进行了比较深入的研究,人们通过统计和规则相结合的方法,使得歧义字段的正确切分达到了较高的水平,同时也认识到歧义的解决需要细致的、个性化的知识积累。[1]

2. 未登录词识别

未登录词(out-of-vocabulary,OOV)是指未包括在分词词典中但必须切分出来的词,包括各类专名(人名、地名、企业字号、商标号等)和某些术语、缩略词、新词等等。

我们知道,分词词典中不能囊括所有的词。一方面语言是在不断地发展和变化的,新词会不断地出现;另一方面是因为词的衍生现象非常普遍,没有必要

---

[1] 杨尔弘,等. 汉语自动分词和词性标注评测[J]. 中文信息学报,2005,20(1).

把所有的衍生词都收入词典中。特别是人名、地名、企业名称等专用名词,在文本中有非常高的使用频度和比例。多年来的研究和实验均表明,未登录词引起的分词往往比单纯的词表切分歧义要严重得多。多次 Bakeoff[①]分词实验评测结果显示:在大规模真实文本中未登录词对分词精度造成的影响比歧义切分大至少 5 倍以上[②]。这就要求我们在设计分词系统的总体方案时,必须提升未登录词识别能力,才能真提高分词系统的总体性能。

因此从这个意义上讲,未登录词的识别对于各种中文信息处理系统不仅有直接的实用意义,而且起到基础性的作用,新词识别准确率已经成为评价一个分词系统好坏的重要标志之一。

对于一个分词系统而言,除了解决歧义切分和未登录词识别问题,还需要有一定的词法分析能力,从而解决衍生词和复合词等词汇平面上的问题,为进一步的中文信息处理提供坚实的基础。由于计算机只能在对输入文本尚无理解的条件下进行分词,任何分词系统都不可能企求百分之百的切分正确率。

(二) 中文自动分词方法

30 多年来,我国中文信息处理领域的许多专家学者非常重视中文自动分词方法的研究,在中文自动分词的研究方面取得了许多可喜的成果,提出了很多中文自动切分的方案,其中有基于词典的,有基于部件的,有基于统计的,有基于规则的,还有基于理解的,等等。本小节将介绍几种具有代表性的中文自动分词方法。

1. 词典分词法

词典分词法又叫机械分词方法,它是按照一定的策略将待分析的汉字串与一个"充分大的"机器词典中的词条进行匹配,若在词典中找到某个字符串,则匹配成功(识别出一个词)。按照扫描方向的不同,字符串匹配分词方法可以分为正向匹配和逆向匹配;按照不同长度优先匹配的情况,可以分为最大(最长)匹配和最小(最短)匹配;按照是否与词性标注过程相结合,又可以分为单纯分词方法和分词与标注相结合的一体化方法。常用的几种机械分词方法如下:

(1) 正向最大匹配法(由左到右的方向,MM 法);
(2) 逆向最大匹配法(由右到左的方向,RMM 法);
(3) 最少切分(使每一句中切出的词数最小);
(4) 双向匹配法(MM+RMM)。

由于汉语单字成词的特点,正向最小匹配和逆向最小匹配一般很少使用。一般说来,逆向匹配的切分精度略高于正向匹配,遇到的歧义现象也较少。许多

---

① 指国际中文分词测评活动。
② 黄昌宁. 中文分词十年回顾[J]. 中文信息学报,2007(14):13.

实验统计证实了这一点。

下面以最大匹配法为例来介绍这类分词方法的基本原理。假设在计算机中存放一个已知的分词词典,该词典中的最长词是 I 个字,则取被处理文本中当前字符串序列中的前 I 个字作为匹配,流程如图 7-3 所示:

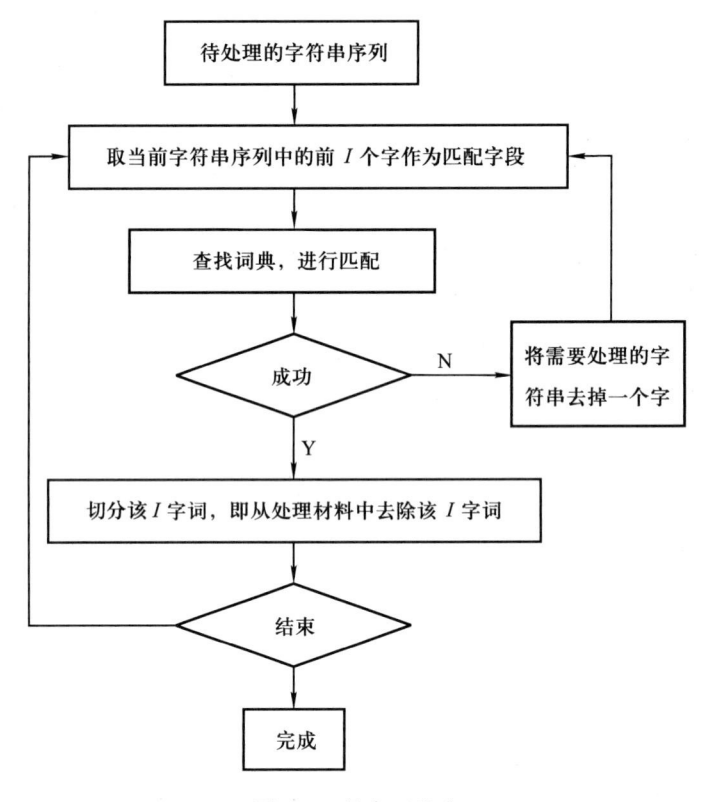

图 7-3 最大匹配法

最大匹配法具体描述如下:从标引文本中截取一定长字串(取词典中最长词汇的长度)与词典中的词相匹配。匹配命中即记下该词,再以该词的长度将标引文本向后移动一个步长("步长"指词典中最长词的长度)截取下一字串继续匹配。若匹配失败,则舍去某后端一字(正向扫描舍去后端,逆向扫描舍去前端)继续搜索,若到最后一字仍搜索无效,则从标引信息的该字后部或前部重新截取一定长字串进行搜索处理。

最大匹配法的原理简单,易于实现,时间复杂度也比较低。但是,最大词长的长度比较难以确定,如果定得太长,则匹配时花费的时间就多,算法的时间复杂度明显提高;反之,如果定得太短,则不能切分长度超过它的词,导致切分率的降低。在此基础上,又优化产生了逆向最大匹配法(Reverse Maximum Matching

Method,简称 RMM 法)和双向扫描法(简称 MM+RMM 法)。

实际使用的分词系统,都是把词典分词作为一种初分手段,然后通过利用各种其他的语言信息来进一步提高切分的准确率。

一种方法是改进扫描方式,称为特征扫描或标志切分,优先在待分析字符串中识别和切分出一些带有明显特征的词,以这些词作为断点,可将原字符串分为较小的串后再进行机械分词,从而减少匹配的错误率。

另一种方法是将分词和词类标注结合起来,利用丰富的词类信息对分词决策提供帮助,并且在标注过程中又反过来对分词结果进行检验、调整,从而极大地提高切分的准确率。

例如:/w 要 /v 知道 /v 给 /p 别人 /r 留 /v 有 /v 空间 /n,/w 也 /d 要 /v 给 /p 自己 /r 的 /u 心灵 /n 留 /v 一个 /m 空间 /n。/

缺乏自学习的智能性是词典分词法的一大弱点,但这种方式回避了许多难度较大的语言自身信息的处理,程序实现简单,所以仍然得到广泛的应用。

2. 基于统计的分词方法

基于统计的分词方法也称为概率分词法。从形式上看,词是稳定的字的组合,因此在上下文中,相邻的字同时出现的次数越多,就越有可能构成一个词。因此,字与字相邻共现的频率或概率能够较好地反映成词的可信度。我们可以对语料中相邻共现的各个字的组合的频度进行统计,计算它们的互现信息。

定义两个字的互现信息,计算两个汉字 X、Y 的相邻共现概率。互现信息体现了汉字之间结合关系的紧密程度。当紧密程度高于某一个阈值时,便可认为此字组可能构成了一个词。这种方法只需对语料中的字组频度进行统计,不需要切分词典,因而又叫做无词典分词法或统计取词方法。

但这种方法也有一定的局限性,会经常抽出一些共现频度高、但并不是词的常用字组,例如"这一""之一""有的""我的""许多的"等,并且对常用词的识别精度差,时空开销大。

实际应用的统计分词系统都要使用一部基本的分词词典(常用词词典)进行串匹配分词,同时使用统计方法识别一些新的词,即将串频统计和串匹配结合起来,既发挥匹配分词切分速度快、效率高的特点,又利用了无词典分词结合上下文识别生词、自动消除歧义的优点。

3. 基于规则和统计相结合的分词方法

在自然语言处理中,统计学习方法和人工规则方法是两种基本方法。由于自然语言的模糊性、复杂性和不断发展的特性,因而人工建立的规则很难保证整体的系统性和逻辑性,也不可能用规则描述所有的语言现象,因而统计学习方法从某种意义上说是对人工规则方法的一种补充,它弥补了人工规则方法的一些不足,但它也有局限性。统计学习方法与人工规则方法是相辅相成的。

　　基于规则和统计相结合的分词方法,首先运用最大匹配法作为一种初步切分,再对切分的边界处进行歧义探测,发现歧义。再运用统计和规则结合的方法来判别正确的切分,运用不同的规则解决人名、地名、机构名识别,运用词法结构规则来生成复合词和衍生词。这种分词方法可以解决中文中最常见的歧义类型:单字交集型歧义;对人名、地名、重叠词等词法结构进行识别和处理,基本解决了分词所面临的最关键的问题,而且分词速度相对较快。但是,这类分词系统对于组合歧义的处理还没有涉及。[①]

　　此外,还有基于理解和基于神经网络的分词方法。语法语义分词法研究的进一步发展趋向必然要走向神经网络的分词与理解系统。

　　以上几种分词方法是目前广泛使用的方法,以此为基础又衍生出了很多改进方法,到底哪种分词算法的准确度更高,目前并无定论。对于任何一个成熟的分词系统来说,不可能单独依靠某一种算法来实现,而是需要综合不同的算法。

　　中文自动分词经过 30 多年的研究和发展,已经基本实现了从实验室走向大规模真实文本的应用。1995 年 12 月,国家科委组织了 863 智能机专题自动分词评测,国内有几个系统参加。开放测试条件下的评测结果是:分词精度最高为 89.4%;交集型切分歧义处理的正确率最高为 78.0%,覆盖型切分歧义处理的正确率最高为 59.0%;而未登录词识别的正确率,人名最高为 58.0%,地名最高为 65.0%。[②] 2003 年,"863 中文与接口技术"汉语自动分词与词性标注一体化评测中,分词精度最高为 93.44%,最低为 91.42%;交集型歧义精确率最高为 91.59%;组合型歧义精确率为 83.54%;未登录词识别的正确率,人名最高为 72.35%,地名最高为 89.72%,机构名最高为 81.51%。[③] 尤其是 2003 年 Bakeoff 分词测评开展以来,中文分词技术获得了长足的进展,参与测评的分词系统在语料封闭测试环境中的分词精度已达 95% 以上。此外,由于网络的普及应用,网络海量中文信息的自动分词问题这些年也得到了广泛的关注和研究,并取得了可喜的进步,在海量中文信息系统的应用中表现出了较高的切分准确率和切分速度。这意味着,中文自动分词问题基本上得到了解决,并已广泛付诸实践。分词在中文信息处理系统中的应用已经跨出了一大步,但是对于分词中所涉及的一些关键问题,还有待于进一步的研究和探索,如制定和颁布国家通用的分词词

[①] 李东. 汉语分词在中文软件中的广泛应用[C]// 徐波,孙茂松,靳光瑾主编. 中文信息处理若干重要问题论文集. 北京:科学出版社,2003:315.

[②] 刘开瑛. 现代汉语自动分词测评技术研究[J]. 现代文字应用,1997(1).

[③] 转引自杨尔弘,等. 汉语自动分词和词性标注评测[J]. 中文信息学报,2002,20(1).

表,研究歧义切分字段类型,增强歧义差别的能力,提高专有名词的识别率,研究汉语的规则和词法规则等等。①

二、自然语言标引

传统的信息检索系统是基于规范的检索语言而建立起来的缜密系统。在信息加工阶段,首先由标引人员进行信息分析,然后根据规范好的词表和分类表等,为每一条信息赋予一个规范的标识,该标识也就是将来用来与检索提问进行匹配的字符串,因此,无形中也就要求用户在构造检索提问时,遵循选词的规范性和检索句法的合理性,这样无疑增加了用户的检索负担。另外,标引人员的素质不一,对信息分析标引不当常常会引起对信息内涵揭示的失真与偏颇,很容易造成漏检和误检。

自然语言标引是指采用原文中的信息作为标引源,从中选取能够有效表征信息内容的特征词。

自然语言标引分为:人工标引和计算机自动标引。

具体地讲,人工标引包括自由标引和自由词补充标引,这是基于词表的主题标引法向自然语言标引回归的初级阶段的标引方式。

计算机自动标引,是由卢恩在1957年率先提出的。1956年、1958年卢恩先后撰文提出自动抽词标引的基本思想:一篇文章中一个词再现的频率是这个词的重要性的有效测试。一个句子中具有给定重要测试的词的相关状态,成为该句子重要性的有效测试。按照词的出现频率,以一定的标准排除高频词与低频词,剩下的就是最能代表文献内容的词。

卢恩提出的基于词频统计的标引方法一直到20世纪60年代前期都是自动标引采用的主要技术。从70年代后期到70年代末,自动标引研究取得了很大的进展,提出了概率统计标引法、句法分析标引法以及各种加权模型,并且进行了大量的自动标引试验及评价,建立了一大批应用与试验系统。80—90年代,由于自然语言检索的盛行,自动标引研究也更加深入。

我国早在1963年就开始介绍国外自动标引研究情况,但是直到20世纪80年代,汉语自动标引研究才开始起步。由于汉语标引的最大难题是分词问题,许多研究的核心都基于汉语分词技术,只有通过对已切分出的关键词分析处理,析出主题概念,挑选出相关标引词,才可称作完全的自动标引。汉语分词技术的研究成果,为实现汉语自动标引奠定了最关键的基础。

下面分别介绍一下自然语言标引的各种方式。

---

① 李东.汉语分词在中文软件中的广泛应用[C]// 徐波,孙茂松,靳光瑾主编.中文信息处理若干重要问题论文集.北京:科学出版社,2003:315.

（一）自由标引

自由标引即人工关键词标引。关键词是指那些出现在文献的标题（篇名、章节名）以及摘要、正文中，对表征文献主题内容具有实质意义的语词，亦即对揭示和描述文献主题内容来说是重要的、关键性的（可以作为检索入口的）那些语词。自由标引就是由标引人员在对文献内容进行分析之后，按一定规则，将文献原文所用的、能描述文献内容主题的那些具有关键性意义的词抽出，不加规范或只做少量规范化处理，按字顺排列，以提供检索途径的方法。这是不依据词表的一种主题标引法，就其实质而言，是一种在信息检索中利用自然语言的方法。

自由标引与传统的基于词表的标引方式相比，其优点在于：标引速度要比使用词表的主题标引快许多倍，这还意味着标引成本的降低；可用与文献主题专指度一致的词进行标引，保证较高的查准率；标引过程是标引人员进行主题分析的过程，如果标引人员具有一定的业务水平，则其标引质量可大大高于自动抽词标引。

"自由标引主要适用于报纸文献、期刊文献的大型篇名数据库等的标引，因为这类文献内容庞杂，新概念多，数量大，很难编制适用的词表，而且使用词表用工多，速度慢，建库单位实际条件往往不许可。"[①]

自由标引相对于传统的基于词表的人工标引方式，效率有了明显的提高。但是自由标引毕竟还是人工标引，随着信息量的剧增，这种人工的自然语言标引方式越来越不能适应对海量信息有序化组织的需要。用户的需求和技术的发展使自动标引成为信息标引的必然。

（二）自动主题标引

所谓自动标引，是指利用计算机从各种文献中自动提取相关标识引导的过程。"广义"的自动标引包括自动主题标引和自动分类标引。"狭义"的自动标引是指自动主题标引，包括自动抽词标引和自动赋词标引两种方式。本章我们仅取其狭义理解，自动主题标引的各种标引方式及其之间的相互关系和联系如图7-4所示。

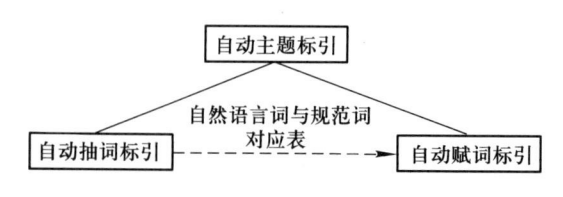

图7-4 自动主题标引方式及其关系

[①] 张琪玉.情报语言学基础[M].增订2版.武汉：武汉大学出版社，1997：297.

自动抽词标引是指直接从原文中抽取词或者短语作为标引词来描述文献的主题内容。这是最早出现的一种自动标引方式,主要指从文献中自动抽取出能表征文献主题的关键性语词作为标引词,所以自动抽词标引也常常称为关键词标引。

自动赋词标引是在自动抽词的基础上,引入预先编制的词表来规范自动抽取的词,利用计算机的自动换词功能,将关键词转换成规范词,赋予文献主题概念,然后建立索引文档。

自动标引过程和人工标引过程的工作原理十分相似,所不同的是:自动标引采用计算机来"阅读"被标引的文本内容,并在计算机读取关键性词汇时利用词频统计等测定方法,或者使用同预先存储在计算机中的主题词表中的词进行对比、分析等方法,对文献进行主题分析和选定标引词。实现自动标引需要解决的问题是:取出关键性词汇,分析确定标引词。

1. 西文自动标引

就西文而言,利用计算机抽取西文关键词,需要完成的是从文本(标题、文摘或全文)中剔除虚词(又称非用词或停用词),获取关键词。为了实现这一目的,首先要建立一个以介词、冠词、连词等无实质意义的单词(如 the, and, of, for, in 等)组成停用词典(stop list),这些词本身数量有限,较易搜集;然后利用创建的停用词典,从被标引的文本中筛去停用词,抽取关键词(见图 7-5)。

若取词对象是标题,只需判断所取出的词是否重复。若从全文中取词,需根据词频统计的结果,去除低频词,高频词作为标引后备词,根据系统规定的标引词的数量,最后确定标引词。在进行词频统计时,可以根据从不同位置取出的词给予不同的权值。例如,标题词给予最高权值,其次的顺序可为文摘词、首尾段词、其他位置词。所取出的关键词是否作为标引词,可根据计算机统计每个被取出词的权值之和,然后依设定的阈值而定。

具体地,西文自动标引方法与过程描述如下:

第一,从文本中取出一个单词。由于西文中每两个单词之间都具有空格,因此,可以遇空即取词。

第二,确定关键词。利用取出的词去搜索非用词典,是非用词舍去,是关键词则记下,作为候选标引词。

第三,分析关键词,确定标引词。对于重复关键词,累计词频,对于标引对象为全文的,还可以根据位置赋予权重,确定最终标引词。

2. 中文自动标引

就中文信息而言,实现中文自动标引必须首先实现自动分词。这是实现自动标引不可逾越的一步,我国对自动标引的研究也正是从解决汉语信息的自动

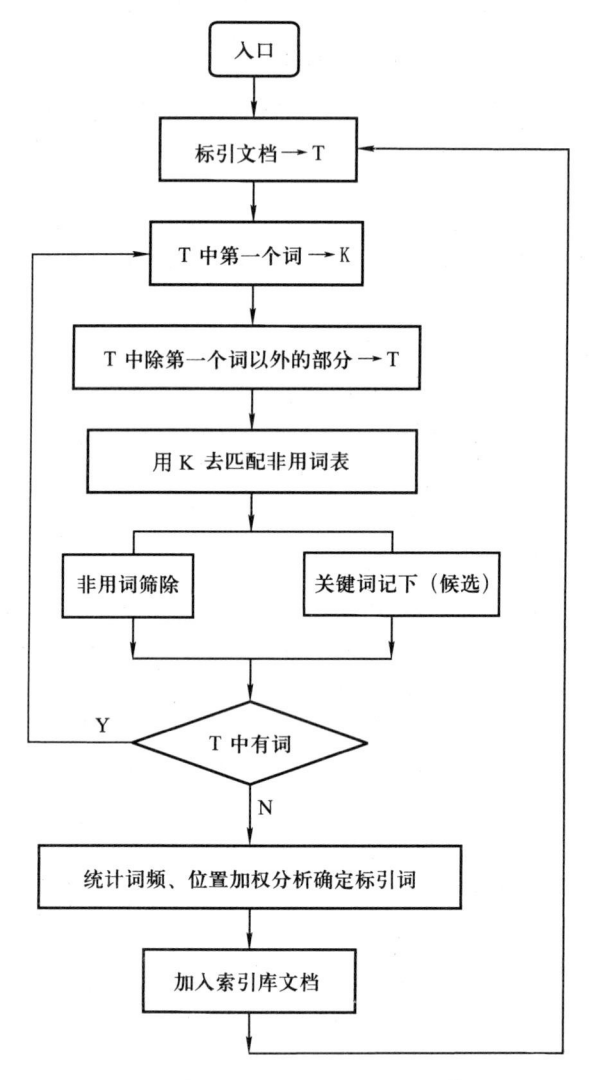

```
                    ┌─────┐
                    │ 入口│
                    └──┬──┘
                       ↓
                ┌──────────────┐
                │ 标引文档 → T │←──────────┐
                └──────┬───────┘           │
                       ↓                   │
          ┌──→ ┌──────────────────┐        │
          │    │ T 中第一个词 → K │        │
          │    └────────┬─────────┘        │
          │             ↓                  │
          │  ┌─────────────────────────┐   │
          │  │ T 中除第一个词以外的部分 → T │   │
          │  └────────┬────────────────┘   │
          │           ↓                    │
          │  ┌──────────────────┐          │
          │  │ 用 K 去匹配非用词表 │          │
          │  └────────┬─────────┘          │
          │     ┌─────┴──────┐             │
          │     ↓            ↓             │
          │ ┌────────┐  ┌──────────────┐   │
          │ │非用词筛除│  │关键词记下(候选)│   │
          │ └───┬────┘  └──────┬───────┘   │
          │     └──────┬───────┘           │
          │            ↓                   │
          │     ╱────────────╲  Y          │
          └────╱  T 中有词    ╲─────────────┘
               ╲              ╱
                ╲────────────╱
                       │ N
                       ↓
          ┌─────────────────────────────┐
          │ 统计词频、位置加权分析确定标引词 │
          └──────────────┬──────────────┘
                         ↓
                ┌──────────────┐
                │ 加入索引库文档 │
                └──────────────┘
```

图 7-5　西文抽词标引算法流程[①]

分词开始的。自动分词技术的基本实用化,为自动标引提供了最坚实的基础。我国的自动标引研究也由分词研究向实际的标引研究转移。

中文自动标引的基本流程为:

(1) 确定标引源。即确定标引所依据的文献内容(标引源)。标引源的选择是影响标引质量的一个重要因素。经过多年的研究和经验的积累,一般我们选择标题、文摘、首尾段、段落的首尾句作为标引源。

---

① 苏新宁,邵波.信息传播技术[M].南京:南京大学出版社,1998:77.

(2) 文档预处理。包括字符内码 BIG5 码与 GB 码的自动检测与转换；文档格式的检测与转换：去掉 DOC、XML、RTF 等格式的文件夹杂的许多无意义的格式符号，即将不同格式文件转换成适于自动标引的纯文本格式。

(3) 分词处理。对文档进行切分，即将语句切分成由词组成的集合。

(4) 确定关键词。根据文本词语切分结果，以词语在文本中出现的频次、位置及词的词性等因素为依据，确定可表达文档中心内容的词作为该文档的关键词。

(5) 转换为受控词。关键词与受控词（主题词、副主题词、特征词）之间存在着一定的关系（如同义词关系、上位关系、下位关系等）。目前有效可行的方法有：一种是使用关键词—受控词对照表，该表含有关键词与规范化的主题词、副主题词、特征词之间的对照关系，由此实现对应转换。另一种是利用词汇相似度，大多数意义相同或相近的词之间字符全部或部分相同，关键词与主题词之间存在一定程度的相似性，可通过某些算法计算出来，根据相似性确定相应的主题词。词汇相似度算法主要有基于词素的相似度算法和基于单汉字的字面相似度算法。

(6) 给出主题标识符。根据确定的主题词、副主题词、特征词，进行组配，给出主题标引符号，完成自动标引。

以上步骤(1) — (4)是自动抽词标引的过程，步骤(5) — (6)实现了自动抽词基础上的自动赋词标引。在赋词标引过程中，标引词不是来自文献本身，而是来自受控词表，所以需要人工预先编制好高效率的受控词表。自动赋词标引是自然语言与受控语言结合的一种标引方式，不过这种词表从其生成来看与规范语言词表的叙词表本质上是不同的。自动赋词标引质量取决于词间关系文档即受控主题词表的质量，因此，词间关系文档的构造是一个关键因素。

就计算机自动标引而言，许多学者倾向于自动抽词标引，他们认为，自动抽词标引更顺应时代发展，它将逐渐取代赋词标引而成为标引系统的主流。但我们也必须看到，自动抽词标引不可避免地加重了检索人员的检索智力负担，也不便于扩检与缩检，查全率不甚理想，而赋词标引在这一方面则有着它的绝对优势。但是从标引效率的角度分析，自动赋词标引在计算机高速发展的软、硬件环境中及其信息量剧增的背景下，已无特别明显的优势和广泛的适用性（尤其在网络信息处理方面）。因此，人们期待着用计算机替代人工实现自动标引，并寻求解决信息标引问题的新途径，从而提高标引工作的效率和质量。

标引和索引工作是建立检索系统的关键环节，是检索系统的概念逻辑视图——索引数据库的基础，其质量直接影响着信息的传递和使用，其重要性不言而喻。随着技术的发展和信息量的剧增，自然语言标引，尤其是自动标引技术的地位尤其重要。如何进一步提高自动分词和自动标引的质量，如何有效解决汉语自动标引的难题,有待进一步的研究。

三、自动分类

(一) 自动分类概述

自动分类技术是在手工分类技术的基础上发展起来的。传统的信息手工分类技术已经相当成熟,但却不适于处理和组织大规模文档数据。因为它不具有实时性,另外查全率和分类的一致性也受到一定的制约。

自动分类技术的研究始于 20 世纪 50 年代末,IBM 公司的卢恩在这一领域进行了开创性的研究。相对于国外的情况,我国开展自动分类的研究起步稍晚一些。80 年代中期开始,我国的一些大学、图书馆和文献工作单位开展了档案、文献或图书的辅助或自动分类研究,并陆续研制出一批计算机辅助分类系统和自动分类系统,这些系统主要集中在中文处理领域。

自动分类(automatic categorization)是指在给定的分类体系下,根据文本的内容自动地确定与文本关联的类别。从数学角度而言,分类的实质是一个映射的过程,它将待标明类别的文本根据映射规则映射到已有的类别中,该映射可以是一对一映射,也可以是一对多映射。

(二) 基于统计分析和机器学习的自动分类

自动文本分类发展到今天,涌现了大量的模型和算法,其中绝大部分是基于统计分类(statistical classification)和机器学习技术(machine learning technique)的分类器。

基于机器学习的方法是自动文本分类中非常重要的一大类方法。它利用预定义的文本类别和训练文本学习得到的分类模型,从而确定新文本的类别。这类分类器需要通过对大量文档(语料库)的学习,获得一些必要的算法参数(algorithm parameters)才能有效地进行分类。

一般地,基于机器学习的文档分类包括以下五个步骤:

1. 获取训练文档集

训练文档集选择是否合适对文档分类器的性能有较大影响。训练文档集应该能够广泛地代表分类系统所要处理的客观存在的各个文档类中的文档。一般而言,训练文档集应是公认的经人工分类的语料库。

2. 建立文档表示模型

即选用什么样的文档特征和用怎样的数学形式组织这些文档特征来表征文档。这是文档分类中的一个重要技术问题。目前的文本分类方法和系统大多以词或词组作为表征文档语义的特征,表示模型主要有布尔模型和向量空间模型。

3. 文档特征选择

文本分类系统应该选择尽可能少而准确且与文档主题概念密切相关的文

档特征进行文档分类。

4. 选择分类方法即采用什么方法建立从文档特征到文档类别的映射关系，即分类算法（或分类器）。常用的分类方法有 KNN 法（最近邻算法）、SVM（支持向量机）、神经网络法、Naïve Bayes 法（朴素贝叶斯法）等。实际使用较多的是 KNN 法和 SVM 法，这两种方法分类效果不错，而且具有较强的稳定性。

5. 性能评估模型

即如何评估分类方法和系统的性能。真正反映文档分类内在特征的性能评估模型可以作为改进和完善分类系统的目标函数。在文本分类中，自动分类系统性能的评价参数分为两类，即单标注分类问题（一个测试文档只属于一个类）和多标注分类问题（一个测试文档可以属于多个类）。

文本分类主要步骤如图 7-6 所示。

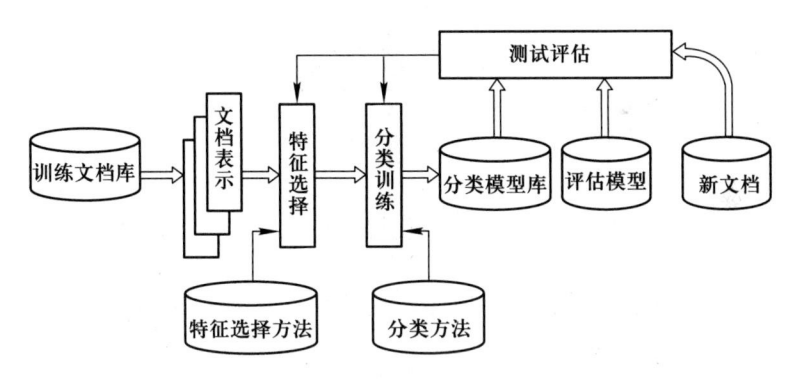

图 7-6 基于机器学习文本自动分类流程图

（三）基于知识库的自动分类

分类检索语言、主题检索语言和自然语言是三种不同的情报语言系统，标识和组织方式各不相同，但在本质上是一样的，都是一种主题概念标识系统，分类号、主题词、关键词都可用来表示某一文献信息的主题概念。[①] 基于此，这三种语言的基本构件——分类号（类目词）、主题词、关键词三者之间必然存在着隐含的概念对应关系。因此，我们可以考虑采取等值对应、近似对应、包容对应等对应措施，就可使这种内在的、隐含的语义对应关系显现出来，从而实现三者之间的互相控制和转换。根据这一思路，只要构建一个"分类号（类目词）—主题词—关键词"三者相对应关联的概念语义网络分类知识库，就可以实现自动分类的目标。

国内外基于分类知识库的自动分类研究比较有代表性的有两个：一是联机

---

① 张琪玉.关键词检索、概念检索与分类浏览检索一体化[R].研究报告,2003.

计算机图书馆中心(OCLC)基于《杜威十进分类法》为中心展开的数字信息资源自动分类和主题识别的"蝎子计划"。二是我国南京农业大学侯汉清教授带领其学生开展的构建以"《中图法》部分类目、《中国分类主题词表》部分类目和相关数据库标引数据"对应形成的分类知识库。他们进行的自动标引和自动分类系列研究都是这一思路的实践,并且经实验证明它是可行的,且具有一定的实用性。

一般地,基于知识库的自动分类在具体实施过程中,采用以分类号(类目词)控制主题词,用主题词控制关键词,以分类体系为基础构建"分类—主题—关键词"一体化概念语义网络知识库。在该分类知识库的支持下,具体自动分类实施流程如图7-7所示。

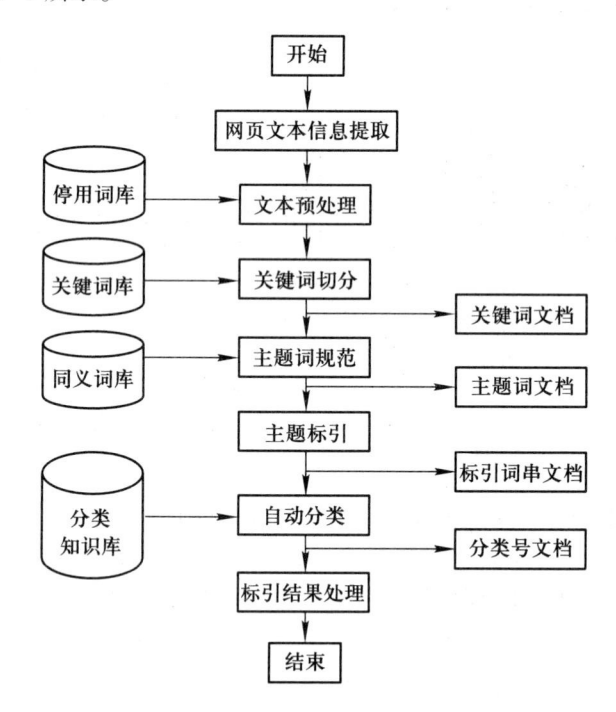

图7-7 基于分类知识库的自动分类工作流程

基于分类知识库的自动分类方法,不仅充分利用已有知识组织系统的成果,而且为自动分类的研究拓宽了思路。

基于知识库的自动分类的关键在于分类知识库的构建,但是目前分类知识库的建设多采用人工或半人工的方式建立,由于受到人力、物力的限制,这一类的研究更多地局限于某一受限领域,因而它在网络上的大规模应用和发展受到了一定的限制。

自动文本分类发展到今天已经取得了很大的成果,涌现了一大批优秀的方法,而且其中很多都在继续的完善和改进之中。而且对于英文文本的分类工作,其效果还是不错的。对于中文文本的分类,由于中文语言的独特性,我们还有大量的基础性工作要做。例如中文自动分词技术的优化、汉语语料库的建设等。

第三节　自然语言检索系统与自然语言检索

一、自然语言检索系统概述

所谓的自然语言检索系统就是指对文献作者或文摘提要的编写者原来使用的语言进行一定的序化组织、处理并提供自然语言检索接口供用户查询使用的检索系统。自然语言检索系统始于20世纪50年代末和60年代初,计算机首次成功地采用自然语言检索应用于法律信息的检索,即著名的Lexis全文检索系统。

之后,一方面自动标引、索引算法等自然语言处理技术的不断发展和进步,另一方面信息存储技术的不断发展和计算机运算速度的大大提高,使得将大量原始信息全部转入计算机并借助高效的自动标引、索引、压缩存储技术实现有效的匹配存取成为可能。由此,自然语言检索得到飞速发展,以全文检索系统为代表的自然语言检索系统长期以来更是受到普遍的关注。

从20世纪80年代以来,我国对自动分词、自动标引做了大量研究,并且取得了一系列实质性的成果,随着中文自动分词的基本实用化,以及自动标引的初步实现并得到实际应用,国内外出现了一大批自然语言检索系统。在数字化时代,所有的检索系统几乎都是以自然语言检索为主的。

文本信息的自动标引、索引方式和自然语言检索技术是建立自然语言检索系统的关键性技术。就与信息组织的关系而言,检索系统的成功与否在很大程度上依赖于数据库中信息表征的方式,标引和索引的质量如何。系统采用的信息标引方式和索引的颗粒度,在很大程度上决定了系统的检索匹配方式和检索的效率。

信息检索主要关注高效的信息系统的设计、执行和维护以达到实际运用的目的。信息检索一个最重要的方面是系统中的文本(记录)是如何被表征的。运行最快的计算机或最高级的检索技术都无法克服信息标引太差所造成的问题。因而,检索系统的成功在很大程度上依赖于文本表征的方式。

中文信息自然语言标引的方式有很多种,如自由标引、自动抽词标引、自动赋词标引、自动分类标引等。全文检索系统的索引方式有基于字索引方式、基于词或词组的全文索引方式、字词组合索引方式等。这些自然语言的标引或索引方式,决定了该检索系统的性质是自然语言检索系统,也决定了该自然语言检索系统所提供的自然语言检索方式。例如，采用自由标引、自动抽词标引、自动赋词标引方式的检索系统，允许用户输入自然语言检索词与自然语言标引词进行匹配检索，即根据自然语言标引的标引词检索；字索引组织方式，可以允许对系统文本中的每一个字、词进行检索；基于词或词组的全文索引方式，则允许用户以代表特定语义概念的语词对全文信息进行检索；字词组合索引方式，则从更优化的程度上对系统进行检索。这种自然语言检索称为对文献原文进行的检索。

基于以上的信息组织方式，我们可以将自然语言检索系统划分为基于自动标引的自然语言检索系统和基于文本全文索引的全文检索系统。

二、自然语言检索

所谓自然语言检索，目前还没有一个明确的定义，我们可以从三个方面来界定它。从检索语言的角度来讲，自然语言检索就是指在为文本信息提供检索标识时，使用文献作者、文摘编写者原来所用的语词或标引人员自拟的语词，而非取自受控词表中的语词；从技术层面上来理解，就是将自然语言处理技术应用于信息检索系统的信息组织、标引与输出；从用户层面而言，就是用自然语言作为提问输入的检索方式。

关于自然语言检索的分类，从不同的角度区分有不同的理解。

（1）从用户输入检索词形式的角度区分，自然语言检索分为关键词检索和自然语言语句的提问式输入检索。关键词检索提交的检索词是用户认为对表达其检索需求至关重要的关键性语词。关键词检索可用在经自然语言标引组织的自然语言检索系统中，同时关键词检索也是基于全文索引的全文检索系统最主要的检索输入形式。因此，自然语言检索一般将关键性语词作为其最基本的检索表现方式。而对于具有一定人工智能自然语言接口的自然语言检索系统还允许用户以形如日常用语的自然语言语句的方式输入检索，这也是自然语言检索系统所要追求的目标。

（2）从检索内容或检索对象角度区分，自然语言检索分为基于自然语言标引的标引词检索（即对以自然语言标引的标引内容的检索，包括外部文献特征和内容特征两个方面，如作者姓名、出版机构、主题词或关键词、篇名等）和全文检索（对文本全文的检索）。由于过去我们在使用"关键词检索"一词时不加区分，因而在含义上产生了混乱。因此，使用"标引词检索"相对更为明确和贴切一些，而且不易产生概念上的混淆。

自然语言检索结合某种信息检索模型，又可以分为布尔逻辑检索、位置检索、限定检索、模糊检索（截词检索）等检索技术，这些检索技术从本质上都属于关键性语词检索的范畴，是对原始模式的关键词检索在某个方面的改进，以达到提高检索效率的目的。

这里我们采用从检索内容或对象的层面上来区分和理解自然语言检索的两种类型,即自然语言标引词检索和全文检索。关于自然语言标引词的检索原理比较简单,这里不再赘述,下面重点阐述全文检索的内容。

三、全文检索

(一) 全文检索基本概念

在计算机检索领域里,全文检索是在 20 世纪 80 年代得到迅速发展的一种检索技术。全文检索技术的崛起主要得益于计算机、电子出版、光电扫描等相关技术的迅速发展,尤其是数字文本的出现,使全文检索系统可直接以数字全文为信息源,提供检索。

全文检索系统指具有全文数据库,具备布尔逻辑检索、位置检索、字符串检索、截词检索等检索功能,允许用户以自然语言检索,直接获得原文中的有关章节、段、句等信息的一类检索系统。全文检索系统的特点可归纳为:

(1) 允许用户使用自然语言检索;
(2) 允许用户从全文的任意章、节、句、字中检索;
(3) 能直接获取原文。

全文检索的核心技术就是维护一个高效的索引。索引的内容来自被检索的文本信息。对中文来说,全文检索的实现方法主要有两种:一种是基于分词的全文检索,一种是基于字索引的全文检索。两者各有优缺点,前者在检索性能上优于后者。

所谓全文检索(full-text retrieval),是指以全部文本信息作为检索对象的一种信息检索技术。全文检索技术是一种面向全文、提供全文的新型检索技术。它可以使用原文中任何一个有实际意义的字、词作为检索入口,而且得到的检索结果是源文献而不是文献线索。

从技术层面的角度来分析,全文检索是全文索引和建立在全文索引基础上的一定的信息检索模型相结合的一种检索技术。全文检索的基础是全文索引,在全文索引基础上,根据检索系统所采用的某种检索模型,提供各种不同的检索匹配算法和检索技术。

全文检索是以关键词的形式与索引数据库进行匹配的检索方式,它包括字符串检索、截词检索、位置检索等技术。其中位置检索,又称相邻度检索,是指通过对两个或多个词之间的位置关系所进行的限定检索。比如要求被检索的词汇在原文中以一定顺序出现,限制两词之间相隔的词汇或字符个数,要求两词出现于同一自然句、同一段或同一篇文章中等等。位置检索是全文检索系统中特有的检索技术,最能体现全文检索系统的优势。所以有人把位置检索运算称为全文检索运算,认为全文检索实质上就是指位置检索。

在数字环境下,特别是随着网络的发展与普及,全文信息检索技术取得了飞速的发展,全文检索的相关核心技术已经相对成熟,大大提高了信息检索系统的性能和检索效果。

(二) 全文检索的索引问题

全文检索的关键是文档的索引,即如何将源文档中所有基本元素的信息以适当的形式记录到索引库中。建立全文索引的基本步骤也是分词、停用词过滤、建立索引等。

对中文而言,困扰中文全文检索多年的问题之一就是到底采用什么单元作为基本索引单位。在中文文档中,"基本元素"可以是单个汉字,也可以是词或词组。

1. 字索引方式

字索引也称为字表法,是全文索引的一种,它以单个汉字为基本索引单元。字表法是对每个单字的出现位置进行索引,并根据单字的位置信息进行计算匹配的文本检索方法。字表法索引库的主要部分是每个字的字表信息。

假设有下列两个文本记录:
00001 信息传播与检索;00012 自然语言检索

建立字索引库时,需要扫描整个源文档,对出现的每一个有效字符(过滤掉停用字),计算其在文档中出现的位置,并将该位置的值加入到对应的字表中。生成的字索引库记录了对应字符在源文档中的所有位置信息,如表 7-1 所示。

表 7-1 字索引结构

标引字	记录数	记录号与位置集合	
播	1	00001,7	
传	1	00001,5	
检	2	00001,11	00012,9
然	1	00012,3	
索	2	00001,13	00012,11
息	1	00001,3	
言	1	00012,7	
语	1	00012,5	
自	1	00012,1	

以两个字的字符串 XY(其中 X、Y 表示任意的汉字字符)为例,假设 X 的位置为 P_x,如果字符串 XY 在源文档中出现,则 Y 的位置 P_y 必定等于 P_x+2(2 为两个汉字间的字节距离)。在字索引库中,X 的字表中将包含 P_x,而 Y 的字表中也必然包含 P_x+2。进行检索时,扫描 X 和 Y 各自对应的字表,若文档中有该词出

现,则必定有 X 对应的字表中存在位置值 P_x,Y 对应的字表中存在位置值 P_y,使得 $P_y=P_x+2$ 成立,每获得一对这样的位置值,就是检索到了字串 XY 一次。扫描完字表,就完成了对该词的检索。

字表法是以单字为基础进行检索的方法,其缺点是生成的索引库庞大,检索速度低,误检率高;其优点是适应性强,应用范围广,索引的生成简单,比较适用于内容复杂、新词汇和特殊词汇多的文档的检索。

2. 词索引方式

以词或词组为索引单元的索引也称为词表法。词表法是以能表达一定意义的词为基本检索单位,并根据词的出现位置进行索引和检索的文本检索方法。以词为单位建立索引时,一般需要对源文档进行切分处理,然后对切分后的文档词条进行统计,记录每一个出现的词条及其出现的位置,这种方法需要分词词典的辅助。

词表法索引的建立较字表法复杂,漏检率较高,且不能进行单字和任意字符串的检索;其优点是对于大规模应用,索引库规模小,检索的处理速度快,同义、反义等概念检索的实现较为简单,因而比较适用于特定领域中或内容相对固定的文档的全文检索。

3. N-Gram 法

N-Gram 法,即采用 n 元语法的切分统计方法来自动发现相关概念,然后对提取出来的词建立索引。根据中文构词的特点,以二字词和三字词居多,因此中文全文检索系统中常用的为二元(2-Gram)及三元(3-Gram)语法。例如,有一个字符串"$A_1A_2A_3A_4A_5$",则采用 2-Gram 法由它生成的索引项为:$A_1A_2,A_2A_3,A_3A_4,A_4A_5$,然后再辅以语法及语境规则统计,从中自动发现有意义的概念语词作为索引词。

N-Gram 法无需任何词典支持,对输入文本所需的先验知识少,无需进行分词处理,将文本分解为索引项集合非常容易。但是,N-Gram 法在抽取索引信息时,会产生非常大的数据冗余,索引空间非常庞大,相比基于词典分词获取文本特征的方法,其实现效率比较低,要花费较长的时间来处理文本,查准率比较差。

综上所述,对于中文而言,基本上有三种索引策略:按单字、按词、非词典统计方式的 N-Gram,它们各有其优缺点(见表 7-2),也有其各自适用的场合和处理的对象。

表 7-2 各种索引方式的优缺点

方法	查全率	查准率	检索速度	索引空间
按字	好	差	慢	浪费
按词	较差	好	快	较小
N-Gram	较好	较差	快	严重浪费

(三) 中文信息索引的合理方式——字索引与词索引的组合方式

著名的全文检索系统 TRS 根据长期的实践研究得出如下的结论:"从检索性能和检索效果来衡量,词索引 +BI-Gram 为最佳中文文本索引方式,在这一点上,许多研究者的研究成果都是一致的。"[1]

词索引 +BI-Gram 实际上是一种字词混合的索引方式。基于词典分词与 N-Gram 信息相结合的特征获取方法,结合两种文本特征提取技术的优点以达到优化系统性能的目的。首先采用基于词典的分词技术将汉语中的常用词切分出来,在此基础上,对于那些没有出现在词典中的未登录词采用基于 N-Gram 的技术进行提取,这样做,既可以大大减少 N-Gram 信息提取所需处理的信息量,又可以弥补词典因为语言的领域相关性和时间相关性所带来的词汇不足的问题,保证达到相对较好的分词标引效果。

与传统检索方法相比,全文检索的主要优点体现在以下五个方面:

第一,避免了自动标引过程中的不准确和选词问题。

第二,词汇自然更新。全文检索系统索引和检索是直接针对文献中词汇的,避免了新概念、新词汇给检索系统带来的各种麻烦。

第三,有效地克服误组配,有较高的查全率。

第四,可以达到任意的专指度。全文检索建立在对原文索引的基础上,其检索词可专指到源文献中停用词表以外的每一个词。同时,全文检索不仅提供了布尔检索,还可以进行位置检索,从而极大地提高了检索的专指度。

第五,用户可以直接浏览文献原文,从而为实现反馈检索提供了条件。

当然,全文检索还存在不少有待解决的问题,如存储空间、误检率较高、文本匹配的算法优化等。对于以词为基本索引单位的中文全文检索而言,汉语切分问题仍是一个关键问题。

四、搜索引擎的自然语言检索

(一) 搜索引擎的检索理论

网络的发展大大促进了信息检索技术的发展和应用,一大批搜索引擎产品的诞生,为网络用户提供了很好的快速信息获取和信息导航工具,著名的搜索引擎有 Google、Yahoo!、百度等。搜索引擎普遍采用了全文搜索技术。

搜索引擎的检索思想起源于传统的全文信息检索理论,一般以词为索引单位,即计算机程序通过扫描每一篇文章中的每一个词,建立以词为单位的索引文档,检索程序根据检索词在每一篇文章中出现的频率和每一个检索词在一篇文

---

[1] 施水才,等.TRS 中文文本信息检索技术的发展——从全文检索到基于自然语言处理的知识检索[C]// 辉煌二十年:中国中文信息学会二十周年学术会议论文集,2001.

章中出现的概率,对包含这些检索词的文档进行排序,最后输出排序的结果。全文检索技术是搜索引擎的核心支撑技术。

因此,经过多年来对网络检索工具的开发与研究,搜索引擎所具备的检索功能已经相当可观。一方面发展和完善现有的检索技术,另一方面根据网络信息和网络信息检索所呈现的特点发展了多种技术,包括智能扩展技术、自动反馈技术、个性化检索、关联检索、检索结果的组织等,成为研究信息检索技术的试验场。

(二) 搜索引擎的自然语言检索技术

就自然语言检索的发展阶段而言,网络检索系统(搜索引擎)的自然语言检索经历了关键词匹配检索和简单提问式输入检索两个发展阶段,并在不断地向着追求基于自然语言理解的"智能化"的自然语言检索方向发展。

1. 关键词匹配检索

当前,Web 信息检索技术的主流模式是全文检索。搜索系统为采集到的网页进行全文或部分重点标引,并由此生成一个庞大的全文索引数据库。当用户检索时,可以输入具有关键性意义的词、词组或短语,与索引数据库进行物理字面上严格的字符匹配检索,支持的匹配算法有布尔逻辑、向量空间匹配算法,检索返回的结果一般按相关性进行排序。

但是可以说,没有一种网络搜索工具仅仅使用这种简单的关键词匹配检索方法,而是辅以各种各样增强关键词检索功能的措施。目前,在网络搜索工具中种类繁多的语词检索方法,都是为增强关键词检索功能而采取的措施,如布尔逻辑检索、字符串检索、截词检索、字段限定检索、位置检索、递进检索等。这些检索方法在本质上都属于关键词检索一类,都是对关键词匹配检索某个方面的改进。

2. 简单提问式输入检索

以自然语言理解技术为基础的新一代搜索引擎,我们称之为智能搜索引擎。现在,已经有越来越多的搜索引擎宣布支持自然语言搜索特性,这种特性多指系统在"用户—检索接口"层面上支持用户以简单自然语言提问的方式输入检索式。目前搜索引擎所宣称的自然语言检索功能多指这种简单提问式检索技术。

问答系统(QA 系统)一般包括三个主要模块,即问题分析模块、信息检索模块和答案抽取模块(见图 7-8)。

问题分析模块需要完成以下几部分工作:确定问题的类型,提取问题的关键词,依据问题的类型等因素对关键词进行适当的扩展。如果是中文的问答系统,首先要对问题进行分词以及词性标注等。

信息检索模块就是用问题分析模块中提取出来的关键词到索引库中查找

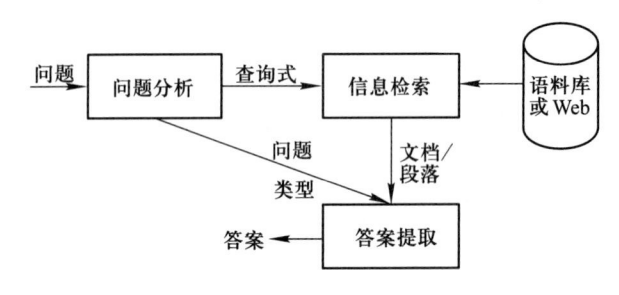

图 7-8　QA 系统的基本模块结构[①]

相关的文档。在问答系统中的信息检索模块可以直接调用自身的索引库,或者也可调用 Internet 上的搜索引擎(一个或多个均可),比如 Google、Yahoo! 等。信息检索模块返回的是一些最相关的文档。

答案抽取模块是对从信息检索模块搜索出来的相关文档中提炼答案。一般地搜索引擎返回的是一堆网页,而问答系统需要返回的是简短的答案。具体答案的抽取还需要依据问题的类型。

Internet 上自然语言问答系统较具代表性的解决方案有:

(1) Ask.com 模式

Ask.com 通过将用户提问转化为系统已知问题,然后对已知问题进行解答,以求降低对自然语言理解技术的依赖性,是一种基于自然语言形式的自然语言语句查询模式。Ask.com 是这种检索模式最杰出的代表,它开创了智能搜索引擎查询的新模式,开辟了一条实现自然语言检索的"捷径"。但是,我们也应该认识到 Ask.com 的核心技术——问题与答案数据库相对于人类知识而言是非常局限的。

(2) AnswerBus 模式

AnswerBus 是一个基于句子层面、面向开放领域的自然语言问答系统。

AnswerBus 接受用户以英语、法语、德语、西班牙语、意大利语五种语言的自然语言提问,并根据问题的类型和内容动态选择和调用 Google、Yahoo!、WiseNut、AltaVista 和 Yahoo!News 这五个搜索引擎和主题目录中最佳的 23 个用于检索,获取各搜索工具中最靠前的命中文档作为参考答案;进一步地,AnswerBus 从这些命中网页中抽取包含潜在答案的句子作为候选结果;最终将这些答案排序,并返回最相关的答案网址链接给用户。AnswerBus 的工作流程如图 7-9 所示。

简单提问式检索模式是探索基于自然语言理解的自然语言检索技术的"弦外之音",是自然语言检索技术的一个重要发展阶段。简单提问式检索方法就其

[①] 中文自然语言问答系统的基本原理[OL].[2013-10-18].http://www.docin.com/p-252918653.html.

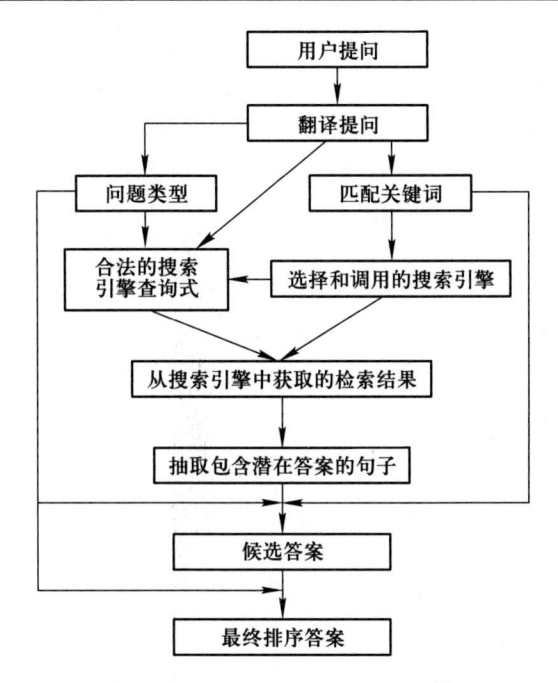

```
                    ┌──────────┐
                    │  用户提问  │
                    └────┬─────┘
                         │
                         ▼
                    ┌──────────┐
              ┌────▶│  翻译提问  │
              │     └────┬─────┘
              │          │
              │     ┌────┴────┐
              │     ▼         ▼
              │ ┌──────┐  ┌──────────┐
              │ │问题类型│  │ 匹配关键词│
              │ └──┬───┘  └────┬─────┘
              │    ▼           ▼
              │ ┌──────┐  ┌──────────┐
              │ │合法的搜│  │选择和调用的│
              │ │索引擎  │  │ 搜索引擎  │
              │ │查询式  │  │           │
              │ └──┬───┘  └────┬─────┘
              │    └─────┬─────┘
              │          ▼
              │    ┌────────────────────┐
              │    │从搜索引擎中获取的检索结果│
              │    └──────────┬─────────┘
              │               ▼
              │    ┌────────────────────┐
              └────│ 抽取包含潜在答案的句子│
                   └──────────┬─────────┘
                              ▼
                       ┌──────────┐
                       │  候选答案  │
                       └────┬─────┘
                            ▼
                       ┌──────────┐
                       │最终排序答案│
                       └──────────┘
```

图 7-9　AnswerBus 工作流程图[①]

检索过程、检索原理而言，其本质上仍属于关键词检索的范畴，但是这种检索技术，就用户友好这一点来讲，确实是一个巨大的进步。因此，它既是对关键词检索在用户接口方面的改进，同时也是探索自然语言理解意义上的自然语言检索技术的前奏，但究其检索性能而言，比较适用于简单的如新闻事实、常识性的事实、数据等类型的问题。

3. 基于自然语言理解的自然语言检索

是指在尽量避免引入复杂的语义理解过程的前提下，依靠比较成熟的实验技术与成果（如中文信息自动分词技术、知识组织技术），基于自然语言基本语义内容的主题概念检索技术。

例如，老牌搜索引擎 AltaVista 利用内置的检索专用词典，分析提问句，反馈与检索式具有不同相关程度的关键词，然后再将这些关键词与索引数据库匹配检索。除 AltaVista 外，中文百度的相关词扩展、中国知网（CNKI）的相似词、相关词也具有类似功能。

此外，AltaVista 的 BabelFish 多语言翻译检索功能是建立在机器翻译基础上的自然语言检索技术，Google、AnswerBus 等诸多搜索引擎都使用了该技术。

---

① Zheng Zhiping. AnswerBus question answering system [C]//HLT. Proceeding of HLT Human Language Technology Conference. CA：San Diego，2002：24-27.

自然语言检索(现阶段主要是关键词检索)已经成为网络信息检索的主流技术。现在有越来越多的搜索引擎宣布支持自然语言搜索特性,但是要建立真正的基于自然语言理解的智能系统,还存在着许多要解决的技术难题,比如如何理解自然语言及其所表示的实际含义,如何根据问题找出用户实际想要的答案,如何建立大规模知识库等,可谓任重而道远。

五、自然语言检索系统的优点及存在的不足

大型数据库的建立和专业数据库的合成与兼容,尤其是网络检索系统的迅猛发展,使采用自然语言检索信息成为了信息检索的发展主流和方向。与传统的受控语言检索系统相比较,自然语言标引检索在适应当今信息技术发展和用户需求中具有不可比拟的优越性,主要表现在:

(1) 可以降低标引难度及成本,甚至可以实现无标引检索,从而提高标引速度,缩短时差;

(2) 直接使用文献用语和作者用语标引和检索,能客观反映文献本身的主题内容,提高检索的专指度;

(3) 采用用户熟悉的自然语言,符合用户检索习惯,减少了概念转换过程中产生的失真现象;

(4) 由于自然语言标引或无标引检索多采用自动处理方式,检索入口词多,有利于提高查全率;

(5) 自然语言检索操作简单方便,灵活,扩大了用户面等。

但是,自然语言检索在具体使用过程中仍存在着不足之处,主要表现在三个方面:

(1) 易造成主题相关的信息分散;

(2) 词间关系含糊不清或不正确,无法清楚地显示概念间的关系,易造成检索系统的失误;

(3) 用户难以确定全部的检索用词,加重了用户的负担。

实践表明,即使使用上述各种关键词检索及增强关键词检索功能的措施或全文检索技术都不可能完全解决自然语言检索中的问题,问题的症结在于:

第一,在人类语言尤其是汉语中,存在着丰富的意义相近或相似的字或词(或同义词),在检索中,这种同义词现象必须得到必要的处理(或控制),从而才能提高查全率或查准率。而自然语言检索采用的是基于"物理"字或词的方法,而非基于概念(或知识)的方式。

第二,自然语言检索采用的是基于全文匹配检索的方法,而非基于主题概念的方式。这样的全文检索在有效提高系统查全率的同时,也带来了大量的信息噪音。根据以上这两点,我们不能否定网络信息的人工标引和控制在现阶段

的必要性和合理性。

因此,关键是没有适当的控制机制,要保证较高的检索效率、查全率和查准率,必须适当地介入受控语言的控制机制。

第四节　后控制检索

由于自然语言检索系统是建立在自然语言标引和检索基础之上的,它既具有自然语言检索的一切优势,同时也包含自然语言检索的弊端。若不对其进行适当的控制,则难以提高检索效率,并且会增加用户负担,影响查找速度和降低系统的易用性。自然语言检索系统的各种缺点的根源在于缺乏有效的控制。实践表明,后控制模式是提高自然语言检索系统检索效率的有效措施。尤其在网络检索系统中,后控制技术更是有了全新的功用。

一、后控制机制概述

(一) 后控制和后控词表

自然语言检索主导着 20 世纪 80 年代以来的计算机检索系统,但是其检索效率低下的致命弱点,引发了人们对自然语言检索系统如何优化的探索。在自然语言检索系统中,可以采用一种新的控制模式——后控制模式,即"标引不控制 + 检索控制"模式。这种模式是在标引(输入)阶段使用自然语言,不对标引进行严格控制,而在检索(输出)阶段才对检索词进行控制的自然语言检索优化技术。

信息检索过程中的控制是针对信息标引和/或检索过程中标引员和检索者所使用的词汇进行某种程度的规范和约束,其目的是提高系统的检索效率。控制大致可概括为:① 对词汇的规范化处理(包括专指度控制),② 对概念之间关系的控制。一般把信息标引阶段的词汇控制称为前控制,而把信息检索阶段的控制称为后控制。从检索的全过程来看,分类法和主题词表可以看作是一种前控的手段,即信息的标识工具在检索行为实施前就以一种固定的模式和状态存在。后控制方法主要有:截词检索、位置逻辑检索、标引词加权和后控制词表。自然语言检索系统在没有词汇控制的情况下,其不足大部分都可以通过"后控制"方法加以弥补。其中,后控制词表的控制力最强,效果最好,是一种最为重要的后控制方法。因此,"后控"通常指后控词表控制。

美国著名情报学家兰开斯特在最早提出"后控词表"这一概念时曾有过这样精辟的论述:"普通叙词表属于先控词表,而把若干词或词的片断构造成一个检索策略,则属于一种后控过程"[1]。张琪玉通过对受控语言和自然语言的比较

---

① (美)兰开斯特 F W.情报检索词汇控制[M].侯汉清,等译.上海:同济大学出版社,1992:91.

研究,在20世纪80年代初也提出用后控制词表来改善自然语言检索性能的思想。

后控制词表是利用受控语言的基本原理和方法编制的自然语言检索用词表,它主要是对自然语言中大量存在的等同关系、等级关系和大部分相关关系进行控制和揭示,具有自学习功能,可根据检索的需要将新概念和新术语及时地加入词表中,因此,后控词表是一个动态词表。后控词表的性质类似于入口词表,它是一种转换工具,一种扩检工具,一种罗列自然语言检索标识供选择的工具。用户在检索时通过浏览词表选用检索词,或者由系统自动执行调整(扩缩减)检索式,这样既减轻了用户负担,又提高了系统的易用性和检索效率。

后控词表同分类法和主题词表的差别是它在用户使用过程中数量不断增长,分类法和主题词表的类目间的关系比较规范,而后控词表主要体现在词汇之间的相关关系,由于针对具体的应用,可以比前控的手段拥有较高的查准率。许多实验都一致表明,一个后控词表系统可以具有自然语言系统的全部优点,而且还具备先控词表的许多特性。一般说来,这种系统应该明显地优于一个仅仅以一部先控词表为基础的检索系统或没有任何辅助控制手段的自然语言检索系统。后控词表兼有自然语言与人工语言的性质和优点,因此,后控制词表是"自然语言检索和人工受控语言结合的最佳范例"。

(二) 后控词表的编制特点及编制方法

后控词表必须在检索系统中现有的自然语言检索标识的基础上进行编制(即必须以作为检索标识的自然语言原词为基础),以达到最大的覆盖率,否则将会大大降低其控制性能,这是后控词表的关键所在。

后控词表尽管借鉴了受控词表编制的一些基本原理,但由于其针对的是自然语言,在编制上具有自身的一些特点[1]:

(1) 自然语言的新词汇、新概念是不断增加的,因此,后控词表的规模是不断扩增的;

(2) 后控词表的主题分类体系是随着词量的增加而逐步细化的;

(3) 后控词表由于不用于文献标引,故其分类体系改变灵活,可根据需要进行较大的调整,对检索系统不会引起重行标引的问题;

(4) 后控词表可以以多种显示方式并用;

(5) 后控词表也有必要增加入口词,部分入口词通过一定的积累使用可以改为正式检索标识;

(6) 在后控词表中,标引词和非标引词应有所区别(可用不同符号),如果两者相同,应并存;

(7) 后控词表的词间关系,应由人工判别来确定,但可由计算机辅助,即利

---

[1] 张琪玉. 情报语言学基础[M]. 增订2版. 武汉:武汉大学出版社,1997:297.

用字顺排列和词素轮排中的字面成族原理,寻找出可能的词族。

后控词表的编制可以采取多种方式,现简略说明如下:

(1) 在被抽出的词汇的基础上编制。这种统计表方式是首先用自动抽词方法或自由标引方法标引一批文献,然后将标引所用的自然语言检索标识整理成词表。其编表程序和方法大致与一般叙词表的编制相同。

(2) 将自然语言检索标识与某种词表或分类表对应。即利用某种现成的词表或分类表作为框架,把自然语言检索标识作为参照系统的"用"项纳入其中。

(3) 在检索过程中,利用现成的、词量较多的一般词表作为后控制词表的代用品,或借用其他检索系统的后控制词表。这种代用方式的覆盖率是不会很高的。

(4) 利用计算机自学习机制将检索表达式中的用词加以积累,并定期加入到原始词表中,即后控词表在用户使用过程中其数量是不断增长的。用这种方式编制的后控制词表,要积累很长时间,才能达到较高的覆盖率。但这种方式最能反映后控制词表的特点,即通过在检索过程中采用逐渐积累相关词汇的办法来改善检索效率。这里要指出的是,后控词表的编制必须能够保证后控词表能有效地介入所应用的检索系统环境中,比如联机检索系统和搜索引擎的检索环境就是完全不同的。后控词表在 Web 信息服务环境下的应用发生了根本转变,因此,在后控机制的介入模式上要作相应的调整,后控词表的编制应充分考虑这一点。后控词表的生成基础也应由关系数据库的二维表发展到超文本的网状结构,例如采用超文本链接技术、微观词表技术等。

(三) 后控词表的控制方案

后控词表本质上是利用受控语言的控制原理来弥补自然语言检索的不足,后控词表发挥的效果如何,关键在于选择的控制方式和控制程度是否合理,因此,后控应该把握好一个控制的"度"。对自然语言进行控制的理想方案应是:一方面对其影响检索效率的不利因素予以控制,消除系统交互的语言障碍和词汇的模糊性,排除同义、多义现象,显示词间关系;另一方面,保留自然语言的优点,使得系统符合人们使用自然语言进行交流的习惯心理,增强易用性,避免因进行词汇转换引起的信息失真和进行主题分析、查表找词的沉重负担,并能及时反映新概念。

因此,后控制机制在自然语言检索过程中应寻找合适的切入点。应从信息检索所涉及的领域边界问题着手,突破自然语言规范化、标准化程度低与自然语言检索自由性、高效率要求之间的矛盾所产生的障碍。同时,自然语言检索系统在接纳自然语言后控制机制处理用户的信息检索需求时,必须要求后控制机制适应检索系统高度自动化的特点,借助知识库、自动换词等技术找到智能信息检索的理想切入点,以期获得最佳检索效果。

二、国内外后控词表研究及其应用现状

(一) 国外后控制词表技术研究与应用现状

自从兰开斯特提出"后控词表"后,20世纪70—90年代,美国、日本等国的图书情报学者进行了一系列后控词表的研究,尝试用各种方法建立后控词表,并把词表应用到实际的检索系统中。近十年来,词表的网络化开发和应用方面的研究与实践取得了长足的发展。一方面,已经开发出了多种词表编制与维护软件。在此基础上,充分结合网络技术,使词表向着网络化和提供网络检索应用接口的方向发展。另一方面,把机读或网络化词表嵌入网络检索工具中或者作为检索系统的一个可调用接口,为用户检索策略的构造提供提示和导航,这样就提高了网络检索效率,真正体现了词表在网络检索中的应用价值。国外开发了一系列实用性的网络化词表及其后控词表支持下的联机和网络检索系统。

后控制词表技术的应用主要有以下两个方面:

1. 词表辅助联机数据库检索

在目前的联机数据库应用中,叙词表一般用于帮助用户选择恰当的检索用词,修正检索式,从而帮助用户检索到尽可能多的相关文献。如:

(1) PubMed网络数据库检索系统,提供了MeSH词表数据库辅助检索。

(2) 美国教育资源信息中心(ERIC)数据库全文检索系统,提供了词表辅助检索功能。

(3) 生物学情报社(BIOSIS)提供的词表检索系统(ZR),提供了两种词表系统:一种是主题词表(subject thesaurus),包括动物学、地理和古生物方面的词条以及相应的注释,按照生物等级体系排列,如图7-10所示;一种是生物体系词表(systematic thesaurus),按照生物分类体系排列,主要用于对生物名称的英文和拉丁文的对照检索。

此外,国外还有很多专业领域的叙词表,如艺术叙词表、农业叙词表等都为相应专业的联机数据库检索系统提供辅助检索。通过具体测试实验,使用叙词检索比关键词检索可以获得更加准确全面的检索结果,充分体现了主题法

```
Level   Term
01..... Evolution
02...... Evolutionary adaptation
03........ Adaptive radiation
03........ Convergence
03........ Divergence
03........ Parallelism
02...... Evolutionary rate
02...... Extinction
02...... Homology
02...... Mimicry
02...... Natural selection
02...... Origin of life
02...... Origin of taxon
02...... Phylogeny
02...... Speciation
03........ Evolutionary isolation
02...... Variation
03........ Behavioural variation
03........ Biochemical variation
03........ Morphological variation
04.......... Colour variation
04.......... Size variation
```

图7-10 动物学的"evolution"主题等级展示[①]

---

① BIOSIS [DB]. [2013-08-20]. http://www.biosis.org/zr-thes/subjvoc/evolution.html.

汇聚相同主题文献的优势。[①]

2. 后控制技术在网络检索中的应用

现有一些著名的门户网站和搜索引擎中都使用了后控制技术，并以各种不同的方式对信息检索实施控制。如：

(1) 英国的 Intute 社会科学专业搜索引擎(2006 年前称为 SOSIG)中提供了"Thesaurus engine"辅助搜索功能(如图 7-11)。用户借助"Thesaurus engine"可以选择调用 HASSET(General social science)、IBSS(Government, politics and anthropology)、SCIE(Social work and welfare)、SRM(Research methods & tools)、CABI(CAB thesaurus)作为选择、规范或扩展检索词，以修正和完善检索提问式。

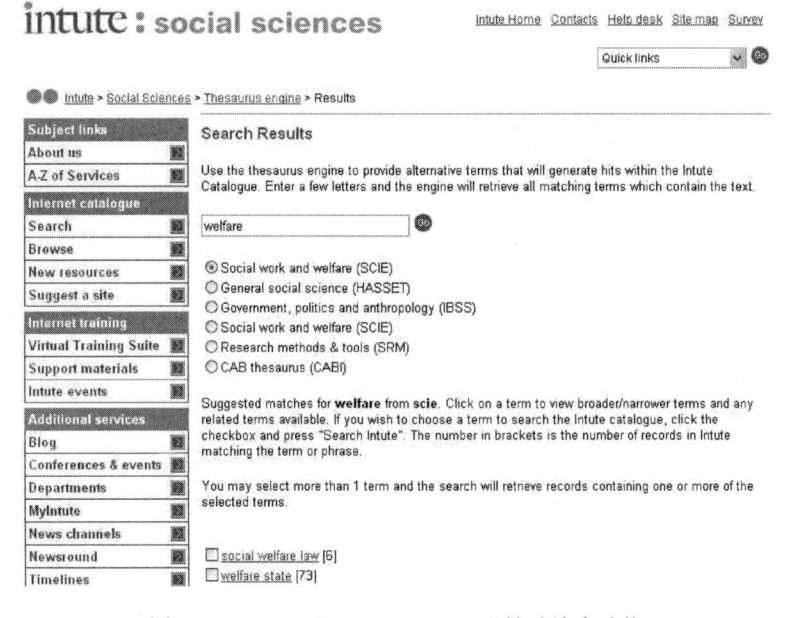

图 7-11　Intute "Thesaurus engine"辅助检索功能

(2) 搜索引擎的相关搜索推荐功能

在英文 AltaVista 早已有"related search"功能，在用户输入英文单词时实时提示相关词。近几年来，Google、百度、中搜、Yahoo！等搜索引擎推出了"相关检索"功能，可以对用户检索词作出一些建议和提示，体现了一定的"后控"理念。

百度搜索引擎具有根据检索式反馈一系列相关检索词的功能(如图 7-12)，通过用户与搜索系统的交互，实现辅助用户构造检索策略、优化检索式的功能，

---

① 熊霞,常春.国外叙词表在网络环境中的应用现状[C]//戴维民,等.网络环境下信息组织的创新与发展.北京:国家图书馆出版社,2009:96.

相关搜索	自然语言处理技术	统计自然语言处理	自然语言理解	自然语言
	自然语言信息检索	自然语言查询	数据库自然语言查询	自然语言逻辑研究

图 7–12　百度"相关搜索"功能

从而得到相对全面、准确的检索结果。

　　Google 则在用户输入检索词的过程中在检索输入框下方提示相关检索词，这些检索词是系统根据以往 Google 所有用户的搜索习惯和 Google 提供的计算两个搜索词之间相关度的独家技术而学习到的，这种方式大大方便了用户对检索式的构造和修正。Google 相关搜索将帮助用户更快地找到更有价值的结果。（见图 7-13）这一技术后被百度等搜索引擎采纳。

自然语言	
自然语言处理	3,270,000 结果
自然语言理解	2,450,000 结果
自然语言处理技术	2,440,000 结果
自然语言处理 招聘	358,000 结果
自然语言理解的机器认知形式系统	112,000 结果
自然语言处理网站	2,370,000 结果
自然语言处理总论	624,000 结果
自然语言处理综论	110,000 结果
自然语言检索	2,200,000 结果
自然语言处理综述	107,000 结果
	关闭

图 7–13　Google"相关搜索"功能

　　搜索引擎的相关检索词提示功能的本质是其采用统计、分析和语词相关性计算等技术实时动态形成一个类似于同义词、相关词组成的"相关词词典"（这里我们把这种相关词词表视为具有后控性质的词表），从而在检索效果上达到后控检索的效果。

　　到目前为止，搜索引擎的这种"后控"理念仍局限于对用户检索用语和常用检索词语进行统计分析、相关语义场算法的基础之上，更多的是简单字面匹配相关，而非概念语义匹配相关。但是，客观上就海量信息系统而言，这种自学习、实时、动态的词表建立和对检索的推荐性修正控制无疑是有效的，而建立超大规模的后控词表显然是不可取的，也是不可能的。

（二）国内后控词表技术应用与研究现状

　　我国的图书情报学专家对后控制词表的理论和技术实现也进行了深入的探索。

　　从 20 世纪 80 年代开始，我国的情报语言学工作者就开始对后控制词表的编制特别是计算机辅助编表技术进行了一些探索，提出了一些后控制词表的编制方法，并陆续研制了一批基于"受限领域"的后控制实验系统。如，周全明

第四节　后控制检索

等人利用字面成族原理，以《中图法》类目体系作为词表分类框架，在人工分面分析的基础上，利用计算机辅助编制了《汉语题内关键词索引与后控制词表系统》；宋明亮利用相似度算法计算词间相似度以进行词汇归类，在辅以人工判别的基础上实现后控制表的动态维护等。侯汉清、马张华等都曾以《中图法》《中国分类主题词表》为框架，探索利用分类主题自由词的互换技术来编制后控制词表。基于目前的词表编制特点和技术水平，后控制词表的编制似乎还只能局限在一个"受限领域"内，基本实现了自动编制，但在动态维护词表，如及时追加、更新这一点上还需要进一步探索。

随着《中国分类主题词表》（第二版）电子版及其管理系统的研制成功，基于《中国分类主题词表》的"类目—主题词"对照索引，探索为网络检索提供后控制检索的相关研究取得了一些具有实践应用价值的研究成果。其中，比较有代表性的有深圳大学图书馆曾新红网络知识组织系统（NKOS）课题组在《中国分类主题词表》第一版基础上构建"中文叙词表本体共建共享系统"（CCT1_OTCSS），并应用于图书馆公共目录检索系统，提供"主题词智能检索"功能（见图7-14）。同时，系统授权不同的角色对词表进行动态丰富和修正。具体运作如下：一般用户在使用"主题词智能检索"（构造检索式、执行检索）的基础上，发送增加入口词（同义词）；领域专家在一般用户的基础上，增加推荐新概念/主题词和概念间具体子关系；标引员在领域专家的基础上，具有增加修改和删除原叙词款目修订意见的发送权限；最终，由修订专家在提取上述角色所发送的修订意见，对词表进行更新，直接对词表进行增删改操作，并对词表进行全局检索和发布。该系统在一定程度上改进了中文叙词表查询扩展等检索服务功能及其维护机制，开创了一种全新的后控词表编制方式，真正实现了词表的共建共享。

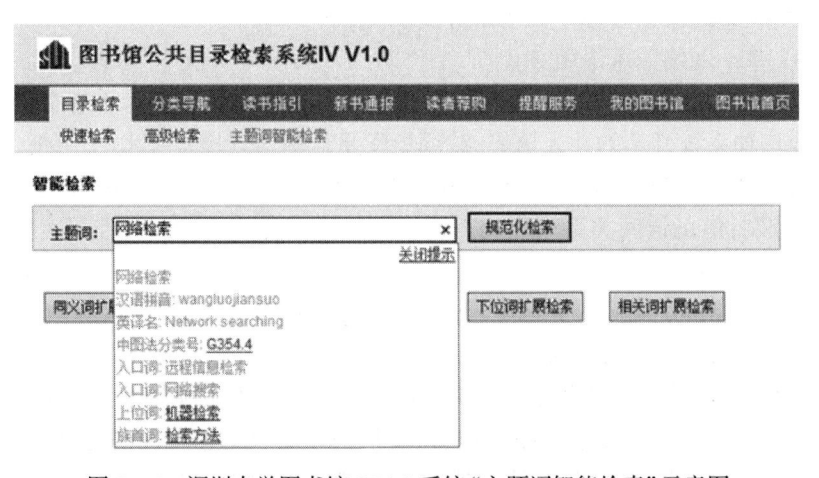

图7-14　深圳大学图书馆OPAC系统"主题词智能检索"示意图

就总体而言,这些年国内关于后控词表的研究随着网络知识组织系统的研究和推动,在理论、方法及实践应用上取得了一些突破性的进展。但在提供网上专业数据库的全文检索服务方面,相比国外,国内要落后得多。几乎没有实用的词表辅助检索的中文数据库检索系统。国内对后控制技术的研究和实际应用方面与国外相比还存在一定的差距。

三、网络检索系统中的后控制技术

(一) 网络检索系统后控制技术的勃兴

网络检索系统是自然语言检索系统的最普及化的应用。网络信息检索的迅猛发展,自然语言的检索优势使其成为网络信息检索系统的主要检索用语言。但是它在给用户带来检索自由的同时,也给用户带来沉重的检索负担。

我们从用户检索策略的构造过程中可以分析得出:在提交检索式之前,为用户提供一个编辑新检索式的机会对于改善网络信息自然语言检索性能是非常重要的。另外,检索结果的处理及显示在网络信息检索中也被提升到一个非常重要的技术高度。后控制技术可以极大地改进网络信息的自然语言检索性能的事实已得到普遍的认同。因此,后控制技术在网络环境中并没有失去其传统的效用,相反地,后控制技术的概念早已突破了原来"后控词表"的范畴,变得更为宽泛,在改进网络资源自然语言检索中的效用更加鲜明和突出。

网络信息检索的特点赋予了后控制技术更丰富的内涵。网络环境中的后控制技术主要包括以下三个方面的内容:

(1) 检索式修整处理,包括停用词处理、截词处理和后控制词表查询扩展三个方面;

(2) 检索结果后处理——结果分面聚类;

(3) 基于网络的术语服务。

检索式的修整处理主要是指利用停用词典去除那些没有检索意义的虚词、介词或增加系统开销的插入语等;截词检索是自然语言检索技术的一种,本质上它也是一种后控制技术,即截词的实现要借助于系统内置的"词根(或截词)词典"的控制;借助词间关系词表的查询扩展技术即传统所指的后控词表技术,在网络环境中同样非常重要。

检索结果的后处理,也是检索的一个过程,对检索结果的控制在网络信息检索环境中特别必要和重要。检索结果的后处理也是后控制技术的一个方面,分面技术、聚类技术对结果可以实现有效的控制。搜索系统通过分面聚类技术,对检索结果从多个维度进行细化组织,使用户以最快的速度准确定位到满足其检索需求的记录信息,减轻了用户检索负担,提高了用户体验。

随着网络信息技术的发展和知识组织系统有关研究的不断深入,国内外的信息研究机构开始关注如何利用网络信息技术和知识组织资源(包括规范文档、主题词表系统、网络分类、分类表等)提供网络术语服务,其目标是通过为人和计算机获取和理解知识组织资源中的概念以及概念间的关系提供方便,帮助用户更容易地访问和获取数字资源和服务。

以上三个方面构成了网络信息检索时代勃兴的后控制技术。

在网络检索工具中,要充分利用各种后控制技术,从网络信息检索过程的各个角度来优化自然语言检索。换言之,一个优秀的网络检索工具,应该配备完善的后控制检索机制。

(二) 后控制技术支持下的自然语言检索优化

1. 后控词典、词表优化检索式

在提交初始的检索式之前,首先要利用后控词典、词表(包括停用词典、截词词典及后控叙词表)技术来优化、规范检索式。

(1) 停用词典——检索词有效性控制。停用词典收录所有对检索无意义和高频率的虚词、介词及增加系统资源开销的插入语等性质的词和短语。在用户输入检索式后,系统自动调用停用词典对检索式进行分析,排除无意义的字或词或短语,诸如"的""of""一般来说""总体而言",剩余的词被视为是有检索意义的检索词。然后将经停用词典过滤控制优化后的检索式交检索系统作进一步优化处理。

停用词典在自然语言语句检索中显得更为必要,如在"你能告诉我搜索引擎的工作原理是怎样的?"和"我想知道佛罗里达的天气状况?"这两个句子中,"你能告诉我"和"我想知道"都是些无检索意义的术语。再如检索式"搜索引擎的工作原理",检索系统会去除其中的助词"的",将原检索式优化为"搜索引擎+工作原理"。

具有停用词典过滤功能的网络信息检索工具允许用户以自然语言词组或语句的形式表达检索要求。一般来说,自然语言语句检索的质量与非用词表的质量有关。停用词典是从形式上优化、控制自然语言检索式的有效方法,是后控制技术的一种。

(2) 截词词典——有效检索词词形控制。截词检索主要是针对英语等西方语系而言的。许多具有截词功能的检索系统能初步地判定词根,即指这些系统能根据一个已知的词,自动地给出这个词的单数和复数形式或基于共同词根的其他单词,并将它们作为检索词纳入检索式一并检索。截词检索尽管没有太多语义理解的成分,但检索实践表明:自动利用词形也能够在某种程度上返回令人满意的文档。例如:一个检索式中包含"communication"一词,检索系统抽取"communication"的词根"communicat-",返回具有共同词根的 communicate,

communication，communicating，一并纳入检索式参与检索，从而实现检索的优化。

基本的截词检索使用截词符（通配符"*"）来表示作为检索用词的关键词的某一部分允许有词形变化。截词检索包括右截词（后端截词、前方一致）、左截词（前端截词、后方一致）、中间截词（前后方一致）和左右截词（中间一致）。在网络检索工具中截词检索主要是右截词，部分支持中间截词，左截词则极为罕见。绝大部分英文网络检索工具都具有截词检索功能。截词检索的自动实现，必须要求系统内置一个有效控制检索词词形的截词词典。截词词典的质量，直接决定了截词检索的性能。

截词检索有字面成族的作用，而字面成族的词中有一部分或大部分又是概念成族的，所以利用截词检索可提高查全率，但也会带出一些误检的网络资源。因此，截词必须适可而止，截去部分过多反而会增加误检率。

(3) 词间关系词表——检索式概念控制。检索式的重新构造或者说是优化主要是通过使用与检索式有词间关系的新词的扩展或缩减来完成的。

词间关系词表，也即后控制词表。根据 WordNet（国外的一个词表数据库），词间关系词表是组织那些用来帮助你发现你想发现的，但并没有想到的等级词、同义词、相关词的词库。系统建立词间关系词表，目的是实现对系统检索提问的概念控制，这种控制包括查询缩检和扩展。所谓的查询扩展意思是指通过从词表中选取相关概念的检索词将原始的查询自动扩展。例如，要检索"图书封面设计"（book cover design），系统就会扩展得到纸皮书封面设计（paperback book cover）、浪漫类图书封面设计（romance book cover design）、CD 封面设计（CD cover design）等多个检索选项。这类检索工具试图确定的是用户的检索意图而不是仅仅机械地接受用户所输入的词，而且还返回与用户检索主题相关的内容。也就是说，尽管在某个文档中可能根本就没有出现用户所键入的关键词，但系统可能会提供与用户输入的检索词在语义概念上等同、相关或相反的词。

如，当你键入"elderly people（老人）"时，系统同样会给出与其概念上等同的"senior citizens（老人）"的结果信息。后控词表扩展查询的方法，在技术上的表现近似于我们通常所说的概念检索技术。

扩展的新词或者由用户从词表中判别后取出，如前所提到的 Intute 的 HASSET 词表在检索中的辅助扩展查询，这种后控词表应用模式我们称之为"松散浏览模式"，用户通过浏览叙词表可有效地改善检索效果；或者如百度的"相关搜索"这样的相关检索词反馈扩检功能，这种"后控词表"应用模式我们称之为"松散检索模式"。从应用的效果来后，后一种模式即"松散检索模式"代表了搜索引擎应用后控制技术的主要形式和发展趋势。

后控词间关系词表在检索系统中应该以"词族片断"的结构形式存放。即把有关某一概念的若干词或词的片断构成一个词族片断，由一个个这样的元词族片断构成系统内置的或供调用的后控词间关系表。检索时用户根据特定的检索需求,通过调用、存取与其检索式最相关的词族片断,对原检索式进行概念上的优化控制,一方面减轻了系统处理和运行时间,另一方面便于词表的及时更新和完善(这一点对满足后控词表动态的特点要求是非常重要的)。

词间关系词表控制技术有助于产生有用的检索结果集,但同时也可能会产生与用户信息需求意向相距甚远的记录信息。如果当查询扩展自动地执行,也就是说,检索扩展的词汇没有经过用户对这种自动扩展假设的判断、确认,那么显示在检索结果中的问题可能反而会更大。如果这个搜索工具没有给用户提供有关这些检索结果是如何产生的足够信息的话,那么用户肯定会对检索返回的过量结果集感到手足无措,这样反而加重了用户负担。因此,在选择扩展的检索词时需格外慎重地限定检索范围,避免返回无法承受的过多的检索结果。从这个角度来讲,概念检索在执行机制上还有待进一步改进和完善。

词间关系词表控制下的查询扩展,一定要注意让用户根据检索意图(或者说是检索的语义概念)来选择,通过交互式的术语提示方式来实现控制。用户在系统的辅助下选用最恰当的词语表达自己的信息需求,这样的检索才是概念匹配检索。实现概念检索和控制概念检索结果返回过量的问题需要用户与系统以交互的方式来解决。交互式概念检索可以实现在提高查全率的同时,而不至于过度地降低查准率。

后控制词表是提高自然语言检索效率的有效措施,但通用性差。目前具有后控词表辅助检索功能的网络检索系统,一般只做同义词控制。

2. 检索结果控制——结果联机分面聚类

根据目前的网络检索技术水平,用户也许还要面临因为检索主题太过通俗而产生成百上千的文档结果集的问题。在过去几年中研究者从概率和信息计量学角度对检索结果的相关度测定进行了大量的研究,通过评分和评级对文档进行相关度排序,相对减轻了用户处理检索结果时的压力。尽管较好的排序算法可以使得从成百上千的结果文档中鉴别出用户所需的信息变得相对容易一些,但仍不能从根本上有效地解决这一问题。因为有一个大问题还没有解决好,即前端用户并没有理解后端检索结果是按什么方式排序的。

检索结果后控制也称为"检索的后处理",也属于后控制技术的范畴。检索结果的后处理对用户而言,是后续检索的一个动作,一个过程。结果后处理的一个好处是处理的将是一个相对小数量的结果集,而不是从整个网络上检索到的所有信息(见图7-15)。其实,不管是前或者后搜索,聚类技术都可能会大大地改进这种现状。

检索结果聚类是目前网络检索工具中一种比较先进的检索结果处理和控

```
Clustered Results
▸ natural language processing (209)
⊕▸ Artificial Intelligence (29)
⊕▸ Software (27)
⊕▸ Speech (25)
⊕▸ Computational Linguistics (20)
⊕▸ Natural Language Processing Group (14)
⊕▸ Computer Science (17)
⊕▸ FAQ, Comp.ai.nat-lang (14)
⊖▾ Retrieval (13)
    ▸ Information Retrieval, Natural Language Processing (4)
    ▸ Institute for Natural Language Processing (2)
    ▸ Natural Language Software Registry (2)
    ▸ Data (2)
    ▸ Other Topics (3)
⊕▸ Machine learning (9)
⊕▸ Natural Language Processing Lab (5)
```

图 7-15 检索结果的联机聚类

制技术，如 Vivisimo[①]，它凭借其优秀的结果主题聚类技术在 2001、2002 年搜索引擎检索性能评比中获得"最佳元搜索引擎"称号，它是结果聚类技术的杰出代表。此外，还有 QueryServer[②] 等著名的搜索工具由于采用了聚类技术，因而都较好地展现了系统优良的检索性能。

近年来，学术数据库检索系统、资源发现系统普遍对检索结果作了多维分面聚类处理，以精炼结果（refine results）的方式，限定检索范围，快速定位目标检索结果，极大地提升了用户检索体验（见图 7-16）。

"尽管对用户检索行为的评价是一个很难评估的不确定的过程，但初步的实验研究表明：聚类技术能经常地帮助用户调整对感兴趣的检索结果的快速定位。"[③] 检索结果后处理——结果联机分面聚类是改进检索结果现状和为用户检索"减负"的一个非常有效的方法。

自动分类技术的贡献将会极大地提高检索后期结果自动聚类的水平。聚类技术的提高是建立在自动分类技术改进和发展的基础上的。

3. 术语网络服务

术语网络服务已经成为现阶段知识组织研究和应用的热点领域，术语网络服务已得到实践应用，提供检索、浏览、发现、翻译、映射、语义推理、主题标引和

---

① 注：Vivisimo 于 2012 年 4 月被 IBM 看中、收购。Vivisimo 技术支持下的元搜索引擎为：Clusy (http://www.clusy.com)。

② QueryServer 是一个元搜索引擎，现已与 OperText 搜索引擎进行了整合。

③ Stenmark Dick.To search is great, to find is greater: a study of visualisation tools for the web [OL]. [2013-08-20]. http://w3.informatic.gu.se/˜dixi/publ/mdi.htm.

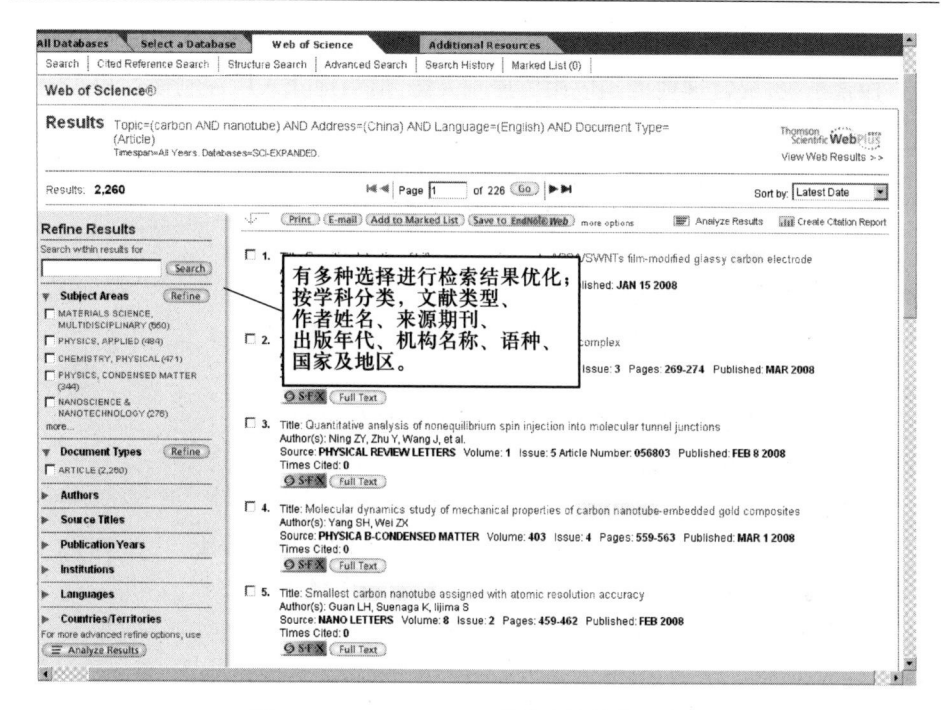

图 7-16　Web of science 的检索结果分面聚类

分类、获取、提示等各种服务[1]。有关术语网络服务的内容详见第八章第二节。

从目前的情况来看,以上三个方面的后控制技术在网络上均有不同程度的应用。停用词典和截词词典在搜索引擎中得到了大量的使用,但是也许人们并没有意识到它们也是后控制技术的一个方面;搜索引擎的开发者认为,后控词表(后控词间关系词表)的编制虽然存在着相当的难度,但它在有效改进自然语言检索性能上的突出优势,使它在网上仍然得到了一些应用,而且以各种不同的方式被应用着。检索结果分面聚类技术在一些著名的搜索引擎、学术数据库系统、资源发现系统中得到了充分的应用,并且已经成为评价系统搜索性能的一个重要指标。

但是网络信息检索的特殊性要求后控制技术必须针对检索过程的各个阶段分别运用适当的后控制技术对检索实施必要的优化。因此,将各种后控制技术有机地组合并应用在搜索工具中可以极大地优化网络信息的自然语言检索技术。

后控制技术是提高自然语言检索系统检索效率的有效措施,这一点已经是

---

[1] JISC Terminology Services Workshop [EB/OL]. [2013-08-20]. http://www.ukoln.ac.uk/events/jisc-terminology/intro.html.

毋庸置疑的。但是在具体的应用中,针对不同应用、不同规模、不同性质的自然语言检索系统,要合理地区别应用后控制方法,恰当地介入后控制模式和实施适度的控制。

思 考 题

1. 简述自然语言发展演化的阶段。
2. 简述自然语言与受控语言的优长及两者的关系。
3. 简述中文自动分词的难点与障碍。
4. 中分自动分词常用方法有哪些,发展现状如何?
5. 简述自动标引方式及其关系。
6. 简述自动文本分类的两种研究思路。
7. 中文索引的索引策略有哪几种?分析其优缺点及适用性。
8. 简述搜索引擎自然语言检索方式的层次和实现方式。
9. 国内外后控词表研究及其应用现状怎样?

第八章　网络信息组织

互联网技术的快速发展为信息组织活动开辟了全新的应用领域。面对网络信息资源的快速增长,如何进行有效揭示与组织、服务于搜索发现的信息组织创新是伴随网络环境发展变化的持久热门主题。网络信息资源多元化,网络信息组织的研究实践呈现出跨学科领域、多目标导向的集成化特点。本章从信息组织所处网络环境的快速扫描入手,围绕网络内容对象,介绍网络信息组织的主要理论方法与技术应用,具体包括两部分:(1) 经典信息组织方法的继承与网络化延伸,(2) 新兴网络信息组织方法与技术。

第一节　网络信息环境

一、网络信息环境扫描

与网络密切相关的两个概念为互联网(Internet)与万维网(World Wide Web)。严格意义上讲,两者是有区分的。互联网又称因特网,始于1969年美国国防部 ARPANET 项目,是按照一定通信协议,连接全球计算机的物理网络系统。万维网是互联网能够提供的应用服务类型之一,由英国科学家伯纳斯－李(Tim Berners-Lee)爵士于1990年提出并设计了最早的网页应用。这里网络信息组织中的网络环境指的是,面向网络应用层的信息资源组织与管理,主要围绕万维网部分,不涉及互联网底层网络通信协议与硬件。

从最早的静态网页到现在的富媒体(Rich Media),网络信息类型的种类越来越丰富,包括声音、动画、视频、HTML、脚本语言等多媒体表现形式以及各种交互手段。网络以日新月异的面貌发生着快速变化。不同网络发展阶段的信息组织活动是有差异变化的,响应新兴环境变化的信息组织实践意识是非常必要的,否则信息组织理论与方法会面临与时代环境的脱钩,继而被淘汰的危险。

根据网络发展的显著特征,目前大体可划分为三个阶段:

(1) Web1.0:文档的网络。这一时期是网络起步期,主要是将信息内容本身上网,提供单向浏览与下载。Yahoo! 分类目录对网络早期的网站进行主题分类组织,供人们查找信息是这一时期的典型组织方式。随着网页数据的快速增长,人工搜集整理方式跟不上大规模资源组织的要求了,以 Google 为代表的关键词搜索引擎的出现在一定程度上解决了这个问题。直至现在,关键词搜索引擎仍然是网络信息获取的重要手段。

(2) Web2.0：用户参与创造的互动网络。这一时期强调以人为中心的网络，用户不仅仅是信息的消费者，而是作为信息生产者与消费者双重角色进行各种各样的网络活动。用户贡献内容（UGC）包括博客、微博、微内容等，具有实时性、多元性与复杂性等特点，给网络信息组织带来了新的挑战与机遇。标签法（Tagging）、维基（Wiki）、集成融汇（Mashup）等新网络信息组织技术不断涌现。

(3) Web3.0：语义网（数据的网络）。这一时期网络的智能化程度提高。语义是指网络数据被赋予指定含义的明确信息。建立在计算机对资源内容本身的可理解基础上，智能代理程序（Agent）能够自动化处理数据之间的关系，使得人们使用网络更加精准与方便。语义网信息组织已成为一个专门的研究领域。

通过以上阶段划分，可以把握网络发展的主要阶段特征，以及其中信息组织活动的变化。这里仍需强调一点，三个阶段的划分并不是简单的串行取代关系，当前网络的三种网络特征是并存的，可作如下解释：文档网络是基础，互动网络是主流，语义网络是趋势。

二、网络信息组织的挑战

网络环境的复杂性对网络信息组织提出了挑战，传统信息组织的整序方式已经不能完全适应当前的组织需求。如何开展具体的网络信息组织活动，以下四点挑战值得关注：

(1) 开放无序

任何联网终端都有机会通过网络创建与发布信息。网络的开放自由性使得网络整体呈现无序化状态。然而，信息组织的目标是做到有序化与结构化，如何在无序网络之上建立内容秩序是首要挑战。语义网是宏观上的一个解决方向，但还有很长的路要走。目前信息组织能够做到的是宏观无序下的局部有序控制。

(2) 海量数据

我们淹没在信息海洋的同时却苛求知识，这反映出信息超载与吸收利用之间的固有矛盾。大数据是对网络数据激增形象最直观的描述。随着社交网络、移动互联网、电子商务与物联传感等领域的快速发展，上亿条数据已成为互联网公司处理常态，TB（Terabyte）与PB（Petabyte）数据级别是目前的主流。这些数据中包含大量半结构化与非结构化数据，传统关系型数据库与信息检索处理技术都无法胜任。如何分析挖掘海量数据集的价值，必须具备有效的结构化基础来支撑，那么创新信息组织方法是必不可少的。Google的MapReduce和Hadoop为代表的NoSQL数据存储技术就是一类典型的信息组织新方法。

(3) 碎片化关联化

网络时代人们的注意力很难持久，虽然能通过多种渠道接触大量信息，但没有深入的思考与理解。通过微博、微信、手机报等各种阅读应用,信息碎片化消费逐渐成为人们日常生活习惯。信息技术催生了信息碎片化,并且对跨平台跨设备的信息组织集成提出了更高的要求。碎片化信息之间存在某些显性与隐性的关系,如何经由信息组织方法来联系与系统整合碎片化信息,并搭建语义关联组织是一个现实应用问题。碎片化关联组织的最终目的是让用户获得系统化的高质量信息,有效促进个体知识吸收和知识发现。

(4) 用户需求差异化

网络用户的信息搜寻与使用行为体现了多元化,没有任何一种组织手段或检索工具能满足所有用户的找寻需要。长尾理论对网络信息组织的一个启示是,重视用户需求曲线中的尾巴部分,不仅仅关注热门资源,尽可能去创造所有资源与用户的"平等"接触,做到个性化匹配,实现利基经济的组织效果最大化。数字空间的无限延展性突破了物理货架的空间局限,多维信息组织方法已经得以实现。电子商务平台的分类组织、苹果的 Itunes 模式就是典型的使用组织架构与需求行为进行匹配的探索。

因此,面对网络新环境下的诸多新问题挑战,寻求信息组织的突破需要在继承经典信息组织理论的同时,积极引入新技术方法,做到兼容并包、与时俱进。

三、网络信息组织的目标与任务

信息组织的目标在网络环境下依然没有发生本质变化,结构是内核,搜索发现是目的。这一目标的达成从面向用户(human)与机器(machine)两方面努力。对于用户而言,如何通过信息架构与找寻机制更快找到想要的东西,并在这个过程中获得优质的搜索体验是关键。对机器自动处理而言,如何通过信息组织方法的优化与辅助,有效揭示网络信息特征,深入内容特征,让机器更好地处理和理解数据的含义。

对于这两方面的目标解剖,网络信息组织的任务具体分为以下三个方面:

(1) 传统知识组织网络化改造与应用服务(自身发展)——知识组织的进化
(2) 经典信息组织方法的网络化应用(应用拓展)——网络信息架构
(3) 新兴网络信息组织方法与技术创新(兼容并包)——语义工具

以下小节围绕这三个方面展开论述。

第二节　传统情报检索语言的网络化改造与应用

信息环境与信息对象的变化,是促使信息组织方法与手段演变的内在驱动力。网络环境日新月异的变化,使得以传统物理文献组织、排架与检索为出发点的情报检索语言面临新环境的适应、参与以及自身发展的问题。本节立足传统情报检索语言角度,主要介绍分类法与叙词表自身的网络化发展及其应用。

一、分类法的网络化发展与应用

(一) 分类法自身的网络化发展

分类法等级体系的系统严谨,本身就可视为一个复杂的信息系统。分类法的技术载体变化也与信息技术同步,大体经历了纸版、光盘版、网络版三个主要阶段。纸版作为出版流通目的依然存在,但直接利用率偏低。光盘版是分类法数字化存储、交换与业务功能发挥的集合体,但将分类法局限在一个相对封闭的系统环境中,缺少对外数据开放接口与功能延展,实现的是少数点对点应用。信息资源的网络化,也推进着分类法的网络化。目前主流的分类法都已拥有网络版本,提供特定范围的分类体系访问与数据下载服务。

分类法是具有知识产权的智力产物。在网络化过程中,其所有者对其使用范围进行了分层界定,从免费版的粗粒度大纲到付费版的详细类目,以及附加服务功能,开放程度不一。以下简要介绍《杜威十进分类法》(DDC)、《国际十进分类法》(UDC)、《中图法》的网络版。

1. DDC 网络版 WebDewey[①]

OCLC 是 DDC 分类法的所有者,拥有全球最广泛的图书馆用户。WebDewey 是 DDC 网络版的商业产品名称,需付费使用。它包括 DDC 第 23 版内容以及日常更新数据,拥有体系内全功能的浏览检索、图书馆工作流集成以及外部词表的映射连接;Abridged WebDewey 的分类数据来源于 DDC 精编第 15 版,主要面向中小规模馆藏的管理需要。

经过重新设计的交互界面,WebDewey2.0 兼顾了普通读者用户与经验丰富的图书馆专家两方面的使用需求,如图 8-1 所示。WebDewey 首页提供了搜索与浏览导航两种起点,中部提供了搜索引擎常见的关键词搜索框,下半部提供了大类(000—900)与辅助表(T1—T6)的浏览链接,值得注意的是,左上角依然保留了面向图书馆专家的高级搜索功能。

以 343.0999 类号,"信息存储与检索"类名为例,WebDewey 的显示细节如图 8-2 所示。左侧分类窗口显示了该类号在等级体系中所处的位置,即自上而下的类目链条及其下位类。右侧分别显示了类号注释和相关的索引词。右下角显示的是词类号与《美国国会图书馆标题表》(LCSH)、《医学主题词表》(MeSH)以及《书业主题表》(BISAC)的映射关系。该显示页面中,文字超链接(蓝色带下划线)点击后可跳转到对应的 DDC 类目与相关外部类。

---

① WebDewey[OL].[2013-09-30].http://www.oclc.org/dewey/versions/webdewey.en.html.

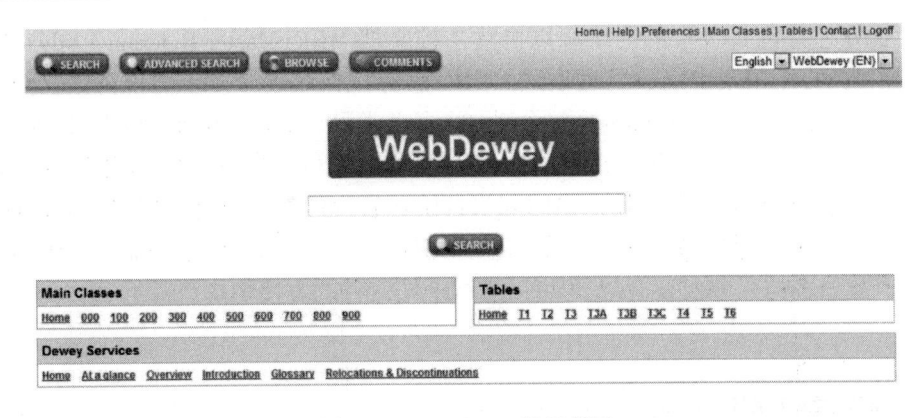

图 8-1　WebDewey 登录首页

（来源：http://dewey.org/webdewey/）

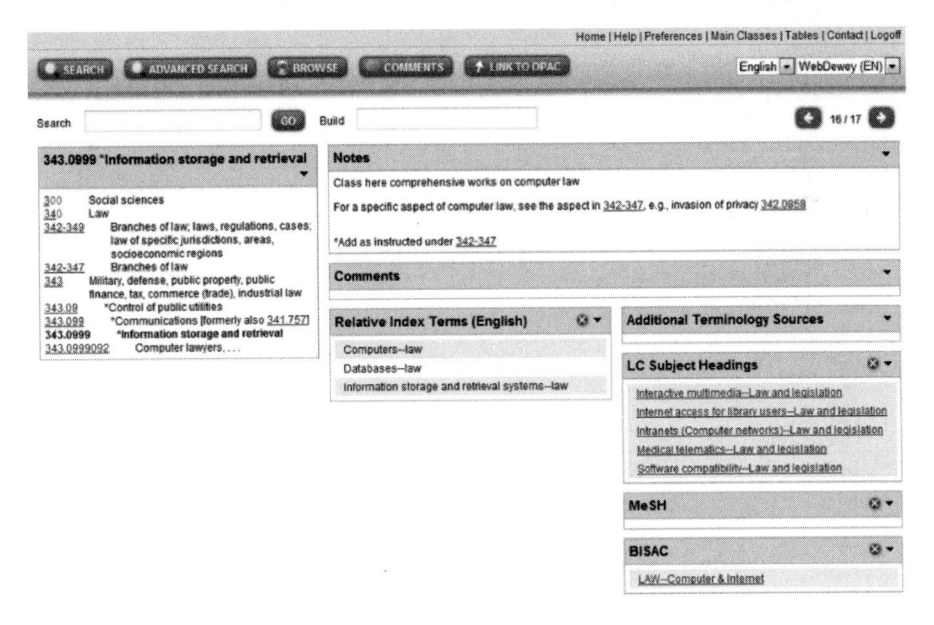

图 8-2　WebDewey 类目记录显示页

（来源：http://dewey.org/webdewey/）

WebDewey 做到了自身整体的网络化，同时将已有的词表映射理论成果进行网络化实地连接，目前已具备一定开放能力。词表类目映射的互操作研究是知识组织的重要主题，也是未来的发展趋势。

2. UDC 网络版[①]

《国际十进分类法》（UDC）是全球规模最大的多语种综合分类法之一，以组

---

① UDC［OL］.［2013-09-30］.http://www.udcc.org.

配复分为特色。UDC 的网络版以机读主控文档 MRF(Master Reference File)数据库驱动,采用集中统一管理模式。UDC 总体规模超过 7 万个类目,目前免费开放的 UDC 简本(Summaries)包含 2 600 多个类目,深度至多到三级类目,拥有 51 种语言译本。UDC 网络版简本数据包含类号、类名、范围注释、应用注释、示例等信息,拥有面向普通用户访问和修订维护管理两部分。普通用户访问界面如图 8-3 所示,主体界面由左右两个互动窗口组成,左侧树状结构显示 UDC 的多个复分表与 9 个大类,右上角可以进行不同语种的方便切换。

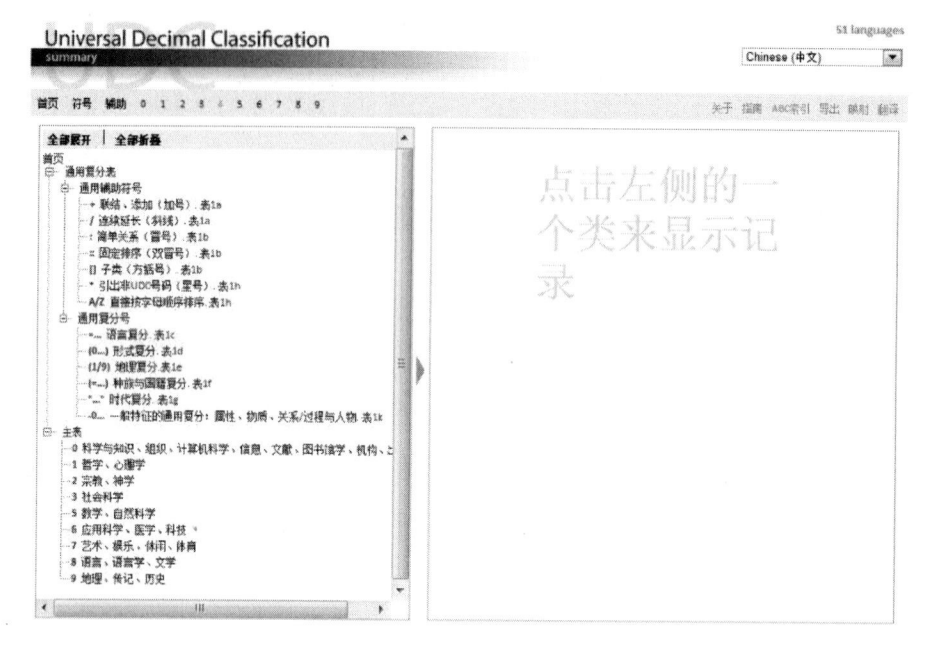

图 8-3　UDC Summaries 首页
(来源:http://www.udcc.org/udcsummary)

当点击左侧特定类目后,右侧显示该类目的具体内容,如图 8-4 所示。右侧显示的是"004.5 人机交互、人机界面、用户界面、用户环境"的详细内容,包括范围注释、交叉类目等。其下位类依次罗列,上位类位于顶部用灰色显示。其中,图中 004.35 类目是文字链接形式,点击后直接跳转到该类目。类目标题之上显示 "004.5 → 004.35" 的路径信息。

UDC 网络版的翻译维护管理界面如图 8-5 所示。左侧上半部分是任务栏,可进行类号与类名检索、大纲浏览等三种找寻途径。两个复选框帮助编辑者快速定位未完成类目。左侧下半部分是检索结果栏,显示待处理的类目,图 8-5 所示是 004.5 的检索结果。右侧是语种对应,点击编辑按钮(Edit)可进行翻译校对

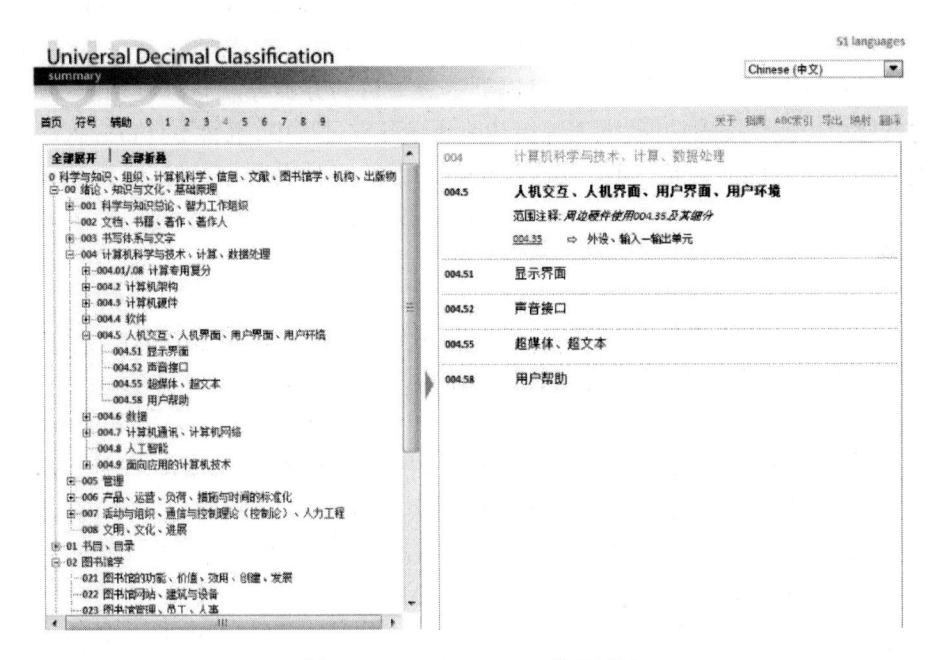

图 8-4　UDC Summaries 类目显示

（来源：http://www.udcc.org/udcsummary）

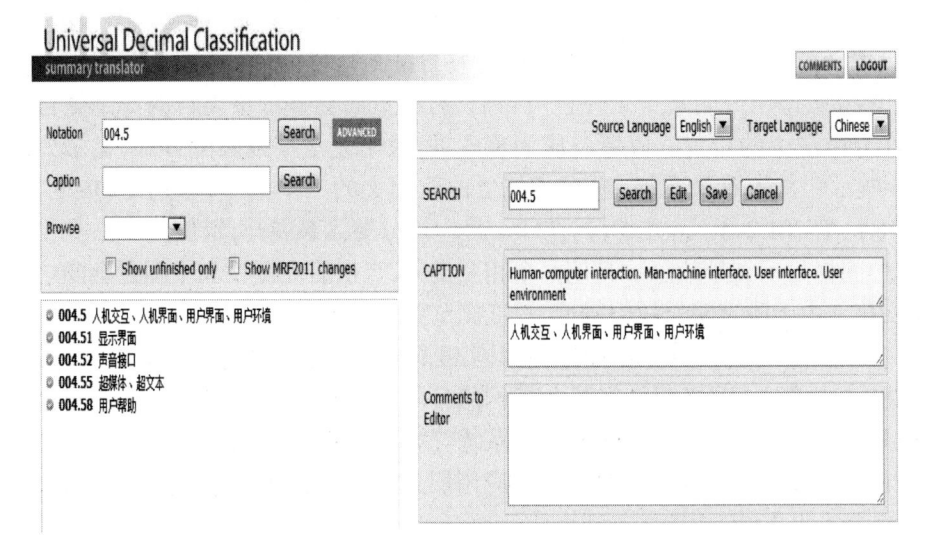

图 8-5　UDC 翻译维护界面

（来源：http://www.udcc.org/udctrans）

和内部留言互动。点击保存按钮(Save),可实时保存。由于 UDC 包含的语种众多,翻译进度不一,可通过 UDC 统计网址[①]实时了解进度。

目前,UDC 网络版简本对外只提供三级类目的分类导航与浏览功能,还未向普通用户提供搜索功能,词表映射功能还在开发过程中,也暂不具备嵌入编目流程的集成功能。但是,UDC 实现了修订动态的实时更新,通过网络协同编辑方式,后端的类目修订变化能实时体现在用户访问界面上,这是一个重大的进步。

3.《中图法》网络版[②]

《中图法》网络版以《中图法》(第五版)(2010)数据与《中国分类主题词表》网络版先期成果为基础,于 2011 年 12 月开启测试发布,目前稳定运行并不断完善。

《中图法》网络版的基础服务是提供中图法在线浏览、互动显示和多途径检索(完全一致、前方一致、后方一致)。应用服务包括:(1) 与联机公共检索目录(OPAC)挂接,提供跨库实时检索和学科导航服务。(2) 提供利用分类号标引发送服务,帮助编目人员分类标引。(3) 为各类用户提供评论注释服务,用户可针对类目添加评注,也可建立个人书签和公共使用文档,既方便用户之间的互动,也使开发和维护人员能快速掌握读者及用户的使用信息。在维护管理方面,提供《中图法》(第五版)的实时更新数据服务,一定程度上缩短了修订周期,提高了维护效率。

《中图法》网络版主界面分为两栏,上栏为《中图法》检索途径、用户使用功能设置及管理;下栏分左右两栏,左栏为类目浏览表,右栏初始页面为"《中图法》Web 版使用说明",选定左栏类目后,右栏页面会显示该类目的详细款目及其在分类法中的位置。以蛋白质为检索词,采用完全一致匹配方式,显示如图 8-6 所示。首先看最右栏,显示了与蛋白质相关的三个类号,分别是 O629.73、Q946.1、TS201.2+1。点击 Q629.73 时,最左栏分类体系展开,定位到 O62 有机化学,中间栏显示类号信息。其他两个相关类号,点击后左侧栏和中间栏会随之发生变化。由于测试账号权限较低,只能浏览到三级类目。

《中图法》网络版对国内信息组织实践具有鲜明的旗帜作用,与国外分类法相比,《中图法》网络版已经具备了网络环境下的访问与检索服务。从服务集成目标看,初步搭建了与外部 OPAC 系统等第三方网络应用的挂接通道。未来,《中图法》网络版在自身数据开放与应用服务形式多元化上还有更广阔的探索空间。

---

① UDC 统计网址[OL].[2013-09-30].http://www.udcc.org/udcsummary/stats/php/trans_stats2.php.
② 《中图法》网站[OL].[2013-09-30].http://clc5.nlc.gov.cn.

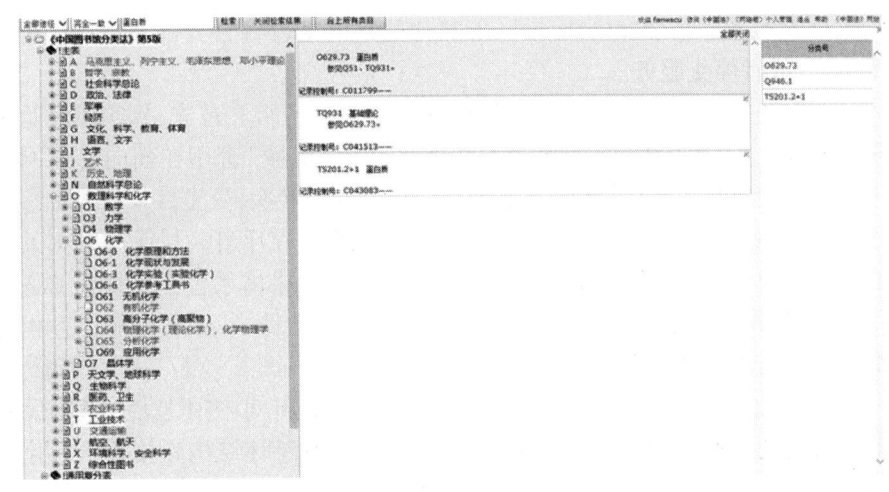

图 8-6 《中图法》网络版检索界面
(来源:http://clc5.nlc.gov.cn)

(二)分类法的网络应用

网络分类目录的编制虽然借鉴了经典分类法原则,但又有许多不同之处。网络信息使用环境的两个特点:一是网络用户大多数是非研究型专业用户;二是网络资源除了学术资源之外,有更广泛的主题覆盖。因此,经典分类法的学科划分原则在网络化环境下并不是首要考虑的,以"主题为主,学科为辅"的设类原则是常用的,其中辅以扁平化、多维划分、多重列类、交叉参照等方式克服等级体系划分中的单一路径局限。灵活的分类组织特点也为检索发现带来了优势。网络分类目录在互联网初期取得了巨大成功,但其自身发展也有一些明显问题。类目设置的随意性、资源归类的不合理性、编辑人员专业技能参差不齐、商业盈利驱动的不公平性、缺乏科学规范化控制等,导致网络分类目录整体质量和用户检索满意度下降。

互联网发展初期,Yahoo! 开创了网络分类目录应用的先河。由于当时网页数据规模较少,通过人工编辑方式按照一定的分类原则,将其分门别类组织在一起,成为一种行之有效的网络信息组织方式。搜索引擎出现之前,基于网络分类目录提供关键词搜索与导航浏览功能,是获取网络信息的主要途径。国内大部分综合门户网站(网易、新浪、搜狐等)都曾推出过综合性网络分类目录。

随着网络数据的快速增长,人工编辑方式远远不能满足网络信息采集与组织需要。虽然有 DMOZ(Open Directory Project)这种汇聚网民参与力量的集体贡献模式,但仍然无法应对网络海量资源的快速发展要求。目前大规模网络综合分类目录已退出历史舞台,取而代之的是搜索引擎,它占据了网络用户的信息入口主导地位。Yahoo! 的分类目录从最早的首页显著位置萎缩到一个二级域名下的不活跃服务(http://dir.yahoo.com),其他门户网站也将分类目录栏目移至不重要位置,或者停止服务。

经典分类法在网络环境下的应用问题需要辩证看待。首先,从实践经验中得知,将 DDC、《中图法》等经典分类法体系结构"机械"套用在面向普通网络用户的资源浏览与发现中,其服务效果是比较差的。其次,分类目录的人工参与模式是高质量网络内容的保障之一,特别是在网络上充斥着大量无用不相关信息的情况下,内容质量需求大于数量需求。DMOZ 目录体系曾经出现在 Google 的首页关键词搜索之下,也一度是 Google 网络采集的种子站点,内部计算相关度得分时常给予加权考虑。

以 Hao123 为代表的上网导航(网址分类)模式是针对中国广大普通网民实际上网需求的分类组织应用。从分类组织角度看,其整体结构是接近平面化的枚举式分类。Hao123 看似没有多少复杂度的简单网络分类组织应用,却是全球流量最大的中文网站之一,也是中国最成功的互联网服务之一,能很好地实现流量导入的盈利分成模式。百度在 2004 年纳斯达克上市之前,以千万级人民币的价格收购了 Hao123,到现在网址分类已无处不在。Hao123 这个应用实例带来的启发是,网络环境下如何围绕用户信息获取需求的深度挖掘,设计分类产品是一个需要认真思考的问题。获取需求与分类组织的精确匹配才是成功的核心要素。

面向特定用户群体和所属领域,编制"专而精"的专题指南、主题目录、学科导航等形式的小规模分类体系是分类法纵深层面的网络应用。学科导航信息门户是由图书情报专业人员主导的,将分类组织方法应用到网络的资源导航。主要以学科与专业领域为界定,主要使用群体是科研人员。例如,CALIS 牵头开发的重点学科网络资源导航门户[1]和中国科学院国家科学图书馆信息门户[2],以及领域知识环境理念都是以学科分类基础的应用。不过对于学科导航信息门户的维护管理与持续投入是一个挑战。目前存在闲置和更新不到位的问题。维持学科导航分类体系稳定性的同时能够根据网络资源的发展做出适时调整,保持其动态性是很有必要的。

二、叙词表的网络化发展与应用

(一)叙词表自身的网络化发展

叙词表是面向信息检索的词语及其关系规范化处理的典型受控语言,有助于提高检索效果。叙词表自身的网络化发展与作为检索系统内部的后控词表

---

[1] CALIS 导航[OL].[2013-09-30].http://navigation.calis.edu.cn/.
[2] 国家科学图书馆信息门户[OL].[2013-09-30].http://www.las.ac.cn/others/ResourceNavigation.jsp?SubFrameID=1068.

的网络应用是并行发展的。叙词表网络化发展较好的有《艺术与建筑叙词表》（AAT）和《统一医学语言系统》（UMLS）等。

1.《艺术与建筑叙词表》[①]

AAT（Art & Architecture Thesaurus）是一部面向人文艺术领域的分面叙词表。自1997年之后，不再出版纸本，只提供机读格式数据和网络检索服务，每年7月1日更新一次。AAT提供有关人名、地点、事物的优选术语（Preferred Terms）与同义词，设置了相关概念、物理属性、风格和时期、活动、材质和物件等七个分面，通过概念之间界定的语义关系构建知识库，提供丰富的领域知识与情境知识。AAT网络界面提供关键词检索与体系浏览，如图8-7所示。左上是关键词检索，支持多个关键词的"并（AND）"与"或（OR）"逻辑。右半边是根据分面形成的等级体系浏览表。左下显示的是一条记录（部分），包含数字型ID、记录类型、优选名称、替代名称、分面代码、等级结构中的位置、注释、贡献者以及语种信息等。

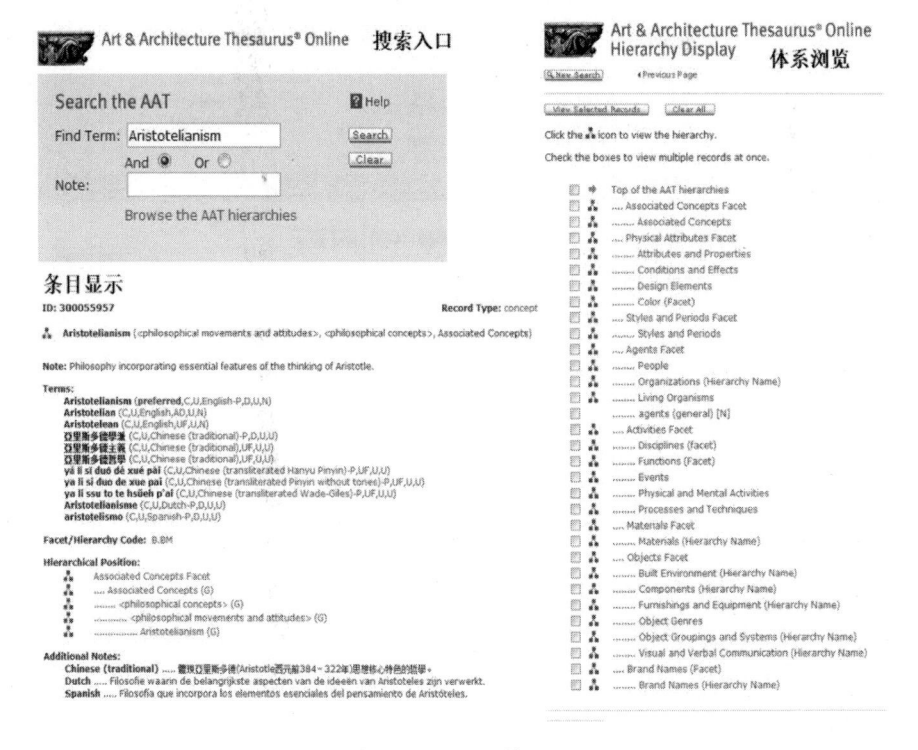

图8-7　AAT网络界面

（来源：http://www.getty.edu/research/tools/vocabularies/aat/）

---

① 《艺术和建筑叙词表》[OL].［2013-09-30］.http://www.getty.edu/research/tools/vocabularies/aat/.

AAT除作为独立的网络叙词表之外,通过Marc、XML等数据共享格式,也被集成到检索系统的数据库中,提供检索优化。叙词表数据的对外服务需得到授权与费用支付。

2. 统一医学语言系统[①]

UMLS(Unified Medical Language System)是美国医学图书馆为医学、生物、健康专业领域设计开发的一体化主题概念系统。UMLS的结构与语义复杂度早已超越传统叙词表内涵,主要包括三部分:元叙词表(Metathesaurus)、语义网络与专家词汇库。元叙词表是UMLS的核心,集成了包括MeSH、CPT(当代操作术语集)、RxNorm(美国境内临床药品规范化命名表)等在内的各种受控词表,语义网络构建了概念的语义类型与语义关系,专家词汇库主要用于自然语言处理。UMLS作为跨检索系统的词汇转换中枢,是目前语义与结构复杂度最高的专业词表。

UTS(UMLS Terminology Services)是UMLS的网络版,通过元叙词表浏览器(Metathesaurus Browser)提供主题概念显示、搜索与数据下载等网络服务,不过这些都需要付费才可以使用,不提供公开数据。图8-8展示了UMLS的网络浏览

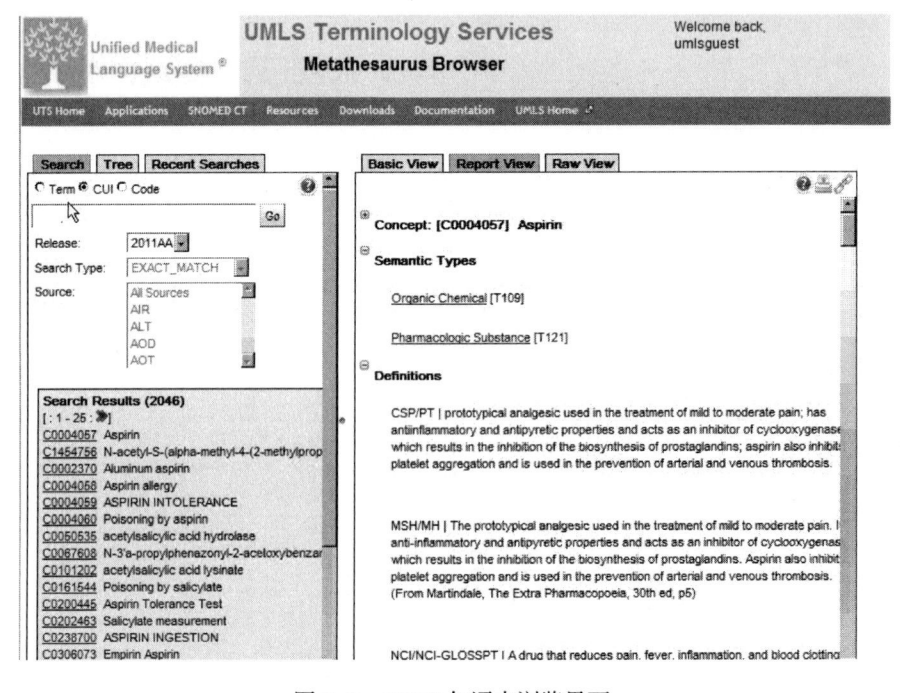

图8-8 UMLS叙词表浏览界面

(来源:https://uts.nlm.nih.gov)

[①] UMLS[OL].[2013-09-30].http://www.nlm.nih.gov/research/umls/.

与检索界面。

（二）叙词表的网络应用

如上所述，叙词表的网络应用主要是作为嵌入检索系统的后控词表，也称为"检索用叙词表"，目的是提高检索效果。叙词表以检索系统内部组件的形式存在，一般用户看不到完整独立的叙词表显示。在检索过程中，叙词表通过检索系统给出的规范化词汇、术语建议、查询扩展等方式发挥作用。例如，Web of Knowledge 检索发现平台的叙词表集成包括 Inspec 数据库中的可搜索叙词表、MEDLINE、Zoological Record Thesaurus 等多个专业叙词表。

以人文社会科学电子叙词表（Humanities and Social Science Electronic Thesaurus, HASSET）为例（如图 8-9 所示），它以显性方式展示了叙词表作为检索用词控制的作用。左侧是叙词表界面，选择叙词表中的大众传播（MASS COMMUNICATION），显示出上下位类（Broader terms & Narrower terms）与相关叙词概念（Related terms）。带下划线的文字链接都可以点击跳转到对应的叙词概念。下位类与相关叙词表概念各有一个复选框，如果选中，则执行对应的布尔逻辑操作。这里勾选了相关叙词概念。之后点击搜索按钮，右侧搜索框里执行"OR"关系的扩展检索。

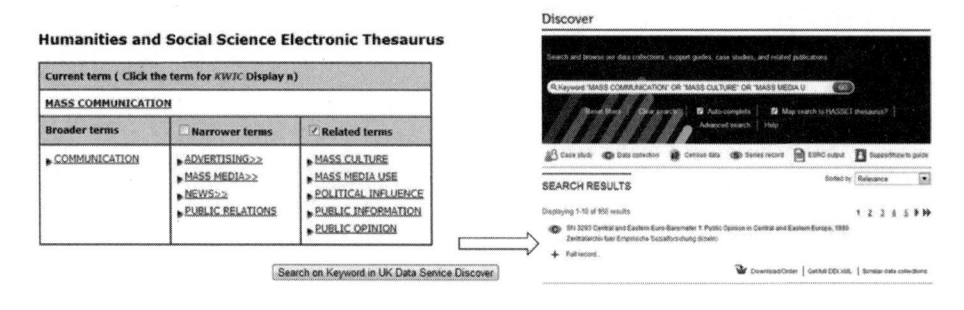

图 8-9　基于 HASSET 叙词表的检索示例

（来源：http://discover.ukdataservice.ac.uk/）

为了说明方便，图 8-9 将其拆解成两步显示。实际上，HASSET 叙词表已经内置在搜索发现系统之中。如果勾选 HASSET 叙词表映射选项，在搜索框中输入词汇时会自动匹配相关的叙词概念，实现语义层面的关联建议。

叙词表的网络应用在搜索入口的词汇控制与语义关联上发挥着重要作用，高质量的规范化术语与语义关联等优点，逐渐被主流搜索引擎纳入检索系统中。

（三）《中国分类主题词表》的网络化探索

《中国分类主题词表》是建立在《中国图书馆分类法》与《汉语主题词表》基础上的一体化集成词表，具有"分类—主题"和"主题—分类"双向对照索引。《中分表》网络版的开发早于《中图法》网络版，于 2011 年正式发布，两者有一脉相承性，具有共通的数据库，逐步做到了底层数据的同步更新。目前，《中分表》的分类部分来自《中图法》第五版数据，主题部分是在《汉语主题词表》基础上不断修订完善。从结构和功能角度分析，《中分表》更为复杂，其网络版除了具备《中图法》网络版已有的功能之外，提供更灵活高级的检索与发现服务。

　　《中分表》网络版界面采用多栏关联响应模式，提供齐全的检索途径。以"蛋白质"为例，采用全部途径与完全一致检索方式，检索结果如图8-10所示。这里需要注意，蛋白质在主题分类对应表与分类主题对应表分别有一个记录控制号，一个是作为主题词意义，另一个作为分类意义。背后的基本原理是，对于同一概念采用不同的语词标识与类号标识，而两者的指向本质是相同的，即《中分表》实现了概念的语词标识与类号标识的兼容转换。每一次主题词点击行为的发生，都会使得左栏和中栏动态发生响应变化。

图8-10　《中国分类主题词表》网络版检索示例

(来源：http://cct.nlc.gov.cn/)

《中分表》网络版提供了更有吸引力的知识发现环境,具有非常丰富的主题概念集与语义关系资源。如何进一步在内部体系里深度挖掘与外部系统之间产生映射的强相关互通是未来的努力方向。如图8-11所示,对"蛋白质"族首词数据进行动态可视化尝试,在浏览器即可使用。圆心是族首词概念,从圆心向外每一层是分类一级,每一层上的主题概念是同级子类。例如,点击"血清蛋白",圆形切换为以其为中心的局部展示。再次点击圆心质点回到上一级。这种交互手段用于显示分类体系,有一定吸引力,激发普通用户的参与兴趣。

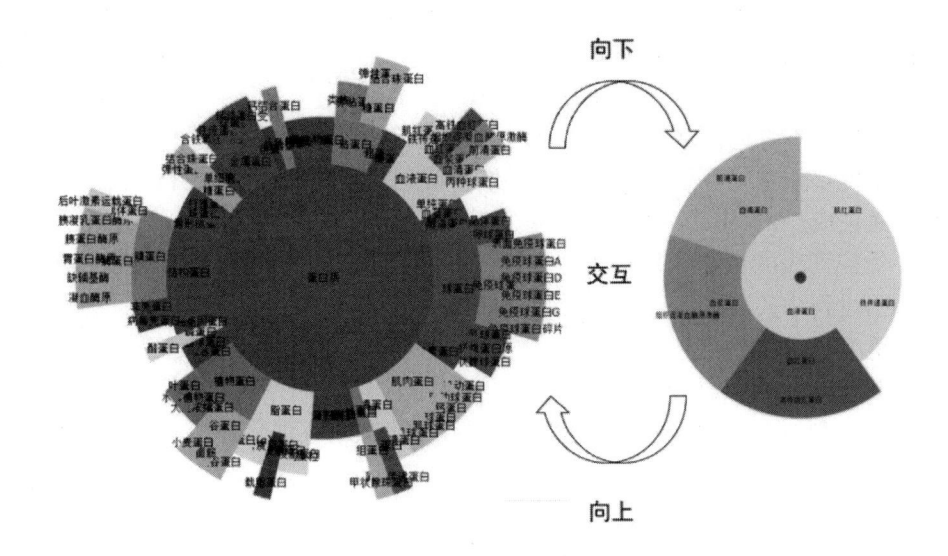

图8-11 "蛋白质"族首词可视化示例

以此可见,传统情报检索语言与工具在网络环境下并不是过时的,《中分表》网络版提供的数据好比资源宝藏,需要更多网络信息技术手段去开发各种服务应用。

三、基于传统情报检索语言的术语网络服务

要剖析术语网络服务(Terminology Web Services)的内涵,必须先明确它的要素。

1. 术语网络服务的要素辨析

受控词表、概念与术语是情报检索语言中重要的三个对象,分析三者的联系与区别是理解术语网络服务的基础。在知识组织研究视角下,受控词表是各种情报检索语言工具的载体存在,概念与术语是组成受控词表的核心要素。概念是抽象唯一的基本知识单元,可由一个或多个术语表示。术语是一种人为规范和约束的语言词汇。概念先于术语,概念的产生变化通过术语来表现,概念的

语义关系通过对术语相关性进行揭示而外化。明确概念与术语关系的受控词表框架,如图8-12所示:概念空间专门研究知识元层面的概念及其语义的网络;词汇空间专门研究语言层面的词汇问题(同义词、同形异义词、缩写词、语种翻译、拼错词等),形成词汇网络。受控词表是联系两者的现实中介和载体。这种区分有助于面向概念语义和面向词汇术语两方面的研究侧重,其中面向概念的研究可形成一个完整回路。知识组织围绕概念本身进行结构与语义研究,以概念外显的术语方式进行应用,即所谓的术语网络服务。在受控词表中将词汇控制和语义关联的功能明确分层,并进行有效集成。

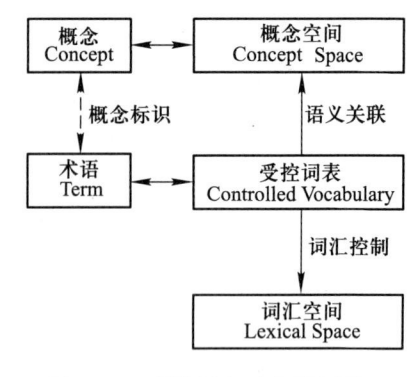

图8-12 受控词表理论研究框架

受控词表的核心作用是规范控制,通过对词汇与语义进行有效控制,在描述标引过程中实现检索点的一致性和唯一性,服务于检索效率的提高。网络信息环境下仍然需要受控词表参与的规范控制来优化资源组织与检索发现。在开放关联的Web3.0数据网络中,受控词表已经不再是以往孤立地存在于特定系统内部,而是作为一种资源数据类型融入其中,并以各种服务用途实现其工具价值。

2. 术语网络服务的定义

Douglas Tudhope等在JISC报告中对术语网络服务的定义较为全面[1],列举出面向机器和用户的检索、浏览、发现、翻译、映射、语义推理、主题标引和分类、获取、提醒等各类服务。OCLC对术语服务从四个维度进行解构:支持元数据创建活动,为资源描述提供术语;支持资源发现过程中的查询最优化,例如查询扩展;支持术语管理和共享,创建和共享本地术语;支持术语的社会化交互,例如用户提供的各种术语,自由标注等。除此之外,基于术语资源之上的智能语义关系挖掘也是术语服务的高级应用阶段[2]。这些定义似乎都比较抽象,要真正理解术语网络服务内涵,不妨从纵向角度来看术语网络服务的发展。早期的术语网络服务以兼容转换的受控词表互操作研究为主,目标是通过受控词表沟通实现被组织资源的共享集成和检索效率的提升。网络技术的快速发展,术语网络服务

---

[1] Terminology Registry Scoping Study (TRSS) [EB/OL]. [2013-09-30]. http://www.jisc.ac.uk/whatwedo/programmes/reppres/sharedservices/terminology.aspx.

[2] Terminologies Services Strawman [OL]. [2013-09-30]. http://www.oclc.org/programs/events/2007-09-12a.pdf.

研究适时引入了 HTTP URI、形式化表征语言、Web Service 等技术,逐渐从单点封闭式内部互操作,走向对外开放和关联的网络应用探索。

典型的术语网络服务项目有,OCLC 对各种大型词表(DDC\LCC\LCSH\MESH)进行映射匹配[1]、高层次集成叙词表(HILT)(1-4 期)项目以 DDC 为兼容转换中枢实现各类词表之间的主题互操作[2]、国际粮农组织(FAO)基于 AGROVOC 开发的 Concept Server Workbench[3] 等。

3. 术语网络服务设计与实现

术语网络服务开展的基石是对受控词表本身进行科学有效管理。如果将受控词表看作是一种信息资源,它具备从产生、发布、集成、变更以及退出的信息生命周期。传统的受控词表修订维护与版本更新可以看作是生命周期管理形式,版本更新的滞后性,在适应快速变化的网络资源对象和信息环境下显得力不从心。

以受控词表的分阶段管理来推进术语网络服务应用是一种实践思路。图 8-13 内环为以受控词表为基础的术语服务生命周期管理,外环对应不同阶段能够支持的术语服务应用形式。内外环并无严格对应关系,根据阶段的细化可以衍生出不同的应用形式。

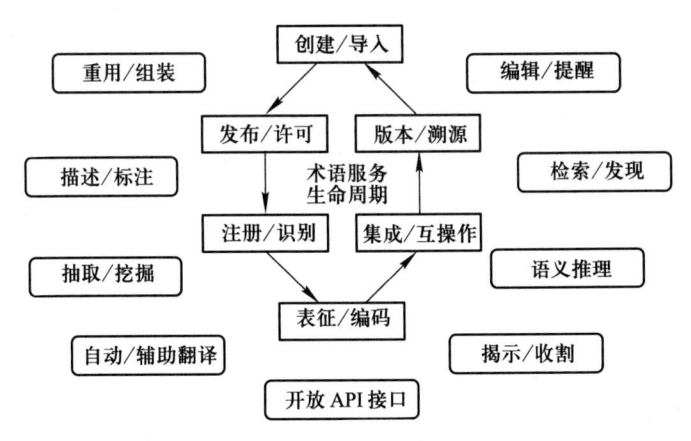

图 8-13 受控词表的术语服务框架

在术语服务框架下开展网络服务应用,可细分为三个阶段:

---

[1] Vizine-Goetz D, Hickey C, Houghton A, et al. Vocabulary mapping for terminology services [EB/OL]. [2013-09-30]. http://journals.tdl.org/jodi/article/viewArticle/114/113.

[2] High Level Integrated Thesaurus [OL]. [2013-09-30]. http://hilt.cdlr.strath.ac.uk/.

[3] AGROVOC Concept Server Workbench [OL]. [2013-09-30]. http://aims.fao.org/tools/vocbench-2.

第一阶段是基于词表的整体(Scheme)层次,提供各种词表的元数据描述和使用统计等相关描述。

第二阶段是跨词表的基于术语层次的概念语义揭示与检索服务,包括单个概念主题的检索与关联发现、术语网络浏览、术语编辑与修订、提供特定应用需求的术语集合等。所谓跨词表,是指术语服务建立在不同词表来源的术语集成与互操作基础上,术语的定义及语义关系使用语义仓储引擎管理。

第三阶段是在前两层的基础上以概念、术语、语义层次的规范结构化机制对外向第三方应用提供服务,具体应用领域包括:自动分类与索引、命名实体识别、计算机辅助翻译与自动翻译、查询扩展与限定、语义推理等。

三个阶段之间是递进关系,每一阶段的服务实现需要以下层为基础,前两个阶段围绕术语服务系统自身,第三阶段转向对外第三方提供服务。这一思路也就指明了术语服务设计与开发的实用化渐进路线,背后也带动着术语服务的根基——受控词表的发展进化,基础平台作用由此体现。第一步,对所需的已有词表进行整体注册;第二步,将各个词表包含的所有术语资源进行有效集成整合,建立一致化的术语仓储库,从而支持术语层次的概念语义揭示与检索服务;第三步,通过自有开放API接口提供第三方应用的调用。

结合以上分析,国外词表的发展进度较国内快,并已建成术语网络服务平台,并探索性尝试提供检索与数据下载服务。国内《中图法》和《中分表》网络版实现了第一阶段任务,逐渐向第二阶段发展,试验了词表数据的语义化网络发布等。

术语网络服务是传统情报检索语言未来参与网络信息资源建设的重要角色切入,也是当前和未来的主要研究任务。术语网络服务形态伴随着网络信息环境的变化在不断演化中,积极跟踪网络技术发展和环境融入是非常重要的。

第三节　语义网信息组织

语义网(Semantic Web)是Web3.0的主要特征,强调计算机不仅能处理信息和显示信息,还拥有人的思考能力,即对网络信息的理解能力。在"可理解"之后,根据既定的数据、语义及规则实现逻辑推理与辅助智能决策。伯纳斯-李在《科学美国人》杂志上发表了《语义网》(*The Semantic Web*)一文指出[1],语义网是对现有网络的扩展,信息拥有良好结构定义的涵义(well-defined meaning),促进更好的人机协同工作。智能代理Agent通过对分布式异构网络的有效访问和检索,从中抽取、组合、加工所需情报,帮助用户寻找解决方案,提高办事效率以及

---

[1] Tim Berners-Lee.The semantic web [EB/OL]. [2013-09-30]. http://www.cs.umd.edu/~golbeck/LBSC690/SemanticWeb.html.

贴心提醒服务等近似科幻情景，向大众描绘了语义网实现的美好愿景。

语义网引领网络信息组织进入全新的一个领域，加强了传统情报检索语言在语义方面的显性化、明确化与形式化。语义网的信息组织主要包括：语义网架构（整体环境）、本体模型（语义网核心）、形式化表征语言以及关联数据（语义网当前最新进展）应用等。

一、语义网架构

（一）万维网与互联网资源结构关系对比

万维网是由资源（resources）与链接（links）组成的，这里的资源包括网页、文件等。每个网络资源由唯一资源标识符来识别定位。以网页为例，它是面向普通用户以阅读为主要目的的资源。链接的建立有很大的随意性，这种数据连接方式与全文检索的字面匹配在一定程度上具有语义关联性。但从本质上讲，计算机并没有真正理解数据的内容和含义，更无法有效处理模糊主题。

如图 8-14 所示，左侧是当前网络资源结构关系，右侧是语义网资源结构关系。左侧图中，资源及其之间的连接（href）的类型是模糊的，计算机是无法理解的。右侧图中，资源和关系都赋予了明确的类型定义，例如，软件是资源的一个类型，软件之间有相互依赖关系。在图中，软件生成文档。文档是一个资源类型，拥有版本（isVersionOf）、主题（subject）、创建者（creator）及其所在地（locatedIn）等。这些属性又连接到新的资源类型：主题（Subject）、人物（Person）、地方（Place）。文

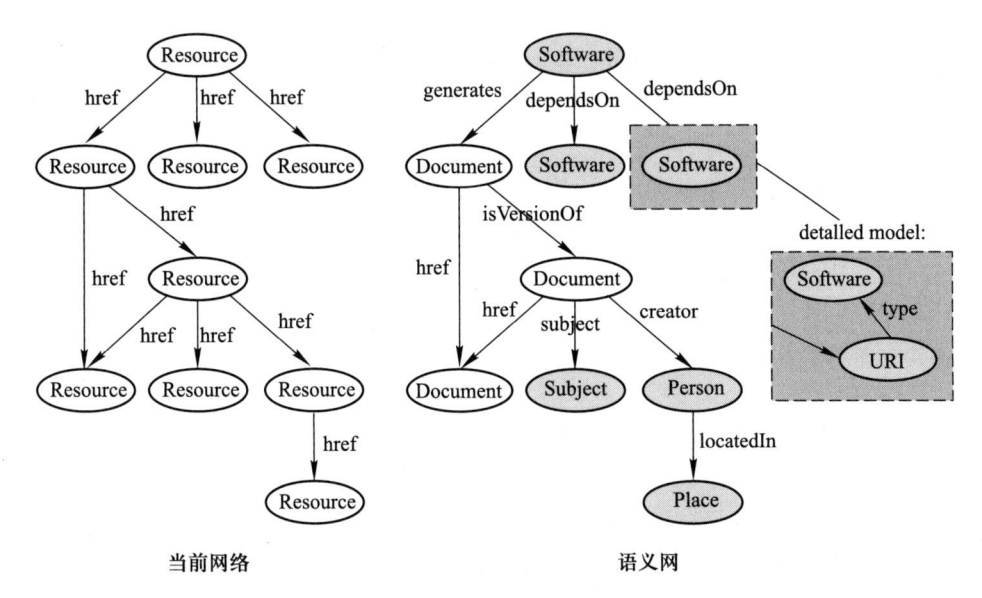

图 8-14　资源结构关系对比

（来源：http://www.w3.org/2001/12/semweb-fin/w3csw）

档与文档之间产生关系,图中未画出的主题、人物与地方也可进行发散关联。这就是典型的语义网示例,一个开放互联的资源对象网络,其中资源有明确的类型定义及属性描述,资源之间通过明确的语义关系定义。

如何实现资源与语义的明确定义,需要一套系统化的技术架构来支撑。

(二) 语义网技术架构

语义网技术架构(俗称 layer cake)为从万维网信息组织到语义网信息组织提供了技术路径图,遵循自下而上的实施思路,是一个渐进的发展过程。根据语义网近些年的研究实践,2006年伯纳斯-李曾对技术架构进行过一次修正,从最初的 7 层演变为 9 层。最新的技术架构如图 8-15 所示。

第一层:URI 与 UNICODE。即唯一资源标识符和统一字符编码集共同组成。这是整个语义网信息组织的根基。URI 指明了网络上每一个资源对象都能唯一识别定位。UNICODE 解决了跨地区多语种字符编码的标准问题,避免了字符乱码的出现。

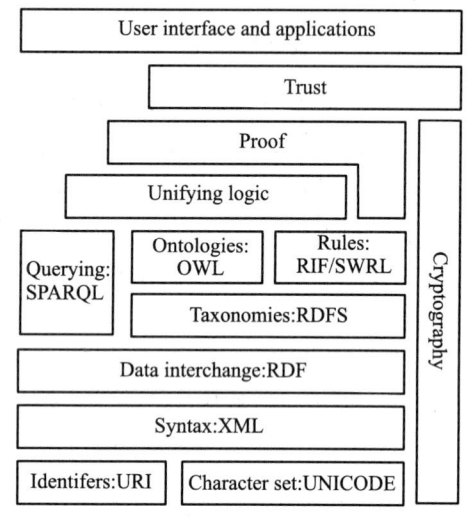

图 8-15 语义网技术架构
(来源:http://en.wikipedia.org/wiki/Semantic_Web)

第二层 XML 语法层。XML(extensible Markup Language,可扩展置标语言)是整个语义网信息描述的基础,负责从语法上定义资源的内容与结构。XML 最大的优点是可自定义"有意义的标签",与 HTML 相比,具有更好的扩展性。同时,XML 将结构、内容与展示形式分隔开。语义网中所有数据的描述方式都是隶属于 XML 体系。XML 提供了语法上的统一表达,但不能更精确表达网络资源的形式化语义。

第三层:RDF 数据交换层。RDF(Resource Description Framework)是万维网联盟(W3C)制定的语义网推荐标准,用来描述网络资源属性及其关系的元数据描述框架。RDF 建立在 XML 语法层之上,增加了面向特定领域的 RDF 方案,与元数据紧密相关。

第四层:RDFS 模式层。RDF Schema 扩展了 RDF,是对 RDF 资源的属性与类进行描述的词汇集。RDFS 是实现面向特定领域 RDF 资源交换与共享的数据描述规则,目前已存在众多 RDFS 供描述复用。

第五层:本体与规则层。本体(ontology)是可共享的领域内明确定义的知识,具有严谨的概念界定与语义关系梳理,是目前最复杂的知识组织工具。OWL(Web Ontology Language,网络本体语言)是本体的一种形式化描述语言,相比

RDFS,增加了更细致的概念关系与语义属性。RIF(Rule Interchange Format,规则交换格式)使用 XML 语法来表达计算机可执行的规则。本体与规则层是计算机理解语义的核心。

第六层:统一逻辑层提供公理(Axiom)与推理规则(Referencing Rules),推理出新的知识。这一层语义代理智能化运行是关键所在。修正后的统一逻辑不再局限使用特定的形式化逻辑语言。

第七层:证明层。建立在统一逻辑层之上,验证推理结果和支持跨系统的更为复杂的推理证明。建议以一种普适的证明语言来达成推理结果的一致性。层与层之间并不是严格的上下关系。第七层与第六层就有相互交叉和支撑关系。

第八层:信任层。经过证明的推理结果在语义网上应该是可信任的,即数据的可信任与推理过程的可信任。信任层为语义代理实现个性化与协同互通,提供了安全性与可靠性保障。

第九层:用户界面与应用层。提供各种智能语义应用接口,封装语义网成果,进行产品包装与转化。

语义网技术架构中还有两部分:SPARQL 检索协议与数字加密(Cryptography)。SPARQL 是语义网数据检索的事实标准,面向第四层与第五层的语义数据检索需要。SPARQL 的作用与关系型数据库的检索语言 SQL 类似,语法也有一定共通性。数据加密涉及语义网各个层次,是保证数据安全与各种操作执行可信任的保障。

纵观语义网技术架构,目前的研究重点集中在第三层到第六层。第三层涉及 RDF 资源的描述与发布共享研究,第四层是 RDFS 词汇集的映射与互操作研究,第五层是本体构建与检索利用研究,第六层是基于本体的语义推理研究等。第七层和第八层目前还没有实现。

从目前网络环境发展与用户使用情况来看,客观讲,语义网是既定发展趋势,但仍有很长的路要走。

二、本体模型

本体是语义网的核心,也是情报检索语言在网络环境下的最新发展。

(一) 本体的内涵

知识是一种本体存在。随着学科交叉和融合发展,抽象层面的本体论作为哲学上的一个古老话题,近些年被人工智能学科从逻辑计算和知识表示的角度对领域知识进行了具体化阐释。目前被普遍接受的本体(小写的 ontology)定义为:共享概念模型的形式化规范说明(Gruber,1993)[①]。知识作为一个抽象概念以

---

① Tom Gruber.What is an Ontology? [OL].[2013-09-30]. http://www-ksl.stanford.edu/kst/what-is-an-ontology.html.

本体形式进行组织、描述、共享和使用。

在知识组织领域,将哲学意义上的客观知识赋予具体的承载形式——本体知识库。本体承接了世界知识的总和,客观描述了知识的存在及联系(语义关系),关注知识概念的外显化,目的是达到可重用(reusable)和普遍认可(common understanding)。本体知识库表达的知识概念和知识关联的规模,可以认为是超越专家个体所拥有的知识结构。科学研究可以从经过有效定义和组织描述的知识本体库中发现意想不到的隐性知识或问题解决方案。

根据 Gómez-Pérez 等对本体知识的研究[1],本体由五个部分组成:

(1) 概念(Concept),也被称为类(Class)。领域内所有专指概念,采用面向对象思想。概念是指拥有相同属性的一类对象的集合。对概念进行层次梳理形成本体骨架(Taxonomy)。本体的概念与之前提到的受控词表概念空间的道理相同。

(2) 实例(Instance)是特定概念之下的具体实体。例如:若"狗"是一个概念,那么"哈士奇"就是"狗"这个概念的一个实例。根据本体建模特定需要,同一领域本体的概念与实例划分可能不同。

(3) 关系(Relation)指领域内概念、属性、实例之间的交互(interaction)明确化定义。本体中常见的语义关系有整体与部分关系(Part-of)、等价关系(sameAs)、继承关系(kind-Of)、概念与实例关系(is-a)等。

(4) 函数(Function)是一类特殊的关系。在关系上附加约束条件,可确定函数唯一取值。

(5) 公理(Axiom)也称为断言(Assertion),是作用在概念和属性上的规则,实现语义推理的基础。

本体的作用主要表现在[2]:

(1) 概念描述:通过概念描述揭示领域知识;

(2) 语义揭示:本体具有比 RDF/RDFS 更强的表达能力,可揭示更丰富的语义关系;

(3) 一致性:本体作为领域知识的明确规范,可以保证语义的一致性,从而彻底解决一词多义、多词一义和词义含糊现象;

(4) 推理支持:本体在概念描述上的确定性及其强大的语义揭示能力在数据层面有力地保证了推理的有效性。

(二) 本体的类型

看待本体的视角不同,导致本体的类型划分也各不同,目前不存在唯一标

---

[1] Gómez-Pérez, Asunción, and Oscar Corcho. Ontology languages for the semantic web [J]. Intelligent Systems, IEEE, 2002, 17(1):54-60.

[2] 戴维民,等. 语义网信息组织技术与方法[M]. 上海:学林出版社, 2008:13.

准的划分方法。

1. 按照本体的领域依赖程度与侧重分

（1）顶层本体：描述普适性的概念，如时间、空间、地区等一般范畴概念，具有一定通用性。顶层本体可在不同学科领域之间复用，类似通用复分表的作用。常见的顶层本体有 OpenCyc、SUMO 等。

（2）领域本体：针对特定领域的概念及概念关系，在专业领域里达成共识和共享交换基础。大多数本体构建属于领域本体。

（3）任务本体：围绕任务的结构、方法、推理、行动等方面展开，研究可共享的问题解决方法，主要涉及动态知识。

（4）应用本体：将领域本体与任务本体结合起来，设计针对具体应用的本体。

2. 按照本体的形式化程度分

（1）完全非形式化本体：采用自然语言的本体，只具备用户阅读理解功能，计算机可理解性最差。

（2）结构非形式化本体：采用受控的人工语言表示本体，具备一定的规范控制水平。

（3）半形式化本体：采用人工定义的形式化语言表示的本体。

（4）完全形式化本体：形式化语言表达最为严谨规范，具备一致性与完整性检验。

以上对本体的划分方法，从不同角度展示了本体研究的复杂性。

（三）本体构建方法

1993 年 Thomas Gruber 提出了本体设计的五个原则[1]：

（1）明确性（clarity）：本体中的概念应有客观、明确的形式化定义。

（2）一致性（completeness）：概念定义本身与其推理之间是相容的，公理在逻辑上一致。

（3）可扩展性（extendibility）：本体是一个动态演变的有机体，具有共享和被复用修改的扩展性。

（4）最小编码偏好（minimal encoding bias）：本体的概念体系应建立在知识层面，不要过于强调符号层面的处理。

（5）最小本体承诺（minimal ontological commitment）：本体建模过程中尽可能减少约束声明，方便未来跨领域跨系统的共享。

以上设计原则在本体构建中起到指导性作用。本体构建方法众多，不存在绝对正确的建模方法，所有的本体构建方法都依赖于具体的情境。典型的方法

---

[1] Gruber, Thomas R. Toward principles for the design of ontologies used for knowledge sharing? [J]. International journal of human-computer studies, 1995, 43(5): 907-928.

有知识工程法、企业建模法、骨架法、IDEF5 等。下面以美国斯坦福大学 Natalya 等人基于本体开发工具 Protégé 的知识工程法为例[①]，介绍本体构建步骤。

① 确定本体的领域和范围。

② 考虑重用已有本体。不要重新发明轮子，善用已有相关本体与词表素材资源。

③ 罗列领域内的重要概念。

④ 定义概念及概念体系。这一步主要是分类结构的建立，可采用自上而下、自下而上或两者相结合的方式。

⑤ 定义概念的属性。这一步强调语义属性的建立。

⑥ 定义属性的分面（facet）。包括取值类型、取值的基数限定（candidates）、定义域与值域等。

⑦ 创建实例（Instance）。根据概念类添加具体的实例，通过类的继承关系，为实例赋予属性值。

高质量的领域本体大多借助 Protégé 此类本体工具，使用手工方式构建。除了可以创建本体之外，Protégé 也有 SPARQL 查询和可视化显示等多种功能（见图 8-16）。另外，本地创建的本体也可通过 Protégé 同步到网络本体资源库中。

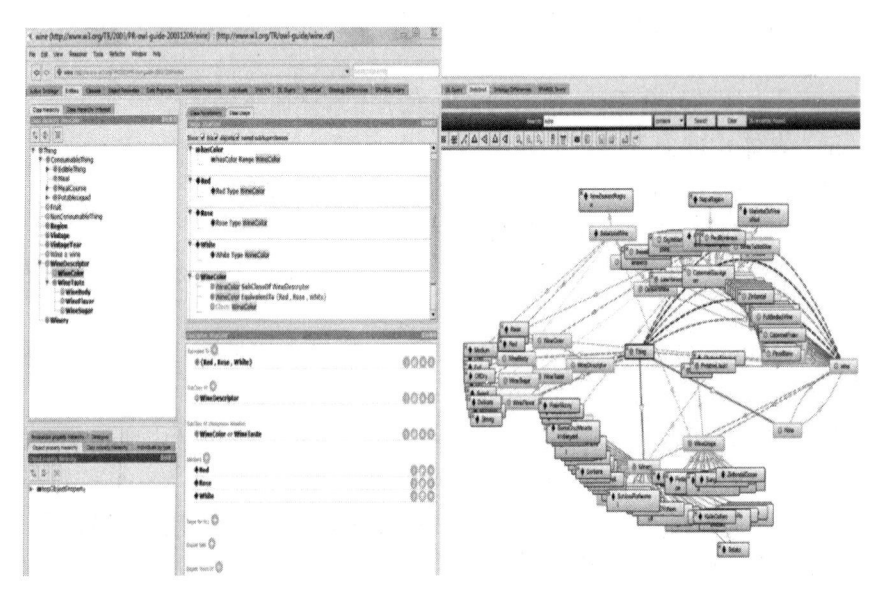

图 8-16　Protégé 本体工具界面（左侧为编辑，右侧为可视化语义检索）

[①] Natalya F. Noy and Deborah L. McGuinness. Ontology development 101：a guide to creating your first ontology［R］. Stanford Knowledge Systems Laboratory Technical Report KSL-01-05 and Stanford Medical Informatics Technical Report SMI-2001-0880, March 2001.

本体的自动化构建目前还未能完全实现,需要在较好的本体资源库基础上,借助形式化定义与推理规则来实现。

三、语义网形式化表征语言

如果本体是抽象的概念层面,那么各种形式化表征语言就是对本体具体化的承载。按照语义网技术架构,XML 之上的 RDF 和 OWL 是目前形式化表征语言的主流。从语义复杂度递进的角度看,OWL 是本体表征的终极理想语言,基于 RDF 的各种应用是当前适应资源表征的中级形式化语言,具有一定的语义表达能力,但语义丰富度和推理规则较弱。

OWL 建立在 RDF 之上,扩展了 RDF/RDFS 的语义能力,使用 DL(Description Logic)作为推理机制,具有较完备的推理能力。它的前身是 DAML+OIL,现在由 W3 开发维护,目前最新标准是 OWL2。OWL 由 3 个子语言组成:OWL-Lite、OWL-DL、OWL-FULL。OWL-Lite 用于简单分类和属性约束的本体构建;OWL-DL 在 OWL-Lite 的基础上提供推理能力,属性约束完整。OWL-Full 提供最大程度的表达和无计算保证的 RDF 语法自由能力。目前的本体开发处在 OWL-Lite 和 OWL-DL 两个层次,完备的 OWL-FULL 本体非常少见。

采用 OWL 改造分类法的研究尝试表明,虽然 OWL 提供了各种语义关系设定,但对诸如 DDC、UDC 和《中图法》各种复杂的类目细分与组配情况还是很难全盘处理。因此,语义渐进化改造是目前实践的主要策略。

四、关联数据

关联数据不是一种具体的语义网技术,而是基于 RDF 模型,采用 URI 命名网络对象,通过 HTTP 协议进行网络数据发布和资源关联检索发现的机制。要发布为关联数据,必须遵循四个基本原则[①]:(1) 使用 URI 作为网络上任何事物的标识名称;(2) 使用 HTTP URIs 让任何人都可以访问到;(3) 当有人访问某个标识名称时,提供有用的信息;(4) 尽可能提供相关的 URI,以便人们可以发现更多的事物。

现在越来越多的机构、组织和部门开始通过对外开放自有数据,以特定的知识产权许可模式进行发布并与其他数据进行语义关联。近两年来呈几何级数增长的关联数据数量、各行各业的参与、政府部门数据策略的改变已经使关联数据形成强大的辐射带动趋势。以 DBpedia 为核心的关联数据集在以飞快的速度扩张,不断变大的关联数据云图(见图 8-17)就是很好的例证。截至 2013 年 9 月底,关联数据云图中的数据集已达到 319 个[②]。

---

① Linked data [OL].[2013-09-30]. http://www.w3.org/DesignIssues/LinkedData.html.
② Linking dpen data cloud [OL].[2013-09-30]. http://datahub.io/group/about/lodcloud.

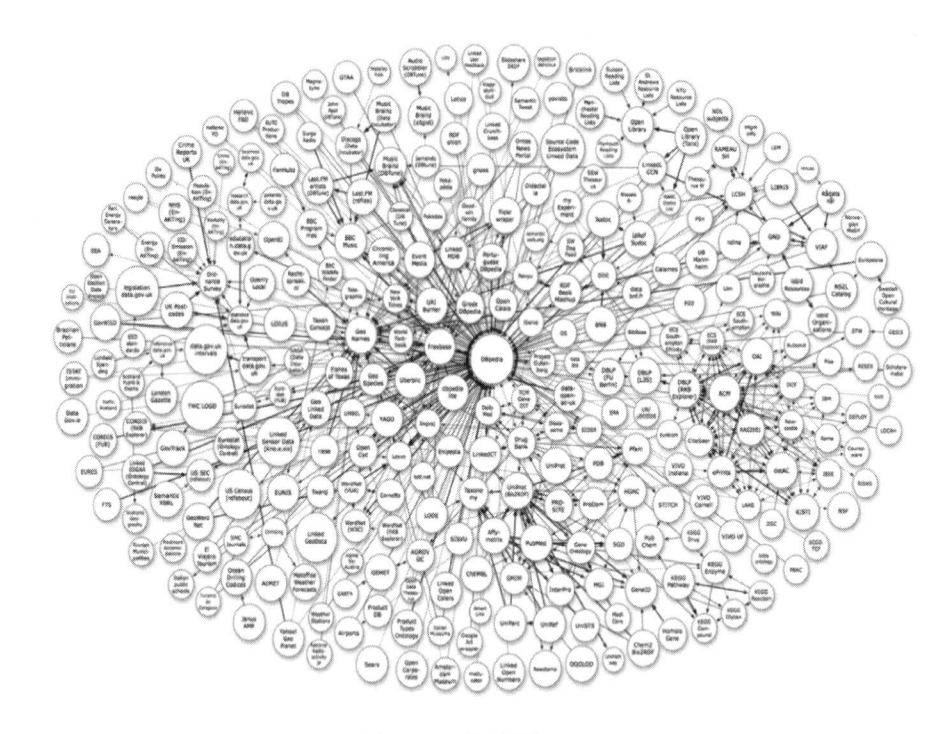

图 8-17 关联数据云图

(来源:http://lod-cloud.net/)

  图书馆及其拥有的资源怎样才能冲破自己设计的围墙、摆脱信息孤岛束缚、找到自身在信息社会里的立足点、证明其服务价值？关联数据给出了一条务实可行的资源开放路线。W3C 图书馆关联数据（Library Linked Data）孵化小组投入一整年时间搜集用例并探索如何将图书馆资源发布成关联数据，2011 年 10 月发布系列报告（以下简称"LLD 报告"），包含《最终报告》《用例汇编》《数据集、赋值词汇集和元数据元素集》三部分，后两者支持前者《最终报告》中的观点和建议。这份报告为图书馆作为网络数据的贡献者和消费者双重角色，提供了颇具参考价值和指导意义的观点和具体指南[①]。

  赋值词汇集涵盖了现有的各类型受控词表和各类规范文档数据（人名、主题、地名、团体等）。DDC、UDC、LCSH 等综合词表和 AAT、UMLS、AGROVOC 等专业词表都有不同程度的关联数据发布与下载服务。Datahub.io 是开放的关联数据注册与发布平台，通过它可以找到不同来源各种格式的开放数据。

---

① Library linked data incubator group:final report ［OL］.［2013-09-30］.http://www.w3.org/2005/Incubator/lld/XGR-lld-20111025/.

第四节 网站信息架构

面对网络信息环境的快速变换,除了传统情报检索语言自身网络化发展之外,网站信息架构也是这一方面的典型代表。网络信息环境在变,信息资源的载体和表现形式也随之变换,但是信息组织的原理和方法却是一脉相承和相通的。信息架构正是在继承经典信息组织原理和方法的基础上,借鉴和融合了其他许多领域知识(如人机交互、可用性工程、认知心理学、管理学等),随着互联网同步发展起来的实践应用领域,并成为当前 Web 产品与服务设计的重要基石。

本节围绕信息组织的方法内核,结合技术手段与应用,介绍信息架构内涵与网站信息架构实践。

一、信息架构概述

信息架构(Information Architecture,IA)是组织和设计信息空间结构的一门艺术与科学。这一专有名词是由美国建筑师理查德·沃尔曼(Richard Wurman)于 1975 年提出的。国内理论研究多将 IA 翻译为信息构建,互联网行业多采用信息架构这一说法,二者本质相同。此处采用信息架构这一译法,称从事信息架构工作的人为信息架构师。

信息架构早期的发展是沃尔曼将建筑设计原理应用在信息的表达、展示与可理解方面。此时的信息架构活动主要是在纸质出版物上大量运用图形设计,以数据为基本要素,强调信息的可理解性,采用地图、图表、图解,侧重视觉展示,变复杂为简单和趣味性,让读者更好地接受信息。《理解美国》是其代表作之一[1]。图形设计与编辑排版是信息架构在前互联网时代的主要实施手段,其中信息组织方法的采纳还停留在直觉阶段。沃尔曼认为信息本身是无限的,而其信息组织方式则并非无限。他在著名的《信息饥渴——信息选取、表达与透析》(Information Anxiety 2)一书中概括出 LATCH 信息组织模式[2]:L(Location),位置;A(Alphabet),字母顺序;T(Time),时间;C(Category),类别;H(Hierarchy),层级。关键是要从用户理解角度出发,构建清晰合理的信息结构与关联。

沃尔曼的信息架构内涵与实践具有里程碑意义,奠定了信息架构的建筑学隐喻与信息可理解的理论基础。之后信息架构的研究实践都是以此为出发点,

---

[1] Richard Saul Wurman.Understanding USA［OL］.［2013-09-30］.http://www.understandingusa.com/.
[2] (美)沃尔曼.信息饥渴——信息选取、表达与透析[M].李银胜,等译.北京:电子工业出版社,2001.

进入互联网时代的信息架构凭借专业领域融合与手段应用得以丰富拓展。可理解的信息架构与图形设计紧密结合,当前网络环境下的最新实践延伸是信息图(Infographics)。信息图是一种将数据与设计结合起来的图片,有利于个人或组织简短有效地向受众传播信息。制作和发布信息图的过程称作数据可视化、信息设计或者信息架构。[①]

真正互联网意义的信息架构始于 1998 年 Peter Morville 和 Louis Rosenfeld 共同撰写的《Web 信息架构:设计大规模网站》,该书对信息架构的理论、方法、技术、行业等多角度地进行系统化论述,开创了网站信息架构的专业领地,两位作者也被视为"网站信息架构之父"。拥有图书情报硕士学位背景的 Peter Morville 适时地将图书馆信息组织方法引入到互联网领域,这是他最大的贡献。给予图书馆员的启示是,图书馆墙外还有更广阔的用武之地,特别是针对网络环境的找寻与发现服务设计方面。表 8-1 是他们运用信息架构内涵解释图书与网站、图书馆与网站的差异。然而,他们也没有局限于信息组织方法本身,借鉴和融合了其他许多相关领域内容,推动网络信息架构在网络实践中发展为一门应用型专业技能,得到互联网从事网站设计、界面交互、内容管理、用户体验等从业人员的认可。

表 8-1 图书、网站与图书馆的信息架构解释比较框架[②]

信息架构	图书	网站	图书馆	信息架构
组成	封面、书名、作者、章、节、页、目录、索引等	主页、导航条、链接、内容页、网站地图、搜索等	内容存取、销售产品、达成交易、促成合作等	出版物收藏与借阅	目的
维度	二维,线性、顺序展示	多维信息空间,超文本链接浏览	多媒体、文件格式、文档类型	图书、杂志、音乐等	构成
界限	可触摸且有边界,明确的开头和结尾	无形边界,与其他网站之间存在各种联系	分布式运行、子网站各自维护	高度集中化,物理馆藏实体	集中程度

网站信息架构可视为广义信息架构在网络环境的延伸,更加强调人、信息以及人与信息环境的相互作用。由相互依赖的用户、内容与情境三者构成的信息架构三圈图是经得住实践检验的,它提供了网站信息架构的实施指导,如图

---

① Mark Smiclklas. 信息图与可视化传播[M]. 北京:人民邮电出版社,2012.
② Peter Morville,Lovis Rosenfeld. Web 信息架构:设计大型网站[M]. 第 3 版. 北京:电子工业出版社,2008.

8-18所示。用户涵盖其服务的受众、需求、任务与搜寻行为、体验效果等;内容涵盖资源对象、属性与结构等;情境指目标、技术环境、资源限制、政治文化影响等。一个好的信息架构设计必须重视用户的需求与搜寻行为,把控网站内容的质量与数量,切合目标与愿景,具有较好的环境适应性与动态变化性。

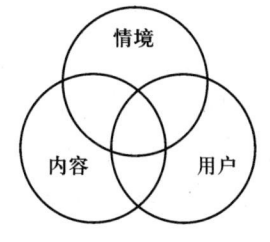

图 8-18　信息架构三圈图
(来源:《Web 信息架构:设计大型网站》)

信息架构学会是致力于全球推广信息架构的非营利性专业组织,成立于 2002 年,目前多地设有分会,拥有 1 200 多名会员。美国信息科学与技术学会(The American Society for Information Science & Technology, ASIST)是信息架构研究交流的主要推动者之一。ASIST 每年举办一次信息架构峰会(IA Summit),自 2000 年以来已举办 14 次。2014 年将迎来信息架构峰会 15 周年。15 次峰会的主题分别为[①]:2000 年 4 月,定义信息架构;2001 年 2 月,实践信息架构;2002 年 3 月,完善技艺;2003 年 3 月,建立联系;2004 年 2 月,开辟新天地;2005 年 3 月,跨越边界;2006 年 3 月,学习、行动、销售;2007 年 3 月,丰富信息架构;2008 年 4 月,体验信息;2009 年 3 月,扩展视野;2010 年 4 月,发生在大厅的最佳对话;2011 年 4 月,更好地提问;2012 年 3 月,跨渠道体验;2013 年 4 月,观察、构建、分享与重复;2014 年 3 月,前进的道路。客观讲,信息架构峰会是信息架构发展最深刻的一面镜子,从中可以了解过去,把握未来发展。

在掌握信息架构基本内涵和背景知识之后,如何实践信息架构是关键问题。从实践层面上讲,网站信息架构是信息组织方法在大型网站构建中的应用,具体是指设计大型网站与企业内联网的组织系统、标识系统、导航系统和搜索系统四大组件,通过共享信息环境的结构化设计,提高可寻性(findability)和可用性(usability)。

二、网站信息架构剖析

信息架构作为底层基础性工作,涉及的内容和方面很多,精心的设计与辛勤的劳动并不一定被用户在访问网站时深刻了解到。其实,也不需要用户刻意了解,好的信息架构是无形的。用户只关注到他们的信息查找与问题求解,能够顺利愉快地完成任务、不会迷失找寻方向和遇到难以理解的障碍,这就是好的信息架构。在信息架构工作的金字塔结构中,用户看到的界面只是冰山一角,从图 8-19 中不难看出,用户、内容与情境是三根支柱,支柱与用户使用界面之间包含

---

① 2014 信息构建峰会[OL].[2013-09-30].http://2014.iasummit.org/.

了信息架构工作的若干内容。

对网站信息架构核心要素的认识有多种,这里采用业界公认的典型划分,分别介绍组织系统、标识系统、导航系统和搜索系统等四大组件。

1. 组织系统

组织系统是网站信息架构的基础。它吸收了图书馆信息组织的很多方法与手段,如音序、形序、时间顺序等方法。

一般而言,大型网站的组织系统主要采用等级分类法和分面分类法两种。

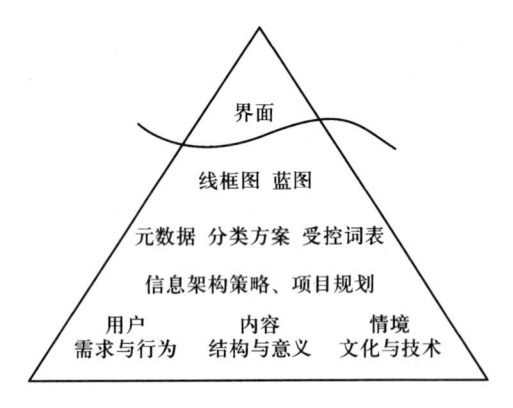

图 8-19 信息架构工作的金字塔
(来源:http://www.iasummit.org/2006/files/164_Presentation_Desc.ppt)

等级分类法是典型的自上而下的信息组织方法。等级式分类划分的单一线性和类目之间的排他性,使得一个事物只能处在一个位置上,包容性较差。网络信息架构利用超链接技术轻松实现了一个复合等级体系,允许一个类目跨类关联。此外,组织系统在构建体系结构时要注意分类深度与广度的平衡,过深的类目会影响资源被发现的效果。目前,业内提倡扁平式网站信息架构。因此,等级分类法只是起到了参考作用,很少有直接被套用的。

分面分类法是网络信息架构吸收应用最成功的一个典范,目前成功应用于专题资源库、电子商务商品分类、搜索发现界面等。分面分类的典型应用有以下几种:(1) 搜索中的分面过滤机制,如北卡罗来纳州立大学图书馆分面 OPAC[1];(2) 构建分面导航和浏览体系,营造信息探索空间,以高度交互的方式帮助用户查找所需信息,如 Flamenco 项目[2];(3) 用户界面的分面设计,侧重于用户与系统的交互界面,通过分面界面和交互行为的设计充分揭示底层信息架构,强调用户搜寻过程中良好的交互体验和高效的搜索效果,如 RelationBrowser[3] 等。其中,Flamenco 诺贝尔获奖者的分面分类与搜索界面如图 8-20 所示。用户点选既定的性别、奖项、国籍、年度以及机构五个分面,通过查询条件组合可找到相关的人物结果。

2. 标识系统

标识系统是关于语词命名的方式。如何以用户可理解的方式对内容对象

---

[1] 北卡罗来纳州立大学图书馆 [OL]. [2013-09-30]. http://www.lib.ncsu.edu/catalog/.

[2] Flamenco 项目 [OL]. [2013-09-30]. http://flamenco.berkeley.edu/.

[3] RelationBrowser [OL]. [2013-09-30]. http://ils.unc.edu/relationbrowser/.

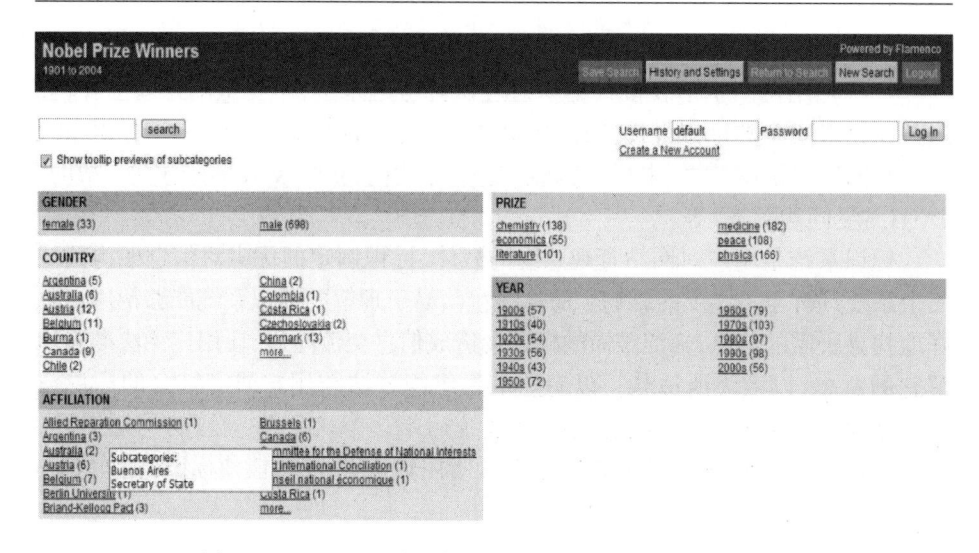

图 8-20　Flamenco 诺贝尔获奖者分面分类组织与搜索界面
（来源：http://orange.sims.berkeley.edu/cgi-bin/flamenco.cgi/nobel/Flamenco）

　　进行描述，使得组织系统更容易被接受，导航标签与搜索辅助指示更加通俗易懂等，这些都是标识系统的目标。标识系统主要涉及元数据描述、同义词环、规范文档、叙词表、常用网络术语等信息组织方法。

　　元数据描述为标识系统提供了如何准确严谨描述内容对象的现成方法。对元数据方案的复用是表达与理解一致性的有效手段，如网络资源通用元数据 DC、相片元数据 EXIF、音乐元数据 ID3 等。网络信息架构中的元数据主要以描述性元数据为主，揭示外部特征与内容特征属性。在实际应用中并没有非常严格的规定，随意性较大，视项目具体情况而定。

　　同义词环是具有等价关系（或类似特定含义）的词汇连成的一个环。环上所有的词是等价的，没有主次与孰重孰轻之分。这样的标识结构意义在于，当用户输入同义词环上任何一个词汇进行搜索时，就把环上其他所有词放入查询表达式中，执行"或"（OR）操作，目的是降低因为采用词汇表达形式不同而带来的漏检率。

　　规范文档比同义词环更进一步，它是图书馆著录中对标目一致性的规范化取值依据，是首选术语与专有名称的集合。网络信息架构借助规范文档对内容对象和栏目名称进行谨慎命名，确保精确性和领域一致表达，避免随意性。规范文档还包括各个专有名词对应的其他名称表示，因此，通过其他名称表示指向规范名称，对搜索而言，起到入口词与规范检索词映射的作用。

　　叙词表为标识系统提供了大量已有专业词汇表达，以及丰富的语义关系，对用户而言是不可见的。作为系统内部的受控词表，叙词表改善词汇质量与搜索效果。

一些常用网络术语在设计标识时应认真考虑采纳，不要试图标新立异，普遍共识是最安全的标识设计，新的标识命名需要广泛调研讨论。用于标识系统的常见网络术语有首页、主页、联系方式、关于我们、新闻&大事记、声明、帮助、FAQ（常见问题解答）等。

标识系统是用户对网站直观感受的载体，标识制定的优劣对信息架构其他三个系统具有至关重要的影响。简洁、直观、易于理解的标识系统能够帮用户更好地找寻所需的信息，晦涩难懂的标识会造成信息交流障碍，让用户无法准确理解它的意思，以致无所适从。以专业信息组织方法与用户研究结合的标识命名方法是比较合理的实施思路，标识系统后端多参考已有成熟的词汇工具，进行规范化词汇控制，标识系统前端多倾听用户声音，尽可能使标识通俗易懂。

案例

卡片分类（Card Sorting）
——用户主导的组织系统与标识系统设计方法

信息架构师主导的结构体系与标识名称设计在一定程度上无法客观体现用户群体的实际需要。卡片分类是帮助设计者更好理解用户如何对内容对象进行命名归类的方法。卡片分类方法直观易懂，使用名片大小的卡片（"3×5"的索引卡即可），在上面写上一些内容示例，招募用户参与，让他们以自己的理解对卡片进行整理分组。卡片分类的实施分为开放式和封闭式两种。开放式卡片分类是给出若干张内容卡片，让用户根据主题相似度进行分组，并为这些分组命名标签。封闭式卡片分类是预先定义好类别标签，询问用户，让他们把内容卡片归入这些定义好的类别标签中。开放式卡片分类可用于设计组织系统和标识系统。封闭式卡片可用于寻找有效的标签和导航系统的标识表达。

卡片分类是一种简便的用户研究方法，不需要过多的资源设备投入。现场卡片分类只需要纸笔和一些卡片即可，远程卡片分类可采用OptimalSort、WebSort等在线工具开展。卡片分类的数据通过统计分析，常采用的方法有聚类分析（层次聚类与K均值聚类）和多维尺度分析，这些比较适合卡片分类探究卡片之间关系的研究。（见图8-21）

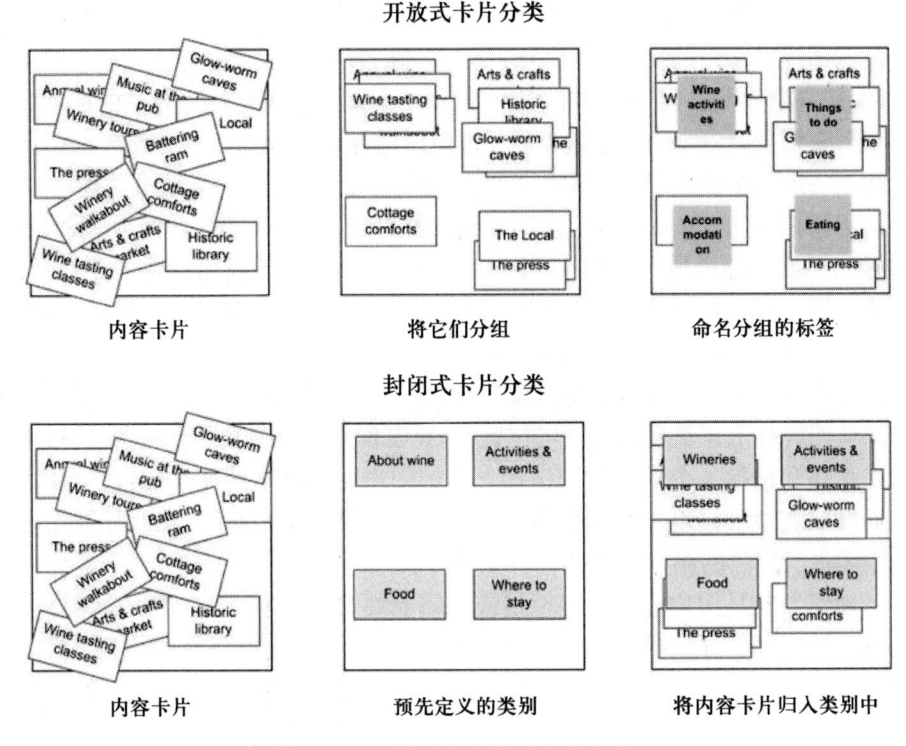

图 8-21　开放式与封闭式卡片分类
（来源：http://www.flickr.com/photos/rosenfeldmedia）

3. 导航系统

网络信息架构的导航系统是在组织系统搭建的信息空间结构中，提供辅助浏览与定位功能，并通过标识系统与用户交互。如果说组织系统是建造房子的主体框架，那么导航则类似于为房子增加门窗。

导航系统主要在用户的浏览行为中提供引导支持，帮助用户知晓自己在哪里、去过哪里、可以去哪里以及提供怎么去的路径。James Kalbach 认为导航设计的目标是创造无需费力的信息交互，他提出成功的导航系统应具备 9 个特征[1]:(1) 平衡。单个页面上可见菜单选项数与层级数目平衡。导航选项越少，结构越深；导航选项越多，结构越浅。这是与组织系统的分类结构形成对应的。(2) 易于学习。用户花在单个页面的时间以秒来计算，导航的意图和功能必须一目了然。(3) 与用户期望的一致性。导航出现在页面固定的位置，行为可以被理解和预估；导航选项使用标准化的标识名称；在整个网站中看起来是协

---

[1] James Kalbach.Web 导航设计[M].北京:电子工业出版社,2009.

调的。(4) 反馈。导航系统应给予用户提示,鼠标悬停(mouse over)与高亮显示导航选项等是常用的反馈手段。(5) 效率。通过多接入点、链接捷径和重置快速返回,提高导航的路径选择和效率提升。(6) 明确的标识名称。导航的标识名称对于营造信息线索(scent)至关重要。避免使用行话、缩略语以及编造词。(7) 视觉清晰。突出清晰可见性为用户带来更好的方向感与更佳的导航可用性。(8) 与网站主旨相称。资讯类网站、电子商务网站、社交网站、企业内联网、娱乐休闲网站等的导航设计风格各不相同,不能机械套用 Web 设计通用规则。(9) 与用户需求一致。导航设计需要根据用户不同的搜寻行为类型来做专门设计,明确的已知项目搜索与探索性搜寻的导航设计就应有差异。

导航系统大致可分为全局导航、局部导航、情境导航与辅助导航等类型。全局导航始终显示在整个网站特定位置,一般表现为页面顶端的导航条,连接重要栏目板块和包括一个首页返回链接。无论用户处在网站的哪个位置,都能通过全局导航实现大幅度的快速跳转。全局导航的设计是相对困难的,导航选项的确定需进行广泛的用户群体调查与反复测试。

局部导航是用户进入特定栏目或主题下展开的导航设置,作为全局导航的辅助扩展。局部导航提供的访问内容可能差异巨大,每一个局部导航栏目也可称为站内子网站。将全局导航与局部导航协调配合好,就形成一个好的导航机制保障。

情境导航是根据当前页面的信息内容,延伸或关联到相关页面的启发式链接,类似"参见"链接效果,例如,电子商务网站进行的相关产品推荐、资讯类网站的相关文章或类似主题就是情境导航的应用场景。实际上,情景导航的核心是借助页面内容之间的关系,引导用户关注他们之前并没有想到的,但与其找寻目标相关的内容。

辅助导航是一组导航形式的统称,包括面包屑导航、网站索引、网站地图(site map)等。面包屑导航是响应用户信息搜寻行为过程变化的辅助记录手段,一般由串联的节点组成,每个节点代表用户曾访问过的页面,节点间用大于号、冒号或者竖线分割。面包屑导航已经成为主流网站的标准配置。网站索引相当于图书后索引,是将遍布在网络各处的重要主题按照字母顺序排列,一般作为补充的内容访问入口。网站索引不仅能为用户提供网站重要内容的导航辅助,其索引链接也可为搜索引擎爬虫采集利用,但是现实中网站索引相对较少遇到。英国 BBC 公司网站的网站索引,在 A—Z 字母顺序基础上加入了"参见"等索引要素,通过超链接可直达相关内容页,如图 8-22 所示。网站地图提供鸟瞰全局的导航总览,通过其中的链接节点,可以访问到网站地图列出的重要页面之一。网站地图除了为普通用户提供导航浏览之外,也是搜索引擎优化的重要手段,其结构形式对应用户浏览导航用的 HTML 页面与搜索引擎采用处理用的 XML 文件。

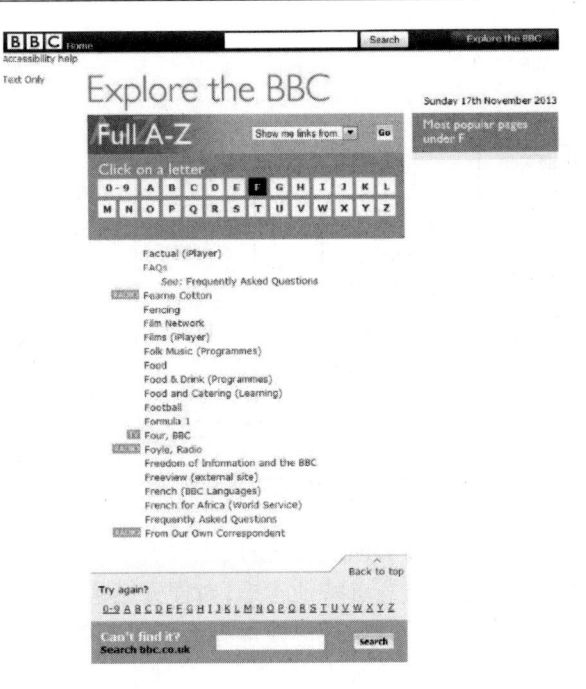

图 8-22　英国 BBC 公司网站索引

(来源:http://www.bbc.co.uk/a-z/)

4. 搜索系统

网络信息架构中的搜索系统建立在组织系统与标识系统之上,与导航系统相呼应,服务于信息架构的可寻性目标。狭义的搜索是指关键词搜索,知道要找什么,将需求表达为关键词,提交到搜索引擎得到相关信息。此处与网络搜索引擎密切相关,又不完全重合。此处的搜索系统主要指面向网站与企业内联网的站内搜索,其构建原理与搜索引擎相同。

搜索引擎是面向海量网络信息的有效查找工具,也是信息检索系统发展到当前阶段的称谓。搜索引擎技术的信息组织基础是倒排索引,核心是相关度计算与排序,难点是网络信息采集与相关度匹配。搜索引擎的典型技术架构如图 8-23 所示。从信息检索业务流程角度看,第一步是网络数据采集,采集器一般称为网络爬虫(spider)。以网络之间的链接关系为基础,采用深度优先或广度优先策略遍历网络,下载网络数据。第二步是对采集到的网络数据进行文本解析,由于搜索引擎目前主要处理文本数据,因此需要去除不相关的标记代码,只保留相关的纯文本内容。第三步是使用分词器将文本内容解构为一个个有实质含义的词项。第四步是使用词项构建倒排索引并存储起来。至此,搜索引擎的后台系统就建立起来了。从用户信息搜寻角度看,用户需求外化为查询表达式,通过搜索界面提交到搜索子系统中,经过查询解析,将查询表达式解构为一个个词

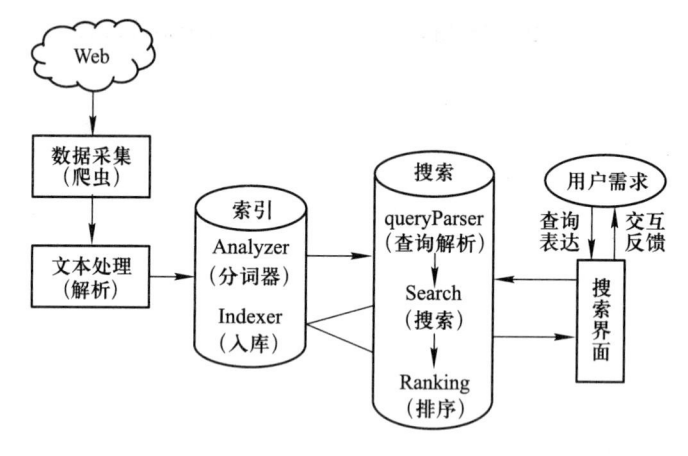

图 8-23 信搜索引擎技术架构

项。然后,通过查询词项与索引词进行比对,执行搜索算法,找出与该词相关的文档,并根据相关度计算值与需求特征考虑,对搜索结果进行排序,再经由搜索界面返回给用户。这里需要注意一点,搜索界面承担着用户与搜索后台系统的双向交互,支持查询重构、查询限定与相关反馈等搜索辅助功能。

高效快捷的关键词搜索引擎为网络信息找寻带来了极大的方便,也成为互联网最重要的应用之一。搜索引擎的"输入—匹配—输出"三段流,对搜索目标明确的事实搜索非常有效,但从用户需求多元化与搜寻行为的不确定性看,搜索引擎的行为模型较为基础,并不强调搜索情境与过程变化。搜索本身是具有进化特征的复杂的行为过程。现实中,用户从寻找事物主题的某一个方面或角度入手,随着搜索进程的深入,最初的需求在搜索过程中不断调整、变化与迁移,根据已接触的信息发现真正要找的东西,从而调整搜索策略等。仅仅一个关键词搜索框是不够的,具有导航和认知辅助作用的分类浏览也是需要的。

广义的搜索是关键词搜索与导航浏览默契配合的组合型找寻方案。导航浏览可以视为搜索的一个特定类型,包括无目的的扫视和目标导向的搜索。有目的的导航浏览依赖于信息架构。用户借助结构化导航进行浏览也是一个学习和认识深化的过程。由于用户需求的不确定性与信息搜寻行为的动态复杂性,分面搜索实现了这种复合的信息搜寻模式。分面搜索也被称为分面导航或分面浏览,建立于信息架构组织系统与标识系统之上,允许用户通过查询限定与过滤方式过滤可用信息进行探索的一种搜索模式。从信息组织的角度界定,分面搜索是分面分类在面向终端用户搜索的一种应用形式。基于分面分类的多维可扩展信息架构为浏览和导航提供了信息探索空间,分面分类结构的优势在用户浏览和搜索的界面中得以体现。将分面分类用于搜索结果的查询限定与导航浏览的集成思路,即基于分面分类的浏览导航与关键词搜索的分面限定相结合的一种复合搜索模式。在用户搜索过程中伴随搜索策略变化实现关键词搜索与导航浏览的无缝转换是搜索系统发展的主流趋势。

三、信息架构与搜索体验

信息架构为信息组织带来了新的互联网参与机遇。单一的技术手段无法支撑起全流程搜索服务。将信息检索(技术主导)和信息搜寻行为(认知主导)两方面结合起来,提出信息组织与检索研究的转变思路,从文档匹配的分析方式走向对信息搜寻所有阶段的直接引导(guidance)的发现过程,目的是改善用户的搜索体验。

良好的搜索体验不仅帮助用户找到所需信息,而且能带来经济效益。有说服力的信息架构(Persuasive IA)使得用户目标与企业目标绑定在一起,电子商务中精心设计的信息架构将在数字环境下引导消费者的认知决策,树立购买信心,促进商品的销售等。

Jesse Garrett 在用户体验模型中,将信息架构融入更广泛的互联网产品与服务设计之中,其他设计方面密切配合,扩展了信息架构的实践内涵,如图 8-24 所

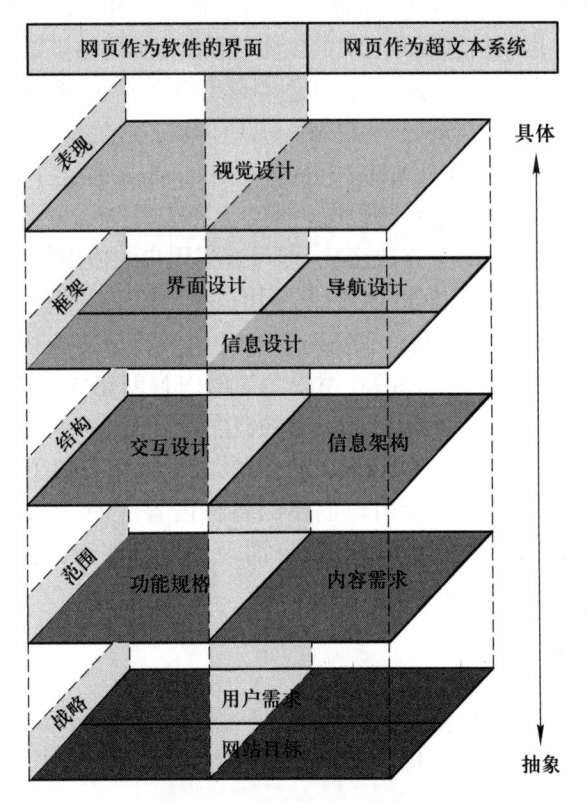

图 8-24　用户体验要素模型
(来源:http://www.jjg.net/elements/)

示。该用户体验模型共分为5层:(1) 战略层,网站目标设定与用户需求识别;(2) 范围层,明确内容需求与功能规格;(3) 结构层,建立在内容清单调研基础上的信息架构设计,以及建立在功能规格之上的交互设计;(4) 框架层,基于信息架构组织系统与标识系统的导航与搜索系统设计,以及基于交互功能的界面设计;(5) 表现层,视觉、感官与美学设计。

信息架构作为一门专业领域,正逐渐走向成熟。身处泛在化的网络之中,信息架构早已无处不在。有内容管理、结构化需求的地方,就有信息架构的身影。移动互联、跨渠道内容投放与跨终端响应的新兴网络环境变化是信息架构研究的新热点。

第五节 Web 2.0 信息组织方法

Web 2.0 是相对于传统的互联网应用模式的一类以用户为中心的网络技术和服务应用。原本是自上而下的由少数资源控制者(门户网站等)主导的互联网体系,在 Web 2.0 时代转变为自下而上的,由用户集体智慧和力量主导的强调互动的网络形式。强调以人为中心,发动群体智慧,在用户参与内容组织的过程中形成人与人的联系和互动。网络信息资源组织的主体已经由专业网站扩展到个体用户,从专业组织的制度化、把关式的模式扩展为更多"自组织"的个性化描述和组织形式。

用户创造内容(User Generated Content, UGC)与互动参与模式为信息组织带来新理念。用户参与的架构(Architecture of Participation)描述了由用户主导、大众参与形成的自组织的合作化网络形式。梅特卡夫法则(Metcalfe's Law)指出,网络的潜在价值与用户数量的平方成正比,即只有当用户的使用数量不断增长,网络的价值才会体现出来。[1]同样的道理,基于用户参与的组织架构的网络应用,只有当用户使用数量不断增长从而达到一定的规模,才能充分体现共建共享的优势。

与传统内容出版相比,Web2.0 用户参与的内容创建体现出片断化、碎片化的非系统化特征。微内容(microcontent)的概念是可用性研究学者 Jakob Nielsen 于 1998 念提出的,早期是指介绍正文的标题、天气预报等简单内容。真正意义上的兴起还是 Web2.0 环境中用户创建的各种内容片断,如微博、评论、图片、视频等。针对 Web2.0 内容生成的特点,涌现了标签法(Tagging)、维基(Wiki)、Mashup(集成融汇)等新兴的信息组织方法。

一、标签法

标签的实质是一种原生态的元数据,通过使用自然语言的关键词或词组对资源的主题内容进行描述。用户使用标签对资源进行标引是一种个性化、自由

---

[1] Metcalfe's_law [OL]. [2013-09-30]. http://en.wikipedia.org/wiki/Metcalfe's_law.

的资源组织行为。从用户行为的角度分析,标签的选择过程实际是用户对资源主题认知反映的行为。如何选用合适的标签对资源主题进行描述,在不同个体认知中存在明显的程度差异。

标签法产生的大量标签集合以及基于资源链接的主题相关性产生的语义关系最终组成一个扁平松散式的体系结构,被称为分众分类(Folksonomy)。Folksonomy 是一个合成词,最初由美国学者 Thomas Vander Wal 在信息架构机构组织(原 AIFIA)的一次邮件列表中提出的。Folk 词义有群众、大众化的意思。Taxonomy 最初被用在生命科学中来划分生物种群。他从用户行为角度描述了 Folksonomy 的两种类型:Broad Folksonomy 和 Narrow Folksonomy 两种组织类型[1]。Broad Folksonomy 是指面向各类型的普通用户,这些用户在知识结构和兴趣领域上具有很大的差异,每个用户为内容提供的标签可能都存在着独特性,导致同一个内容都存在许多标签。Broad Folksonomy 为用户提供一个较为广阔的资源组织平台,通过对不同用户的标签汇集,可以对热点信息做出反应,引导用户的标签使用行为。Narrow Folksonomy 与 Broad Folksonomy 最大的不同在于用户的特质,它主要是面向某一特定领域的信息提供共享平台。用户根据自身兴趣加入某一主题领域,内容的提供者为自己的内容提供标签描述,同时期望领域内有共同兴趣的其他用户可分享相关信息。这种模式有利于在较窄范围内群体知识共享和交流的实现,可供企业组织、学科专业领域参考采纳。

著名互联网评论家 Clay Shirky 认为受控词表结构复杂,应用成本高,而标签法目前来看作为一种低门槛但效果欠佳的组织方法存在,似乎也未尝不可,有组织总比杂乱无章好一些。Adam Mathes 开创性提出合作共享式分类标引机制,指出专业元数据管理将逐渐让位于用户主导的社区化的 Folksonomy[2]。表 8-2 对比了 Folksonomy 与传统信息组织方法。

表 8-2 Folksonomy 与传统信息组织方法比较分析

Folksonomy	分类法、叙词表
结构扁平松散	层次结构,具有严谨的逻辑性
自由民主	集权,专家权威
用户主导	领域专家、专业分类人员
简单便利	门槛高,需要学习

---

[1] Thomas vander wal. Folksonomy explanations [OL]. [2013-09-30]. http://www.vanderwal.net/random/entrysel.php?blog=162.

[2] Adam Mathes.Folksonomoies-cooperative classification and communication through shared metadata [OL]. [2013-09-30].http://www.adammathes.com/academic/computer-mediated-communication/folksonomies.htm.

续表

Folksonomy	分类法、叙词表
分布式合作	集中制编撰
动态变化	更新周期长

标签法的主要功能有:(1) 组织。基于服务器端(server-side)的网络资源组织平台,突破单机和地域限制;标签组织方法简单,门槛低;网络环境下随时随地组织资源。(2) 共享。个体标签资源在平台上进行共享,通过标签建立资源联系,可以检索自己和他人的标签资源。(3) 发现。通过标签聚合发现兴趣资源和相关用户群体,促进交流。

标签法主要应用于照片分享、文档分享、网摘分享网络等。电子商务网站亚马逊(Amazon)允许用户对所感兴趣的产品添加标签,并提供基于标签的产品搜索服务,由此建立一套以用户主导的产品分类组织体系。以 Flickr 为例,系统在特定时间间隔内(过去 24 小时内、过去一周内、一直以来最热门)统计用户对照片使用标签的频次,按照标签标注频次,绘制出反映流行度的标签云图(TagCloud)。标签云图中的标签大小比例与使用频次成正比。标签云图揭示了用户对资源的关注热点和趋势变化,以及为用户发现有价值的信息提供参考。图 8-25 是 2013 年 11 月 17 日 Flickr 的热门标签示例。

图 8-25　Flickr 流行度标签云图
(来源:http://www.flickr.com/photos/tags/)

虽然标签法使用简单方便,在资源组织和利用层面上带来新的方法和思路,但作为新生事物,它存在的弊端也显而易见。由于标签产生的随意性和多样性,同时自然语言本身在词形词性词义等方面的模糊性,导致标签所指的主题产生歧义,从而影响检索和利用的效率。如同义词问题,Apple一词既可以表示一种水果,又可以代表苹果电脑公司,标签Apple所描述的资源就被混淆了。目前的同义词控制机制采用语义分析自动对相同或相近语义的标签进行分类统计,将语义相近或相同的关键词合并,再进入聚类阶段进行使用频率统计。

标签的最大优势是赋予用户使用自然语言自由标引资源的权利,标签词汇越多,就为用户查找相关信息提供了更多的查询入口,但这些处在一个平面内的标签也使得查询越来越困难,资源组织体系越来越混乱。绝对的自由是不存在的,自由必然存在规律的约束中。因此,标签应用的发展需要后控手段来辅助和优化才能达到对资源的有效组织和利用。

Folksonomy与传统信息组织方法之间的关系应该是相互促进,共同发展的,不存在取代关系。Folksonomy的主题概念和语义关系的明晰需要各种受控词表的后控机制来优化从而达到对资源的有效组织和检索。反过来,Folksonomy提供的新事物主题和语义关系对传统分类主题法的扩充和修订起到了积极的帮助。标签作为一种原始的反映事物主题的元数据,在用户主动标引中产生,标签的选择过程融入了用户的认知反馈,随后经过知识组织工具的选择和抽象化,标签转变为表达概念的术语,最终表达的概念进入本体知识库。至此,标签—术语—概念—知识库单元的转化过程构成了元数据的发展周期。重视用户参与中用户认知反馈反映出的用户信息需求和知识组织工具的后控机制有效结合,使得元数据的产生、流动、组织和利用最终到知识集成的整个环节进入一个良性科学的发展过程,也使得知识库的建设和不断扩展有了良好的支撑环境。

二、维基

维基是典型的用户参与的自组织体系。当用户添加越来越多的知识条目到维基中,用户从维基中能够获取的相关知识也会越来越丰富,维基的知识服务才会变得越来越有效。OCLC在2010年发布的图书馆认知报告中提到,在搜索起点的选择问题上,84%的用户选择搜索引擎点,3%的人选择维基百科,没有一个用户选择图书馆网站。虽然与搜索引擎差距悬殊,但维基百科正逐渐为寻找高质量知识的用户所重视。维基百科是全球最大的网络百科全书,国内有百度百科、互动百科、MBA智库百科等。

维基的信息组织特点如下:

(1) 采用类目(category)标签组织方法,一个内容页面可以赋予多个类目。类目标签之间的等级以在子类目中定义父类目的方式实现(反之不可行),通过类目树(category tree)展示类目等级体系。

(2) 内容单元重用。Wiki用模板(template)来实现单源内容的生成维护,并采用面向任务、面向问题的多用途组装的内容管理模式。

(3) 自动关联链接。通过Wiki自带的名称关键词自动链接识别建立平台内关联,即A页面中提到EndNote,只需在EndNote外加上方括号,即可自动关联到已有的EndNote页面上。对于站外链接,在URL外加上方括号即可。

(4) 协同合作内容创建改变了之前单一的孤军作战的模式,通过讨论页进行互动交流。

(5) 内容版本控制。通过历史页对内容变动的记录,提高修订效率并保障内容的安全(可恢复到修订前的状态)。

维基的简单易用性和高质量知识的累积效应受到普通用户的欢迎,但维基的自身语法格式对参与内容创建的普通用户而言是具有挑战性的。不同的维基技术引擎的编辑语法有所不同,以维基百科的维基引擎Mediawiki为例,为页面添加类目的语法为[[Category:XX]]、二级标题格式 == 二级标题 ==、添加文件[[File:文件名.扩展名|选项|标题]]等。另外,由于维基的初衷是面向所有网络用户,在人员分层与权限分级方面较弱,无法实现用户分级管理和内容按需开放的复杂需求。

维基这种信息组织方法目前主要用于共建共享的专业领域知识库项目,也在协同项目管理中的知识分享与积累方面发挥重要作用。随着语义网的推进,维基本身的松散弱关联组织模式得以加强。语义Wiki结合了维基与语义网两者的特征,一方面保留和扩展维基的简单易用性,为用户提供良好的使用体验,促进用户的积极参与;另一方面,运用语义网技术对维基底层架构进行改造和管理,使其加强在机器可读可理解层面实现资源的共享与重用。这样既满足了非技术人员(如普通大众、主题专家)参与内容创建与共享的需求,又实现了结构化语义数据的表示与存储。

语义Wiki的一个重要应用是构建领域协作式本体开发平台,如美国国家癌症研究所(NCI)的caBIG@知识中心的语义Wiki引擎LexWiki是基于Semantic MediaWiki定制开发的,不仅提供了一套完整的在线协作式本体开发平台,还实现了与本体开发工具Protégé的有效整合。BiomedGT是基于LexWiki的一个部署实例,其术语资源包含NCI叙词表和纳米技术、生物医学等专业领域术语,为生物医学专家提供本体开发、语义搜索与导航服务等。

语义Wiki的具体实现方案多种多样,现有的语义Wiki引擎包括Semantic MediaWiki、AceWiki、IkeWiki以及Ontoprise公司的SMW+等。Semantic MediaWiki是MediaWiki的一个扩展,已经存在一些应用SMW进行知识库的构建项目,如Semanticweb.org和MyWikiBiz等。

第五节　Web 2.0 信息组织方法

传统词表可以借鉴语义 Wiki 用作协作式本体开发平台的应用经验来发展自身。语义 Wiki 作为词表开发平台具有 6 点优势:(1) 合作机制。多个领域专家进行协同式开发,社群(community)驱动的词表编制与维护模式,提高了开发效率。(2) 开源机制。与商业化的词表管理软件和解决方案(如 MultiTes、Synaptica 等)相比,开放源代码的语义 Wiki 引擎和开源社区的技术支持有效降低了词表系统开发的技术成本。(3) 易用性。继承 Wiki 方便用户贡献内容的界面交互模式,对非技术人员屏蔽了底层的技术复杂性,领域专家通过简单的表单形式提交、编辑术语。(4) 网络发布。利用语义 Wiki 平台开发的词表资源可以通过该平台实现对外发布,普通用户使用语义 Wiki 提供的搜索与导航功能够直接访问词表资源。(5) 缩短修订周期。利用语义 Wiki 的管理机制与社群力量实现词表的快速更新与修订,使得词表处于不断更新变化之中。(6)词表数据资源共享与重用。语义 Wiki 支持 RDF、SKOS、OWL 等多种编码格式,并可实现词表资源的导入与导出。这使得词表资源共享与集成变为可能,将词表系统转变为一个开放的术语资源系统。

三、Mashup

Mashup 一词起源于音乐混搭,是随 Web2.0 兴起的一种资源聚合技术。Mashup 以网络开放 API 数据调用和 RSS 供稿(Feed)为基础,集成融汇分散各处的外部数据源,对外提供新的网络服务。

Mashup 技术架构包含三个要件:内容 API 提供者、聚合逻辑与客户端呈现。主要涉及的相关技术有屏幕抓取、网络服务协议(REST/SOAP)、RSS\ATOM Feed 等。Mashup 聚合方式有两种,服务器端聚合和浏览器聚合。服务端聚合是由服务器承担所有聚合任务工作量,对客户端浏览器没有过高要求。缺点是在高并发请求下会大大降低服务效果。浏览器端聚合是通过 HTTP 发送聚合请求,使用动态交互脚本技术 AJAX 等,实时生成聚合结果。

基于 Google Maps 的地图应用是典型的聚合开发示例。由于地图本身由图层叠加而成,通过授权的 Google Maps API 调用到基础地图数据并绘制出来,在此基础上标注和添加新内容构成新服务是普遍的编程实现思路。除了需要编程实现的集成融汇工具,还有易于普通用户进行内容聚合的可视化服务。Yahoo! 管道提供了简单易于使用、强大的图形化 Mahsup 创建服务,方便将 RSS 供稿数据集成和转换为特定需要的数据结果。Yahoo! 管道既是数据集成服务,也是最终的数据产品。每一个管道本身也被定为一个 Feed,提供了作为其他管道的数据输入,能够被复制和模块化重用。Yahoo! 管道的创建包含以下若干区块:用户输入、来源、URL、操作、位置等。使用管道相当于设计一个元搜索引擎,选择管道的数据来源、采集页、YQL(Yahoo! 定义的管道查询语法)、用户输入界面、可执行的操作以及参数的配置来逐步设计,整个过程支持图形化拖拽的简单操作,降低了聚合实现的技术门槛。例如,可以指定 Google、Bing 等,提供 API 接口,通过设定查询参数,返回各家搜索结果的 RSS 片段。根据 URL 进行唯一化去重,设定排序参数,最终汇合得到管道的数据输出。输出默认是 RSS 格式,其他用户可以将此 RSS 再作为数据输入,进一步设计满足其他需求的管道,灵活性较明显。

思 考 题

1. 简述网络环境下信息组织面临的挑战。
2. 举例说明分类法在网络信息组织中的应用。
3. 试比较叙词表与本体。
4. 结合实例,论述标签法的适用性与局限性。
5. 简述维基的信息组织模式。
6. 简述基于地图的 Mashup 应用模式。
7. 运用 Web 信息架构理论,剖析某个知名网站。

第九章　数字图书馆信息组织

数字图书馆是一个复杂的、分布式的海量多媒体数字资源系统。数字图书馆的信息组织不仅与传统的图书馆信息组织有着很大的区别,也与网络信息组织有较大的差异。究其根本原因:一是信息组织的对象不同,数字图书馆面对的是经过筛选的海量、分布、动态的多媒体数字信息资源;二是向用户提供的信息服务内容及要求不同,数字图书馆是以用户为中心,提供的是根据用户个性化需求的高增值的知识信息。因此,如何对海量的数字信息进行序化组织,使之成为高效的信息资源存取系统,是实现数字图书馆价值的核心所在。

第一节　数字图书馆概述

一、数字图书馆的概念与特征

(一) 数字图书馆的概念

数字图书馆是现代信息技术,尤其是互联网技术的发展与人类信息知识需求发展相结合的产物。迅猛发展的信息网络和数字信息资源体系正在造就一个全新的信息环境。数字化信息资源的迅猛增长与有效的信息管理和获取、利用两者之间的矛盾日益突出。如何对海量的数字信息进行序化组织,通过一系列的服务机制,使之成为高效的信息资源存取系统,有效支持用户利用信息来学习和创新是数字图书馆产生的原因和根本目标。

阿姆斯(William Y.Arms)将数字图书馆非正式地定义为有组织的信息馆藏及相关服务,信息以数字化形式保存,并通过网络进行访问。[1] 定义的核心在于说明数字图书馆的信息是有组织的。美国数字图书馆联盟(Digital Library Federation,DLF)的定义是:"数字图书馆是一种提供信息资源的机构,可以是软硬件、网络或专业人员,以标准的、永久的方式,将数字化馆藏进行选择、组织、提供检索、解释、传播及完全保存,以便于这些数字信息可以迅速、经济地提供给特定的社区或用户使用。"[2] 这一定义比较全面地概括了数字图书馆的属性和特征,突出了数字图书馆是有组织的信息存储和高效的信息利用。

---

[1] (美)WilliamY Arms.数字图书馆概论[M].施伯乐,等译.北京:电子工业出版社,2001:1.
[2] 转引自甘利人,等编著.数字信息组织[M].北京:科学出版社,2010:159.

随着数字图书馆的建设和发展,人们对数字图书馆的认识正逐步趋于统一。一般认为,数字图书馆是一系列经由选择的多媒体信息资源以及相关的、将这些资源组织起来的技术手段,如收集、规范性加工、组织、存储和管理,并通过网络平台提供信息存取服务,实现知识增值的、有序的分布式数字信息资源服务系统。因此,严格意义上的数字图书馆包括四个要素:数字化资源、网络化存取、分布式管理和增值化信息服务。

(二) 数字图书馆的特征

数字图书馆具有如下特征:

1. 经采选和序化的数字化信息资源

数字图书馆中收藏的资料大多是经过筛选的、有较高价值的、服务于特定的用户群体、供深入挖掘和学习的。这些数字资源必须是经过规范的描述、揭示的序化资源,便于人们发现和利用。数字图书馆的信息资源包括本馆数字化特色馆藏资源、采购的商用数据库资源、互联网上大量的开放存取资源以及其他种类繁多的有用资源。

2. 分布式资源建设和管理

海量的数字信息资源必须以大量的分布式的资源库群的形式存放在不同的计算机上。在分布式的资源库群中,不同的计算机分担着特定信息资源的收集、加工、存储、传递、利用、维护的任务,但同时又共享存储在其他计算机上的数字信息资源。

3. 网络化信息存取

数字化是基础,网络化是手段。数字化资源之于网络如同"车"跟"路"的关系,数字图书馆依附于网络而存在,网络是数字图书馆的生命线。正是网络分布式、不受时间限制、跨地域的特性才给数字图书馆的信息存取带来了特色,最终实现信息共享的目标。

4. 增值化信息服务

数字图书馆的资源是按用户需求挑选的、具有高价值的知识内容,并且经过编辑、整理和加工形成增值有序的知识库,其跨库检索服务的方式可以综合资源的动态整合调用。DLI(数字图书馆创始工程)、DLI-2 特别项目负责人格里芬(Griffin)在 1998 年解释 DLI(数字图书馆创始工程)、DLI-2 宗旨时指出,"数字图书馆通过创造一种信息环境来提供获取分散存储着的信息的智能途径,这种环境远不止提供通过电子途径去获取原始数据的功能,它提供更高级的智能途径,即获取电子收藏中所含的更全面的知识和意义的途径"[1]。这也正是数

---

[1] 曾蕾,张甲,杨宗英.数字图书馆:路在何方?——关于数字图书馆定义、结构及实际项目的分析[J].情报学报,2000(1):66.

字图书馆存在和发展的目的和价值所在。

如果说 Internet 的主题是"互联和访问"的话,那么数字图书馆的主题就是"组织和查找"。数字图书馆的关键技术就是要解决如何从大量的、分布的信息库中查找所需要的相关信息。

二、数字图书馆信息组织的目标与原则

数字图书馆是有组织的信息馆藏及相关服务。数字图书馆的根本价值是通过利用高效的信息技术,对信息资源进行有序化组织、深层次整合,提供高增值的知识服务体现出来的。因此,从根本上来说,数字图书馆只有经过信息组织才能实现其价值,否则充其量只能是繁芜的网络信息资源的一部分而已。正如阿姆斯在《数字图书馆概论》一书中指出的:"数字图书馆将是人、组织、技术三个主角相互影响,共同演绎的精彩故事。"[1]

(一)数字图书馆信息组织的目标

数字图书馆和传统图书馆一样,其信息组织的基本目标是为了"用"。只不过数字化图书馆是利用先进的技术手段将分布于不同服务器上的数字化信息有效地组织起来,使得数字图书馆用户可以方便地远程查询和使用这些数字信息。数字图书馆信息组织是要实现数字图书馆各资源库可根据应用领域或用户要求,按照有关规则和条件,通过开放界面、检索与通信协议、信息交换格式,对具体信息对象进行描述和组织、存储、检索、传递;在此基础上,数字图书馆各资源库还可对信息内容或信息对象进行动态的链接和重组。

(二)数字图书馆信息组织的原则

1. 标准化原则

标准化是数字图书馆的主线,是数字图书馆赖以生存的基础,是维系图书馆网络的基础。数据格式的标准化、描述语言的标准化和语义工具的标准化是其主要内容。数据格式是数字化信息的基本结构的描述,只有数据格式符合大家所公认和遵守的统一标准,才可能在不同的计算机系统间交换数据。数据描述语言是用来描述数字化信息基本特征的一组代码体系,只有数据描述语言的标准化才能实现用户和系统以及系统与系统之间的有效沟通。语义工具的标准化主要是指用来描述信息的形式特征与内容特征以及检索要求的规范化语义工具。

2. 开放性原则

数字图书馆系统是开放的数字信息系统,从整个信息环境的角度和用户信息利用的角度看,任何一个数字图书馆系统实际上是更大范围的数字图书馆体系和更大范围的数字信息体系中的一个模块。信息技术和用户需求的不断发展,

---

[1] (美)William Y Arms. 数字图书馆概论[M]. 施伯乐,等译. 北京:电子工业出版社,2001:序.

数字图书馆体系结构不断变化,使得人们必须通过一种开放的机制,灵活容纳现在和未来的技术、资源和服务,有力地支持动态集成与定制,有效保障整个数字图书馆体系和各个具体数字图书馆系统的可伸缩性、可扩展性和可持续性。因此,任何数字图书馆系统都必须将开放性和互操作性作为系统设计、应用建设和服务管理的基本原则。

3. 选择性原则

数字图书馆的信息组织不可能包罗万象地将所有图书馆的馆藏数字化。数字图书馆应该根据其性质和特点、所服务的用户群,通过多来源渠道有选择地采集和筛选有价值的信息资源,建立起具有明确主题和特点的收藏体系。

4. 多维非线性揭示原则

信息(尤其是多媒体信息)本身就是多维的、综合性的,对于数字信息要从多个角度予以揭示,以满足用户从不同途径检索信息的需要。将数字图书馆的信息进行多维揭示,采用超文本技术将信息组织排序成一个网状结构,这个信息单元网中的任何一个单元都有一组与其相关的信息点连接着,对任何一个信息单元的检索都可带动其他若干信息单元的搜寻。

5. 知识组织原则

数字图书馆是一个高效的、以知识多维链接为支撑的信息服务和知识服务环境。将数字图书馆的信息资源以概念知识单元作为信息的组织单元,将各种媒体的信息、各个资源库的信息资源整合成一个关联的网络,便于用户的检索与发现。

三、数字图书馆的结构

数字图书馆结构的构成包含两个层次:微观层面上的数字对象的信息结构和宏观层面上的数字图书馆基本体系结构。

(一)数字图书馆的微观结构——数字对象的信息结构

数字对象是数字资源库中表示信息的基本逻辑单位,是数字图书馆系统操作和访问的基本信息单位,如一篇文章、一张图片、一部音乐作品或是一段影像。

在传统图书馆中,用户要获取一本图书一般要经过查询目录获得索书号、通过索书号到书架上获取所需图书这样一个过程。为了满足用户的查询需要,图书馆编目人员必须给每一种书一个区别于其他图书的识别符号——索书号,并且还必须对图书进行描述并将这些描述纳入图书馆目录,以备用户查询。也就是说,图书馆的每一种书都包括有三种类型的信息:识别图书的标识——索书号,描述图书的记录——目录数据,以及图书内容本身。

在数字图书馆中数字信息的储存、传输的方式类似于传统的图书馆。数字图书馆组织海量信息的方法是将数字信息以数字对象的形式储存、传递。一个数字对象由三个要素组成:

(1) 数字对象的句柄(handle),常称为指针。这是数字对象的全球唯一的标识符,由能够标识数字对象的字符串组成,例如,索书号、国际标准书号(ISBN)、数字对象标识符(DOI)等都可以作为数字对象的句柄。句柄独立于信息的存储位置,是定位数字对象的依据。也就是说,无论数字对象的存储位置(如 URL)如何变化,句柄是固定不变的,人们总能够通过句柄找到相应的数字对象。

(2) 数字对象的元数据(metadata)。元数据是关于数字对象的数据,是描述数字对象的属性的集合。数字对象一般按照一定的格式来描述,目前世界上比较著名的元数据格式有都柏林核心元数据集(DC)、数字化地理元数据内容规范(FGDC/CSDGM)等。为了定位数字对象,数字对象的元数据中必须包含句柄。

(3) 数字对象的数据体(data body)。是数字对象内容的载体,例如一篇论文的 PDF 文件、一部电影的 MPEG 文件、一个计算机程序等。一个数字对象可以有多个数据体副本,例如一篇论文可以有一个 HTML 格式的文件,同时也有一个 PDF 格式的文件,不同数据体的内容是相同的。

数字对象可以是简单的数字文件(如文本、图像、视频、声音或音乐文件),也可以是由一系列底层的数字对象按照一定结构组合而成的复合对象(如多媒体图书、课件等)。数字对象即"一组各种类型的文件与数据结构的组合",是数字图书馆的微观信息结构。复合对象可以是将有关子对象物理地组织在一起、封装在一个文件之中的实际对象,也可以是通过链接参照机制将分布在不同位置的多个底层对象组织在一起的虚拟对象,还可以是可调整封装或链接对象的动态对象。数字对象的信息结构决定着进一步的信息组织、处理和利用方式。

(二) 数字图书馆的宏观结构——数字图书馆基本体系结构

合理的数字图书馆结构对数字图书馆成功运行至关重要。数字图书馆的体系结构是数字图书馆建设的关键,它关系到数字对象的存储和系统的检索方式。数字图书馆的宏观结构,即数字图书馆基本体系结构是建立在数字对象微观信息结构基础上的。

数字图书馆系统从逻辑结构来看主要由对象数据库、元数据库、数据加工子系统、查询服务子系统、调度子系统等组成[1](如图 9-1)。

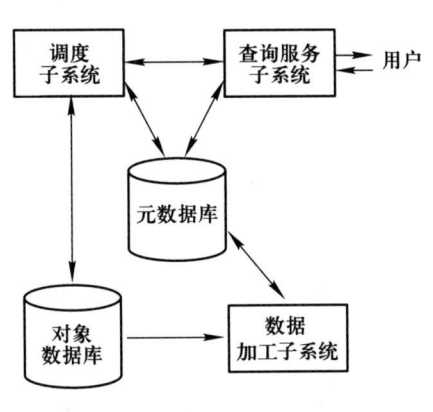

图 9-1 数字图书馆基本体系结构

---

① 中国数字图书馆工程一期规划(2000—2005 年)[OL].[2013-08-10].http://www.nlc.gov.cn/dloff/dynamic8/dy_3.htm.

其中,元数据库和对象数据库是数字图书馆的资源库,存储和管理数字对象的数据体、元数据及其他信息。其中元数据是资源发现的重要依据,元数据库通常采用集中存放的方式;而数字对象则采用分布式存储,可分散在不同的系统中。元数据与数字对象物理上可以分开存储或一起存储。考虑到实现分布的快速检索与发布,一般将元数据和对象数据分开存储。

数据加工子系统包括文献加工数字化(针对各种非原生态文献资源)和数字资源加工,负责对数字信息(数字化的文本、图片、声音、影像等)进行采集、数字化加工、描述、标引,并将数字信息本身(即数字对象的数据体)存储在对象数据库中,同时抽取描述数字信息的元数据(即数字对象的元数据)存储在元数据库中,用于查询和管理。

查询服务子系统实现数字化信息和知识的发布和利用。对于一个用户查询请求,数字图书馆系统通过查询服务系统检索元数据库得到资源的标识,然后通过调度子系统获取以分布形式存储的对象数据,最后通过查询服务系统提交给用户。

调度子系统为查询服务子系统提供资源调度服务,实现分布式网络环境下对象数据的识别和统一调度。通过调度子系统可以自由地存取分布在不同的资源库中的信息,实现无缝跨库检索。

作为基础的体系结构应和保存在数字资源库中的信息内容相分离,这也是数字图书馆信息分布式组织存储的重要原则。

我们今天所见到的众多的数字图书馆实例正呈现出数字图书馆的多样化模式和形态。张晓林根据数字图书馆的运行机制,将数字图书馆建设分为不断递进和深化的三阶段范式,即第一代基于数字化资源的数字图书馆模式→第二代基于分布式集成信息服务的数字图书馆模式→第三代基于用户信息活动的数字图书馆模式,并指出不同发展阶段的数字图书馆其相应信息组织的内容和技术也随之有较大的差异。

数字图书馆的体系结构决定了数字图书馆的信息组织方式、系统软硬件构成和信息服务模式。

四、数字图书馆信息组织的内容

数字图书馆信息组织决定了数字图书馆数据存储和信息检索的质量,直接影响着系统运行的整体性能。数字图书馆信息组织包括信息发现与选择、信息描述与揭示、信息整合与集成,为其提供有序化的结构,并使之形成一个有机的整体,以便于对数字图书馆信息资源进行存取和利用。

1. 信息发现与选择

由于数字图书馆的虚拟资源存在于网络中的资源数量庞大、杂乱无章、信息的质量与价值参差不齐,因此如何发现与选择这些资源成为数字图书馆信息组织的重要内容。另外,对于传统馆藏资源,也需要信息组织人员进行选择。

2. 信息描述与揭示

数字图书馆的信息组织也以对数字化资源的描述与揭示为核心,针对不同的资源类型采取不同的描述方法。对于传统馆藏,可以继续沿用传统的标引(分类、主题标引)、描述方法(MARC)对其进行组织;对于数字资源,主要由商用数据库和分布于 Web 上的网页组成,其最大特点是更新速度快、内容不稳定,因而采用传统的资源组织与描述方式显然不太可行,因此,基于网络资源发现与检索的元数据取而代之。

3. 信息整合与集成

数字图书馆存在着多种不同类型的信息资源和异构分布式资源库,采用的操作系统、数据库平台、索引结构、描述与揭示方法等的不同使得不同系统之间在互操作上产生极大的困难,给用户检索信息带来很大的不便,使信息之间的交流与共享受到极大限制。因此,必须通过相应的机制对全局的信息资源进行整合与集成。

具体在实施阶段,数字图书馆信息组织一般包括项目选题,素材的选择、整理和编辑,数字内容的创建和获取,元数据格式及元素字段的确定,资源内容的标识,资源集的组织,信息存储与管理,资源服务机制实现等诸多方面。

数字图书馆信息组织的内容与技术因数字图书馆模式而异。新型的数字图书馆不仅仅是一个信息资源系统或者一个基于资源的服务系统,而且是一种以用户为中心聚合资源与服务的动态机制。

基于目前数字图书馆发展的阶段和现状,本章后续部分主要探讨基于分布式集成信息服务的数字图书馆信息组织。

从信息组织的角度看,数字图书馆资源系统的组织涉及一系列任务和机制,其中有些我们比较熟悉(如资源选择、著录描述、知识组织、内容链接),有些却是数字图书馆信息环境提出的新问题(如标准制定、互操作技术、资源整合技术等)。

第二节 数字图书馆资源描述组织

一、数字图书馆的元数据

(一)元数据及其功能

所谓元数据,是用来识别、描述和定位数字信息资源的数据,以确保数字信息资源能够被计算机自动辨析、分解、提取和分析归纳的一种框架或一套编码体系。数字图书馆的元数据体系是数字图书馆所采用的信息描述的方法,是整个数字图书馆系统的基础。

元数据是对资源进行组织的有效工具,其功能是对信息资源进行描述、定位、检索、利用和管理。张晓林在《开放元数据机制:理念与原则》一文中,对元数据定义及性质作了非常透彻的描述:元数据是关于数据的数据。作为元数据描述对象的"数据"实际上可以是任意层次的数据对象,例如传统的内容对象(图书、期刊、文件等),也包括内容对象组织(例如由若干文本、图像和音像组成的课件)、资源集合知识组织机制(分类表、叙词表、语义网络等)、基于资源集合的信息系统管理机制(使用控制、个性化定制、知识产权管理、长期保存等)和信息系统本身。从其描述中,我们可以看出,"元数据远非局限于描述信息内容对象的工具,而是一种基本的信息组织方法,为信息系统各个层次的内容提供规范的定义、描述、交换和解析机制,为分布的、多种和多层次内容构成的信息系统提供互操作和整合的纽带,为计算机智能地识别、处理、集成各种信息内容、信息过程和信息系统提供工具。"[1]

元数据是一个三层结构体,它包括内容结构、句法结构和语义结构。其中,内容结构,是对元数据的构成元素及其定义标准进行描述;句法结构,是定义元数据整体结构以及如何描述这种结构;语义结构,是定义元数据元素的具体描述方法。[2] 通过这三层结构的设计模式,保证了不同元数据格式之间的交流和理解,使得构建在此基础上的信息资源数据实现了资源的有效整合,进而才能实现资源的共享,有利于检索及提高信息检索的效率。

(二) 元数据的类型划分

依据元数据在数字图书馆中的功能,一般将元数据分为:

(1) 描述性元数据。是指那些用来描述和识别资源对象的特征的元数据。原则上,不同的应用领域和资源类型可以制定相应的描述性元数据标准,以能实现精确、完整地描述信息资源为宗旨。不同的资源类型对元数据格式的要求会有所不同,因此描述性元数据必然会呈现出多元化并存的特点。

(2) 结构性元数据。数字资源的组织描述有一定层次,结构性元数据为数字图书馆的数字对象(包括复合对象)勾画出层次结构,并且将该结构的各元素连接到与之相应的文件和元数据上。结构性元数据可对资源集合本身进行描述,形成一个关于资源集合的元数据记录;也可以对复杂数字对象的结构进行描述,或是简单的类别组合,或是站点地图等。结构性元数据有利于数字图书馆数字资源对象之间的链接、资源集合的检索和集成。

---

[1] 张晓林. 开放元数据机制:理念与原则[J]. 中国图书馆学报,2003(3):9-14.
[2] 张晓林主编. 元数据研究与应用[J]. 北京:北京图书馆出版社,2002:11-12.

(3) 管理性元数据。"管理性元数据"提供关于文件被创造和存储的信息，关于知识产权权利，关于数字对象来源的元数据，以及关于组成数字图书馆对象的文件起源的信息（例如，原生/衍生文件关系、迁址/转变信息）。随着分布环境下信息系统互操作的现实发展，管理性元数据的功能不断凸显，通过元数据方式对数字图书馆系统的管理机制进行规范描述，已成为在服务与管理层面促进互操作的有力工具。

（三）都柏林核心元数据

都柏林核心元数据集（Dublin Core，简称 DC）创建于 1995 年 3 月，目的是希望建立一套精简的、适合于数字资源的描述方法，使得资源发现和信息检索变得更加迅速和有效。DC 是一种典型的描述型元数据，目前已形成相对固定的标准，由 15 个核心元素构成，分别从资源内容、知识产权、外部属性三个方面对信息资源进行描述（如表 9-1 所示）。

表 9-1　都柏林核心集的 15 个元素

内容描述元素		知识产权相关元素		外部属性元素	
元素名称	定义	元素名称	定义	元素名称	定义
题名（Title）	赋予资源的名称	创建者（Creator）	创建资源内容的主要责任者	日期（Date）	与资源生命周期中的一个事件相关的时间
主题（Subject）	资源内容的主题描述	出版者（Publisher）	使资源成为可获得的责任实体	类型（Type）	资源内容的特征或类型
描述（Description）	资源内容的解释	其他责任者（Contributor）	对资源的内容做出贡献的其他实体	格式（Format）	资源的物理或数字表现形式
来源（Source）	对当前资源来源的参照	权限（Rights）	有关资源本身所有的或被赋予的权限信息	标识符（Identifier）	在特定的范围内给予资源的一个明确的标识
语种（Language）	描述资源内容的语种				
关联（Relation）	对相关资源的参照				
覆盖范围（Coverage）	资源内容所涉及的外延或范围				

DC 在数字化文献信息的描述方面有非常大的优越性，并已得到了较大规模的应用。由于 DC 具有简单易用、可扩展性等特点，因此，在众多的元数据种

类中,成为最受推崇、使用最为广泛的一种资源描述标准。国际上一般都推荐以 DC 的 15 个元数据作为核心元素,在此基础上做扩充。

当需要在采用不同元数据格式的数字资源库之间进行检索和利用时,就不得不面对新的挑战——元数据的互操作。DC 是一种满足基本互操作性所要求的元数据格式,开放文献元数据收割协议 OAI-PMH(Open Archive Initiative Protocol for Metadata Harvesting,简称 OAI 协议)也把 DC 核心元数据作为互操作的标准元数据。

元数据主要是为人而设计的,但是元数据元素的语义缺乏明确的、形式化的定义,无法利用机器的强大功能对元数据直接进行理解和处理。因此,元数据虽然提供了数字图书馆的语义基础,但却无法解决资源描述的异构性和语义性问题。

二、基于 RDF/XML 的元数据标记应用

基于不同数据资源类型、不同团体和不同层次的描述、应用目的,产生了多种格式的元数据。随着元数据标准的增加,人们逐渐认识到元数据的互操作性直接影响着信息的共享、交换和存取,为此,必须寻求应用成本更低、效率更高的元数据互操作方法。为了能够在网上有效地利用信息资源,使得各种元数据格式能够长期共存,有必要建立一种能够允许不同元数据格式共存的描述方法。

对资源的描述首先要采用通用的标记语言。XML(eXtensible Marked Language,可扩展的标记语言)是 SGML(Standard Generalize Markup Language)的一个子集,是从 HTML 发展而来的一种新型描述语言。XML 的目的是提供一个易用的语法对计算机交换的一切数据编码,并用 XML Schema 来表示数据结构。XML 作为一种网络数据交换新模式,具备良好的数据存储格式、可扩展性、高度结构化、便于网络传输的特点,克服了 HTML 无法满足跨越各种网络形态实现各种应用交换需求的缺点,具有丰富的数据交换功能、强大的数据管理功能以及对各种应用的高度兼容性。这决定了 XML 在数字图书馆中必然会有卓越的性能表现。

XML 的优势使其成为描述 DC 元数据的主要标记语言。但是 XML 只定义了语法互操作的标准,对所有类型的数据结构进行编码,但并不规定怎样使用这些数据的语义。基于 XML 语法的 RDF 则扩展了这一功能。

RDF(Resource Description Framework,资源描述框架)是由 W3C 提出的一种用于描述网络上的信息和资源的标记语言,专门用于描述 Web 资源的元数据,是一种人与机器都能理解的描述框架。RDF 是一个处理元数据的 XML 应用,采用 XML 语法来表述。

RDF 的核心定义比较简单,它基于如下假设:任何一个可被标识的"资源"

都可以被一些可选择的"属性"描述；每一个属性的描述都有一个"值"，并采用"主—谓—宾"三元组的通用描述框架描述资源，其中主语代表资源本身，谓语代表资源的属性，宾语代表值（见图9-2）。

图 9-2 RDF 定义图示

在这里，"资源"指所描述的信息资源或数据对象，例如一个网页、一本书、一张图片、一种计算机软件等等；"属性"指信息资源所具有的一些特性，例如题名、制作者等。属性是可以选择的，可以是元数据制作者自己规定的某些特性，也可以是某个既定的信息资源描述格式中的某个项目（如 DC 中的各个元素）；"值"指的是属性的具体内容。

下面是一个用 DC 元素作为资源属性描述《父与子》一书的例子：

书目数据	对应的 DC 元素
书名：父与子	dc:title
著者：卜劳恩	dc:creator
出版社：译林出版社	dc:publisher
……	……

上述书目 DC 元数据可用 RDF 图来表示，如图 9-3 所示。

即该书的"dc:title"这一属性的值为"父与子"，"dc:creator"这一属性的值为"卜劳恩"，"dc:publisher"这一属性的值为"译林出版社"。

上述 RDF 图的 XML 表述为：

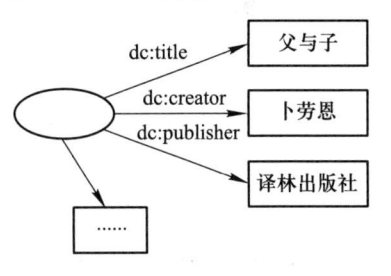

图 9-3 RDF 核心定义例

```
<? xml version="1.0"? >
<rdf:RDF
    xmlns:rdf="http://www.w3.org/1999/02/22-rdf-syntax-ns#"
    xmlns:rdfs="http://www.w3.org/2000/01/rdf-schema#"
    xmlns:dc="http://purl.org/dc/elements/1.1/">
  <rdf:Description>
    <dc:title> 父与子 </dc:title>
    <dc:creator> 卜劳恩 </dc:creator>
    <dc:publisher> 译林出版社 </dc:publisher>
    ……
  </rdf:Description>
</rdf:RDF>
```

由于 RDF 只定义了用于描述资源的通用数据模型，但它不是针对特定领域的，没有为任何领域定义语义。因此，RDF 的语义表示能力非常有限，只提供了描述单个资源语义信息的能力，而没有提供描述特定领域的语义的能力。为了扩展 RDF 的语义描述能力，W3C 在 RDF 的基础上制定了 RDFS(Resource Description Framework Schema，资源描述框架模型)，即 RDF 的词汇描述语言。RDFS 定义了类、类的属性和关系、相关限制等词汇，在这些词汇基础上用户可以自定义所需的类，创建类间关系等来描述特定领域的资源。简言之，RDFS 通过提供一套命名和描述 RDF 中类和属性的机制，实现以通用的数据模型描述特定领域语义的能力。

在实际应用中，RDF 数据模型采用 URI(统一资源表示符)和 RDF Schema (RDFS)将元数据描述成为数据模型。RDF 使用 XML 语法实现 Web 上的元数据的描述和交换，采用 URI 地址唯一地表示 Web 资源，首先指定词汇集的 URI，再使用指定的词汇集来描述资源；然后通过 RDF Schema 来建立不同词汇集之间的联系。下面用一个例子来说明。

下面的这组陈述"有一个人由 http://www.w3.org/People/EM/contact#me 标识，他的姓名是 Eric Miller，他的 email 地址是 em@w3.org，他的头衔是 Dr."可以表示为如图 9-4 所示的 RDF 图：

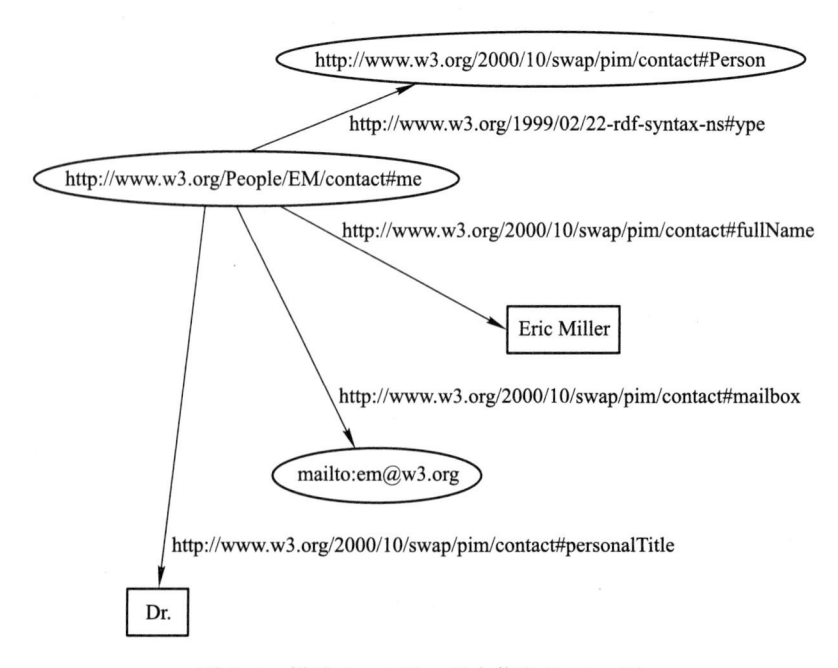

图 9-4　描述 Eric Miller 基本信息的 RDF 图

图 9-4 的 RDF 图用 RDF/XML 表示如下：

```
<?xml version="1.0"?>
<rdf:RDF xmlns:rdf="http://www.w3.org/1999/02/22-rdf-syntax-ns#"
        xmlns:contact="http://www.w3.org/2000/10/swap/pim/contact#">（词汇集 contact 的 URI）
    <contact:Person rdf:about="http://www.w3.org/People/EM/contact#me">（被描述对象的 URI）
        <contact:fullName>Eric Miller</contact:fullName>（用词汇集的元数据 fullName 描述姓名）
        <contact:mailbox rdf:resource="mailto:em@w3.org"/>（用词汇集的元数据 mailbox 描述邮箱）
        <contact:personalTitle>Dr.</contact:personalTitle>（用词汇集的元数据 personalTitle 描述头衔）
    </contact:Person>
</rdf:RDF>
```

RDF(S)是一个能对结构化元数据进行编码、交换及再利用的体系框架。它提供了一种强有力的表述、交换与利用元数据的机制，使得各种不同元数据体系之间具有互操作性。

在数字图书馆资源描述中，RDF 能有效地引用特定的 RDF 词表或模式体系，针对不同资源类型对象的描述要求选用不同的元数据方案，因此可将多种元数据封装在一个统一的描述框架中，实现多种元数据之间的互操作。同时以基于 XML 为基础的 RDF 描述体系也实现了开放标准，统一的内容管理使数字图书馆的资源建设能在相当长的时间内得到保护，也为未来向新的体系与标准迁移提供了便利。图 9-5 是上海数字图书馆在实践基础上提出的通过 RDF/XML 实现的元数据转换方案。

RDF(S)提供了句法的互操作性，还提供了构建语义网的基础，但仅限于能表达浅层次的语义关系，无法支持更精确的语义关系描述。因此，必须在 RDF(S) 基础上扩展元数据的语义描述功能，定义更加复杂的概念结构，并采用具备一定的知识推理能力的描述方案。图书馆长期以来形成的各类型受控词表和规范档（人名、地名、团体等）则为 RDF(S)语义描述能力的提高提供了更为规范和精确的取值词汇集（value vocabularies）。

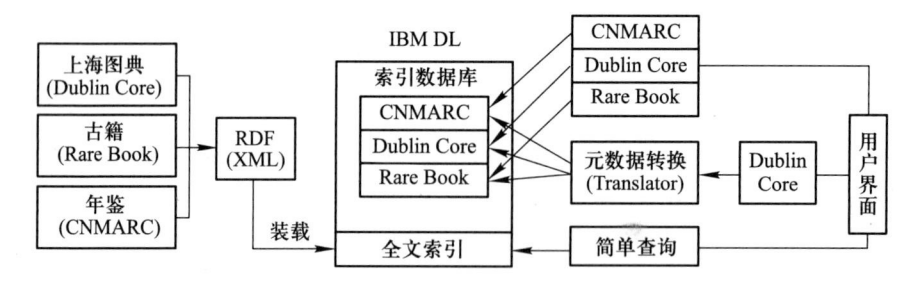

图 9-5　上海数字图书馆提出的基于 RDF/XML 实现的元数据转换方案[①]

第三节　数字图书馆的知识组织

数字图书馆的研究与发展基本经历了数字化馆藏建设和整合信息资源提供集成信息服务两个发展阶段。随着数字图书馆发展进程的不断推进,一段时期在数字图书馆发展中漏掉了的我们称之为"知识组织系统"的资源逐渐受到重视,并作为数字图书馆结构中的有机组成部分,利用知识组织工具提高数字图书馆知识表达与组织层次和知识服务能力已经成为数字图书馆最重要的研究课题之一。

一、数字图书馆的知识组织系统

(一) 知识组织系统及其层次类型

1. 知识组织系统

"知识组织系统"(knowledge organization systems,简称 KOS)是我们用来定义并组织表述真实世界物体的术语和符号的系统,在具体应用中我们往往将它们泛指为语义工具。

受控词表是传统意义上知识组织系统的具体形式,蕴涵对应的知识组织方法,是根据信息检索需要,通过对自然语言进行词汇控制来达到概念专指与语义明晰,以提高检索效率而编制的人工语言。其中最具代表、发展最为成熟的当指分类表、叙词表。随着网络技术的发展,一些新型的信息组织语义工具,如本体、概念地图、语义网络等不断涌现。信息组织的语义工具从分类法、叙词表向知识组织系统转变。

2. 知识组织系统的层次类型

知识组织系统包括的类型更为广泛,盖尔·霍奇(Gail Hodge)、曾蕾等学者依据知识组织系统构造和复杂度特征、术语关系的揭示程度,将应用于网络和数字图书馆环境下的知识组织系统分为三个层次、13 种类型:

[①] 刘炜,赵亮.上图数字图书馆元数据方案[OL].[2013-10-21].http://www.libnet.sh.cn/sztsg/fulltext/reports/2000/Metadata.htm.

第一层次：词汇列表（词单）。强调专业术语，往往附有概念的定义，一般不涉及复杂的语义关系和分类结构，主要实现词义消歧和同义词控制功能，包括可选词单、地名辞典、术语表、词典、规范文档和同义词环等。

第二层次：分类与大致归类。在词汇列表的基础上增加了对概念的等级关系的控制，强调概念之间的层级聚合和类别体系，包括标题表、粗略分类体系、知识分类表、文献分类法等。

第三层次：关联组织。侧重于概念及概念之间的关联，从简单的线性关系，向层级关系、复杂的网状关系，甚至概念属性特征的揭示发展，包括叙词表、概念图、语义网络和本体等。

知识组织系统受控程度越强，自身的结构化程度则越强，揭示概念之间关系的能力亦越强，也更趋向于为计算机可读、可理解、可处理。图9-6就反映了不同层次、不同类型知识组织系统受控程度（规范化程度）、结构化程度和概念揭示能力之间的这种正向关系。但是不管知识组织系统如何进阶发展，采用何种结构或展现形式，词汇控制仍是各种信息组织语义工具不变的基本方法，目的都是为了揭示和描述概念以及概念之间的关系。

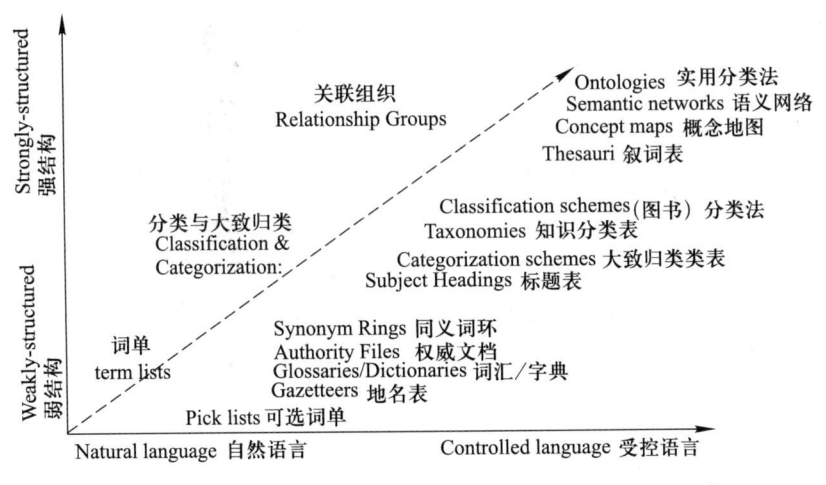

图9-6　知识组织系统总览[1]

（二）数字图书馆知识组织系统的作用

传统知识组织系统分类法、叙词表在信息资源的描述、组织、管理、发现等方面的强大功能已得到图书情报界和相关领域的广泛认可。传统知识组织系统在数字

---

[1] 引自曾蕾. 在浏览和检索界面设计中利用知识组织系统（KOS）[PPT].[2013-08-20].http://www.libnet.sh.cn/upload/htmleditor/file/071213120903.pdf.

环境中得到了进一步发展和应用,如大型数据库中使用的众多的叙词表,搜索引擎内部使用的分类表、自动扩检词表,导航浏览用的等级体系结构等。新兴的知识组织系统如本体(实用分类法)、概念地图等正构建着下一代开放互联的语义网。

从数字图书馆信息组织的视角来分析,图9-6中所呈现的三个层次、13种知识组织系统在信息组织领域各有用武之地,不可或缺。第一层次的字典、地名表、同义词环、可选词单可以被视为基础知识类工具;第二层次的分类聚类体系可以被看作是架构类知识组织工具,体现了领域专家对学科知识的有序梳理,通过分类法与标题表对信息资源进行重组排序,在知识组织中实现知识系统化架构及主题标引;第三层次的叙词表、概念地图、本体和语义网络等通过对词汇、概念之间关系的建立,揭示概念之间潜在的、深层的语义关系,体现知识之间的关联呈现,提供更为多元的检索入口,也为机器理解与推理提供了支持。

知识组织系统是数字图书馆的有机组成部分。知识组织系统不仅包含在数字图书馆的资源组织系统中,而且贯穿于数字图书馆的各个构成系统,是对数字信息的内容概念及其相互关系进行描述、组织和提高检索效率的机制(见图9-7)。

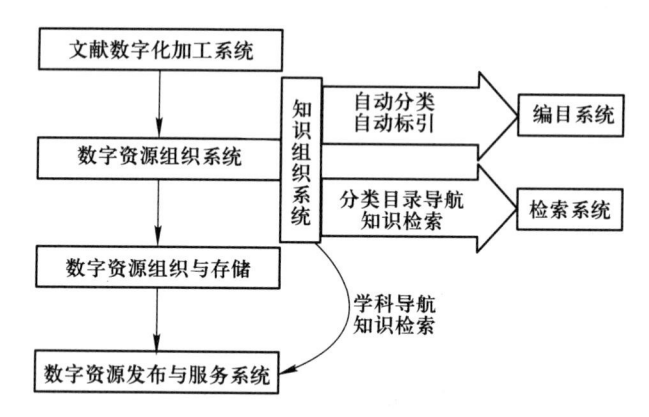

图9-7 数字图书馆各系统与知识组织系统间的关系图
(来源:在卜书庆的文章《基于〈中分表〉的国家数字图书馆知识组织思考》图1基础上改造而成。)

知识组织的作用具体可概括为如下几点:

(1)可对数字资源集合中各信息对象按照知识内容和知识结构进行描述、连接和组织,其描述的结果即数字图书馆元数据描述中的语义元数据(分类体系、主题词元素);

(2)解决实时数字资源(包括长期保存的网络资源)内容元数据的创建活动,为资源描述提供术语支持,即自动标引、自动分类;

(3)解决多语种、多结构的知识组织系统的互操作检索和等级浏览导航;

(4)支持资源发现过程中的查询最优化(如基于概念的查询扩展)。

从传统图书馆到数字图书馆,知识组织系统的构建(包括结构和功能)一直决定着知识组织和知识服务的深度和应用广度[①]。

二、数字图书馆知识组织系统的描述转换

(一) 知识组织系统描述转换的必要性

区别于传统知识组织系统仅提供给人使用,数字图书馆的知识组织系统是特指在网络环境下可应用的、能够用于表示和组织数字信息资源的、不仅可以为人所利用而且还能为机器可懂和机器可处理的知识组织工具,是传统知识组织工具在数字环境下的延续和发展。知识组织系统构建的一个重要途径是对传统知识组织系统进行改造和语义化转换,尤其是对于传统图书馆环境中发展起来的规范档、分类表、叙词表等受控词表。

在数字环境下,知识组织系统本身也是一种数字化资源,应采用计算机可识别的开放方式定义、描述、标记和传递,并提供利用知识组织系统链接组织描述信息资源的技术机制,促进用户及其代理系统对它们的准确解析和应用,保障不同体系间的交换、映射和复用。

(二) 知识组织系统描述转换的目标

数字图书馆知识组织系统的改造和语义化转换的目标可以归纳为以下几点:

(1) 将各类知识组织工具转化为机器可理解的语义化的知识库,使它们具备和其他知识组织系统进行广泛互操作与关联的能力;

(2) 向数字图书馆内外的各类智能应用提供知识服务;

(3) 将数字图书馆的知识资源转换为关联数据输送到整个互联网上,使得数字图书馆成为语义 Web 的知识关联枢纽。

需要说明的是,构建知识组织系统的 Web 可用的描述规范是实现在数字图书馆中利用知识组织系统的前提和基础。图 9-8 构建和展示了中文知识组织系统在规范和语义化描述转换后在数字图书馆及其在语义 Web 中的应用目标。

(三) 知识组织系统的描述转换语言

SKOS(Simple Knowledge Organization System,简单知识组织系统),是由 W3C 提出的一种用于知识组织体系的编码规范(简单知识组织描述语言),提供了表达各种受控词表(如分类法、叙词表、标题表、术语表、名称规范档等)结构和内容的通用框架,将概念模式及语义关系表达为机器可理解的方式。

SKOS 建立在 RDF 基础上,是 RDF 的一个应用,每一条陈述(statement)都是一个 RDF 三元组。SKOS 模型的实质是一套由 RDF 定义的词汇集,采用该词

---

① 卜书庆. 基于《中分表》的国家数字图书馆知识组织思考[J]. 图书馆论坛,2009(6):194-198.

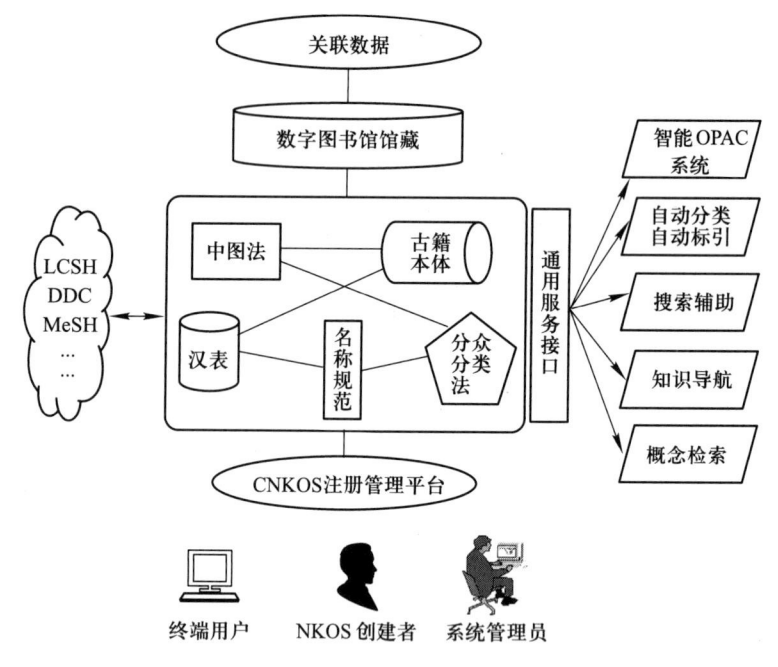

图 9-8　数字图书馆体系结构中的 NKOS[①]

汇集能够以一种机器可理解的方式表达词汇的结构与概念,以供交换和重用。SKOS 化的知识组织系统为 RDF(S)提供了更为规范和精确的取值词汇集,扩展了 RDF(S)的语义描述能力。

SKOS 包括三个主要部分:SKOS Core、SKOS Mapping 和 SKOS Extensions。其中 SKOS Core,即 SKOS 核心词汇表,是一个表示概念体系基本结构和内容的模型;SKOS Mapping 用于描述概念间的映射;SKOS Extensions 用于描述 SKOS 的特定应用。SKOS Core 基本发展成熟,而后两者目前还处于发展阶段。

SKOS 数据模型将知识组织系统视为由概念集合组成的概念体系(Concept Scheme)。SKOS 概念体系和 SKOS 概念用 URIs 来辨识,使得任何人在任何上下文环境中可以一致地引用它们,将它们作为语义网的一部分。SKOS 词表是由一系列 RDF 定义的类和属性组成,这些类和属性涵盖了描述各种传统知识组织系统结构中使用到的标签。词表中的概念词条通过这些标签进行标识,从而融入到 SKOS 的概念框架中,形成机器可以理解的语义知识组织体系。SKOS 词表中的标签及其说明见表 9-2。

---

① 王军,卜书庆.网络环境下知识组织规范的研究与设计[J].中国图书馆学报,2012(4):43.

表 9-2 SKOS 核心词表常用标签

标签类别	标签名称		说明
概念类	skos:Concept	概念	SKOS 的概念类，一个 SKOS 概念可被视作一个观念或想法；一个思维单元
概念体系	skos:ConceptScheme skos:inScheme skos:hasTopConcept skos:topConceptOf	概念表 概念归属标签 某概念存在顶级概念 顶级概念标签	一个或多个 SKOS 概念的集合体
词汇标签	skos:prefLabel skos:altLabel skos:hiddenLabel	首选标签 交替标签（非首选标签） 隐藏标签	用于为任何类型资源相关的词汇标签提供一些基础词汇
标记	skos:notation	（标记）符号	用于在给定的概念体系范围中唯一标识一个概念
文档属性 （注释属性）	skos:note skos:changeNote skos:definition skos:editorialNote skos:example skos:historyNote skos:scopeNote	通用注释 变更注释 定义 编辑注释 实例 历史注释 范围注释	用于提供与 SKOS 概念相关的信息
语义关系	skos:semanticRelation skos:broader skos:narrower skos:related skos:broaderTransitive skos:narrowerTransitive	语义关系 直接上位概念 直接下位概念 相关概念 传递上位概念（直接或间接） 传递下位概念（直接或间接）	用于相关概念含义之间内在的链接，分为等级关系和相关关系
概念集合	skos:Collection skos:OrderedCollection skos:member skos:memberList	概念集合（等级关系） 有序的概念集合 成员 成员列表	用于为 SKOS 概念组贴标签和排序
映射属性	skos:mappingRelation skos:closeMatch skos:exactMatch skos:broadMatch skos:narrowMatch skos:relatedMatch	映射关系 近似映射 准确映射 上位映射 下位映射 相关映射	用于声明不同概念体系中 SKOS 概念之间的映射链接，这些链接是相关概念含义中所固有的

通过SKOS描述语言,受控词表将转换为与RDF、OWL兼容的概念模型,词表中的词汇对应转换为SKOS模型中的具体概念,并实现语义网中与其他RDF数据的合并与融合,有助于数据之间的互通和互操作,从而实现真正意义上的资源共享。SKOS是一种比OWL本体描述语言更简单,但又非常容易扩展的知识结构描述语言,通过SKOS知识组织方案,可以充分利用传统知识组织系统的现有成果,并实现与语义网的良好结合。

三、受控词表的SKOS转换应用实践

知识组织系统的语义化、关联化大多是采用将原有数据SKOS化的模式。下面选取"美国国会图书馆规范文档与词表服务"项目和"国家图书馆知识组织标准规范"项目对受控词表SKOS转换和应用加以说明。

(一) LCSH的SKOS转换应用

"美国国会图书馆规范文档与词表服务"项目(Library of Congress Authorities and Vocabularies Service)是当前词表资源语义化转换、关联化应用的代表,它的目标是让人与机器都可以方便地访问国会图书馆的规范数据。此项服务的意义在于开放共享词表资源,方便用户深入到单个概念层面的访问,提供词表资源的多种格式,以HTTP协议为基础,通过关联数据与其他数据(如VIAF)进行集成和整合,可视化展示概念与语义关系等。

最先纳入其中的是《国会标题表》(LCSH),随后还有图像材料叙词表、地理区域代码表、语言代码表、人名规范档、LCC等。LCSH含有26.5万条规范记录,传统上以MARC21格式进行发布。2006年开始,国会图书馆开始探索LCSH/MARC向SKOS的转换,目前已成功地在Web上发布了LCSH/SKOS版本,提供Linked Data(关联数据)服务、SKOS版本下载服务、SPARQL查询服务等。

下面是LCSH的主题标目"German language—Old High German,750–1050—Etymology"的SKOS表示。

```
<rdf:RDF xmlns:rdf="http://www.w3.org/1999/02/22-rdf-syntax-ns#">
    <rdf:Description rdf:about="http://id.loc.gov/authorities/subjects/sh85054367">
        <rdf:type rdf:resource="http://www.w3.org/2004/02/skos/core#Concept"/>
        <skos:prefLabel xml:lang="en" xmlns:skos="http://www.w3.org/2004/02/skos/core#">German language—Old High German,750–1050—Etymology</skos:prefLabel>
```

```
            <skos:narrower rdf:resource="http://id.loc.gov/authorities/subjects/
sh85052046" xmlns:skos="http://www.w3.org/2004/02/skos/core#"/>
            <skos:narrower rdf:resource="http://id.loc.gov/authorities/subjects/
sh85138161" xmlns:skos="http://www.w3.org/2004/02/skos/core#"/>
            <skos:narrower rdf:resource="http://id.loc.gov/authorities/subjects/
sh85060477" xmlns:skos="http://www.w3.org/2004/02/skos/core#"/>
            <skos:narrower rdf:resource="http://id.loc.gov/authorities/subjects/
sh85085442" xmlns:skos="http://www.w3.org/2004/02/skos/core#"/>
            <skos:narrower rdf:resource="http://id.loc.gov/authorities/subjects/
sh85011155" xmlns:skos="http://www.w3.org/2004/02/skos/core#"/>
            <skos:inScheme rdf:resource="http://id.loc.gov/authorities/subjects"
xmlns:skos="http://www.w3.org/2004/02/skos/core#"/>
            <skos:changeNote xmlns:skos="http://www.w3.org/2004/02/skos/core#">
                <cs:ChangeSet xmlns:cs="http://purl.org/vocab/changeset/schema#">
                    <cs:subjectOfChange rdf:resource="http://id.loc.gov/authorities/subjects/
sh85054367"/>
                    <cs:creatorName rdf:resource="http://id.loc.gov/vocabulary/organizations/dlc"/>
                    <cs:createdDate
rdf:datatype="http://www.w3.org/2001/XMLSchema#dateTime">1986-02-
11T00:00:00</cs:createdDate>
                    <cs:changeReason rdf:datatype="http://www.w3.org/2001/XMLSchema#
string">new</cs:changeReason>
                </cs:ChangeSet>
            </skos:changeNote>
        </rdf:Description>
    </rdf:RDF>
```

采用 SKOS 编码之后，整个 LCSH 成为"关联数据（Linked Data）"，即在 Web 上开放、共享、具有相互联系并且"可引"（with referenceable URI）的数据。SKOS 化后的 LCSH 成为 Linked Data 后为网络资源利用 LCSH 建立资源之间的直接联系提供了一个很好的基础，实现了更好地融入语义网络环境，并为图书馆资源的组织与检索提供术语服务等。（如图 9-9）

LCSH 的关联数据发布网址为 http://id.loc.gov/authorities/，其提供的服务主要有（如图 9-10 所示）：

（1）使用 HTTP URI 作为对象的唯一标识（如"http://id.loc.gov/authorities/

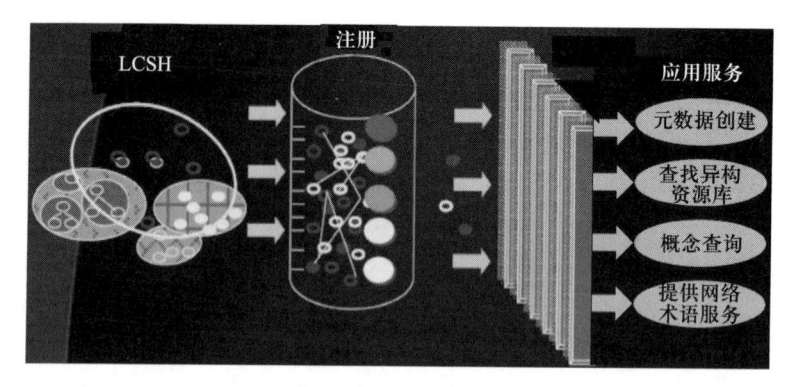

图 9-9　LCSH 语义化描述转化、术语注册和提供应用服务示意图

图 9-10　LCSH/SKOS 的主题标目呈现与服务界面

sh85054367#concept"唯一标识标目"German language—Old High German,750–1050—Etymology"),通过 HTTP URI,人们可以定位到具体的对象;

(2) 通过查询对象的 URI,可以提供很多有意义的信息,如:该标目的款目信息(Alternate Labels、Broader Terms、Narrower Terms、Related Terms、Created、Modified、Editorial Notes、Sources 等)以及 URI、Type、Instance Of、Alternate Formats 等信息;

(3) 在 Alternate Formats 中提供 RDF/XML、N-Triples 和 JSON 三种格式的下载或在线浏览;

(4) 提供到其他词表中相似概念的关联(similar concepts from other vocabularies);

(5) 提供可视化展示和用户建议功能。

除了 LCSH 外,《杜威十进分类法》(DDC)、《联合国粮农组织叙词表》(AGROVOC)、《艺术和建筑叙词表》(AAT)等都实现了 SKOS 的描述转换。

(二)《中国分类主题词表》的 SKOS 转换研究

1.《中分表》SKOS 描述转换标准规范研究

中国国家图书馆于2009年启动"国家图书馆知识组织标准规范"建设项目,是国家数字图书馆工程标准规范建设的主导项目之一。该项目的总体目标是基于国内知识组织工具的特点和发展需要,参考国际上网络知识组织系统的现有成果和发展趋势,提出我国网络知识组织系统的构建规范和应用指南,以提升国家图书馆组织与整合数字资源的能力,并为国内相关团体和个人构建各类网络化的知识组织工具提供参考。进一步为我国网络知识组织系统提供一个共建共享平台,推动国内网络化知识组织的发展和应用水平。[①]

项目选择了分类法、主题词表、本体和大众分类法这几种目前较为成熟、在数字图书馆中有较大应用潜力的知识组织工具作为规范制定的对象。标准规范的制定一方面向国际标准 SKOS Core 靠拢,另一方面根据中文分类表和叙词表的特点加以扩展,以尽可能完整描述和转换传统受控词表。项目制定了多个标准规范,其中,"受控表语义描述规范"主要针对传统知识组织系统类型,尤其是分类法和叙词表等国内受控表的形式化语义描述,尽量实现对这些传统高端知识组织系统的全描述;"《中国分类主题词表》语义描述规范及应用指南"主要针对《中分表》,制定相应的语义描述方法和规则,为《中分表》的 SKOS 转换提供描述规范。

2.《中分表》主题词规范数据的 SKOS 转换及应用

国家图书馆起草的"主题概念标识的计算机可读可理解描述规范"中通过制定主题词规范数据 MARC 字段与 SKOS 词汇之间的转换规则,权衡和考虑了转化过程当中的部分语义损失,目前已经实现了主题词规范数据以 SKOS 文件形式输出。目前已有 100 000 多个主题规范词实现了从原有《中分表》电子版的 CNMARC 格式向 SKOS 的转换。主题规范数据主要包括正式主题词(叙词)、非正式主题词(入口词)和相关词[②]。以《中分表》主题词的控制号和分类号的控制号作为唯一标识符(URI),以 SKOS 为核心,并在此基础上根据《中分表》的特点作了扩展。

---

① 王军.知识组织标准规范总体介绍[R].国家数字图书馆工程标准规范项目研制成果,2011.

② 范炜.《中国分类主题词表》的术语网络服务探索——以主题规范数据为例[J].图书情报工作,2012(7):40-46.

下面以《中分表》(第二版)的主题词—分类表中的主题词"植物"为例加以说明(见图9-11)。

```
zhi wu
植物
Plants
Q94①

   F 草本植物
     低等植物
     ……
     转基因植物
   C 孢子植物
     古植物
     ……
     作物

记录控制号：S095502
```

图9-11 "植物"在《中分表》(第二版)中的片段

上述主题词"植物"用SKOS表示如下：

```
<skos:Concept rdf:about="http://cct.nlc.gov.cn/Subject/S095502#concept">
    <skos:inScheme rdf:resource="http://cct.nlc.gov.cn/Subject#conceptScheme"/>
    <skos:topConceptOf rdf:resource="http://cct.nlc.gov.cn/Subject#conceptScheme"/>
    <skos:prefLabel xml:lang="zh">植物</skos:prefLabel>
    <skos:prefLabel xml:lang="en">Plants</skos:prefLabel>
    <skos:altLabel xml:lang="zh-pinyin">zhi wu</skos:prefLabel>
    <skos:narrowerTransitive rdf:resource="http://cct.nlc.gov.cn/Subject/S006361#concept"/>
    <skos:narrowerTransitive rdf:resource="http://cct.nlc.gov.cn/Subject/S012991#concept"/>
    ……
    <skos:related rdf:resource="http://cct.nlc.gov.cn/Subject/S002198#concept"/>
    <skos:related rdf:resource="http://cct.nlc.gov.cn/Subject/S107282#concept"/>
    ……
```

```
        <skos:exactMatch rdf:resource="http://cct.nlc.gov.cn/Classification/
C015667#concept"/>
        <skos:notation>Q94</skos:notation><!--temporary use for plain literal of
Notation-->
      </skos:Concept>
```

《中分表》SKOS改造后,将发布为关联数据,提供术语服务应用于元数据语义规范标引、概念检索、术语完善等。目前,相关的研究应用有:

(1) 四川大学范炜等对《中分表》SKOS描述转化后主题词的可视化浏览方面的探索(见图9-12)。

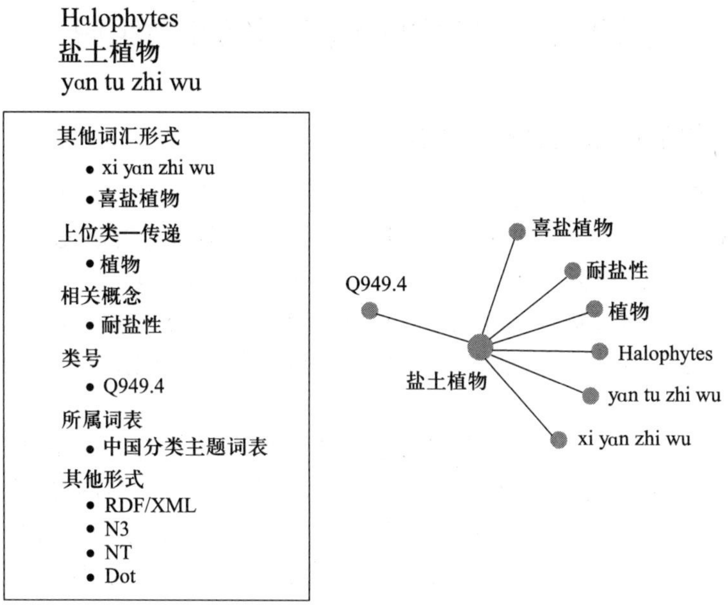

图9-12 《中分表》SKOS描述后的可视化浏览示例

(2) 深圳大学曾庆红课题组对《中分表》进行了类似于SKOS的OntoThesaurus本体化改造后提供OPAC"主题词智能检索"、术语的用户建议完善等功能(详见第七章第四节"后控制检索"的相关内容);并进一步根据中文叙词表本体的需求和特点,遵循关联数据创建四原则,实现了OTCSS的Linked Data服务模块,可将中文叙词表本体发布为关联数据,并提供叙词款目信息的九种共享格式(均采用RDF标准)的下载[①]。

---

① 黄华军,等.OTCSS关联数据服务的研究与实现[J].现代图书情报技术,2012(7/8):40-47.

(三) 名称规范数据的语义化描述和关联数据化

除了受控语言的 SKOS 化，人名、题名、地名等确保书目数据质量的名称规范数据，作为一类高质量的基础知识性资源，经过语义化描述和关联后，在互联网上发布并提供服务，一方面可以更好地融入语义网络，另一方面可以为用户获取精确、完整的检索结果及关联知识提供便利，从而丰富用户体验。FRBR（书目记录的功能需求）及其家族成员 FRAD（规范数据的功能需求）和 FRSAD（主题规范数据的功能需求）的发展以及 RDA（资源描述与检索）都是在信息资源管理实践中不断强调规范控制的重要性与必要性推动下产生，强调通过名称规范数据的语义化、关联化，从而实现更清晰和细粒度地描述资源和聚合关联资源，实现数据的关联化。

第四节 数字图书馆资源的整合组织

一、数字资源整合及其意义

数字资源与传统书刊文献不同，每一种资源都有其物理和逻辑结构，依赖于各自的软件系统并借助于网络传播。随着数字图书馆建设、购买和可开放获取的数字资源的急剧增多，解决数字资源因与生俱来的异构性、分布性和资源描述的多样性所带来的互操作问题，实现资源的有效整合与集成已经成为数字图书馆面临的一个重要课题，直接关系到图书馆核心价值的实现。

"数字资源整合"是数字资源优化组合的一种存在状态，是指依据用户的检索需求，通过一定的技术与方式对数据结构、检索方式、检索与调用协议、数据记录传输格式各异的资源库进行"屏蔽"处理，将各个相对独立的资源库中的数据内容、功能结构及其检索方法进行融合、聚类和重组，重新整合为一个新的有机整体，从而形成的一个效能更好、效率更高，具有跨平台、跨数据库、跨内容集成检索功能的新型数字资源体系。

数字资源整合的意义在于不仅能够解决用户在知识海洋中寻找的繁琐和遗漏问题，更是基于资源的整合为用户提供"发现→定位→请求→传递→利用"的"一站式"无缝集成服务，并进一步深入到提供知识层面的增值服务。OCLC 2009 年发布的《联机目录：用户和图书馆员需要什么》调查报告也表明：对用户而言"方便胜于质量""检索体验和得到所需同等重要"[①]。

---

① Karen Calhoun.Online catalogues: what users and librarians want [OL]. [2013-09-20].http://www.oclc.org/content/dam/oclc/events/2009/files/09_Tech_Svcs_Forum_Keren_Calhoun.pdf.

二、数字资源整合的层面与方法

数字资源整合,不只是简单地将数字资源聚合在一起,而是涉及对信息描述、组织、处理、整序、检索、服务等各个方面,这些方面都需要相应的技术来支撑。

为实现在分布环境下的整合集成,近十年来,数字图书馆研究与应用领域探索和试验了多种层次、多种途径的资源整合方法与技术。

数字图书馆的资源整合从整合的深浅程度可以归纳为:界面层的导航整合、系统层面的技术整合、资源层面基于元数据的内容整合和资源层面基于知识关联的内容整合四个层次,并对应于相应的整合方法,决定了资源发现获取的用户体验,包括检索性能、检索效率、易用性、便捷性等方面。

(一)数据库资源界面层的导航整合

界面层的导航整合是对数据库资源的界面层、门户层的整合,通常数字图书馆的导航系统在数据库名称或者文献的集合级(专著名称)和连续级(期刊名称)层面上揭示资源,而不能对资源从内容层面上进行揭示。

导航整合主要解决信息源的选择问题,实现资源的集中导航,但用户仍然要利用不同数据库的检索程序通过不同的界面分别进行查询。界面层的集成导航属于浅层整合,是对数据库源的分门别类、序化指引。

导航整合通常提供按字母和主题的入口方式,实现数字资源库的集中。如大学图书馆通常对数以百计的数据库资源按 A—Z、数据库的语种、数据库覆盖的学科、数据库类型等进行多维度分类导航(见图 9-13)。

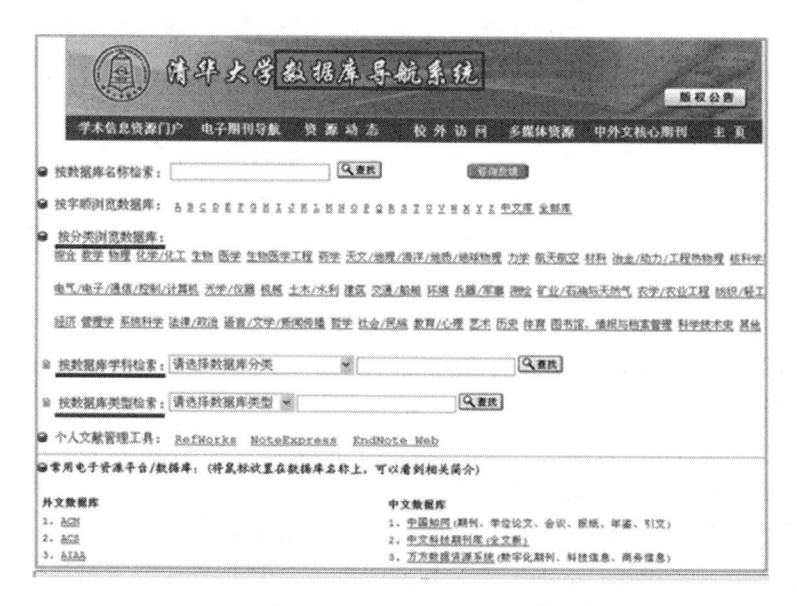

图 9-13 清华大学图书馆的数据库导航系统

尽管导航整合是一种浅层的资源整合模式，但仍然是当前数字图书馆数字资源整合的一种重要模式，广泛应用于数据库资源种类多、学科门类齐全的大学图书馆门户网站中。

(二) 系统层面的技术整合

系统层面的技术整合，也称平台整合，实际上并不是真正意义上的资源整合，而是在检索过程中，采用某种检索机制，以检索代理（agent）的角色来接受和处理用户的检索请求，为用户返回检索结果时实现表面的资源整合。

系统层面的技术整合又分为两种整合方法：

1. 基于元搜索的联邦检索

也称元搜索、跨库检索，通过网络信息检索标准和互操作协议实现。图书馆为异构数据库建立统一的检索平台，代理用户的检索需求，将检索请求转换成相应资源库可接受的查询语言和检索方法来获取信息，并对各资源系统返回的检索结果进行过滤、去重和相关性排序等操作，然后统一返回给用户（见图9-14）。联邦检索的实现需要在异构数据库之间进行数据交换与互操作，因此必须遵循一定的数据交换与互操作标准，主要包括Z39.50协议、Zing（SRU/SRW）协议、XML Gateway 等。

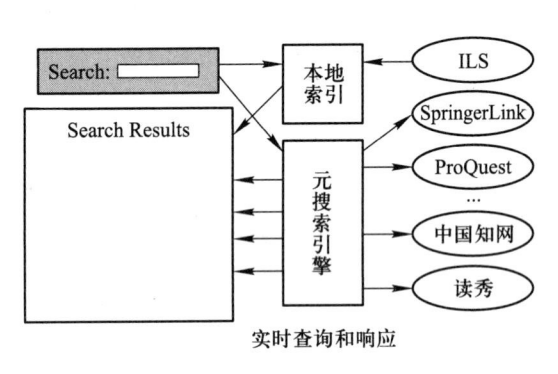

图 9-14 基于元搜索的联邦检索

这一方法检索效率高且稳定性、即时性好，但是依赖于计算机的处理能力实时发送检索并获取结果，检索性能严重受制于检索资源平台（包括所采用的检索机制和检索技术）以及网络传输速度，这些无法回避的技术上的先天原因，造成元搜索型联邦整合检索技术在10年中应用迅速而广泛，但效果不尽理想。

2. 基于OpenURL的链接整合服务

OpenURL（Open Uniform Resource Locators，统一资源定位器）即"开放链接"，是一种附带有元数据信息和资源地址信息的"可运行"的URL。OpenURL是一个开放链接的框架，定义了一种在Web之间传递信息的机制，是一套应用于Web上超链接的标准语法，由一组定义好的标识组成。OpenURL框架这种服务是信息源外部的、独立于信息源的服务。

网络上的各个信息服务商只要遵循此机制，通过链接服务器（link server）就可以解析信息提供源（source）所传送的要求，并向目标发送深度链接服务的请求，从而将复杂的数据库之间的互联通过简单的链接实现资源整合，并实现快捷定位并获取所需的目标信息。如图 9-15 展示了 OpenURL 在数字图书馆资源整合中的开放链接实现机制。

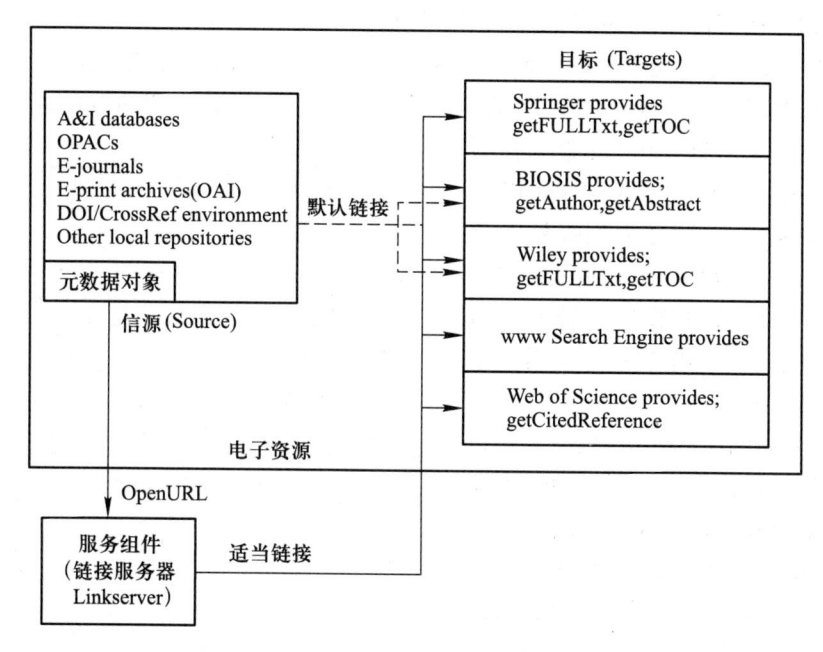

```
                                        目标 (Targets)
    ┌─────────────────────────┐      ┌──────────────────────────┐
    │  A&I databases          │   ┌─►│ Springer provides        │
    │  OPACs                  │   │  │ getFULLTxt,getTOC        │
    │  E-journals             │   │  ├──────────────────────────┤
    │  E-print archives(OAI)  │默认├─►│ BIOSIS provides;         │
    │  DOI/CrossRef environment│链接│  │ getAuthor,getAbstract    │
    │  Other local repositories│   │  ├──────────────────────────┤
    ├─────────────────────────┤   ├─►│ Wiley provides;          │
    │     元数据对象           │   │  │ getFULLTxt,getTOC        │
    └─────────────────────────┘   │  ├──────────────────────────┤
           信源(Source)           ├─►│ www Search Engine provides│
                                  │  ├──────────────────────────┤
                                  └─►│ Web of Science provides; │
                                     │ getCitedReference        │
                                     └──────────────────────────┘
                电子资源
           │
         OpenURL
           ▼
    ┌──────────────┐
    │  服务组件    │   适当链接
    │（链接服务器  │
    │  Linkserver）│
    └──────────────┘
```

图 9-15　OpenURL 在数字图书馆中的开放链接整合工作机制

由于 OpenURL 协议具有可定制、可移植、开放特性，并且可以快速定位目标，因而在学术信息环境中获得了广泛的认可和支持，成为数字图书馆应用领域的热门技术，也是下一代网络级资源发现系统实现有效定位资源目标的关键技术之一。

（三）资源层面基于元数据的内容整合

资源层面基于元数据的内容整合是指通过抽取、映射等手段对分布异构资源的元数据/对象数据进行收集和聚合，安装在本地系统中提供统一的检索和服务。数据经过收集转换后不仅格式统一，而且结构清晰，可以按照需求建立各种分类体系，或者按照更高级的知识组织系统对数据进行再组织和挖掘分析。

基于元数据的内容整合，也经历了以下几个发展阶段：

1. 基于元数据转换的互操作

即通过元数据映射转换机制，实现异构系统间数据交换与共享。通常的做法是以 DC 为中间格式，其他元数据格式（如 MARC、EAD）向其映射转换。映射可以解决几种格式间的统一检索，是数字图书馆早期实现元数据互操作较为常用的一种方法。例如，斯坦福大学提出的元数据互操作框架 SDLIP/STARTS、跨系统检索机制 CrossRoads 就是基于这种思想[①]。

2. 基于开放元数据搜索和检索的集成

即异构资源系统共同支持第三方按照公共元数据搜寻协议对自己元数据的搜索，并在此基础上提供元数据检索服务，支持第三方根据标准通信协议和元数据来调用自己的数据对象，从而支持基于多个分布、异构系统的整合检索和集成。如基于 OAI-PMH 元数据收割协议的资源整合。OAI-PMH 以元数据收割的方式，从数据提供者处获取元数据，存储于本地的元数据库，然后在本地数据库基础上向用户提供基于元数据的统一检索服务（如图 9-16）。

OAI-PMH 从元数据的共享和互操作的层面上提供了一种低成本的数字资源整合集成共享的解决方案，在数字图书馆建设项目中得到了广泛的应用。例如著名的 Dspace、CALIS 重点学科资源导航库系统等项目。

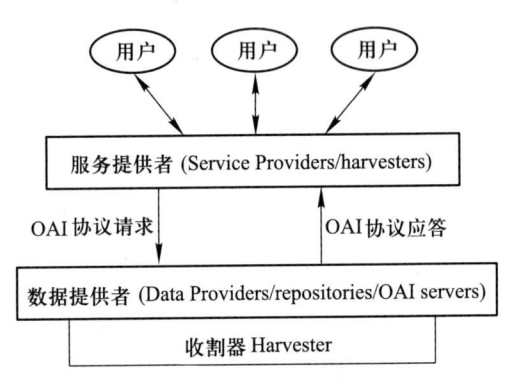

图 9-16 OAI-PMH 协议模型结构框架

3. 基于海量元数据仓储的内容整合

随着 Google Scholar 自 2004 年开始独领风骚，基于海量元数据仓储技术成为追捧热点，元数据索引服务开始进入视野并迅速广泛应用。自 2009 年起，国内外图书馆开始探索新的基于元数据仓储的网络级资源整合检索模式（见图 9-17），推出了面向学术资源搜索的网络级发现系统(下面简称"发现系统")。

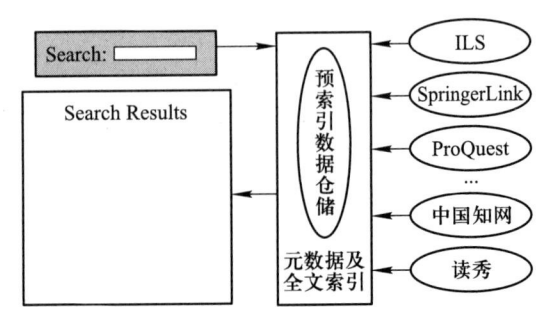

图 9-17 基于元数据仓储的整合检索

---

① 转引自：张晓林.数字图书馆理论、方法与技术[M].北京：北京图书馆出版社，2007：132.

发现系统通过对海量的来自异构资源的元数据(包括部分对象数据)用抽取、映射、收割、导入等手段进行预收集,并作规范化、丰富化处理,通过归并映射到一个标准的表达式进行预聚合,形成统一的元数据中心索引;通过单一但功能强大的搜索界面向终端用户提供统一的检索和服务。

发现系统的技术优势是预先对元数据及全文建立的高品质仓储和索引,由此产生的明显效果包括:扩大检索范围,高效的检索速度,丰富的结果呈现,较为深度全面的相关度排序,能够灵活地构建各种分类体系,并为知识化组织和揭示、进一步开展数据挖掘和知识发现等深层次服务提供支撑。

发现系统从系统架构上可以分为两种类型:混合型和单一型。混合型在元数据统一仓储的基础上,仍然调用传统的基于元搜索的联邦搜索系统,目的是以后者补充目前元数据仓储中元数据覆盖的不足。而单一型则完全摒弃基于元搜索的联邦检索技术,力求实现对于图书馆全部资源元数据的覆盖,并在此基础上构建一个完整统一的元数据索引。混合型发现系统不可避免地仍然受制于基于元搜索的联邦检索在检索速度、相关度排序等方面的制约,但在元数据覆盖不甚理想的现状下,不啻为一个可用的补偿。单一型发现系统因为只需处理一个中心索引,显然在检索效率和相关度排序方面回避了混合型所面临的技术难点和复杂性,但不免更依赖元数据的规模和质量,也就是与内容商的签约合作。[①] 目前,主流的资源发现系统中,Primo/Primo Central 和 EDS 属于混合型,SUMMON 属于单一型。

对于发现系统来说,元数据的质量和覆盖率直接关系到资源的可整合性、可发现性、可获得性和可挖掘性。

(四) 基于知识关联的内容整合

知识关联是深层次的内容整合。知识关联的意义在于发现人与人、人与知识、知识与知识、机构与人、机构与机构等之间的相互关系。知识链接是基于知识关联的信息组织和资源内容整合方式,通过将具有同一关系、隶属关系和相关关系的知识单元按照特定的需求有序地联系起来,能够挖掘和显示知识元或知识信息群之间的网络、结构、互动、交叉、深化或衍生等诸多复杂的关系[②]。

引文数据库就是基于文献之间内容上的互相引证关系所建立的资源整合系统。如 CiteSeerX、Google Scholar 就是基于引文分析建立文献之间的内容整合关联网络。

随着资源描述从文献层面更进一步深入到知识内容层面,通过各种可识别

---

① 聂华,朱玲.网络级发现服务——通向尝试整合与便捷获取的路径[J].大学图书馆学报,2011(6):5-10,25.

② 曾建勋.开放式知识链接服务体系研究[J].情报理论与实践,2013(1):48-52.

的语义关联数据(SKOS化词表)、要素数据(人名、机构、刊物、基金)和其他事实数据关联,可建立起知识之间的深层关联和聚合。与此同时,资源检索技术也更进一步强调对知识之间内容关联的挖掘,从而提供适应用户环境与用户需求的个性化知识服务。如读秀学术搜索、万方学术搜索SCIINFO(见图9-18)。

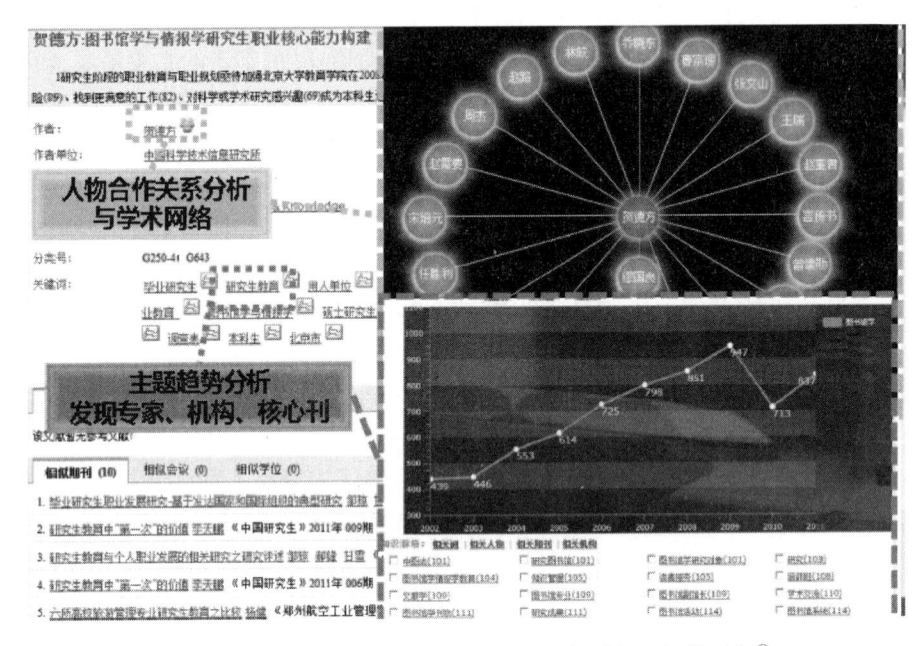

图9-18 基于万方SCIINFO知识关系挖掘分析可视化示例[1]

基于知识关联的内容整合是数字图书馆面向知识服务创新的资源整合模式和要求,也是数字图书馆资源整合的终极目标。

应当指出的是,每一种资源整合方式并不是决然独立的,也并没有低级和高级之分,在实际应用中是相互互补、渗透和融合的。如导航整合与跨库检索的融合、联邦搜索与元数据仓储索引的互补融合等。

伴随着资源整合技术的发展和整合模式的演进,资源整合在整合内容类型的覆盖面上也不断得到加强,经历了从图书馆购买的数字资源库的跨库集成检索到支持整个图书馆全部馆藏信息资源(包括印刷、电子和数字)的集成整合检索、发现与获取,再到基于全网域索引的资源发现(印刷版资源;自建的本地数字内容,比如机构库和数字特藏;订购的远程电子资源;其他诸如博客等微信息资源)的过程。

---

[1] 引自:吴广印.数据说话,让科研决策有理有据[PPT].[2013-10-21].http://conf.library.sh.cn/sites/default/files/it4l2012.

三、数字图书馆资源整合技术与应用实例

（一）基于元搜索的联邦检索——清华同方异构数据库统一检索平台 USP

清华同方数字图书馆建设与管理平台（TPI）推出的 USP 是一个智能化的网络数据库异构统一检索平台。它通过一个统一的用户界面帮助用户在多个网络数据搜索平台中实现信息检索操作，是对分布于网络中的多种检索工具的智能化整合。

USP 由三个部分组成：用户注册及引擎配置模块、统一检索模块、检索结果显示模块。用户注册及引擎配置模块负责实现用户个性化的检索设置要求，包括调用哪些搜索引擎（包括数据库）、各个搜索引擎用户名称和用户密码的设置、检索结果显示风格等；统一检索模块负责将用户的检索请求解释成满足不同搜索引擎本地化要求的格式，在不同搜索引擎中进行检索；检索结果显示模块负责所有源搜索引擎检索结果的去重、合并、输出处理等工作。

USP 在工作原理上采用的是双层 B/S 结构体系。用户向 USP 发出检索请求，USP 根据配置信息，把检索请求转换成对应于不同搜索引擎的实际检索请求，并向多个搜索引擎发出实际检索请求，搜索引擎执行检索请求后将检索结果传送回 USP，USP 把检索结果进行智能化整合，最后把检索结果传送给用户（见图 9-19）。

USP 的主要特点有：① 智能化的页面分析系统，② 个性化的检索结果显示，

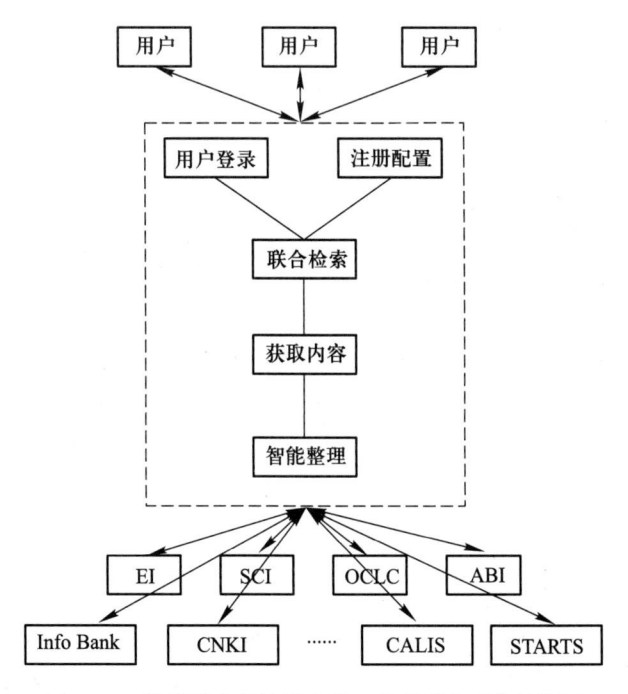

图 9-19　清华同方异构跨库统一检索平台系统结构图
（来源：http://tpi.cnki.net/culture.htm）

③ 支持二次检索,④ 具有先返回显示的快速显示特性,⑤ 检索结果有多种显示方式,⑥ 支持完全由用户配置的数据库分类检索功能。[①]

华南理工大学等众多高校馆都选用了 USP 进行资源的整合。

(二) 基于开放接口 SRU 的资源整合

即基于 SRU[②](Search and Retrieve via URL)技术的集成检索平台。SRU 是从 Z39.50 发展而来的网络信息检索协议,它建立在 HTTP 通信协议之上。一个 SRU/GET 请求是一个遵循 RFC1783[③] 规范的 URL,它由基本 URL 和检索属性两部分组成。基本属性元素包括:操作类型(Operation)、版本(Version)、查询式(Query)、开始记录号(Start Record)、每页记录数(Maximum Records)、结果信息表示方式(Record Packing)、结果排序方式(Sort Keys)等。由于 SRU 具有开放性、易用性等特点,它已经被包括美国国会图书馆、OCLC、牛津大学等众多国际上有影响的图书馆、信息服务机构广泛采用。

中国科学院国家科学图书馆就利用 OCLC 开源工具 SRW/U[④] 为馆藏数字资源检索系统、面向商业数据资源的跨库检索系统、面向第三方协作资源的元数据仓储系统以及 Web 开放资源系统等封装了开放接口 SRU,形成涵盖多个来源渠道和多种资源类型的学术资源集成检索平台(见图 9-20),支持国家科学图书馆应用系统以及第三方服务系统的开放调用。

"集成的学术信息资源检索系统"将电子资源的导航与检索、馆藏书刊目录

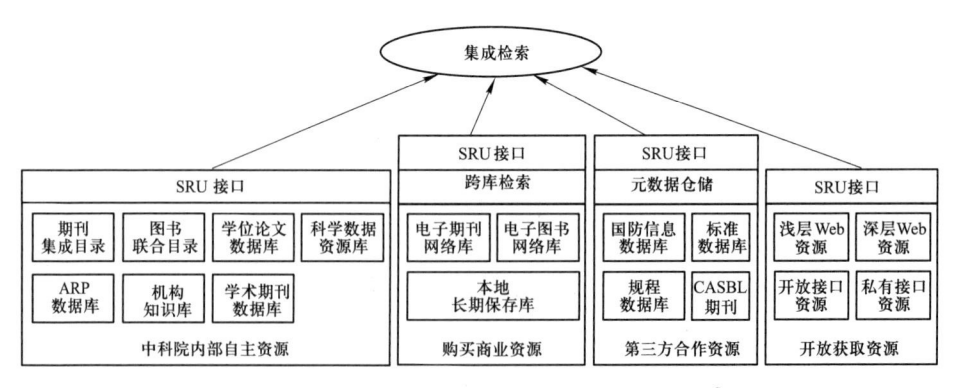

图 9-20 国家科学图书馆基于 SRU 的集成检索[⑤]

---

① 黄晨.资源整合模式及其实现研究[J].大学图书馆学报,2004(1).
② SRU:Search and Retrieval via URL(standards,Library of Congress)[EB/OL].[2010-10-21].http://www.loc.gov/standards/sru/index.html.
③ RFC 1738–Uniform Resource Locators [EB/OL].[2013-10-21].http://www.faqs.org/rfcs/rfc1783.html.
④ OCLC SRW/U[EB/OL].[2013-10-21].http://www.oclc.org/research/activities/srwdefault.htm.
⑤ 李春旺.从集成检索到集成融汇——国家科学图书馆集成融汇服务建设(PPT)[EB/OL].[2013-10-20].http://202.118.250.137:88/document.

查询、馆际互借和文献传递、虚拟参考咨询、参考文献引用以及网络搜索引擎等扩展服务有机地整合在一起。通过一个检索系统,读者可以远程访问、无缝获取所需信息和服务,更为有效地利用图书馆提供和揭示的信息资源。

(三) MetaLib/SFX 整合系统

MetaLib 系统是由 ExLibris 公司推出的电子信息资源整合和服务管理的门户系统,为图书馆管理各种不同类型的电子资源提供了解决方案。MetaLib 可以让图书馆定制其电子资源管理入口网站及提供不同资源库一致化的检索界面。SFX 是提供图书馆异构电子资源参考链接服务的数字产品,可以为学术信息环境提供强有力的链接参考服务。在 MetaLib 中嵌入 SFX,通过 SFX 的机制,可以大大增强资源整合的效果。

Metalib 集成检索系统由通用网关、资源库(信息网关)、用户管理和 SFX 四部分组成(如图 9-21)。

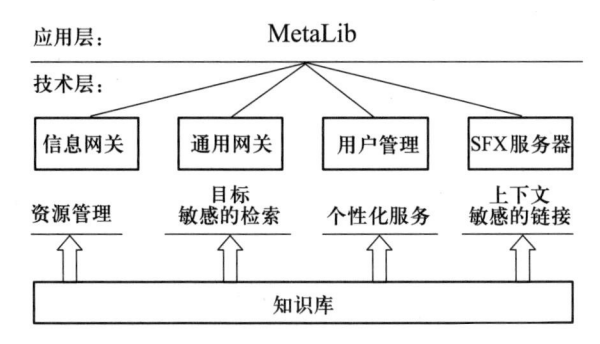

图 9-21 基于技术组件和知识库的 MetaLib 框架图[1]

SFX 是一个基于 OpenURL 标准协议的上下文敏感参考文献链接整合软件,是 MetaLib 实现"检索→发现→获取全文"的无缝整合集成链接服务的核心模块。SFX 的工作原理如图 9-22 所示。

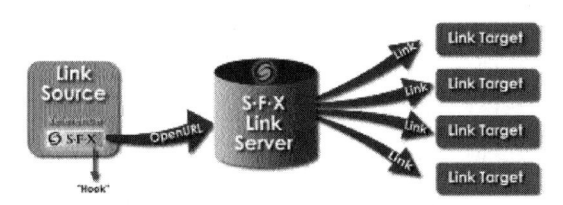

图 9-22 SFX 服务器工作原理图[2]

---

[1] 王平,姜爱蓉.国内外数字信息资源整合管理系统的对比研究与思考[J].上海交通大学学报,2003(增刊).

[2] 引自:李红雨,等.OpenURL 框架和 SFX 技术在异构数据整合中的应用[J].南京工业大学学报(自然科学版),2004(5).

由于 SFX 突出的优势，SFX 成为应用最广泛的链接服务器，为图书馆链接到各类电子资源提供了一种基于标准的方法。SFX 技术已被嵌入众多国内外著名数据库，如 ISI Web of Knowledge、CSA、UMI、EBSCO、Elsevier、HighWire 中，Google Scholar 也采用了 SFX 动态链接技术。很多国外大学也已经采用 MetaLib/SFX 对图书馆数据库资源进行整合，我国的清华、复旦等大学图书馆也采用 SFX 进行数字资源的整合（见图 9-23）。

图 9-23　基于 MetaLib/SFX 整合平台的清华大学图书馆学术信息资源门户整合检索界面

另外，MetaLib/SFX 还提供了数据库和电子期刊的知识库且按月更新，电子期刊导航深入到文章级及其更新（见图 9-24）。

（四）资源发现系统

SUMMON 是一个单一型网络版资源发现系统，遵循了 Google 及其他网上开放式解决方案的设计理念，将图书馆的馆藏放在统一的架构、单一的索引下进行揭示，并且在预收割建立元数据和全文索引的过程中，进行规范化（匹配和合并重复记录）、丰富化处理（FRBR）。这种统一的索引结构与基于元搜索的联邦检索相比，在检索速度、易用性、相关性排序、个性化设置的灵活度等方面具有很好的提升。

SUMMON 允许每个图书馆可以根据具体馆藏进行个性化定制。如专门为揭示和发现 OPAC 数据特别设计的功能；支持各种格式的图书馆自建库及本地资源；提供开放 API 接口，允许图书馆定制界面、开发和集成本馆各种特定应用服务系统（统一认证、图书馆门户等）。北京大学图书馆于 2011 年引进了

SUMMON 发现系统进行资源整合,并进行本地化资源配置、界面设计,发布为"未名学术搜索"。图 9-25 是北京大学基于 SUMMON 系统的界面与资源整合解决方案。图 9-26 是北京大学未名学术搜索检索结果显示界面。

图 9-24 基于 MetaLib/SFX 整合平台的清华大学图书馆电子期刊导航和期刊目录级更新界面

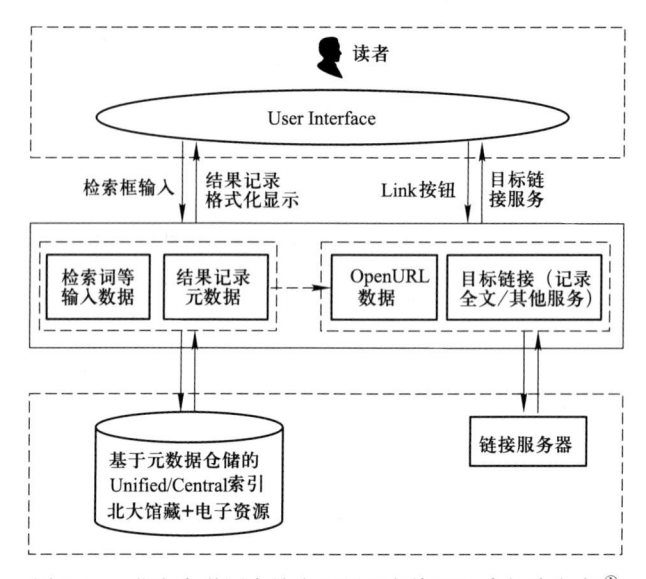

图 9-25　北京大学图书馆发现界面与资源整合解决方案[①]

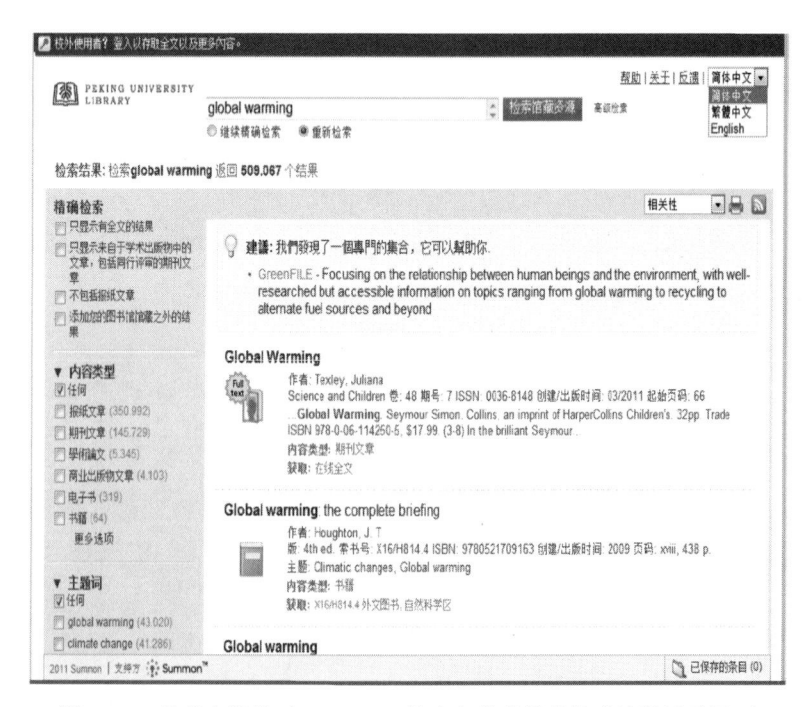

图 9-26　北京大学基于 SUMMON 的未名学术搜索检索结果显示界面

---

① 聂华. 图书馆的技术环境——发展趋势与应对策略[EB/OL]. [2013-10-20]. http://www.docin.com/p-437109836.html.

思 考 题

1. 简述数字图书馆的概念及其特点。
2. 请从信息组织的角度分析数字图书馆的信息资源具有哪些特征？
3. 结合数字图书馆的基本结构图说明各部分的作用。
4. 数字图书馆是如何实现数字资源的组织与检索的？
5. 数字图书馆资源组织的语义描述揭示是如何发展演进的？
6. 理解 XML、RDF(S)、SKOS、OWL 在数字资源描述和组织中的作用及其关系。
7. 知识组织系统在数字图书馆资源组织中是如何发挥作用的？
8. 简述数字图书馆资源整合的层次与方式。

第十章　信息组织的历史发展与未来趋向

人类的信息组织活动源远流长。了解信息组织的历史渊源和发展沿革，可以使我们从更深远的角度认识今天的信息组织活动，继承和汲取先人在长期信息组织实践中积累的有益经验。在此基础上，剖析现状，展望未来，把握信息组织的走向和发展趋势，可以使我们高瞻远瞩，明确方向，使信息组织的理论和实践在科学地解决现实问题的基础上具有前瞻性，适应不断发展的社会需要。

第一节　古代信息组织

一、信息组织产生的基础

信息组织最早是在人的思维认识领域中进行的。从广泛的意义理解，可以说自从有了人类大脑的思维活动，就有了最原始的信息组织。随着人类社会活动的日益复杂多样化，人类大脑的思维、分析、推理、聚类功能加强，人们不但能在纷纭的信息中选择，将同类的加以集中，不同的加以区分，而且能由此及彼，发现事物间的联系。人的大脑对信息的分析、综合、比较、抽象、概括、类比、判断、推理等，形成了基本的信息组织方法。正如美国学者沃尔曼所比喻的："人完完全全是由存储器组成的，这种存储器需要具有一个组织框架，该组织框架来源于个人的洞察力——具有精密过滤镜的眼睛、拥有独特频率响应能力的耳朵，以及通过思考找到个人兴趣的内容间相互联系的大脑。"[①] 尽管后来我们许多信息组织的活动和研究远远超越了人的认识领域而延伸至社会信息的生产、存储和检索的广阔空间，但一切信息组织方法都离不开人脑思维活动这个基础，都是在此基础上发展起来的。

信息符号作为代表和表达概念的标识、信息组织的工具，它的产生和运用对信息组织的发展起了关键作用。人们对信息的内容和形式的组织是通过对信息符号的组织完成的。人类最早用手势、体姿符号来表达和传递信息，后来出现了有声语言符号，它比体姿符号能表达更多的意义，使人们揭示传播复杂信息成

---

① （美）沃尔曼. 信息饥渴——信息选取、表达与透析[M]. 北京：电子工业出版社，2001.

为可能。不同的手势、体姿传递不同的信息,不同的语言表达不同的意义,这其中就包含了信息组织的过程。

为了克服体姿语言和有声语言不便保留、稍纵即逝的局限,我们的祖先很早就在寻求信息记录的形式,比如,曾采用"结绳"这一方法来记录事物的数量和特点:"事大,大结其绳;事小,小结其绳。"[①] 这是以实物作为符号来记录、描述事物。以后,人们又开始用图画来表达思想、记录知识,并在此基础上产生了最初的文字。文字的产生和运用使信息可以脱离人脑而被记录、储存于外界物质载体上,使信息变得容易识别、存储、组织、交流,是人类认识和处理信息能力的一大飞跃。

承载信息符号的各种载体是信息组织活动的物质基础,随着社会生产力的发展,信息记录的载体材料和信息记录方式不断改进。人们将代表某种意义的符号刻录在龟甲、金石上、书写在缣帛、竹木上,或记录于泥版、羊皮上,进而书写在纸张上,刻录在光盘、磁带上,为信息组织的社会化创造了条件。

二、古代的信息组织

(一) 信息组织活动的萌芽

原始的信息组织还是自发的、不正规的。当人类的信息记录积累到一定数量,并被有意识地汇集、排序时,就开始出现了社会信息组织活动的萌芽。在我国的殷商时代,有了大量记录事物的甲骨文献。据殷墟考古发掘发现,窖穴中的甲骨文献排列有一定顺序,甲骨上除刻有卜辞之类的记录外,还刻有占卜者或经管卜官的名字。这说明,殷代文献的管理就已经包含着目录工作的雏形,可以看作是我国古代目录工作的起源。在国外,最原始的"目录"是以泥版形式出现的。约公元前3000年在两河流域古巴比伦王朝的一座寺庙附近,就有大批泥版文献被集中在一起,并按主题排列。这说明,当时对这些记录有信息的甲骨和泥版的收集和储藏是有意识的、经过整理的,当时已有了简单的标识著录法及排列法。

(二) 我国古代的信息组织

我国古代正式的信息组织活动主要体现于对文献的整理,通过"部次甲乙"来满足人们即类求书,因书究学的需要。

最早的文献整理可以追溯到春秋时期孔子整理"六经"及以后各种图书目录的编制。孔子做学问时有感于大量文献的零散无序,不便使用,于是对鲁、周、宋、杞等故国的文献进行了收集、选择、校雠和分类编排,将虽已成书但分散混乱的文献重新加以组织,使之成为结构合理的有序整体。如对《诗经》305篇的组

[①] 孙星衍.周易集解(上)[M].成都:成都古籍书店,1988:630.

织整理、对《尚书》按体裁的分类排列，开创了我国私人整理文献的先河。

汉代刘向、刘歆父子编制我国第一部大型分类目录《七略》，揭示了当时国家收藏的自先秦以来所有的图书，这是我国历史上第一次系统的大规模的文献信息组织活动。刘向、刘歆将当时收集到的所有藏书分门别类著录，按学科内容分为六艺略、诸子略、诗赋略、兵书略、数术略、方技略六大类，加上"辑略"部分共七类，形成了我国第一部综合性的国家书目。此后，各代又有多种有影响的目录出现，如魏晋南北朝、唐宋元明所编纂的官修目录、史志目录、佛经目录等。清代《四库全书总目》收录了先秦至清初重要书籍 10 254 种，著录书名、卷数、著者、书籍来源并有内容提要，组织成经、史、子、集四部 44 类，代表了我国古代目录的最高成就。这些目录系统揭示了我国历史文化典籍及其所记录的知识，为存储查找信息提供了方便。这时的信息组织活动已从单纯的个人行为发展到既有个人，又有国家组织的社会活动，其范围和影响力不断扩大。

在我国古代文献分类组织的实践中，形成了七分法、四分法、十二分法等分类体系。汉代刘向、刘歆的《七略》、南朝王俭的《七志》、梁朝阮孝绪的《七录》采用了七分法，郑樵在《通志·艺文略》中创造了独具一格的十二大类三级类目的分类体系。在我国使用最久、影响最大、占主导地位的是四分法。西晋时，荀勖所编的国家书目《中经新簿》最早提出四部分类方式，后经逐步改易，至唐魏征所编的《隋书·经籍志》确立了经、史、子、集四部分类系统。自唐以后，各种官私书目大多采用了四部分类。清代著名的《四库全书总目》采用的四部法已比较完善。直到今天我们一些古籍的分类仍沿用了此法。

在主要应用分类组织法的同时，字顺主题法和索引法也初露端倪。《四库全书总目提要》中将颜真卿看作是采用声韵字顺的方法来排列事物主题的鼻祖，称："昔颜真卿编《韵海镜源》为以韵隶事之祖"。这说明，我国在唐代就已出现了以事物、对象名称做标题的信息组织方法。

类书被视为我国主题法的滥觞。目录学家姚名达认为，类书可以视为主题目录的扩大，如果删其繁文，仅存书目，也就成为现代最进步的主题目录了。我国最大的类书《永乐大典》就是一部带有主题法性质的检索工具。全书 22 877 卷，采用了"用韵以统字，用字以统事"的组织编排方法，与主题法的字顺系统原则完全吻合。

中国古代索引是在字书、韵书、类书的基础上发展起来的，曾被称为"通检""备检""串珠"等，形象地说明了它的作用和特征。早在魏建安年间刘劭等编纂的类书《皇览》就具索引功能，被认为是中国古代索引的起源之一。我国唐代林宝的《元和姓纂》、宋代黄邦先的《群史姓纂韵谱》、陈思的《小字录》等即为早期的姓名索引，宋、明、清等还编纂了一些专书索引。

在实践的基础上，我国古代一些学者对信息组织的原理和方法进行了理论探讨和阐述。春秋末期,一些大思想家已注意到事物分类的普遍性,从"类"的角度去认识事物和进行推理。如墨子不仅将"类"作为分析事物的依据,还把"类"与"故"(理由)联系起来作为立辞和辩说的基本原则。宋代目录学家郑樵从理论上研究了文献的分类问题,提出了一系列类分图书的原则和方法。他在《通志·校雠略》中指出:"类书,犹持军也。若有条理,虽多而治;若无条理,虽寡而纷","类例不明,图书失纪","类例既分,学术自明",生动阐明了文献分类的意义。清代著名学者、目录学家章学诚则进一步主张文献分类应随文献增长变化和学术演变而改变,主张编制目录不仅要对文献分门别类地加以编排,而且要"辨章学术、考镜源流"。他大力提倡采用"互著""别裁"(相当于现在的参照法和分析著录法)的方法对文献进行著录,并阐述了索引的方法和功用,主张将各种文献中的人名、地名、官阶、书名等按韵编排,详著出处,以便分类时按韵查找。阐述这些思想的专著《校雠通义》成为我国古典目录学理论的集大成之作。

(三)古代国外的信息组织

在古希腊,一些哲学家很早就提出了知识分类思想,并构筑了自己的知识分类体系。例如,亚里士多德将知识区分为理论知识(逻辑学、物理学、数学、形而上学)、实践哲学(伦理学、经济学、政治学)、创造哲学(史学、修辞学、艺术)三大门类,对后世分类法中学科的划分产生了深远影响。中世纪的欧洲修道院图书馆和大学图书馆则分别建立了以宗教观点和学科设置为基础的分类体系。印度的一些古老经文如"吠陀经",将人类全部知识分为四大门类,也包含许多朴素的分类思想。

古代国外的分类活动可以追溯到公元前6世纪。当时亚述巴尼拔皇宫收集了大量的泥版文献,上刻有主题标记,并被分为人间、天上两大类,其下再分子类。公元前250年左右,古希腊学者卡利马科斯(Callimachus)为当时规模最大的亚历山大图书馆编制了长达120卷的藏书目录《皮纳克斯》(*Pinakes*,又名《各科著名学者及其著作目录》),将藏书分为戏剧、诗歌、法律、哲学、历史、修辞学、医学、杂著等大类,其下再按字母或年代顺序排列,并附每部著作的评价,成为古代最早的目录之一。

被称为"目录学之父"的德籍瑞士学者格斯纳(C. Gesner)将当时能搜集到的全部拉丁语、希腊语、希伯来语的各科著作1.5万种编制成大型书目——《世界书目》,全书四卷,包括著者字顺目录、分类目录和主题字顺索引,其中第二卷将知识分为21个大类,250个细目,较全面地反映了当时的科学发展水平,成为西方第一部检索系统较为完备、著录详尽的综合性大型书目。

西方十三四世纪的《圣经》语词索引直接以自然语言中的字、词作标目,按字顺次序查检,基本具备了主题法的要素。虽然当时主题和索引方法应用很少,未引起关注,但它成为以后近现代主题法和索引发展的渊源。

(四) 古代信息组织的特点

从总体上看,由于古代社会生产力低下,信息的数量和信息的需求都非常有限,在此基础上进行的信息组织活动处于初始阶段,呈现出以下特征:

(1) 以信息的揭示、存储为基本目的。在信息匮乏,信息的生产极其困难的情况下,物以稀为贵,因此,信息组织的着眼点不在于"用"而在于"管"。国内外最早形式的目录和藏书组织都是建立在此基础之上。

(2) 信息组织对象主要是文献。这些文献的物质载体有多种形态。造纸术和印刷术发明后,出现了以文字记录信息的印刷型文献,古代信息组织的发展达到高峰。从此,印刷型文献长期成为信息组织的主要对象。

(3) 信息揭示、组织的方法主要是对信息的记录和分类,着重于信息外在特征的记录和描述。虽然一些目录中有揭示信息内容的提要,但其主要作用仍体现为一种清册职能。

(4) 操作完全由个人以手工方式进行,简单且无一定标准和规范。

(5) 信息组织的代表性成果是目录。尽管它不能与现代目录及多种形式的信息产品相比,但其编制实践及经验总结,为以后信息组织实践和理论的发展奠定了基础。

第二节 近代信息组织

一、近代国外信息组织

近代以后,西方学术逐步进入发展时期,按研究对象划分的一门门自然科学开始从包罗万象的哲学中分离出来,人们的知识结构和思维结构发生了很大变化。新科学的产生和技术的发展在图书分类法中得到了反映,出现了表达电动力学、古生物学、细菌学、人类学、胚胎学、生态学、社会学等学科新概念的大类、小类和细目。出现了以学术发展为基础的知识分类体系。

近代西方一些哲学家,如培根、康德、黑格尔、霍布斯、孔德等构造的不同知识分类体系对信息分类的思想产生了深远影响。其中较具代表性的是培根的分类思想和知识分类体系。他从人类的心理特征出发,将知识分为三类:历史(记忆知识)、诗歌(想象知识)、哲学(理性知识),并在其下分出细纲。这一分类体系后来被用于18世纪狄德罗编制的法国百科全书的组织,不少图书馆和藏书家也依据它来编制图书分类目录。恩格斯早在1858年就注意到科学分类问题。他用辩证唯物主义观点研究自然界和人类社会问题,提出,"每一门科学都是分析某一个别的运动形式或一系列互相关联和互相转化的运动形式的,因此,科学分类就是这些运动形式本身依据其内部所固有的次序的分类和排列"[1]。据此,他勾画出分类法的基本序列为:无机体科学类(按物质运动形式的复杂程度排列)、有机体科学类(由低级的、一般的运动形式向高级的、复杂的运动形式转变)、社会科学类(由经济基础开始、然后是政治、法律及不同思想范畴的上层建筑)。辩证唯物主义在科学分类法中的应用,为分类法的理论和实践提供了全新的科学基础。

随着学科的不断分化,知识记录的不断增多,大型图书馆藏书急剧增加(例如美国国会图书馆当时已拥有近百万册藏书),专业图书馆网也得到发展。在这种情况下,原有的分类法已不适用。在旧分类法中没有包含的、由于科学和技术的发展而出现的新的知识门类的大量涌现,不仅需要确定新知识和新学科在图书分类表中的位置,而且需要深入研究能够使类表进一步扩展的图书分类结构,以便对几十万、几百万册图书及藏书目录进行组织。

1876年,美国图书馆学家、教育家杜威编制了《杜威十进分类法》。这部分类法建立了结构完备、等级分明的分类体系和主题索引,体现了当时信息组织的最高水平。这一时期的分类法还对各种分类技术,如标记符号、类目索引等进行了探索,努力使类目体系具有伸缩性、适应性,类目符号具有简易性和助记性,出现了一批有影响的综合性分类法,如克特的《展开式分类法》(EC)、奥特勒(P.M.G.Otlet)和拉封丹(H.M.La Fontaine)的《国际十进分类法》《美国国会图书馆图书分类法》等。在杜威之后,编制统一的国际分类法的思想已经成了各国图书馆员关注的问题。

同时,人们在对大量文献检索的过程中,愈来愈感到传统的分类法已不能完全满足需要,读者除了对分类的族性检索要求外,还开始关注对具体主题的特性检索,于是一些专家对以满足特性检索为目的的主题法进行了进一步探讨。

18世纪后,出现了主词索引和字顺分类目录。主词索引直接在书名中抽取自然语言形式的关键词作为文献主题标目,成为后来标题目录的先导。字顺分类目录将字顺方法与分类体系相结合,在每一级类目下以字顺方式排列同位类,并逐步演变为将类目直接按主题字顺方式编排,为主题目录的发展创造了条件。

主题法的真正形成和发展是在19世纪后半期。最早期的类型是传统的标题法。1856年英国克里斯塔多罗在《图书馆编目技术》一书中提出应用文献题名中的"词"作为字顺标题系统中表达内容主题的标题。在这部书中,他提出了"主词"(即关键词)这一概念,并介绍了用轮排方法编制曼彻斯特公共图书馆目录书名语词索引的步骤。1876年,美国图书馆学家克特发表了《字典式目录规则》,该规则在传统主词款目和字顺分类目录的基础上,明确规定了标题的意义

---

[1] 恩格斯.自然辩证法[M].北京:人民出版社,1971:227.

和处理方式,制定了标题选择和使用的一系列原则和方法,从而完成了字顺分类法向字顺主题法的转变,它标志着现代主题法原则的确立。1895年出版的第一部标题表——《美国图书馆协会标题表》以及其后的《美国国会图书馆标题表》等即是这一理论原则指导下出现的现代标题法的代表。在19世纪后十年,主题目录在美国公共图书馆获得了广泛应用,引起了许多欧洲分类理论专家的注意。

同时,更具信息报道和指引意义的文摘和索引也发展起来。1830年,世界上第一部科技文摘杂志《药学总览》在德国问世,并附有索引。此后,各国相继出版了一系列文摘杂志和著者、题名、语词、分类索引。如1848年美国普尔(W.F.Poole)的《普尔期刊文献索引》、1851年美国的《纽约时报索引》等。为开展有关研究和交流,英国于1856年成立了世界上第一个索引学会。

二、我国近代的信息组织

在漫长的封建社会发展过程中,我国的信息组织活动一直是以藏书楼的建设为主体,与其相适应,四部分类法具有稳固的主导地位。鸦片战争以后,由于西学输入、社会变革和教育的倡导,反映新学科、新技术、新思想、新文化的信息内容日益增多,我国旧有的四部分类法已不能适应。一些学者开始以新的思想和方法编制目录,打破了四部分类法一统天下的局面。一批反映西学、新学的书目问世。如梁启超的《西学书目表》就摒弃了传统的四部分类法而采用了自编的新分类体系。其中,将所收入的西学翻译书籍分为学、政、杂三大类23小类,初步具备了现代分类法将知识划分为自然科学、社会科学、综合性图书三大部类的雏形。1904年刊印的《古越藏书楼书目》也完全打破四部法的传统,将浙江绍兴古越藏书楼的所有藏书分为学、政两大部,容纳了反映新学科的书籍。

19世纪末20世纪初,一些学者开始翻译引进国外分类法。1910年,孙毓修首次在《教育杂志》上介绍了美国流行的《杜威十进分类法》,引起广泛关注。特别是一批留学国外学习图书馆学的学者归国后,不但积极从国外引进新的分类法及其理论,而且着手对我国旧有分类法进行改造,编制了一系列中西合璧的新型分类法,以寻求解决我国文献分类问题。至20世纪上半叶,我国引进的国外分类法有23种,[①] 包括著名的《杜威十进分类法》《美国国会图书馆分类法》《国际十进分类法》、克特《展开式分类法》等。这对我国的信息组织体系结构和方法有相当大的影响。在学习研究国外分类法的基础上,我国相继出现了仿杜、补杜及自编的各种分类法达三四十种。比较有影响的如1917年沈祖荣、胡庆生编制的我国第一部以标记符号代表类目的《仿杜威书目十类法》,1929年刘国钧自编的《中国图书分类法》,皮高品的以杜威法为基础改编的《中国十进分类法及

---

① 俞君立. 中国文献分类法百年发展与展望[M]. 武汉:武汉大学出版社,2002:2.

索引》等。在此期间,虽然反映旧学的四部分类体系仍在继续起着作用,但从总体上看,这个时期我国文献分类法的发展过程是一个引进与继承、融合与创新的过程。

在信息分类的实践活动不断发展的同时,我国图书馆学家在理论上对分类标准、分类原则、分类方法等方面进行了探讨。如 1920 年之嘉在"科学分类之历史"中论述了科学分类史及一系列国外学者的分类思想和科学分类体系,[1] 杜定友、查修等系统研究了我国历代书目及图书分类体系,戴志骞首先提出了图书分类法编制原则。1929 年 1 月,中华图书馆协会在第一次年会上通过了编制标准分类法的四项原则:"① 中西分类一致;② 以创造为原则;③ 分类标记须易写易记,易识易明;④ 须合中国图书情形"[2],反映了当时的基本分类思想。

在主题法方面,虽然 20 世纪 30—40 年代我国已有少数标题表问世,如何多源 1933 年的《标题表》,吕绍虞 1935 年的《中文标题总录初稿》,但当时没有得到实际使用。

20 世纪初,西方现代索引技术传入我国,30—40 年代中国兴起了一个编纂索引的高潮。如哈佛燕京学社引得编纂处洪业等主持编制了一系列索引,还有叶圣陶的《十三经索引》、王重民等的《清代文集篇目索引》、开明书店编纂出版的《二十五史人名索引》等,并有《索引与索引法》《引得说》等索引研究著作出版。

三、近代信息组织的特点

(1) 近代是信息产品进一步丰富,信息管理逐步开放的时期。图书馆等信息机构开始面向社会公众开展信息服务,用户的需求成为信息组织关注的问题。信息组织的活动除围绕着文献的保存开展外,开始注重根据社会需要提供信息服务,开始重视对信息外在特征和内容特征的全面描述、揭示,并为用户提供更多的信息检索点。国内外出现了一批致力于研究信息组织的专家。

(2) 体系分类法的确立。随着学术的发展,学科的分化逐步展开,形成了以学术发展为基础的文献分类体系,其内容涵盖了反映社会生活和科学技术发展各个领域,类表结构也不断更新,出现了一批具有独特结构的、能够供不同专业及不同规模图书馆进行藏书分类的新分类法。到了 19 世纪 70 年代,分类法的理论和实践进入了更高的发展阶段,奠定了图书分类法的科学理论基础。在此过程中,我国的分类法在引进国外分类法的基础上推陈出新,实现了从四部法向以科学分类为基础的体系分类法的转变,并结合我国文献的特点,力求解决中外文献、古今文献的统一分类问题。

---

[1] 之嘉.科学分类之历史[J].新中国,1920,2(6).
[2] 杜定友.编纂图书分类法原则案[R].中华图书馆协会第一次年会报告,1929.

(3) 主题法的研究和应用。这个时期,主题法在西方国家受到关注,一些学者从理论上阐释了主题法的必要性,确立了主题法原则,而且有了完整的主题词表和达到一定水平的主题揭示活动。

(4) 索引、文摘的发展打破了信息组织中书目形式一统天下的局面,说明信息组织从载体单元到内涵单元的深化。

(5) 信息组织技术方法的进步。分类法与主题法的编制技术更趋科学、完善。如为类目体系配备标记符号,设置复分表、编制分类法索引,使分类法脱离了书目形式,成为一种独立的分类检索工具。目录种类除以往通行的分类目录外,还增加了书名目录、著者目录以及直接面向用户的推荐书目、专科目录等。

第三节 现代信息组织

在以计算机、现代通信技术为代表的信息技术的推动下,传统信息组织的方法进一步完善,向自动化方向发展,同时,信息组织开始面对网络环境,面对多元化的信息载体,面对多元化的信息需求,从更完整的意义上实现整序信息、科学分流、促进选择、保证利用的全面职能。

一、现代信息组织方法的发展

(一) 分类法的改造

20世纪,图书馆事业蓬勃发展,目录学、文献学取得了前所未有的新进展。人们编制了几十个、上百个,甚至千个以上具有新结构形式的分类法。但早期的分类法如《杜威十进分类法》、克特《展开式分类法》等均属于列举式分类法。这种分类法的树形结构虽有结构明晰的特点,但不便揭示复杂、专指、细小的主题,也不便容纳新的学科主题。为此,分类学家们进行了多方面的改进。继19世纪末比利时目录学家奥特勒明确提出了概念分析和组配原则,并在《国际十进分类法》中大量使用组配符号和组配方法后,1906年,英国的布朗在《主题分类法》中采用了主题分析法和组合原则,成为分面分类法的萌芽。

1933年,印度图书馆学家阮冈纳赞编制了世界上第一部分面组配式分类法——《冒号分类法》,并系统提出了分面分类理论。这是信息组织发展的一个重大突破。其中所体现的分析—综合的分类理论引发了分类领域分面理论研究的热潮。在其影响下,一系列专业分面类表问世。如英国分类法研究小组在深入探讨分面分类理论的基础上,编制了十多种专业的分面分类法,该小组成员奥斯汀还据此编制了"保留上下文索引系统"。1955年该分类法研究小组向英国图书馆协会和联合国教科文组织提出"需要以分面分类作为一切情报检索方法的基础"的著名备忘录,在1957年的国际分类研究研讨会上受到一致的肯定,从而奠定了分面组配理论的基础地位。

同时,传统分类法被不断地增加分面组配成分,朝分面组配方向改造。如DC的通用复分表从无到有,从1个增加到7个,专类复分和仿分也在增加,在第20版则用分面分类的方法对音乐类进行了全面的改造。1976年,英国分类法研究小组的成员米尔斯对美国图书馆学家布利斯20世纪40年代初编的《书目分类法》(BC1)进行了全面的分面改造,使其由原来的等级列举式分类法发展成一部大型的分面组配式分类法——《布利斯书目分类法》(BC2),成为列举式分类法彻底分面改造的典范。

我国现代分类法的发展经历了从最初20世纪20—30年代模仿杜威法,50—70年代模仿苏联分类法,到全面探索我国适用分类法的理论和方法的过程,初步形成了具有中国特色的分类体系和分类理论。新中国成立以来,先后编制了多部大型综合性分类法和数十种专业分类表,最著名的如《中国人民大学图书馆图书分类法》《中国科学院图书馆图书分类法》《中国图书馆图书分类法》《中国档案分类法》《中国标准文献分类法》等。尤其是大型综合性分类表《中国图书馆图书分类法》(第四版起改为《中国图书馆分类法》),它广泛吸取了国内外各种分类法的优点,以科学分类为基础,同时在四次修订过程中不断地扩大分面组配技术的使用范围,逐渐增加复分、仿分方法,引入并扩大冒号组配方法的应用,成为目前我国文献信息组织使用最广泛的标准化分类体系。

在理论上,我国图书情报界专家对于20世纪以来我国文献分类法的发展历程进行了深入的研究。研究内容包括对我国分类法发展的经验总结、我国文献分类计算机化的发展、分类法在网络信息组织上的应用、面向21世纪我国文献分类计算机化发展的目标等。[①]

(二) 主题法的发展

20世纪50年代,美国的陶伯以字面上不能再分的词汇单元——元词作标识,以字面组配表达文献主题,并结合比孔卡等设备的使用,开创了在检索阶段匹配检索的后组式检索方式。它标志着继标题法之后,一种新的主题法——单元词法问世。这种方法的基本原理——比号组配和反记著录在美国海军兵器中心、美国专利局、杜邦公司等单位的计算机检索系统得到应用,并为后来发展的计算机自动检索开辟了道路。

几乎与单元词法同时,1947—1950年间,美国的穆尔斯在研究组配分类法的基础上,提出了一种新型主题法——叙词法,并创造了"叙词""叙词法""情报检索""情报检索系统"等专门术语。他认为,叙词是表达概念的一种标识

---

① 俞君立,吴礼志.1999—2000年我国文献分类研究进展[J].图书馆杂志,2001(8).

符号,是十分自由和独立的观念成分,应能以任何组合或次序来规定一次检索。[1] 20 世纪 60 年代,为适应计算机在图书馆及情报工作中的应用,叙词语言吸收了标题法、单元词法、关键词法以及分类法等各种检索语言之长,逐步取代了单元词法成为现代情报检索语言的主流。它以概念组配取代字面组配,并广泛揭示概念间关系,使文献信息的揭示更加准确。1959 年美国杜邦公司编制了第一部叙词表。其后美国武装部队技术情报局(ASTIA)用于电子计算机文献检索的叙词表、美国化学工程师协会(AICHE)的《化学工程叙词表》等为叙词表的发展奠定了基础。目前,国外编制的叙词表有上千部,其中较有影响的综合性叙词表有《工程与科学主题词表》和《日本科学技术情报中心主题词表》;专业性叙词表有美国的《航空和航天局主题词表》《国际核情报系统主题词表》、英国的《电机工程师协会主题词表》等。[2]

在我国,1950 年曾出版过程长源的《中文图书标题法》,填补了新中国中文标题语言的空白。1964 年航空部情报所编制使用的《航空科技资料主题表》(第一版)问世,成为我国的第一部叙词表,1971 年该表第二版问世。20 世纪 70 年代,我国开始大规模编制和使用主题法,曾先后出版了《电子技术汉语主题词表》《常规武器专业主题词表》《国防科学技术主题词典》《原子能科技资料主题词典》《机械工程主题词表》《化学工业主题词表》《农业科学叙词表》等。尤其是 1979 年出版的《汉语主题词表》,作为"748"工程(汉字信息处理系统工程)配套项目,历时 5 年编成,不仅成为世界上最大规模的叙词表,而且为后来我国叙词语言的大发展做了人才和理论准备。

(三) 分类主题一体化

以往分类法、主题法作为信息组织的两种独立的方法各成体系,在使用过程中,标引和检索都须分别进行。计算机在信息组织中的使用进一步揭示了分类系统与主题系统的联系,促成了分类主题一体化的发展。1969 年,英国学者艾奇逊研制成功世界上第一部分类主题一体化的《分面叙词表》,它将一部分面分类表与一部字顺叙词表结合起来,通过严格规范,使每一个词汇同时出现在分类表与叙词表中,实现了两种检索语言的兼容。在其影响下,英美等国陆续出版了一批分类主题一体化词表,如《伦敦教育分类法》(第二版)、《建筑工业叙词表》《基础叙词表》等。此外,印度、日本、苏联等世界许多国家都开展了分类主题一体化的研究和实践活动。

20 世纪 80 年代,我国先后用手工和计算机编成《常规武器分面叙词表》和《教育分面叙词表》。这是我国图书情报界编制一体化词表的最早尝试。此后,

---

[1] 刘湘生.主题法的理论与标引[M].北京:书目文献出版社,1985:28.
[2] 常春,卢文林.叙词表编制历史、现状与发展[J].农业图书情报学刊,2002(5).

我国又陆续编制、出版了十余部一体化词表,包括三部大型词表——《中国分类主题词表》《农业科学叙词表》《社会科学叙词表》和七部中型词表,使一体化语言理论与应用研究进一步深入。其中,《中国分类主题词表》作为国家哲学社会科学"七五"规划重点项目,对推进汉语分类主题一体化词表的发展起了重大作用。

(四) 自然语言检索系统的兴起

分类法和主题法采用规范化的人工语言系统控制文本信息,虽然规范严谨,但难以掌握,词表的稳定性强,但对日新月异的新学科、新事物却难以适应。因此,它们的使用长期被局限于科研和专业领域,很难成为现代流行的大众信息检索工具。在新的形势下,人们希望有更方便、更具亲和力和大众性的语言系统以满足他们日益丰富的、动态的信息检索需求。20世纪50年代,卢恩在前人探索的基础上,将计算机用于关键词索引的编制。其后,各种直接以自然语言为标识的检索系统相继出现。20世纪60年代初,美国匹兹堡大学健康法律中心率先建立起第一个全文检索系统,该系统以电子文本为处理对象,通过计算机以自然语言的语词或语词的组配进行检索,广泛探索了自由文本的检索方法,后来,图书馆界的书目检索系统吸纳了这一方法,将文本检索用于标题和文摘检索。

20世纪70年代,一批采用句法—语义分析技术的自然语言理解系统脱颖而出,在语言分析的深度和难度方面都比早期的系统有了长足的进步。进入20世纪80年代后,适应知识管理的需要,智能信息检索系统开始应用于自然语言的处理。90年代后,在互联网发展的推动下,随着越来越多的电子文本产品出现,新闻、各种学术期刊、流行期刊和百科全书等领域电子文本迅速增加,文本检索成为检索的主流。这种检索系统以各种类型的电子文本为基础,对词汇不控制或少控制,实现自由标引,信息处理速度快,成本低,因此得到广泛应用,有关研究取得很大进展。例如,AltaVista解决了多语种自然语言自动翻译的重要问题,Excite能够自动编制文摘,AskJeeves和InQuizit允许用户直接使用英文句子提问。

自然语言容易被普通检索者接受,但它也存在着表达概念过分自由,语义无关联,词汇无控制等问题,影响了检索效率。于是,一些专家提出了编制后控词表等方案用以改进检索效果。

(五) 自动标引、自动分类技术的探索和应用

自动标引始于20世纪50年代后期。1957年,卢恩提出了基于词频统计的抽词标引法,率先进行了自动标引的探索。从60年代后期到70年代末,自动标引研究取得了很大进展,提出了概率统计标引法、句法分析标引法及各种加权模型等,建立了一批应用与实验系统。1962年,博科(H.Borko)等人利用因子分

析法进行了文献的自动分类。此后,各国学者进行了大量有关文本词频统计分析、句法分析、语义分析等实验研究,并在主要的国际联机检索系统中实现了全关键词自动标引和检索。主关键词标引也建立了许多实用系统。20世纪70年代,美国国防部文献保障中心(Defense Documentation Center)采用的机助标引系统,90年代美国NASA宇航信息中心使用的机助赋词标引系统等,都是结合自动标引研究成功建立的人机结合的实用系统。20世纪80年代末,日本庆应义塾大学文学系的图书情报专业和日本IBM东京基础研究所合作开发了一个自动分类专家系统,采用《国际十进分类法》实现了图书资料的自动分类。北欧的WAIS/万维网自动分类项目也探索了利用机读《国际十进分类法》进行自动分类标引的方法。1987年,《杜威十进分类法》(DDC)的联机编辑系统建成,并完成了对DDC第20版的自动编辑。1999年美国OCLC完成"蝎子计划",其中利用DDC的电子编辑支持系统对数字信息资源进行自动分类和主题识别,建立了以DDC和LCC为基础的知识库,开发了自动分类软件,并优化自动分类系统,使之接近于人工分类的效果,成为具有代表性的研究成果。至今,自动标引形成了抽词标引和赋词标引两大主要类型。几乎所有大型分类法都实现了计算机辅助编辑修订和管理。

我国自1980年起开始从事独具特色的汉语自动标引和分词实验研究,并逐步达到了科技文献自动分词的实用水平。20世纪80年代中期起,我国在大量有关自动分类理论研究的基础上,相继开发出一批机辅分类标引系统、自动分类标引系统,如"计算机辅助分类主题标引系统""文书类档案的计算机分类标引算法""中文文本自动分类系统""中文技术文档的自动分类系统""图书分类专家系统""中文地质资料分类专家系统"等。同时,以网络资源为处理对象的实用自动标引系统也开始出现。例如,我国外交部使用的新闻分类目录就是一个自动分类系统。该系统以动态新闻为对象,以学科、主题对象为主要展开线索,同时提供地区、机构角度的检索类目,采用语义标注、语义分布、语义归类的方法自动确定类目。除可以从不同角度浏览检索外,还提供了组配检索的方式,可根据需要灵活调整检索范围。

在情报检索语言和信息组织技术不断发展的同时,文献信息编目工作得到飞速发展。集中编目、联合编目、在版编目、文献著录标准化、机读目录在各国的应用、电子计算机编目网络等工作全面开展,标志着信息组织活动开始向自动化、合作化、标准化的方向发展。

这一时期,出现了一大批探讨信息组织理论与方法的论著,内容多涉及分类主题一体化、自动标引、自然语言应用等。其中1987年张琪玉先生的著作《情报语言学基础》建立了情报语言学的学科框架,为我国检索语言的深入发展奠定了基础。

二、网络信息资源组织的探讨与实践

随着全球互联网的普及,人类信息的传递、获取、交流方式发生了前所未有的变革。网络信息的大量涌现和无控制的状况给信息组织提出了新的课题。20世纪90年代以来,图书情报界、计算机领域的专家和从业者共同探索网络信息组织的方式与方法。探讨的问题涉及多方面,包括网络信息资源的特点及其组织要求、元数据及其应用、搜索引擎与信息组织、检索语言的适用性、传统信息组织方法在网络中的应用、新技术在网络信息资源组织中的应用等。

(一) 传统分类法和主题法的网络适用性研究

为了适应网络信息资源编目的需要,美国国会图书馆、美国图书馆学会、联机计算机图书馆中心提出用传统的机读目录格式来组织整理网络信息资源的思路。USMARC 一体化编目格式中特设了 856 字段,即电子地址及检索方式字段,通过它可实现书目记录与网络信息资源的链接。国际上几部著名的分类法如 UDC、DDC、LCC 等都在谋求网络上的应用,并已取得相当进展。

然而,当前网络信息分类体系仍存在着许多亟待解决的问题,如大类设置不全,分类体系不严谨、类目划分缺乏科学性,随意性大,不能反映类目之间的逻辑关系,类目名称不规范,缺乏科学的定义,对类目处理上缺乏整体性和一致性,类目排列缺乏逻辑性等。这些问题给用户的使用带来诸多不便,也成了研究的热点。

主题法组织网络信息有着比分类法更突出的优势,一些传统的叙词表被改造成联机叙词表,还有的将叙词表嵌入检索系统,充当检索系统的后控词表。

继分类法和主题法等传统工具之后,本体、主题地图、专家系统等新型知识组织工具陆续出现,分类法、主题法的网络化、本体化改造成为新的研究热点。

(二) 搜索引擎的发展

搜索引擎以一定的策略在互联网中搜集、发现信息,对信息进行理解、提取、组织和处理,为用户提供检索服务,从而起到信息导航作用。20世纪初,为适应海量网络信息资源查找的需求,目录型搜索引擎、索引型搜索引擎、元搜索引擎和各种专业搜索引擎在不断的探索中应运而生。1990 年,蒙特利尔大学计算机学院的学生和教师开发了一个可以以文件名查找文件的系统 Archie,成为搜索引擎的雏形。

1994 年 7 月,卡内基－梅隆大学的莫尔汀(M. Mauldin)将莱威特(J. Leavitt)的"机器人"(computer robot)程序接入到其索引程序中,创建了具有现代意义的搜索引擎 Lycos。该系统因信息处理量巨大,并第一个在搜索结果中使用了网页自动摘要而受到广泛关注。同年,斯坦福大学的两名博士生和美籍华人杨致远共同创办了超级目录索引 Yahoo! 并成功地使搜索引擎的概念深入人心。继 Yahoo! 和 Lycos 之后,Infoseek 以信息的相关性和友善的用户界面、大量的附加服务成为又一个强势搜索引擎。1995年12月,第一个支持自然语言搜索的搜索引擎AltaVista问世,它的方便性和快速度达到了当时搜索引擎的顶峰。

至今,互联网上有名有姓的搜索引擎已达数百家。最著名的如斯坦福大学博士生拉里·佩奇(Larry Page)和谢尔盖·布林(Sergey Brin)于1997年所创建的Google,因在信息组织及检索功能方面进行了一系列革新,如动态摘要、多语言、链接排序、多文档格式支持、集成搜索、网页快照等技术。目前它已成为世界上规模最大、用户最多的搜索引擎。

中文搜索引擎的研制也取得了迅速进展,开发出了各类中文搜索引擎。其中最有影响的是百度。

在搜索引擎研究的大量成果中,除关于搜索引擎的工作原理、评价等方面研究外,如何提高搜索精度目前成为研究重点。受到关注的研究方向包括以自然语言理解技术为基础的智能搜索引擎的开发、基于内容的多媒体搜索技术、大众分类、学科信息门户等。

(三)元数据的开发应用

搜索引擎的检索效果仍不尽如人意的重要原因是未建立完整有效的信息索引机制。而这种机制的建立必须有一个通用、规范的著录规则。元数据就相当于这样的规则,它在网络中起着对信息的描述、定位、管理作用。通过元数据的规范描述和组织,能帮助用户很快找到所需的有关资源类型、网页标题、责任者、主题或关键词以及内容摘要等信息从而决定取舍。因此,元数据的研制、开发成了网络信息组织的迫切需要。随着这方面的研究的不断升温,适应不同信息资源的元数据相继问世,其中影响最大、使用最为广泛的当属是都柏林核心元数据集(Dublin Core),现已成为解决互操作问题的元数据标准。

我国对元数据的研究也高度关注,研究内容涉及对各种元数据格式的比较研究、元数据的标准化研究、元数据方案研究等多方面,制定了一系列元数据标准。

众多元数据方案在实际运用中出现了元数据间的互操作问题,特别是在开放和分布式网络环境中,如何面对元数据格式的多样性与交叉性,克服元数据标准间的差异,实现数据的有效共享与互操作成为关注的课题。

(四)语义网、本体研究

为使互联网信息资源便于机器的理解和描述,方便人机间的交互合作,排除网络平台、语言的交流障碍,1998年,伯纳斯-李提出了"语义网"概念并在其后设计了语义网的多层架构。语义网研究成为热点,并形成了以万维网联盟(W3C)为龙头,以一批世界一流的大学、实验室、公司构成的研究团队,研究内容包括知识的表现(如XML)、知识之间关系的描述(如RDF)、机器可识别的信息的集合(如Ontology)、智能体(Agents)等。

本体(Ontology)作为语义网的关键技术,具有揭示语义关系明确化、模型化和机器可读等特点,能增强系统的灵活性、扩展性和重用性,为解决知识系统的组织和知识共享提供了一条新的思路。伯纳斯-李在提出"语义网"理念时,就曾设想通过本体论对领域知识实现概念化建模和形式化编码。20世纪90年代初,本体的理论和应用受到了信息管理、知识工程、人工智能和机器翻译等多个领域的关注,有关本体构建工具、本体表示语言、本体构建方法、本体应用等研究成为热点。

随着对语义网、本体研究的深入,人们逐渐认识到语义网的瓶颈在本体,本体构建的瓶颈在于领域知识库的构建,传统知识组织工具(分类法、主题词表)是本体构建的基础或是改造源,是一条捷径,因此,兼容改造传统的叙词表、分类表,研发知识本体、语义网络、主题地图等语义工具成为网络知识组织工具研发的方向。[①] 一些机构在研究中吸收传统知识组织体系的概念和词汇,参考其体系结构将叙词表转化为本体,如联合国粮农组织将 AGROVOC 叙词表转换为农业本体,阿姆斯特丹大学信息科学系把《艺术和建筑叙词表》转换为本体等。在叙词表向本体的转换研究中,学者们尝试了许多方法,如用 XML Schema 构建叙词标记语言,用 RDFSchema 表示叙词内容和关系,用 SKOS、DML+OIL、OWL 表示叙词关系等。我国在借鉴国外经验,探讨本体理论和技术的同时,开展了利用《汉语主题词表》《中国分类主题词表》、专业词表等构建本体的应用研究,国家自然科学基金2005年资助了"从叙词表向本体转化"的研究课题,研究成果为语义网信息组织工作奠定了基础。

三、现代信息组织的特点

从20世纪走向21世纪,迎来了信息化与知识经济的崛起。以电子计算机和现代通信为代表的现代信息技术迅速发展,网络逐步普及,把信息管理推上一个新的水平,以现代信息技术支持的多元化的信息组织方法体系初步形成。

1. 以用户为中心的指导思想逐步确立

信息组织的出发点不再只是以信息资源本身的特点为依据,而是充分考虑用户的需要和检索习惯,不仅告诉人们能够提供什么信息,帮助人们多途径、多角度地查检信息,而且致力于主动把最适合用户需求的信息推送到用户面前。全面、准确、快捷、简便地满足众多用户日益多样化、个性化的信息需求成为信息组织发展的基本目标,如自然语言的应用、搜索引擎的智能化发展都基于此。

2. 多元化的信息资源组织

信息组织对象由单纯的印刷型文献发展到磁带、光盘、数据库、网络等多媒

---

① 戴维民,包冬梅.网络环境下信息组织的创新与发展——全国第五次情报检索语言发展方向研讨会论文综述[J].图书馆杂志,2009(12).

体,信息组织内容更加广泛,从各种类型的数据发展到具有丰富内容的知识,形成了信息组织方式的多样性和多层次性。

3. 检索语言的发展

随着社会需求和信息技术的发展,分类法、主题法根据需求的变化不断改造更新。分面分类理论的提出,突破了传统列举式分类法的束缚,为信息组织方法提供了新的思路。自动标引技术和分类、主题法在网络环境下的应用受到广泛关注。自然语言的研究和应用兴起。

4. 现代信息技术的应用

计算机、现代通信、网络技术、数字化技术等现代信息技术的应用促使大量信息资源数字化、网络化。信息组织形式从数据结构发展到知识表示,组织的结果从静态的文本格式发展到动态的多模式的链接。继自动编目、自动分类、自动标引技术的应用之后,网络信息资源的组织成为信息组织实践与理论研究的热点。元数据技术、搜索引擎技术、数据库技术、信息挖掘、信息推送技术等成为信息组织领域内备受关注的课题,信息组织的智能化被提到议事日程。

第四节 信息组织的发展趋势

信息组织的环境包括社会经济环境、人文环境、技术环境等多方面,它们的发展变化对信息组织的内容、形式和方法等起着重要的影响和制约作用,并决定着信息组织的发展方向。

在新的社会环境和技术条件下,信息组织工作面临着新的任务和新的挑战。探索适合网络信息环境和用户环境的信息组织方法主导着信息组织的未来发展走向。

一、以用户需求为导向的信息组织

目前信息组织研究虽已注意到用户需求,但实践中,追求技术的科学和完美仍是信息组织研究的主流,尚缺乏对用户与技术适用性全面深入的研究。今后,随着用户信息需求的日益多样化和信息技术的进一步发展,"用户是信息资源的主体,用户需求是信息资源组织的依据,信息资源的组织必须从用户需求出发,以服务用户为宗旨"的理念将在信息组织活动中得到全面体现。这里所指的"用户",已不仅仅是抽象的、具有共性的"用户"或"读者",而应具体到每一个有信息需求的个体。因此,基于个性化服务,面向用户、面向任务、面向学科的信息组织以及技术上强调人性化设计等将成为信息组织令人瞩目的课题。

从近年来历次国际数字图书馆联合会议(JCDL)和欧洲数字图书馆会议(ECDL)中的网络知识组织系统(Networked Knowledge Organization System,NKOS)

分会讨论主题就可以看到,有关用户研究和服务的内容正日益得到重视,有关信息组织、知识组织的重点开始从技术研究向用户和服务转移。[①]

在社会化网络环境下,由于大众信息发布与交流平台和移动媒体兴起,海量的博客、网络日志、用户标签、读者评介、维基、RSS 列表、微博等用户原创信息成为亮点,网络信息组织对象的范围被进一步拓宽,从传统的以少数专业信息人员为主,向多方参与的去中心化的信息组织转型,更加体现出以用户参与为基础的信息自组织特征。将创新的技术平台与"以用户为导向"的理念相结合,把用户的社会关系融入网络信息组织,实现包括用户原创资源、开放存取(OA)资源和商业性资源在内的多源数据的融合,将会是新一代网络信息组织的重要发展方向。

二、信息内容揭示深入化

未来的信息组织将从文献组织、信息组织向更高层次的知识组织发展。尽管目前"信息组织"和"知识组织"的概念还有模糊之处,在实践中"信息""知识"也是你中有我,我中有你,但"知识组织"的概念被越来越多地运用,知识组织研究正成为信息组织研究中的热点,这反映了信息组织内容的不断深化。它意味着,信息组织将不再局限于文献记录形式,也不再仅仅满足于一般题名、作者、分类号、主题词等有限检索点的提供和一般信息特征的描述,而更注重深入到知识内部,深入到微观的知识单元中,针对用户需求对实质性的特定信息内容进行揭示。信息组织的技术方法也因而深入到数据挖掘、知识发现、信息整合、信息重组、知识组织等领域。

未来的信息组织将进一步以专家系统为基础,利用动态联系、判断、分析、比较、推理等知识处理与组织功能,对信息进行深度的语义和语用处理,实现知识表达和知识推送,从而为用户提供最有效的、新颖的和有用的知识。作为知识组织的工具,网络知识组织系统将不断完善,为信息内容揭示的深化提供支持,人工智能技术和信息推送技术通过归纳学习、机器学习、统计分析等方法得到数据对象间的内在特性从而实现网络信息资源的深层次挖掘与揭示,除了处理传统数据库中的数值型的结构化数据外,更多的半结构、非结构的动态和不规则的网络数据将得到组织利用。

三、信息组织方法集成化

现代用户对信息的需求呈多元化趋势,信息服务已从单纯的文本信息提供向交互式多媒体信息服务发展,从书目信息的检索、全文的查看、全文的传递等分别服务向"一站式"无缝集成服务发展。这就要求,信息组织必须根据用户的

[①] 司莉,舒欣. 国外网络知识组织系统研究现状与发展趋势[J]. 图书情报知识,2008(9).

需要,融信息描述、信息分析、信息储存于一体,实现信息组织方法的集成化。组织后的信息系统应便于用户在同一界面上获得多种服务。

近年来,层出不穷的数字资源整合集成技术正是迎合了用户的这一需求,将分布的、跨平台的、异构的各种信息整合在单一检索界面上,提供从检索、发现到获取的一站式服务。

为实现信息组织方法的集成化,方便异地跨系统的浏览、检索和不同语言间的互操作,一些机构致力于相关技术的研究和应用,努力探求知识组织系统间互操作的模式和方法。有关中外分类法的兼容与互换、领域本体集成化的互操作技术成为受关注的课题。知识网格技术能集成分散在网络各个独立站点上的信息,屏蔽底层信息分布、异构带来的问题,为用户提供统一的访问接口,因而成为研究的热点。

四、信息组织技术智能化

虽然今天机器还不能代替人去做许多创造性的工作,但网络环境下,不断发展的信息技术却有可能越来越多地"代替"人脑进行信息组织中的信息识别、信息分析综合和信息重组,进而实现智能程度更高的"知识组织",即用高度模拟人脑思维机制与习惯的方法来组织知识。

人工智能技术将能促进网络信息的深层次挖掘和揭示,更好地满足用户的不同需求,如系统自动运行、不断更新用户资料库、提供个性化的主动服务等。为解决网络信息与计算机智能处理之间的矛盾,近年来本体论、语义网、知识网格和语义网格正成为研究热点。

同时,信息组织技术的智能化将使信息组织工作变得十分简便,它不再仅仅是专家和技术人员的事,更多的用户将成为信息组织活动的直接参与者。

社会化网络环境中,大量涌现的用户交互和标注等信息行为为信息组织系统提供了丰富的学习和训练数据,信息组织系统的适应性将进一步增强,由纯粹的机器智能系统向人力智能和机器智能相结合的复杂社会系统方向发展,体现出用户参与式架构特征。传统的个性化推送服务借助智能化技术将进一步改变只注重对单个用户行为的统计分析而忽视用户信息行为及其社会关系的模式,更多地融入用户特征,把用户作为算子纳入系统计算,从而实现用户间的经验分享和信息协同过滤与推送。如何对海量的、分布式的、异构的、多格式、高动态的信息,进行快速的整序,以最方便、智能化的形式提供给信息的使用者,成了信息组织追求的目标。

五、信息组织系统兼容化与标准化

在信息组织现代化过程中,必然遇到数据库、联机系统、检索系统和检索语言等的兼容化和标准化的问题。比如，许多数据库由于类型不同所引起的主题内容、学科领域、数据来源、文档格式、文档记录方式、标引规则以及检索语言、输出格式等的不同，给用户的使用带来了众多麻烦；网络信息组织中的文件、搜索引擎、编目、学科信息门户等缺乏共同的规范，也严重影响着信息资源的共享。因此，实现信息组织和检索系统的兼容和标准化成为信息组织发展必须面对的重要课题。

在这方面，国内外的有关专家已进行了多年的探索，如关于分类语言与主题语言的相互转化、分类主题一体化词表的编制就是对信息组织中检索语言兼容化和标准化的探索。我国在主题词表的编制中已注意到保持与相关词表之间的兼容，许多专业词表是以《汉语主题词表》为基础，并与《汉语主题词表》兼容的。

为适应网络化信息服务和语义网建设的需要，当前国内外许多图书情报机构、国际和各国标准化机构、互联网管理机构、不同学科领域的学（协）会、公司等，都积极为网络信息组织有关标准的制定与推行努力，并取得了重要进展。其中，信息组织体系中的信息资源加工、描述、互操作和服务等方面的标准和规范受到特别关注，如 DC、XML、RDF(S)、SKOS 等。

随着信息组织活动国际合作的发展，网络信息资源组织的兼容和标准化问题将更加突出。针对目前信息资源组织中仍存在的各自为政、标准混乱、缺乏规范等问题，通过"联合、开放、共享"的运作模式，建立科学适用的资源共享标准体系将是大势所趋。

六、信息组织理论研究的拓展

信息组织理论原本是基于目录学、文献编目、文献分类、主题标引、情报语言学、索引学、文摘学等的，基本面向的是文献信息，但随着信息社会的到来，信息有序化的需求越来越突出，涉及的领域越来越广，信息组织突破了传统学科的局限，延伸到信息组织、知识组织所能涉及的所有领域，已成为图书馆学、情报学、计算机科学、知识工程学、现代语言学、认知心理学等多学科共同研究的领域。

由于新技术的全方位介入，信息组织活动各环节之间的界限已经不十分明显。信息著录、分类标引、主题索引、数据库、主题树等组织过程几乎可在同一个软件程序、同一个操作系统中实现，因此对信息组织学科群进行整合研究显得十分必要。

近年来，"信息组织学"作为一个专门的学科概念被提出，其内容不仅涵盖了以上所有学科群，而且还融入了数据库技术、超文本技术、数据仓库、自动分类、自动标引、标准置标语言、本体论、语义网等方面的研究，呈现出传统信息组织理论与现代信息技术研究密切结合、相互渗透、相互融合的发展态势。

满足用户信息需求、提高检索效率是信息组织的基本出发点和根本目的。信息技术是推动信息组织发展的动力,信息组织方法随着信息技术的更新不断变化。今后网络信息的组织利用是信息组织研究的方向和重点。作为信息组织的一个核心问题,对检索语言的研究在网络环境下将进一步得到深化。从检索语言角度看,网络信息内容形式化和提高信息语义控制水平将是信息组织的长期任务。在网络信息内容形式化方面,语义网、知识本体、元数据、置标语言等方面的研究将受到关注,这些理论或技术还有待于进一步付诸实践,并在实践中不断改进、优化。适用于网络信息控制的各种分类法、词表,只有充分借助技术手段,在提高信息语义控制水平,在建立更完善、更严密、更规范的语义关系上下工夫,方能满足更为广泛、深入的用户需求。

在不同的学科和专业领域,人们从不同角度、不同的需要出发研究信息及信息组织的理论、方法、技术,出现了不同方向、各具特色的信息组织理论。

在图书情报界,信息组织理论是以文献信息的科学分类、序化为基础,正向网络信息资源的组织延伸。

在通信领域,信息组织理论主要是解决通信系统中的编码、解码、抗干扰等问题以提高信息传输效率,避免信息失真。

在生命科学中,信息组织的研究对象是构成人类生命的 DNA 信息,要解决的问题是对生物遗传密码的分析揭示。

在教育界,有学者认为学习过程就是大脑对外来信息加工组织的过程,因而从认知角度提出了信息加工学习理论。

其他如从哲学角度研究人工智能、语义学,从社会科学中的大众传播和公共关系角度研究信息传播的有效性等也都包括了对信息组织问题进行的理论探讨,计算机科学则从技术的角度研究信息组织的硬件、软件和系统建设,为各类信息组织理论的发展提供了新的信息管理思路和技术方法。此外,有人还提出了从系统的角度、机构的角度、信息运动、人类认知的角度研究信息组织的不同理论范式。

尽管研究者认为,一些理论可以作为信息组织的理论基础,如哲学、数学、语言学、系统论、控制论等,尽管目前如哲学、信息科学等一些理论力求能涵盖和说明一切信息现象和信息组织问题(如有的学者提出了"全信息学理论"),但正如哲学是社会科学和自然科学的概括和总结但它并不能代替社会科学和自然科学的一切理论一样,这些理论也不能代替信息组织理论本身。应该说,目前信息组织的理论尚不成熟,它正在不同层面和不同的应用领域上向多元化发展,各学科之间有相互交叉、融合、借鉴,同时又具有各自特定的研究对象和相对的独立性。

七、积极应对大数据时代信息组织的挑战

近年来,一个新的概念——"大数据"(Big data)引起越来越多的关注。英国学者、网络信息研究专家维克托·迈尔-舍恩伯格(Viktor Mayer-Schönberger)在其著作《大数据时代》中断言,一个新的时代——大数据时代已经来临,它将给人们带来生活、工作和思维的大变革。哈佛大学社会学教授加里·金称,"这是一场革命,庞大的数据资源使得各个领域开始了量化进程,无论学术界、商界还是政府,所有领域都将开始这种进程。"[①]

大数据时代是信息时代的延伸,仍具有信息时代的基本特征,但它进入了信息时代更高的阶段,对人类的数据驾驭能力提出了新的挑战,这促使我们不能不对信息组织的发展作一系列新的思考。

大数据时代社会信息的数量、形态和复杂性超过了传统数据库的处理能力。信息的存储介质从软盘、磁带、光盘、U 盘、硬盘发展到云存储,但仍赶不上信息增长的速度。哈佛大学遗传学家乔治·丘奇(George Church)称,今后拇指大小的设备就能存下整个互联网的信息。

信息组织不仅要面对新的信息存储介质和信息记录方式,更重要的是,越来越多的用户看好了大数据中蕴涵的巨大财富,要在纷繁的大数据中淘宝。人们对信息组织的要求已不仅限于对信息的浏览、检索,而是要进一步通过大数据的深入分析预测未来,从而获得更大的价值。面对新的社会需求,信息组织的目标正从信息的描述、存储、检索更多地向深入的数据分析、预测服务转移。

大数据时代,信息组织不再一味追求"精确度"。因为只有 5% 的数据是结构化且能适用于传统数据库的。如果不接受混乱,剩下的 95% 的非结构化的数据都无法被利用。当反映一切事物的信息,包括文字、地理方位、人的情感和行为等都可以被量化、数据化,所有的一切,而不是部分,都可能成为信息组织的对象,必须承认和面对混杂性的事实,并找出更加灵活多样的数据处理和分析方法。信息组织将成为随需要而变化的机制。如何将传统的信息获取、存储管理、分类、索引、检索、聚类、人机交互技术等信息分析处理技术方法顺利转变到对大数据的管理和利用上来是信息组织面临的新课题。

为能做到由此及彼,迅速、准确地把握趋势,信息组织将更加注重相关关系的深度揭示。以往那种事先设定好了的索引模式或将被更适用的即时便捷的索引方式代替;清楚的分类或将被更混乱却更灵活的机制取代,就如目前大众分类法的兴起。事实上标签内容已成为网络资源的分类标准。会有更多的非关系型

---

① 赛迪网.大数据——知识,真正的价值体现[OL].[2013-11-20]. http://tech.ccidnet.com/art/40911/20130621/5023727_1.html.

数据库出现,包括专业数据库和公共数据库,它们将打破关于记录和预设场域的成规,能即时处理超大量非结构化的数据,虽不可避免地会出现少量错误,却能使用户在最短的时间内得到想要的预测结果。针对每个个体的信息需求,个性化排序、个性化分析、个性化推荐技术将得到高度发展。

大数据也可能带来灾难,如无控制,人们可能被繁冗的大数据淹没,混乱了思维,失去了方向。因此,信息组织必须更好地体现其管理和制约功能,研究信息的取舍之道,包括对信息的定向选择,增强对不良信息的过滤和对冗余信息的删除等。维克托·迈尔－舍恩伯格提出,大多数数据没有必要长期保留,可在信息组织中增加关于信息寿命的元数据代码,设置数据存储期限,使数据库成为可衰退的动态系统。[1]

实践中,人们会进一步认识到,虽然以开放、自由、无疆界为显著特征的新一代互联网发展日新月异,带来了信息组织方式方法的不断变革,但它仍需要借助传统的信息组织的方法进行不同程度、不同范围的规范和控制。受控语言和自然语言的相互渗透、有机结合,创造更加便捷的网络信息资源获取环境必是未来检索语言发展的趋势。为促进网络信息资源的有效存取和检索,知识组织系统的网络化适应性研究、智能化的信息组织技术方法的研究将更加深入,会出现各种新的解决方案。

思 考 题

1. 简述信息组织产生的基础及其发展演进过程。
2. 简述古代信息组织状况及其特点。
3. 简述国内外近代信息组织的发展状况及其特点。
4. 现代信息组织方法的发展表现在哪些方面?
5. 简述现代信息组织的特点。
6. 思考信息组织该如何发展才能应对网络信息环境和用户需求环境的变化?

---

[1] (英)维克托·迈尔－舍恩伯格. 删除 大数据取舍之道[M]. 杭州:浙江人民出版社,2013:209.

主要参考文献

[1] 张琪玉. 情报语言学基础[M]. 增订2版. 武汉:武汉大学出版社,1997.

[2] 张琪玉. 情报语言学基础问题选讲[M]. 武汉:武汉大学出版社,1987.

[3] 张琪玉. 张琪玉情报语言文集[M]. 北京:北京图书馆出版社,1999.

[4] 张琪玉. 情报语言学词典[M]. 北京:北京图书馆出版社,2000.

[5] 张琪玉,刘湘生. 中国分类主题词表教程[M]. 北京:华艺出版社,1994.

[6] 中图法编委会.《中国图书馆分类法》(第五版)使用手册[M]. 北京:国家图书馆出版社,2010.

[7] 中图法编委会.《中国分类主题词表》(第二版)及其电子版手册. 北京:北京图书馆出版社,2006.

[8] 刘湘生. 主题法的理论与标引[M]. 北京:书目文献出版社,1985.

[9] 钱起霖.《汉语主题词表》标引手册[M]. 北京:科学技术文献出版社,1985.

[10] 侯汉清. 图书馆分类工作手册[M]. 北京:中国科技出版社,1992.

[11] 侯汉清,马张华. 主题法导论[M]. 北京:北京大学出版社,1991.

[12] 侯汉清. 当代分类法主题法索引法研究[M]. 北京:书目文献出版社,1993.

[13] 陈树年.《中国分类主题词表》标引手册(上下册)[M]. 北京:北京图书馆出版社,1998.

[14] 俞君立,陈树年. 文献分类学[M]. 武汉:武汉大学出版社,2001.

[15] 俞君立. 中国文献分类法百年发展与展望[M]. 武汉:武汉大学出版社,2002.

[16] 曾蕾. 联机环境下的情报检索语言[M]. 北京:书目文献出版社,1996.

[17] 戴维民. 面向21世纪的情报语言学[M]. 北京:北京图书馆出版社,2000.

[18] 戴维民. 情报检索语言综论[M]. 北京:军事谊文出版社,1994.

[19] 马张华. 信息组织[M]. 北京:清华大学出版社,2001.

[20] 马张华,侯汉清. 文献分类法主题法导论[M]. 北京:北京图书馆出版社,1999.

[21] 吕其苏. 国外情报检索语言研究[M]. 北京:社会科学文献出版社,1989.

[22] 周宁. 信息组织[M]. 武汉:武汉大学出版社,2001.

[23] 马张华,黄智生. 网络信息资源组织[M]. 北京:北京大学出版社,2007.

[24] 甘利人,等编著. 数字信息组织[M]. 北京:科学出版社,2010.

[25] 戴维民,等. 网络环境下信息组织的创新与发展[C]. 北京:国家图书馆出版社,2009.

[26] 戴维民,等. 语义网信息组织技术与方法[M]. 上海:学林出版社,2008.

[27] 张晓林. 元数据研究与应用[M]. 北京:北京图书馆出版社,2002.

[28] 曹树金,罗春荣. 信息组织的分类法与主题法[M]. 北京:北京图书馆出版社,2000.

[29] 焦玉英. 信息检索进展[M]. 北京:科学出版社,2003.

［30］李国辉,等.信息组织与检索[M].北京:科学出版社,2003.

［31］储荷婷. Internet 网络信息检索——原理、工具、技巧[M].北京:清华大学出版社,1999.

［32］张晓林主编.元数据研究与应用[J].北京:北京图书馆出版社,2002.

［33］高文.数字图书馆——原理与技术实现[M].北京:清华大学出版社,2000.

［34］中国大百科全书编委会.中国大百科全书(图书馆学情报学档案学卷)[M].北京:中国大百科全书出版社,1993.

［35］陈光祚.计算机情报检索系统导论[M].北京:书目文献出版社,1993.

［36］谢新洲.电子信息源与网络检索[M].北京:北京图书馆出版社,1998.

［37］苏新宁,邵波.信息传播技术[M].南京:南京大学出版社,1998.

［38］张晓林.数字图书馆理论、方法与技术[M].北京:北京图书馆出版社,2007

［39］(美)兰开斯特 F W.情报检索系统——特性、试验与评价[M].北京:书目文献出版社,1984.

［40］(美)兰开斯特 F W.情报系统的兼容性[M].北京:科学技术文献出版社,1989.

［41］(美)兰开斯特 F W.情报检索词汇控制[M].侯汉清,等译.上海:同济大学出版社,1992.

［42］(美)沃尔曼.信息饥渴——信息选取、表达与透析[M].李银胜,等译.北京:电子工业出版社,2001.

［43］(美)莫维里(Morville, P.),罗森费尔德(Rosenfeld, L.).Web 信息架构:设计大型网站(第三版)[M].陈建勋,译.北京:电子工业出版社,2008.

［44］Mark Smiclklas.信息图与可视化传播[M].北京:人民邮电出版社,2012.

［45］Peter Morville. Web 信息架构:设计大型网站[M].北京:电子工业出版社,2006.

［46］James Kalbach.Web 导航设计[M].北京:电子工业出版社,2009.

［47］(美)Arms William Y.数字图书馆概论[M].施伯乐,等译.北京:电子工业出版社,2001

［48］(苏)沙姆林 Е И.图书分类法史略(第二卷)[M].北京:科学技术文献出版社,1989

［49］(苏)切尔内.情报检索理论概述[M].赵宗仁,等译.北京:科学技术文献出版社,1980.

［50］(英)维克托·迈尔-舍恩伯格.删除 大数据取舍之道[M].杭州:浙江人民出版社,2013.

［51］张琪玉.情报检索语言语法体系初探[J].图书馆理论与实践,1986(3).

［52］张琪玉.文献主题的构成因素及层次[J].图书情报知识,1985(1).

［53］曾建勋,常春.网络时代叙词表的标志语应用[J].图书情报工作,2009(4).

［54］司莉,陈红艳.网络叙词表用户界面设计策略[J].现代图书情报技术,2008(5).

［55］侯汉清,李华.《中国分类主题词表》(第二版)评介.国家图书馆学刊,2006(2).

［56］吴建中,侯汉清.从人工语言到自然语言——关于图书馆未来的对话之十[J].图书馆杂志,1996(4).

［57］张琪玉.关键词检索、概念检索与分类浏览检索一体化[R].研究报告,2003.

[58] 黄如花.网络信息组织的发展趋势[J].中国图书馆学报,2003(4).
[59] 余彩霞.浅谈信息组织研究的理论范式[J].图书馆界,2002(4).
[60] 倪莉.信息组织研究述评[J].图书情报工作,2001(2).
[61] 白华.现代信息组织的特点、方法及趋势[J].情报杂志,2002(12).
[62] 张中秋.中国近现代分类法与主题法发展轨迹及展望[J].情报科学,1999(4).
[63] 俞君立,吴礼志.1999—2000年我国文献分类研究进展[J].图书馆杂志,2001(8).
[64] 陈树年.网络信息分类法研究[J].现代图书情报技术,2002(3).
[65] 维克利.分面分类法:专业分类表的编制和使用指南[J].秦明,译.宁夏图书馆学通讯,1984(3).
[66] 苏新宁,邹晓明.文献信息自动标引研究[J].现代图书馆情报技术,2000(1).
[67] 张俐.中文网页自动分类新算法[J].清华大学学报,2000,40(1).
[68] 徐波,孙茂松,靳光瑾主编.中文信息处理若干重要问题论文集[C].北京:科学出版社,2003.
[69] 黄昌宁.中文分词十年回顾[J].中文信息学报,2007(14):13.
[70] 杨尔弘,等.汉语自动分词和词性标注评测[J].中文信息学报,2005,20(1).
[71] 张晓林.开放元数据机制:理念与原则[J].现代图书情报技术,2002(3).
[72] 卜书庆.基于《中分表》的国家数字图书馆知识组织思考[J].图书馆论坛,2009(6).
[73] 王军,卜书庆.网络环境下知识组织规范的研究与设计[J].中国图书馆学报,2012(4).
[74] 范炜.《中国分类主题词表》的术语网络服务探索——以主题规范数据为例[J].图书情报工作,2012(7).
[75] 聂华,朱玲.网络级发现服务——通向尝试整合与便捷获取的路径[J].大学图书馆学报,2011(6).
[76] 曾建勋.开放式知识链接服务体系研究[J].情报理论与实践,2013(1).
[77] 黄晨.资源整合模式及其实现研究[J].大学图书馆学报,2004(1).
[78] 王平,姜爱蓉.国内外数字信息资源整合管理系统的对比研究与思考[J].上海交通大学学报,2003(增刊).
[79] 常春,卢文林.叙词表编制历史、现状与发展[J].农业图书情报学刊,2002(5).
[80] 司莉,舒欣.国外网络知识组织系统研究现状与发展趋势[J].图书情报知识,2008(9).
[81] 陈树年,等.近年来我国信息组织研究进展及趋势[J].图书馆建设,2006(3).
[82] 戴维民,包冬梅.网络环境下信息组织的创新与发展——全国第五次情报检索语言发展方向研讨会论文综述[J].图书馆杂志,2009(12).
[83] 余波.情报检索语言的存续前景研究[J].情报杂志,2008(5).
[84] Shiri Ali Asghar. Thesauri on the web: current developments and trends [J]. Online Information Review,2000,24(4).
[85] Austin D. Citation order and linguistic structure [C]//Rayward W B ed.The variety of librarianship. Sydney, NSW: Library Association of Australia, 1976.
[86] Automatic classification research at OCLC [OL]. [2013-08-18].http://www.oclc.org/research/projects/auto_class/default.htm/conference2001/paper24.htm.
[87] Chan L M et al. Theory of subject analysis [M]. Libraries Unlimited, Inc., 1985.

[88] Devadason Francis J. Faceted indexing based system for organizing and accessing Internet resources [J]. Knowledge Organization, 2002, 29 (2).

[89] Stenmark Dick. To search is great, to find is greater: a study of visualization tools for the web [OL]. [2013-10-21]. http://www.viktoria.se/~dixi/publ/tsig.pdf.

[90] Dublin Core Metadata Element Set, Version 1.1: Reference Description [OL]. [2013-10-21]. http://dublincore.org/documents/dces/.

[91] Hutchins W J. Languages of indexing and classification—a linguistic study of structures and functions [M]. Chatham: W.& J.Mackay Ltd., 1975.

[92] JISC Terminology Services Workshop [EB/OL]. [2013-08-20]. http://www.ukoln.ac.uk/events/jisc-terminology/intro.html.

[93] Zheng Zhiping. AnswerBus question answering system [C] // HLT. Proceeding of HLT Human Language Technology Conference. San Diego, CA. 2002: 24-27.

[94] Soergel D. Some remarks on information language— their analysis and comparison [J]. Inform. Stor.Retr., 1967, 3 (4).

[95] Jones K Spark, Kay M. Linguistics and information science [M]. New York: Academic Pr, 1973.

[96] Berners-Lee T, Hendler James, Lassila Ora. The semantic web [J]. Scientific American, May, 2001.

[97] Terminology Registry Scoping Study (TRSS) [EB/OL]. [2013-09-30].http://www.jisc.ac.uk/whatwedo/programmes/reppres/sharedservices/terminology.aspx.

[98] Terminologies Services Strawman [EB/OL]. [2013-09-30].http://www.oclc.org/programs/events/2007-09-12a.pdf.

[99] Vizine-Goetz D, Hickey C, Houghton A, et al. Vocabulary mapping for terminology services [EB/OL].http://journals.tdl.org/jodi/article/viewArticle/114/113.

[100] AGROVOC Concept Server Workbench [OL]. [2013-09-30].http://aims.fao.org/tools/vocbench-2.

[101] Tim Berners-Lee.The semantic web [EB/OL]. [2013-09-30].http://www.cs.umd.edu/~golbeck/LBSC690/SemanticWeb.html.

[102] Tom Gruber. What is an Ontology? [EB/OL]. [2013-09-30].http://www-ksl.stanford.edu/kst/what-is-an-ontology.html.

[103] Gómez-Pérez, Asunción, Oscar Corcho. Ontology languages for the semantic web [J]. Intelligent Systems, IEEE, 2002, 17 (1).

[104] Library Linked Data Incubator Group: Final Report [OL]. [2013-09-30].http://www.w3.org/2005/Incubator/lld/XGR-lld-20111025/.

[105] Gruber, Thomas R. Toward principles for the design of ontologies used for knowledge sharing? [J]. International journal of human-computer studies, 1995, 43 (5): 907-928.

[106] Natalya F Noy, Deborah L McGuinness. Ontology development 101: a guide to creating your first ontology [R]. Stanford Knowledge Systems Laboratory Technical Report KSL-01-05 and Stanford Medical Informatics Technical Report SMI-2001-0880, March 2001.

［107］Library Linked Data Incubator Group：Final report［OL］.［2013-09-30］.http://www.w3.org/2005/Incubator/lld/XGR-lld-20111025/.

［108］IA Summit［OL］.［2013-09-30］.http://iasummit.org.

［109］Adam Mathes.Folksonomoies-cooperative classification and communication through shared metadata［OL］.［2013-09-30］.http://www.adammathes.com/academic/computer-mediated-communication/folksonomies.htm.

［110］Karen Calhoun. Online catalogues：what users and librarians want［OL］.［2013-09-20］.http://www.oclc.org/content/dam/oclc/events/2009/files/09_Tech_Svcs_Forum_Keren_Calhoun.pdf.

附录一　中外重要信息组织工具简介

《杜威十进分类法》(Dewey Decimal Classification,DDC 或 DC)
责任者:Melvil Dewey,Joan S. Mitchell,Julianne Beall,Giles Martin,Winton E. Matthews,Gregory R.New
出版者:联机计算机图书馆中心(OCLC)
版　本:1876 年第一版,新版本:印刷版第 23 版(2011 年)、简略印刷版第 15 版(2012 年)、网络版、简略网络版,另有 30 多种语言的译文版。
学科领域:综合性
语　种:英语
结　构:由主表、附表和索引构成。主表是已知主题的详细列举。首先把所有学科归纳成九大类,不能归入任何一类的汇总为一类,共 10 个基本大类。每一大类下再分为九类加一个"总论"类,依此类分下去,形成一个完整的层层展开的等级体系。附表包括:标准复分表、地区表、文学复分表、语言复分表、语种表、人物表,以及人种、种族、民族表等。附表的作用在于提供通用于全部或部分类目的复分子目及其类号。这些子目与类号只能同主类目结合起来才能成为一个完整的类目。
使　用:世界上使用最广泛的分类法。超过 135 个国家、20 多万个图书馆采用 DDC 组织藏书。多于 60 个国家的国家书目用 DDC 号码作为标识。DDC 也用于网络资源的组织。目前使用 DDC 组织网络资源的网站有数十个,如:Connexion,BUBL Link,WebDewey 等。
说　明:DDC 印刷版的最新版本是 2011 年的第 23 版,简略版的最新版本为 2012 年的第 15 版。DDC 分别在 1993 年和 1996 年推出其电子版 Electronic Dewey 和 Classification Plus,之后经过改进,于 2000 年和 2001 年先后升级为网络版的 WebDewey 和 Clasification Web。当时由于只有连通 CORC 服务的用户才可以获得 WebDewey,所以称为 WebDewey in CORC;直到 2002 年,才正式更名为 WebDewey。DDC 简本的网络版为 Abridged WebDewey。DDC 网络版的主要特点:易于使用的可视化浏览界面;与 LCSH 的对应链接;提供用户注释功能;更新快,每季对内容和功能进行更新,同时满足面向传统图书馆、网络和数字图书馆等各种信息环境。

　　DDC 主页:http://www.oclc.org/dewey

　　其他关于 DDC 的网站:Deweybrowse http://www.deweybrowse.org/

《美国国会图书馆分类法》(Library of Congress Classification, LCC)

责任者:美国国会图书馆(Library of Congress, LC)

出版者:美国国会图书馆

版　本:LCC 没有总的合订本,每大类以分册形式出版,出版时间和版本不统一。1901 年出版"美国历史"类,1902 年出版"Z 目录学"大类详表,随后其他各大类陆续出版。最早的分册于 2003 年出版了第七版。2001 年推出网络版(Classification Web)。LCC 按季编印发行《LC 的补充和修改》,及时报道 LC 类号的修订信息。

学科领域:综合性

语　种:英语

结　构:LCC 由类目表、专用复分表和类索引构成。

使　用:除美国的国会图书馆外,LCC 被美国许多高等学校图书馆、专门图书馆以及一些美国以外国家的图书馆所采用。使用 LCC 的检索系统有:"CYBERSTACKS"等。

说　明:LCC 最初是以 1891 年发表的《克特图书分类法》为基础,专为美国国会图书馆使用而编制的分类法,但后来逐渐为美国国内许多图书馆所采用,而成为一种通用的图书分类法。LCC 是世界上类目最多、篇幅最大的列举式分类法。由于完全列举出所有类目,体积庞大,没有总的 LCC 合订本,以分册的形式出版。全部类表共分为 41 册,21 个大类;大类之下,从一般到特殊,从简单到复杂,极为详尽地列出子目,子目之下,比较广泛地使用字顺排列。LCC 没有统一的编制体例以及通用复分表和总索引,各类都设专用复分表及索引。标记制度采用拉丁字母和阿拉伯数字混合号码,基本采用顺序标记制,类号简短,但类号不能表达类目间的等级关系,助记性较差。它的主要特点是:(1) 实用性强;(2) 类目展开十分详尽;(3) 各大类以分册形式发行,并附有索引,方便专业图书馆使用。

　　LCC 网络版 Classification Web 的主要特色是:(1) 除了全文显示全部的 LCC 的分类表以外,还能够以词表方式显示和检索 LCSH 及相应的 LCC 分类号,建立 LCC 分类号和 LCSH 标题词间的对应转换关系;(2) 用户可以建立个人注释;(3) 可以以 MARC 格式显示 LCC 和 LCSH 记录。只要经过订购注册,全世界范围内的用户都可以通过网络进入、检索和浏览全部的 LCC 及 LCSH。

　　LCC 的相关网站:

　　http://classificationweb.net/

　　http://www.loc.gov/cds/classweb/

　　http://www.loc.gov/cds/products/lcClass.php

　　http://www.loc.gov/catdir/cpso/lcc.html

《国际十进分类法》(Universal Decimal Classification, UDC)

责任者：UDC 联盟

出版者：UDC 联盟

版　本：1905 年第一版(法文)。最新版本：2005 年由 BSI(英国标准出版公司)推出 1993 年英文版的增补本——UDC 完整版(共 2 卷)和电子版——UDC Online，2003 年推出英文缩略版。印刷版有缩略版(法文、英文)、标准版(西班牙文、法文、英文)和扩展版(俄文)，电子版 Master Reference File(MRF)。

学科领域：综合性

语　种：多语种

结　构：UDC 完整版共 2 卷，第一卷为系统化类表；第二卷为字顺索引表。UDC 由主表、辅助符号和辅助表组成。主表把整个人类知识分为十大门类，每一大类下依次细分为 10 个类，是一个层层展开的等级体系；辅助符号用来表示类与类之间的关系，组配灵活；辅助表包括许多专类复分表和几个通用复分表。

使　用：UDC 是现代西方国家使用最广泛的图书分类法之一，自初版以来，已有 40 种语言版本，应用于各大洲许多国家，使用单位达 10 万以上。UDC 可以标引各种类型的文献，尤其是非传统媒体的文献。

说　明：比利时目录学家——奥特勒和拉封丹参照当时的 DDC 第 5 版，采用其大类及部分类目名称，改编成 UDC。根据内容的多寡，印刷版分成标准版和缩略版。缩略版较常见，有英文、日文、德文、俄文等 24 种文种，完整的标准版有法文、英文、德文及俄文版本。1990 年，UDC 数据库(Master Reference File, MRF)编辑完成，有 61 000 个类目。每年更新一次，同时以印刷本形式 Extensions and Corrections to the UDC 发行。要使用该数据库数据必须取得书面授权才行。

UDC 主页：http://www.udcc.org/

《冒号分类法》(Colon Classification, CC)

责任者：阮冈纳赞(S.R.Ranganathan)

出版者：Stosius Inc/Advent Books Division

版　本：1933 年第一版、1939 年第二版、1989 年第七版。

学科领域：综合性

语　种：英语

结　构：第七版由三卷组成，第一卷收入说明性文字和基本类表，是类表的主体；第二、三卷是索引和标引实例。类表不是一个自始至终顺序排列的整表，而是一系列详略不一、各自分立的表。类表大体可分为综合类、自然科学、人文科学及社会科学三大部类，共 42 个大类。每一大类单独列为一表，共有 35 个表。除了主类表以外，还有通用复分表，共分成总论复分表、时间复分表、地理复分表、语言复分表。还附有一个书号表。

使　　用：只在印度有很少的图书馆使用,但它所代表的分面分析理论却广泛应用。

说　　明：阮冈纳赞在 1933 年初次出版了《冒号分类法》一书。首先提出分段标记法,只用冒号":"作为分段符号,因此定名为"冒号分类法"。在 1939 年出了第二版,又采用了"几分标记法"。1950 年第 3 版,广泛使用了"焦点""面""相"这些概念。在第二、三版中,仍沿用冒号作为号码分段符号。1952 年出版了第四版,提出了"五种基本范畴",采用了五种不同的分面符号,大大地改变了冒号分类法的面貌。它突破了传统的列举式分类法的框框,转而采用分析和综合的方法,并逐步发展了一种分面分类理论。阮冈纳赞在分类法的编制和理论研究方面的创造,对以后世界各国图书分类法理论和实践的发展,产生了深远的影响,已经成为图书馆和情报界的一个重要学派。

CC 相关网站：

http://en.wikipedia.org/wiki/Colon_classification

http://www.iskoi.org/doc/colon.htm

《布利斯书目分类法》(Bliss Bibliographic Classification, BC)

责任者：米尔斯(J. Mills)等

出版者：布利斯分类法协会(Bliss Classification Association)

版　　本：1940—1953 年出版了第一版,共 4 卷。第二版从 1977 年始准备分 23 卷出版,目前已出版了 14 卷,包括：1977 年出版的《导言和辅助表》、1980 年出版的《H 体质人类学、人类生态学、健康医学》、1990 年出版的《J 教育》、2007 年出版的《W 艺术》、2012 年出版的《C 化学》等卷。

学科领域：综合性

语　　种：英语

结　　构：BC 第二版由体系框架结构、分面结构、标记符号和字顺索引构成。(1) 体系框架结构：按总论—现象—学科次序安排,产生五个基本部类,基本部分再展开形成基本大纲。(2) 分面结构是多面、多层次的。首先是基本分面,由上位分面和若干子分面构成;其次是辅助分面(即辅助表),有通用、人物、地点、语言、种族集团和时间辅助表。(3) 标记符号采用阿拉伯数字和拉丁字母混合号码。(4) 字顺索引采用链式索引法编制。BC2 是分卷陆续出版,因此,每卷之后都有本卷的字顺索引,在各卷出齐之后,将出一本综合索引。

使　　用：在英国的一些学术性、政府机构和专门图书馆使用,也用于分面叙词表的编制。现利用 BC2 编制的叙词表有《基础叙词表》《联合国教科文组织叙词表》《青年叙词表》《社团情报分类法与叙词表》等。

说　　明：BC1 是美国图书馆学家 H.E. 布利斯根据自己的分类理论编制的一部综合性列举式分类法。20 世纪 70 年代，英国米尔斯等人利用分面分类理论对其进行了全面的分面改造，使修订后的分类法 BC2 由列举式分类法变成了一部半分面分类法。

BC 网站：

http://www.blissclassification.org.uk/index.shtml

http:// www.sid.cam.ac.uk/bca/bcahome.htm

《国际专利分类法》(*International Patent Classification*，IPC)

责任者：IPC 专家委员会

出版者：世界知识产权组织(World Intellectual Property Organization，WIPO)

版　　本：1968 年第一版；2006 年 1 月第八版，分为基本版(core level)和高级版(advanced level)，最新版为 IPC-2013 版。1998 年完成 IPC 网络版(http://www.wipo.int/classifications/ipc)，最近更新时间为 2010 年 9 月。

学科领域：综合性

语　　种：英文和法文

结　　构：IPC 将全部技术领域分为 8 个部：A 人类生活必需、B 作业和运输、C 化学和冶金、D 纺织和造纸、E 固定构造（建筑和采矿）、F 机械工程、热工、照明、军工、爆破、G 物理技术、H 电学。在第八版中 8 个部再分成 129 个大类、639 个小类、7 314 个主组和 61 397 个分组。

使　　用：各国统一分类专利文献的一种工具，已被约 50 多个国家的专利局所采用。

说　　明：1968 年 9 月 1 日第一版 IPC 正式出版并生效。1971 年 3 月 24 日签订了著名的国际专利分类斯特拉斯堡协定。该协定在 1975 年月 10 月生效后，IPC 就在全世界推广。分类法每 5 年修订一次，第八版的有效期为 2006 年 1 月至 2008 年 12 月 31 日，IPC-2009 版（第八版高级版的修订版）从 2009 年 1 月 1 日开始生效。WIPO 以英、法两种语言出版 IPC 的印刷版和电子版，IPC 有多种译文版，如中文、捷克语、德文、匈牙利文、日文、韩语、波兰语、俄语和西班牙语。

IPC 网站：http://www.wipo.int/classifications/en/

《图书书目分类法》(ББК)

责任者：ББК 编委会

版　　本：1961—1968 年出版 25 卷 30 分册详本、1970—1972 年出版 5 卷简本，另有 1977 年大众版、1978 年儿童版等。

学科领域：综合

语　　种：俄语

结　　构：由类表(类表分为 21 个大类,类目可细分至 11 到 12 级)、复分表(通用和专用)、标记符号(字母和数字相混合)和主题字顺索引组成。

使　　用：独联体约有 30 万个不同类型的图书馆使用 ББК 的各种版本。保加利亚、前南斯拉夫等一些东欧国家的图书情报机构也使用该分类法。

说　　明：ББК 是以分面分析和分面化作为修订与完善的主要方向,按分册修订出版。增设和强化复分表是其分面化的主要手段之一,1974 年第二版"经济科学"分册中,各种专类复分表有 55 个。苏联解体后,该法有重大修订。

《日本十进分类法》(*Nippon Decimal Classification*, NDC)

责任者：森清,日本图书馆协会(第六版后)

出版者：日本图书馆协会

版　　本：1929 年 8 月第一版。1931 年、1935 年、1939 年、1942 年先后出版第二至第五版。1978 年出版第八版,最新版是 1995 年出版的第九版。

学科领域：综合性

语　　种：日语

词汇量：类目总数不到 9 000(第八版)

结　　构：由序言(历史与版本、修订说明、体系结构、使用方法)、主表(大类表、纲目表、要目表、详表)、辅助表(形式、地区、语言形式、语种、文学形式)、相关索引等组成。

使　　用：在日本图书馆界广泛使用。世界各地图书馆类分日文图书时用。

　　　NDC 相关网站：http://www.lib.ynu.ac.jp/ENG/guide/bunrui_e.html

《教育资源情报中心叙词表》(*Thesaurus of ERIC Descriptors*)

责任者：James E Houston,美国教育部教育资源情报中心

出版者：Oryx 出版社

版　　本：1967 年第一版、2001 年第 14 版,最新版为 2008 年冬季更新后的网络版。

学科领域：教育

语　　种：英文

词汇量：10 773(第 14 版)。

结　　构：由字顺显示、轮排显示、等级显示和范畴显示四个部分组成。

使　　用：ERIC 数据库

说　　明：可以通过以下网站检索和浏览 ERIC 网络版叙词表。

　　　相关网站：http://www.eric.ed.gov

《英联邦农业局叙词表》(Centre of Agriculture and Bioscience International Thesaurus, CAB Thesaurus)

责任者：G.Eric Tidbury,英联邦农业局(CAB International)
出版者：牛津大学出版社
版　本：1983年第一版、1999年第五版,最新版于2012年出版。有印刷版和电子版。
学科领域：农业及其相关学科
语　种：英语、德语、西班牙语等
词汇量：48 000。
结　构：仅有字顺表和一个增补分类表。它在字顺表中实行等级关系全显示,还把专用名词收入字顺表,与普通叙词排在一起,另外也把叙词的倒装形式作为非叙词收入字顺表。这样就把字顺表与词族索引、专有叙词索引、轮排索引四者融为一体,形成一种新的词表结构。
使　用：CAB、Agricola等农业文献数据库,并在世界英语和非英语国家的农业图书馆及情报界得到广泛应用。
说　明：CAB Thesaurus不仅是目前世界上规模最大的一部农业叙词表,而且是目前国外收词量最多的大型叙词表。CAB Thesaurus覆盖的学科范围最为广泛,几乎包括了农业科学及其所有相关科学。以非营利为目的的用户可免费获取CAB Thesaurus电子版文本格式,其已发行XML格式。
　　CAB Thesaurus网站：http://www.cabi.org/cabthesaurus/

《国际核情报系统叙词表》(International Nuclear Information System Thesaurus, INIS Thesaurus)

责任者：国际原子能机构(IAEA)
出版者：Bernan Associates
版　本：1971年第一版,1995年出版了英、法、德、俄和西班牙语的多语种版本,2005年版中包含了中文和阿拉伯语。2001年IAEA与ETDE[The Energy Technology Data Exchange,能源技术数据交换(国际能源机构的一个项目)]合作,将INIS Thesaurus扩展为INIS/ETDE Joint Thesaurus。2008年推出INIS Interactive Multilingual Thesaurus(阿拉伯语、中文、英语、法语、俄语、西班牙语和德语)网络版。
学科领域：核物理学
语　种：多语种
词汇量：30 000。
结　构：词表有字顺显示、轮排索引和多语种索引。
使　用：国际核情报系统(INIS);国家技术情报服务处(NTIS),用于INIS联机数据库标引和检索质量控制。

说　明:叙词及参照词包括其标记、注释及各项参照全显示。
　　　　INIS 相关网站:http://www.iaea.org/inis/

美国《国家航空与航天局叙词表》(NASA Thesaurus)

责任者:美国航空航天局(NASA)
出版者:国家技术情报服务处(NTIS)
版　本:1967 年第一版;共有 1976 年版、1982 年版、1985 年版、1988 年版和 1994 年版,最新版 1998 年版。此后的版本为电子版和网络版。
学科领域:航空航天、宇航学
语　种:英语
词汇量:叙词 18 300、52 700 个轮排款目词(2008 年 CD-ROM 年版)。
结　构:NASA 第一、二版的结构相同,由五部分组成:主表、范畴表、词族表、轮排表和简表。以后各版的结构有了重大调整。NASA 的体系结构非常简洁,由两部分构成:主表和轮排表。主表中采用等级结构全显示方式,同时设立"用""代""参"等参照,并有词定义;轮排表其实是一个题内关键词索引表,是查找叙词的工具,共有 52 700 多个款目入口词。
使　用:NASA STI 数据库、NASA 机辅标引系统(Machine Aided Indexing System)。
说　明:美国航空航天局每半年出版 1998 年版的修订印刷附刊,反映叙词表的更新情况;每年出版一次最新的 CD-ROM 版,更新情况每月在网站公布,也可以通过网站查看 NASA Thesaurus 的产品。
　　　　NASA 网站:http://www.sti.nasa.gov

《基础叙词表》(Root Thesaurus)

责任者:英国标准学会(British Standards Institution,BSI)
出版者:英国标准学会
版　本:1981 年第一版、1985 年第二版、1988 年第三版。
学科领域:技术科学
语　种:英语
词汇量:叙词 11 800 个、非叙词 5 500 个(第二版)。
结　构:由主题显示表、字顺表和化学式索引组成。
使　用:《基础叙词表》是标引技术标准的工具,第二版出版后,就被国际标准化网络(ISONET)用于标引标准文献。至今,使用它的国家有英、德、日、印、加、葡、巴、沙特和中国。现有法文、日文、德文、葡萄牙文和中文译本,中文的译本改名为《标准文献主题词表》。

说　明:主题显示表是叙词表的主体部分,它实际上是一个叙词的分类表,共分为 24 个大类,它的一、二、三级类目都是按传统的学科体系划分成学科、科目或专业及其分支,以下各级采用分面分析技术和方法深入展示。它对叙词的各个不同等级的上位词、下位词作全显示,并集中显示相关词、同义词、范围注释及组配实例。字顺表按字顺逐词排列叙词,化学式索引同样按字顺排列。主题显示表和字顺表都设立了对应的参照系统,它采用的参照符号非常独特,如:"<"(BT)、">"(NT)、"-"(RT)等。

《美国国会图书馆标题表》(*Library of Congress Subject Headings*, LCSH)

责任者:美国国会图书馆
出版者:美国国会图书馆
版　本:1909—1914 年第一版,最新版为 2012 年第 34 版。
学科领域:综合性
语　种:英语
词汇量:329 000(第 34 版)。
结　构:由导言、字顺主表和附录三部分组成。LCSH 主表的款目由以下几部分组成:(1) 标题和非标题,标题形式分为单词标题、复词标题和名词标题三种;(2) 分类号,大约 40% 的标题后印有相应的 LCC 分类号;(3) 注释,说明标题的含义、使用范围等;(4) 参照符号;(5) 副标题。
使　用:LCSH 是目前美国以及全世界使用最为广泛的标题表,除了美国国会图书馆以外,世界各地越来越多的图书馆用它作为编制图书馆主题书目和联网书目的工具。一些网络检索系统用 LCSH 组织网络资源,提供主题检索途径。
说　明:1909—1914 年,第一版分两卷相继出版,原名为《国会图书馆字典式目录用标题表》(*Subject Headings Used in the Dictionary Catalogues of the Library of Congress*);此后该标题表定期修订,1975 年出版了第八版时,改名为《美国国会图书馆标题表》;最新一版是 2012 年出版的第 34 版。网络版是与 LCC 一体化的 Classification Web,2001 年出版。Classification Web 是第一款基于 Web 的编目和参考产品,其主要特色有:(1) 建立 LCC 分类号和 LCSH 标题之间的对应转换关系;(2) 用户可以建立个人注释;(3) 可以以 MARC 格式显示 LCC 和 LCSH 记录。只要经过订购注册,全世界范围内的用户都可以通过网络进入、检索和浏览全部的 LCC 及 LCSH。
　　LCSH 网址:http://classificationweb.net/

《医学标题表》(又译为《医学主题词表》*Medical Subject Headings*, MeSH)
责任者:美国国家医学图书馆(National Library of Medicine, NLM)

出版者：美国国家医学图书馆

版　本：1960年第一版，每年更新；现有印刷和电子两种版本；有中文译文版。

学科领域：生物医学

语　种：英语

词汇量：26 853条（2013年）。

结　构：由字顺表、树形结构表、副主题词表三个部分组成。

使　用：Medline/PubMed数据库、中国生物医学文献数据库、OMNI（http://omni.ac.uk）、MWS（http://www.mwsearch.com）、Cliniweb International（http://www.Ohsu.edu/cliniweb）、Medical Matrix（http://www.medmatrix.org）等医学专业搜索引擎。

说　明：MeSH表由字顺表、树形结构表、副主题词表三个部分组成。字顺表是将MeSH表所收主题词、入口词全部按字顺关系排列，并通过词下的树状结构号码、注释及参照揭示表中词与词之间的关系，帮助用户选词。树状结构表是一种分类体系，它将字顺表中的主题词，按照每个词的词义范畴及学科属性，分门别类地归入16个大类，逐级划分，分类深度多达9级。副主题词表共有80多个副主题词，对同一主题词下不同研究方面的文献进行限定，每个副主题词根据其特定的含义和使用范围与不同的主题词组配使用。

电子版可以通过NLM的网站免费获得，电子版有XML、ASC Ⅱ和MARC三种格式。也可以通过Internet网络检索和浏览MeSH词表获得。MeSH Browser就是为MeSH用户设计的主题词查询系统，包括了印刷版的所有信息，可帮助用户快速找到相关词，并显示其树状结构。用户也可以通过PubMed数据库检索系统查询MeSH表，并进行主题词检索。

相关网站：

MeSH网站

http://www.nlm.nih.gov/mesh/meshhome.html

MeSH Browser：

http://www.nlm.nih.gov/mesh/MBrowser.html

PubMed数据库

http://www.ncbi.nlm.nih.gov/pubmed

《统一医学语言系统》（*Unified Medical Language System*, UMLS）

责任者：美国国家医学图书馆（National Library of Medicine, NLM）

出版者：美国国家医学图书馆

版　本：UMLS由四个部分组成，初版是分批出版发行的：1990年"超级叙词表"和"语义网络"第一版、1991年"情报源图谱"第一版、1996年"专家词典"第一版，最新版本为2011年UMLS AB版。

学科领域:生物医学

语　　种:英语

词汇量:超过 1 000 000 个概念、5 000 000 个词汇。

结　　构:系统包括四个部分:超级叙词表(Metathesaurus)、语义网络(Semantic Network)、情报源图谱(Information Sources Map)和专家词典(Specialist Lexicon)。超级叙词表是生物医学概念、术语、词汇及其等级范畴的广泛集成,这些概念和词汇来自 MeSH、RxNorm、SNOMED CT、ICD-9-CM、ICD-10-CM 等 150 多个生物医学受控词表、术语表、分类表、专家系统中的词汇、词典及工具性词表等。超级叙词表是依据概念组织起来的,其目的是将相同概念的交替名称和不同形式联系在一起,并表达不同概念之间的关系;语义网络是为建立概念、术语间错综复杂的关系而设计的,为超级叙词表中所有概念提供了语义类型、语义关系和语义结构;情报源图谱是一个关于生物医学机读情报资源的数据库,可以利用超级叙词表和语义网络测度情报源与特定提问的相关性,为用户提供特定情报源,自动连接相关情报源,提供自动检索并自动组织检索的结果;专家词典是一个包含众多生物医学词汇的英语词典。

使　　用:UMLS 具有广阔的应用前景,目前已广泛应用于词表的编制、概念表达、电子病案系统的创建、临床数据的获取、课程分析、自然语言的处理、自动索引和生物医学信息检索等。应用 UMLS 的医学信息检索系统有:PubMed、Internet Grateful Med、NLM Gateway、CliniWeb International、Medical WorldSearch 等。

说　　明:UMLS 是 NLM 主持研究开发的生物医学检索语言系统。NLM 没有把标准的生物医学词汇作为建立系统的目标,而是要构建一个整合各来源词表中的生物医学概念、术语、词汇及其等级范畴的集成系统,其宗旨是解决因为各系统的差异性和信息资源的分散性所造成的检索困难。它不仅可以克服不同系统检索语言的差异性,而且可以实现跨数据库检索的词汇转换,帮助用户对计算机化的病案系统、书目数据库、事实数据库、图像数据库、专家系统等各种联机情报源中的生物医学信息作一体化检索,以获取符合用户需求的特定或综合的情报信息。

　　NLM 除了以 CD-ROM 方式发行 UMLS 外,也提供网站下载,用户只要签订了使用特许协议,就可以免费获得。

　　UMLS 主页:http://www.nlm.nih.gov/research/umls/index.html

《艺术与建筑叙词表》(*Arts & Architecture Thesaurus*, AAT)

责任者:盖迪信托(Getty Trust)

出版者:威尔逊公司(The H.W.Wilson Company)

版　　本:自 1997 年之后,不再出版纸本,只提供机读格式数据和网络检索服务,每年 7 月 1 日更新一次。目前拥有英语、荷兰语、西班牙语及繁体中文等语种。

学科领域：人文艺术

语　种：英语、荷兰语、西班牙语及繁体中文等语种

词汇量：包含 34 000 多个概念、131 000 多个词汇。

结　构：分面叙词表。AAT 提供有关人名、地点、事物的优选术语（preferred terms）与同义词，设置了相关概念、物理属性、风格、时期、活动、材质和物件等七个分面。

使　用：广泛用于人文艺术、博物馆领域的资源分类与组织。

《西尔斯标题表》(*Sears List of Subject Headings*)

责任者：Minnie Earl Sears；Joseph Miller

出版者：威尔逊公司（The H.W.Wilson Company）

版　本：1923 年第一版、2004 年第 18 版，最新版为 2014 年即将出版的第 21 版。

学科领域：综合型

语　种：英语

结　构：字顺显示。

使　用：中小型图书馆、《传记索引》(BIO)、《图书评论文摘》(BRD)、《在版图书》(BIP)、《能源图书馆目录》(POWER)。

《工程标题表》(*Ei Thesaurus*)

责任者：Jessica L.Milstead，美国工程信息公司（Engineering Information Inc.）

出版者：美国工程信息公司

版　本：1972 年 SHE 第一版，1998 年 Ei Thesaurus 修订第三版，2001 年 Ei Thesaurus 修订第四版，最新版为 2013 年的第六版（新增 370 个新词）。

学科领域：工程

语　种：英语

词汇量：10 200 个叙词和 9 420 个非叙词（第 6 版）。

结　构：主要由叙词字顺表和分类代码表两部分组成。字顺表建立了完善的参照系统，有用（USE）、代（UF）、上位（BT）、下位（NT）、相关（RT）和注释（SN）以及起用日期（DT）等项。上位、下位参照只显示一个等级，更多的等级关系在分类代码表中显示。

使　用：《工程索引》数据库（Compendex® database）。

说　明：1972 年，美国工程信息公司首次出了《工程标题表》(*Subject Headings for Engineering*, SHE)。此后每隔两三年就对 SHE 进行修订与补充，例如，1977 年、1981 年、1983 年、1984 年、1987 年、1990 年和 1993 年。其中，以 1977 年、1983

年、1990年和1993年这四次变化为最大,如1977年增加了《副标题索引》;1983年增加了《分类代码表》;1990年将《工程标题表》易名为《工程索引词汇表》(Ei Vocabulary);1993年作了彻底的改革,把沿用了100多年的标题词语言改为叙词语言,易名为《工程索引叙词表》(Ei Thesaurus)。2007年的第五版修订是在第四版的基础上新增了1 076个新词。

Ei Thesaurus 相关网站:

http://www.cs.ucla.edu/Leap/Eisa/engindex.htm

http://www.ei.org/other-publications

《中国图书馆分类法》(《中图法》,CLC)
责任者:《中国图书馆分类法》编委会
出版者:国家图书馆出版社(印刷版)、北京丹诚软件有限责任公司(电子版)
版　　本(版本沿革):《中图法》的编制始于1971年,先后出版了五版,即1975年出版的第一版,1980年出版的第二版,1990年出版的第三版,1999年出版的第四版,2010年出版的第五版。2001年出版了《中图法》(第四版)电子版,2011年推出了《中图法》Web版。

此外,为了满足不同规模、不同专业、不同文献类型图书情报机构使用,在《中图法》的基础上还编制了《资料法》《中图法·简本》《中图法·期刊分类表》《中图法·儿童图书馆、中小学图书馆版》《中图法·教育专业分类法》《中图法·测绘学专业分类表》《中图法·医学专业分类表》等版本。

学科领域:综合性
语　　种:中文
词汇量:《中图法》分为5大部类、22个大类、53 838个类目(包括专用和通用类目)(第五版)。
结　　构:《中图法》的宏观结构包括:编制说明、基本大类表、基本类目表(简表)、主表(详表)、附表(辅助表)、字顺索引、使用手册,这些部分共同构成《中图法》的整体。

《中图法》的微观结构(类目的构成要素及其组织):类目由类号、类名、类级、注释和参照组成。《中图法》电子版有两个窗口,一是检索窗口,它是由类目树框(主表和复分表)、检索栏、检索结果浏览框组成的子窗口;二是详细窗口,它是由超文本框和邻近类目框组成的子窗口,其中,超文本框显示类目的详细数据,显示为两种格式,即超文本格式(类目的格式与印刷版分类法完全相同,但增加了超文本链接)和MARC格式。

使　　用:《中图法》问世后迅速在全国推广应用,成为我国应用最广泛的分类法。主要供大型综合性图书馆及情报机构类分文献、编制分类检索工具、组织文献分类排架使用，同时也可供其他不同规模和类型的图书情报单位根据自己的需要调整使用。《中图法》已普遍应用于全国各类型的图书情报及图书出版发行部门，国内主要大型书目、检索刊物、机读数据库，以及《中国国家标准书号》等都著录了《中图法》分类号。此外，《中图法》广泛应用于数字资源的组织中，用于资源导航。

《中图法》Web 主要提供如下功能：(1) 为各类知识内容的在线浏览、互动显示和多途径检索提供服务；(2) 为广大读者和参考咨询人员提供文献检索服务，可与多个 Web OPAC 转接，提供文献信息内容的多库实时检索和学科导航服务；(3) 为分类标引用户提供利用分类号标引发送，把所需分类号粘贴到剪贴板供分类标引系统使用；(4) 为广大读者等各类用户提供评论注释服务；(5) 为业界提供《中图法》的实时更新数据服务，缩短维护修订周期。

说　明：《中国图书馆分类法》原名《中国图书馆图书分类法》，第四版起改为现名，简称不变，英文译名为 Chinese Library Classification，英文缩写为 CLC。是我国建国后编制出版的一部具有代表性的大型列举式等级体系综合性分类法。《中图法》第四版出版以后研制了电子版，它是我国研制、开发并正式出版的第一部电子分类法，它的问世标志着我国已经进入电子分类法应用阶段，是我国分类法研究和应用的一个里程碑。《中图法》Web 版的发布标志着《中图法》进入网络化应用的时代。

《中国图书馆分类法》网站：http://clc.nlc.gov.cn/index.jsp

《中国图书资料分类法》(《资料法》)

责任者：《中国图书资料分类法》编委会
出版者：科学技术文献出版社
版　本：《资料法》目前有四个版本，即 1975 年出版的第一版、1982 年出版的第二版、1989 年出版的第三版、2000 年出版的第四版。
学科领域：综合性
语　种：中文
词汇量：类表共设置约 5.6 万个类目。
结　构：同《中图法》。
使　用：《资料法》是全国各类情报与信息单位、图书馆、资料部门广泛采用的大型检索语言工具书。主要适用于文献资料专深检索和边缘学科文献分类的使用需要，是我国现行主要的文献分类法之一。
说　明：《资料法》第一、二、三版曾属于《中图法》的系列版本，由《中图法》编委会统一管理，具体由中国科学情报研究所组织有关科技情报部门在《中图法》的基础上编制而成。为了发挥《中图法》不同版本的作用，提高不同版本的实用性，

1988年《中图法》第二届编委会作出决定:《资料法》在与《中图法》保持两者体系结构一致性的前提下,应与《中图法》在编制上有所不同。其主要区别是:(1)分类深度不同。《中图法》主要用于图书分类,起分类检索和分类排架的双重作用,类目的系统划分一般控制在6级左右;《资料法》主要用于文献资料的分类检索,类目的系统划分一般控制在8级左右。(2)组配方法不同。《中图法》在指定的类目下采用组配方法;《资料法》为适应文献资料的专深检索和边缘学科文献分类的需要,则可较广泛地使用组配方法。(3)附加符号的使用有所不同。《中图法》可采用国家、地区、时代附加符号;《资料法》除能采用上述附加符号外,还可采用民族、时间附加符号与联合符号。

1996年《资料法》第三版的修订工作开始启动,一是修订和增补了自然科学和工业技术方面的类目;二是增强了《资料法》的组配功能,以适应网络环境下机检的需要。

《资料法》第四版编列38个基本大类(将中图法的"T工业技术"大类所属的16个二级类目作为基本大类),大类体系与《中图法》第四版大类基本一致,《中图法》编列了22个大类,但两者无实质上的区别。

《中国科学院图书馆图书分类法》(《科图法》)

责任者:《科图法》编委会
出版者:科学出版社
版　本:1958年第一版、1959年增编了索引、1974年第二版的自然科学部分、1979年第二版的社会科学部分、1982年第二版索引、1994年第三版。
学科领域:综合
语　种:中文
结　构:由说明、主表、附表和索引组成。主表分为五大部25大类,设有大纲、简表和详表。附表又分为通用附表和专类附表两种。第三版共设有七个附表:总类复分表、中国时代排列表、中国地域区分表、中国民族排列表、国际时代表、世界地域区分表、世界各民族排列表。
使　用:中国科学院系统的大部分图书情报部门,一些产业系统的专业科学研究机构的图书、情报、资料部门。由于《中图法》的推广,使用该法的越来越少。
说　明:标记符号采用纯数字符号,号码简洁、易认、易记、易写;配号制度较为独特,采用顺序与层累相结合的制度,号码分为两部分:第一部分采用顺序数字,从00—99分配到五大部25个大类及其主要类目中;第二部分采用小数制,即在主要类00—99两位数字以后加一小数点".",小数点后基本按小数体系配号,以容纳细分的类目。它的特点是自然科学部分的类目比较详细,科学系统性较强。它的缺点是社会科学部类的类目不详细。

《中国人民大学图书馆图书分类法》(《人大法》)

责任者:张照、程德清,中国人民大学图书馆
出版者:中国人民大学出版社
版　本:1953年第一版、1955年第二版、1957年第三版、1962年第四版、1982年第五版、1996年第六版。
学科领域:综合
语　种:中文
词汇量:详表有10 843条类目(第六版)。
结　构:由主表、复分表和索引组成。主表分为四大部17大类,设有大纲、简表、基本类目表和详表。复分表有七种:综合复分表、中国民族复分表、中国时代复分表、中国地区复分表、国家复分表、国际时代复分表、世界地区复分表。
使　用:少量的大学图书馆使用,而且由于《中图法》的推广,使用该法的越来越少。
说　明:在配号制度方面,采用层层展开的严格层累制,每一位类号代表一个类目等级,表明数字位数与类目之间关系的一致性。类号突破了传统十进制的类号制度,采用单纯的阿拉伯数字,利用圆点(·)保持10以上类号的并列和从属关系。

《军事信息资源分类法》(《军分法》)

责任者:《军分法》编委会
出版者:军事科学出版社
版　本:2005年第一版。
学科领域:军事学科及相关学科
语　种:中文
词汇量:8 690个类目(包括专用和通用类目)。
结　构:《军分法》由说明、基本大类表、简表、主表、复分表和主题词—分类号对应索引组成。主表共设23个基本大类,以军事理论科学、军事技术科学和军事综合信息资源基本序列展开。共编列四个通用复分表:综合复分表、军兵种复分表、世界地区表和中国地区表。
使　用:在军队各图书馆的实体和数字信息资源建设中得到广泛应用。
说　明:标记符号采用汉语拼音字母和阿拉伯数字相结合的混合标记符号。采用汉语拼音字母标记基本大类,在汉语拼音后面的阿拉伯数字采用双位数制、层累制编号技术。

《赖永祥中国图书分类法》

责任者:赖永祥

出版者：台北市文华

版　　本：1964年第一版、1989年增订第七版、2001年增订第八版。

学科领域：综合

语　　种：中文

词汇量：第七版总计类目有23 839个，其中主表有20 096个类目。

结　　构：由主表、复分表、附录和索引组成。主表分为10大类，每个大类下又按小数制层层展开；复分表包括通用复分和专用复分两种形式。第七版的通用复分表有："总论复分表""中国时代表""西洋时代表""日本、韩国时代表""中国省区表""中国县市详表""分国表""各国史地复分表""机关出版品排列表"和"中国作家时代区分例"。

使　　用：在我国台湾地区图书情报部门得到广泛应用

说　　明：标记采用单纯阿拉伯数字，按小数层累制配号，前三位与后面的数字用小数点隔开。为了缩短类号，可以用英文字母等符号代替特定的类号，如用F表示小说。

《汉语主题词表》(《汉表》)

责任者：中国科技情报研究所，北京图书馆

出版者：科学技术文献出版社

版　　本：1980年第一版，1991年出版了自然科学增订版，1996年出版轮排索引。

学科领域：综合性

语　　种：中文

词汇量：共收录主题词108 568个，其中，正式主题词91 158个，非正式主题词17 410个。

结　　构：第一版共分3卷10册，第1卷是社会科学部分，包括2个分册（第1分册为主表，第2分册为索引）；第2卷是自然科学部分，有7个分册（第1—4分册为主表，第5分册是词族索引，第6分册是范畴索引，第7分册是英汉对照索引）；第3卷是附表部分，只有1个分册，包括世界各国政区名称、组织结构名称、自然地理区划名称、人名。

使　　用：由于词表规模太大，使用时不方便，一定程度上影响了它的推广使用。它是我国第一部比较权威的汉语主题词表，其影响是非常大的，它事实上成为汉语叙词表编制的规范和基础，是后来编制的多部专业性的词表的词汇和结构来源，因此，它的使用价值已远远超出了一般词表用于标引的意义。《中国分类主题词表》出版以后，使《汉表》的普及使用成为可能。

说　　明：《汉表》是目前世界上规模最大的叙词表，它编制于特殊年代，作为"748工程"项目，许多科学家参加了它的编制工作。《汉表》的编制，使我国叙词语言进入了一个大发展时期,至少编制了 100 多部叙词表。1985 年《汉表》获国家科技进步二等奖。2010 年,中国科技信息研究所开始组织《汉表》(第二版)的修订。

《中国分类主题词表》(《中分表》,CCT)

责任者:《中图法》编委会
出版者:北京图书馆出版社
版　本:1994 年 6 月出版第一版,2005 年 9 月出版第二版印刷版与电子版及管理系统,2010 年推出《中分表》Web 版。
学科领域:综合性
语　种:中文
词汇量:共收录分类法类目 52 992 个,主题词 110 837 个、主题词串 59 738 个、入口词 35 690 个。
结　构:《中国分类主题词表》(第二版)采用了"分类法—叙词表对照索引式"的分类主题一体化检索语言体系结构,由以下两个表组成。

第一卷为"分类号—主题词对应表"(2 册),是《中国分类主题词表》从分类到主题、从类号到叙词的对照索引体系,包含了《中图法》《资料法》所有类目和对应的叙词款目、对应的注释。该卷分左右两栏编排,左栏是《中图法》的类表,右栏是相对应的主题词和主题词串构成的先组式标题。其主要功能是文献分类标引和通过分类的途径查找主题词,进而进行主题标引。印刷版内容与电子版完全相同。

第二卷为"主题词—分类号对应表"(4 册),是《中国分类主题词表》从主题词到分类号,从标题到分类号的对照索引体系。它按主题词款目和主题词串标题的字顺排列,其后列出对应的分类号。主题词款目结构与《汉表》大体相同,但在族首词下进行全显示。其主要功能是文献主题标引和通过主题查找相关的分类号,作分类标引的辅助手段。印刷版省略了电子版的部分内容,如主题词英译名、名称主题词(包括人名、团体机构名、题名)、类目对应的标题(词串)。

使　用:《中国分类主题词表》是我国规模最大的分类主题一体化标引工具,包括哲学、社会科学和自然科学、工程技术等各领域的学科和主题概念,应用范围广泛,广泛应用于图书馆、档案馆、情报所、书店、电子网站等进行各种类型、各种载体文献数字信息资源的分类主题一体化标引和检索。它不仅适用于综合性文献标引和检索的需要,而且也照顾到专业文献信息资源标引和检索的需要。同时《中国分类主题词表》的电子版为实现机助标引和自动标引提供了知识库和应用接口。使用该表不仅可以使分类标引、主题标引在经过同一主题分析、采用同一标引工具的一次完成,而且能够降低主题标引的难度,提高标引的一致性。

同时,由于分类号与主题词之间建立了对应联系,有利于在检索系统中实现分类号与主题词之间的相互转换,从而提高检索效率。《中分表》Web 版的成功开发以及推广应用,则为我国各类文献资源的组织、检索和利用提供了一个最大、最全面、可扩展更新的知识体系,以及一个通用的数字型检索语言交换平台,在我国文献资源整合、重组、共享中具有不可替代的作用。

说　明:《中国分类主题词表》第二版是以《中国分类主题词表》第一版编制规则和"主题词机读规范数据库""《中图法》第四版机读数据库"为基础,以满足电子版功能为主,兼顾手工印刷版需求的分类与主题、标引与检索一体化的实用工具。第二版对《中国分类主题词表》第一版进行了全面系统的修订,其中增补新学科、新事物、新概念的主题词 20 000 多条,删除无使用频率的旧词包括修改为入口词的有 12 000 多条,增补自然语言形式的入口词共 21 000 多条,对《中图法》第四版类目做了部分修订和调整。

《中国分类主题词表》第二版和电子版出版后,又编制了配套使用手册。手册重点阐述文献分类主题一体化标引和利用电子版标引的问题,并附有大量的机读标引实例,对正确进行主题分析、主题标引很有帮助,是图书情报机构从事信息资源组织与检索工作的必备手册。

《中国分类主题词表》相关网站:http://clc.nlc.gov.cn/

《军用主题词表》(《军表》,MT)

责任者:《军表》编管会
出版者:军事科学出版社(2005)、中国电子音像出版社出版(2005)
版　本:1990 年,《军表》印刷版分三卷出版;《军表》应用管理系统(Electronic Military Thesauri Application Management System,简称 EMT 系统)(电子版),于 1999 年由中国电子音像出版社出版,在印刷版的基础上增加了"轮排索引"和"主题词释义词典"两个部分;2005 年,《军表》辅助标引系统出版。
学科领域:军事学科及相关学科
语　种:中文
词汇量:共收词 81 890 个,其中正式主题词 55 105 个,非正式主题词 26 785 个。
结　构:《军表》的印刷版由主表(字顺表)、范畴表、附表和汉英—英汉对照索引四个部分组成,分三卷。《军表》的机读词表由字顺表、范畴索引、词族索引、轮排索引、英汉对照索引、主题词释义词典六个部分组成。
使　用:自 2005 年 12 月《军表》辅助标引系统颁发以来在军队各机构、部门中得到广泛应用。该系统是一个可辅助用户进行主题词标引的智能型"傻瓜标引器"。使用该系统处理文本,便可自动从文中提取数个主题概念并转换为规范的主题词供选择。该系统还可查询拟选词的全方位语义信息,并对标引词进行补充、整理和自动登录。可基本满足全军各类文献主题词标引和检索的需求。对提高全军信息资源组织与管理的科学化、规范化、自动化水平具有重要意义。

说　明:《军表》辅助标引系统是一个采用现代信息处理技术、模拟人工标引思路和流程、辅助用户进行主题标引的新型检索语言工具。主要有以下特色和创新:(1) 系统可按标准数据格式同时装入多部词表,实现了《军表》与其各专业表的相互切换、结合使用。(2) 系统实现了与 Windows 环境下主流编辑器的无缝连接。可根据标引工作的实际需求,采用标题转换、段落转换、全文转换三种策略,自动从文献中提取主题概念,并将其转换为标引词,供用户选择,标引效能显著提高。(3) 系统设有方便、快捷的词表查询功能。此外,《军表》辅助标引系统可提供《系统使用说明》《军事文献主题词标引规则》和"标引日志"等多种帮助信息,既可帮助用户学习、掌握系统操作技巧和标引知识,又可对标引词使用情况自动记录分析,为词表动态管理提供依据。(4) 系统主界面采取悬浮嵌入式工具栏,占用屏幕少,实现了标引过程可视化,操作简单,易学实用。《军表》辅助标引系统的研制成功标志着我国叙词语言的研究和应用进入了一个新的发展阶段。

《社会科学检索词表》

责任者: 中国社会科学院文献信息中心
出版者: 社会科学文献出版社
版　本: 1996 年第一版。
学科领域: 社会科学
语　种: 中文
词汇量: 23 000 条。
结　构: 由主题字顺表、分类表、英汉对照索引和附表组成。
使　用: 主要用于社会科学数据库的主题标引。
说　明: 国家社科"七五"规划重点科研项目。

《国防科学技术叙词表》

责任者: 中国国防科技信息中心
出版者: 国防工业出版社
版　本: 1985 年第一版,1997 年电子版。
学科领域: 国防科学与国防工业技术
语　种: 中文
词汇量: 电子版总收词量为 79 205,其中非叙词 23 354 个。
结　构: 由字顺主题、型号表、英汉索引和汉英索引组成。
使　用: 中国国防科研系统内和在中国国防科技信息中心等单位的网络上运行。

说　明：电子版以《国防科学技术叙词表》(1991年版)为蓝本，同时融合了国防科技情报系统使用的其他10部词表，删去了各表原收选的使用频率低的叙词，并增补了大量新叙词。该表收词量大，专业覆盖面广，收录了大量反映新技术新概念的叙词，词间关系准确完备，语义齐全，叙词的英译名规范。该表不仅是国内投入试用的第一部大型电子版叙词表，而且为融合、兼容处理不同的专业词表，编制大型词表，进行了探索，取得了经验。电子表没有词族表和范畴表，将词族全部并入字顺主表，大大简化了词表结构，明显减少了词表篇幅。

《中国档案主题词表》(《中档表》)

责任者：《中国档案主题词表》编辑委员会
出版者：档案出版社
版　本：1988年试用本、1995年修订再版。
学科领域：综合
语　种：中文
词汇量：试用本收词27 288个（正式主题词22 759个、非正式主题词4 529个）。
结　构：由字顺主表、范畴索引、附表（人名表、机构名表、地名表）、主表拼音音节索引、词目首字笔画检字表等组成。
使　用：党政机关文件、档案主题标引。
说　明：《中国档案主题词表》主要适用于各级综合性档案馆和档案室的档案主题标引，企、事业单位的文书档案及各机关一般公文、资料的标引也可参考使用。但对科技档案中的词汇收录很少。

《教育主题词表·中国图书馆图书分类法教育专业分类表》

责任者：《教育主题词表》编辑委员会、《中图法教育专业分类表》编辑组
出版者：教育科学出版社
版　本：1993年出版了第一版（印刷版）。
学科领域：教育类
语　种：中文
词汇量：共收词3 702个，其中正式主题词3 011个，非正式主题词691个。
结　构：《教育主题词表》采用分面叙词一体化的模式进行编制。由编制说明、叙词款目首字检字表、首汉字拼音检字表、首汉字笔画检字表、字顺叙词表、分面分类表、附表（学科名称表、人物名称表）、英汉对照索引、轮排索引几个部分组成。
使　用：《教育主题词表》主要供各类学校、教育科研机构和教育行政部门用于图书、期刊、学位论文、会议资料、公文、档案等文献的标引及检索，并用来建立教育文献数据库及教育情报系统。

说　明:《教育主题词表》是我国正式出版的第一部教育专业叙词表,是"七五"国家教委级教育科研的重点项目"中国教育情报网络建设与教育情报学研究"的一个子项目。后来又加以延展,列为"八五"国家教委级教育科研重点项目"建立中国教育情报数据库与教育情报网运行机制研究"的子项目。

在修改《教育主题词表》的过程中,还在《中国图书馆图书分类法》教育类的基础上完成了《中图法·教育专业分类表》及其对照索引的编制工作,并与《教育主题词表》合并出版,供用户配套使用。

《教育主题词表》及《中图法·教育专业分类表》的编制,借鉴了国内外分类主题一体化词表研究的成果,参照美国《教育资源情报中心叙词表》以及《联合国教科文组织叙词表》《布利斯书目分类法》(第二版)、《中国分类主题词表》(初稿)、《社会科学检索词表》(初稿)和《中图法》等的教育类。

附录二 "信息组织"课程推荐书目

[**说明**] 学生在学习中除参阅本教材之外,如需进一步学习和研究本学科知识,可阅读本书推荐的下列参考书。其中核心阅读书目是比较权威、系统或较有特色的著作和教材,希望学生能至少选择 2～3 种认真阅读。补充阅读书目是为对信息组织有深入研究兴趣者准备的。如需更进一步地查阅有关资料,可利用有关检索工具,其中《情报语言学文献库(电子图书)》(张琪玉编著,武汉大学出版社 1999 年版)收录了我国截至 1999 年的近万种专业文献。但如查阅最新的文献则需要阅读最新的杂志,亦可通过网络获取相关的网络信息资源。

核心阅读书目

张琪玉.情报语言学基础[M].增订 2 版.武汉:武汉大学出版社,1997.
(美)兰开斯特 F W.情报检索词汇控制[M].侯汉清,等译.上海:同济大学出版社,1992.
张琪玉.情报语言学词典[M].北京:北京图书馆出版社,2000.
马张华.信息组织[M].第 3 版.北京:清华大学出版社,2010.
周宁.信息组织[M].第 2 版.武汉:武汉大学出版社,2006.
周宁.信息组织学教程[M].北京:科学出版社,2007.
冷伏海,等.信息组织概论[M].第 2 版.北京:科学出版社,2008.
储节旺,等.信息组织学[M].北京:清华大学出版社,2007.
甘利人,等编著.数字信息组织[M].北京:科学出版社,2010.
马张华,黄智生.网络信息资源组织[M].北京:北京大学出版社,2007.
黄如花.网络信息组织:模式与评价[M].北京:北京图书馆出版社,2003.
莫维里(Morville,P.),罗森费尔德(Rosenfeld,L.).Web 信息架构:设计大型网站(第三版)[M].陈建勋,译.北京:电子工业出版社,2008.
周晓英.基于信息理解的信息构建[M].北京:中国人民大学出版社,2005.
周晓英.信息组织与信息构建[M].北京:中国人民大学出版社,2011.
李国辉,等编著.信息组织与检索[M].北京:科学出版社,2003.
戴维民,等主编.网络环境下信息组织的创新与发展(第五次全国情报检索语言发展方向研讨会)[C].北京:北京图书馆出版社,2009.
戴维民,等主编.网络时代的信息组织(第四次全国情报检索语言发展方向研讨会)[C].北京:北京图书馆出版社,2006.

Rowley J E, Farrow J. Organizing knowledge: an introduction to managing access to information [M].3rd ed. Burlington, V T:Gower,2000.

Chan L M, Richmond P A, Svenonius E. Theory of subject analysis: a sourcebook[M]. Littleton, Colorado: Libraries Unlimited,Inc.,1985.

Taylor Arlene G. The organization of information [M].3rd ed. Englewood, CO: Libraries Unlimited,2008.

Taylor Arlene G. Wynar's Introduction to Cataloging and Classification [M]. 9th ed.Englewood,CO:Libraries Unlimited,2000.

Chan L M. Cataloging and Classification: an Introduction [M].2nd ed. New York: McGraw-Hill,1994.

Svenonius Elaine. The intellectual foundation of information organization [M]. Cambridge, MA: The MIT Press,2000.

补充阅读书目

刘国钧. 刘国钧图书馆学论文集[M].北京:书目文献出版社,1983.

杜定友. 杜定友图书馆学论文选集[M].北京:书目文献出版社,1988.

张琪玉. 情报语言学基础问题选讲[M].武汉:武汉大学出版社,1987.

张琪玉. 张琪玉情报语言学文集[M].北京:北京图书馆出版社,1999.

张琪玉. 情报语言学文献库[EB].武汉:武汉大学出版社,1999.

刘湘生. 主题法的理论与标引[M].北京:书目文献出版社,1985.

侯汉清,马张华. 主题法导论[M].北京:北京大学出版社,1991.

侯汉清,王荣授. 图书馆分类工作手册[M].北京:中国科学技术出版社,1992.

侯汉清. 当代分类法主题法索引法研究[M].北京:书目文献出版社,1993.

戴维民. 情报检索语言综论[M].北京:军事谊文出版社,1994.

戴维民. 面向21世纪的情报语言学[M].北京:北京图书馆出版社,2000.

周继良. 图书分类学[M].武汉:武汉大学出版社,1989.

曾蕾. 联机环境下的情报检索语言[M].北京:书目文献出版社,1996.

陈树年. 中国分类主题词表标引手册(上下册)[M].北京:北京图书馆出版社, 1998.

俞君立,陈树年. 文献分类学[M].武汉:武汉大学出版社,2001.

俞君立. 中国文献分类法百年发展与展望[M].武汉:武汉大学出版社,2002.

马张华,侯汉清. 文献分类法主题法导论[M].北京:北京图书馆出版社,1999.

王松林,等. 资源组织[M].北京:国家图书馆出版社,2011.

吕其苏. 国外情报检索语言研究[M].北京:社会科学文献出版社,1989.

曹树金,罗春荣. 信息组织的分类法与主题法[M].北京:北京图书馆出版社,

2000.

侯汉清.情报检索语言与智能信息处理丛书[M].南京:东南大学出版社,2009.

冯志伟.自然语言的计算机处理[M].上海:上海外语教育出版社,1996.

贾同兴.人工智能与情报检索[M].北京:北京图书馆出版社,1997.

中图法编委会.《中国图书馆分类法》(第五版)使用手册[M].北京:国家图书馆出版社,2012.

中图法编委会.《中国分类主题词表》(第二版)及其电子版手册[M].北京:国家图书馆出版社,2006.

毕强,等.超文本信息组织技术[M].北京:科学技术文献出版社,2004.

司莉.KOS在网络信息组织中的应用与发展[M].武汉:武汉大学出版社,2007.

段明莲,沈正华.数字时代的图书馆信息资源组织[M].北京:北京图书馆出版社,2006.

宋克强,许培基.冒号分类法解说及类表[M].北京:书目文献出版社,1986.

切尔内 A Н.情报检索理论概述[M].赵宗仁,许恒泰,译.北京:科学技术文献出版社,1980.

赖齐本 K.实用情报文献工作基础[M].丰新枚,等译.北京:科学技术文献出版社,1986.

沙姆林 Е И.图书分类法史略(第二卷)[M].何善祥,郑盛畴,译.北京:科学技术文献出版社,1989.

兰开斯特 F W.叙词表的编制和使用简明教程[M].赵阳陵,译.北京:科学技术文献出版社 1989.

兰开斯特 F W,等.情报系统的兼容性[M].姚维范,等译.北京:科学技术文献出版社,1989.

高斯 W.文献学与排序论:情报检索理论与实践教程[M].史秀英,于良娇,译.北京:科学技术文献出版社,1989.

维克利 B C,维克利 A.情报科学的理论与实践[M].北京:科学技术文献出版社,1990.

索尔格尔.情报组织与利用[M].谢新洲,等译.北京:书目文献出版社,1992.

Lancaster F W. Vocabulary control for information retrieval [M].2nd ed. Arlington, VA: Information Resources Press, 1986.

Langridge D W. Classification: its kinds, systems, elements and applications [M]. London: Bowker-Saur, 1992.

Langridge D W. Subject analysis: principles and procedures [M]. London: Bowker-Saur, 1989.

Olson Hope A, John J Boll. Subject analysis in online catalogs [M].2nd ed.

Englewood, CO: Libraries Unlimited, 2001.

Salton Gerard. Automatic information organization and retrieval [M]. New York: McGraw-Hill Book Co., 1968.

Katsumi Tanaka et al. Information organization and databases: foundations of data organization (The Kluwer international series in engineering and computer science volume) [M].Boston: Kluwer Academic Publishers, 2000.

Carter Ruth C. Managing cataloging and the organization of information: philosophies, practices and challenges at the onset of the 21st century [M].New York: Haworth Press, 2001.

Fugmann Robert. Subject analysis and indexing: theoretical foundation and practical advice [M]. Würzburg: Ergon Verlag, 1993.

Fugmann Robert ed. Tools for knowledge organization and the human interface [M]. Würzburg: Ergon Verlag, 1990.

Fugmann Robert ed. Tools for knowledge organization and the human interface [M]. Würzburg:Ergon Verlag, 1991.

Negrini Giliola, Farnesi Tamara, Benediktsson Daniel ed. Documentary languages and databases [M].Würzburg:Ergon Verlag, 1991.

Albrechtsen Hanne, Oernager Susanne ed. Knowledge organization and quality management [M].Würzburg:Ergon Verlag, 1994.

Green Rebecca ed. Knowledge organization and change. Würzburg:Ergon Verlag, 1996.

Widad Mustafa El-Hadi ed. Structures and relations in knowledge organization [M]. Würzburg:Ergon Verlag, 1998.

Beghtol Clare, Howarth Lynne C, Williamson Nancy J ed. Dynamism and stability in knowledge organization [C] //Proceedings of the sixth international ISKO conference, 2000.Würzburg: Ergon Verlag, 2000.

López-Huertas Maria J, Munoz-Férnandez Francisco J ed. Challenges in knowledge representation and organization for the 21st century: integration of knowledge across boundaries [C]//Proceedings of the seventh international ISKO conference, 2002. Würzburg: Ergon Verlag, 2002.

Svenonius Elaine. The intellectual foundation of information organization [M]. Cambridge, Mass.: MIT Press, 2000.

Baclawski Kenneth, Niu Tianhua. Ontologies for bioinformatics [M]. Cambridge, Mass.: MIT Press, 2006.

Lacy Lee W. OWL: Representing Information Using the Web Ontology Language[M].

Victoria, BC: Trafford, 2005.

Ingwersen Peter, Jarvelin Kalervo. The turn: integration of information seeking and retrieval in context [M]. Dordrecht: Springer, 2005.

Glushko Robert J, McGrath Tim. Document engineering: analyzing and designing documents for business informatics and Web services [M]. Cambridge, Mass.: MIT Press, c2005.

Taylor Arlene G. Introduction to cataloging and classification [M].10th ed. Westport, Conn.: Libraries Unlimited, 2006.(UCB AVAILABLE ONLINE; Z693.W94 2006 Reference, older editions available in lab).

Morville Peter. Ambient findability: what we find changes who we become [M]. Beijing; Sebastopol, CA : O'Reilly, c2005.

Foskett A C. The subject approach to information [M].5th ed. London: Library Association Pub., c1996.

Aitchison Jean, Gilchrist Alan, Bawden David. Thesaurus construction and use: a practical manual [M].4h ed. Chicago; London: Fitzroy Dearborn, 2000.

Aluri, Rao. Subject analysis in online catalogs [M]. Englewood, Colorado: Libraries Unlimited, 1991.(Z699.35.S92 A46 1991).

Austin Derek, Dykstra Mary. PRECIS: a manual of concept analysis and subject indexing [M]. London: Bibliographic Services Division, BL, 1984.

Bengston Betty G, Janet Swan Hill, eds. Classification of library materials: a current and future potential for providing access [M]. New York: Neal-Schuman Publishers, 1990.

附录三 信息组织相关的网络资源指南

[说明] 在网络时代,许多学术资源都可在网上获得。信息组织的相关资源在网上十分丰富,从而为我们获取最新的学术信息提供了极大的方便,尤其是大量的原始资源为我们的研究增添了素材。以下列举的是部分专业网站,访问它们对我们的学习是非常有帮助的。

◆《中国图书馆分类法》网站
http://clc.nlc.gov.cn/

◆ 在线分类法与叙词表(Classification schemes and thesauri on-line)
http://www.fbi.fh-koeln.de/institut/labor/Bir/thesauri_new/indexen.htm

◆ 国际知识组织学会(International society for knowledge Organization, ISKO)
http://www.isko.org

◆ 国际图联:分类与标引委员会(IFLA: Classification and Indexing Section)
http://www.ifla.org/VII/s29/index.htm

◆ 国际分类学会联盟[International Federation of Classification Societies(IFCS)]
http://ifcs.boku.ac.at/tiki-index.php

◆ 分类学会[The Classification Society(原北美分类学会)]
http://www.classification-society.org/clsoc/clsoc.php

◆ 英国分类学会[British Classification Society(BCS)]
http://www.brclasssoc.org.uk/

◆ 日本分类学会
http://www.bunrui.jp/

◆ 联机计算机图书馆中心[Online Computer Library Center(OCLC)]

http://www.oclc.org/

　　编目和元数据

　　http://www.oclc.org/services/metadata.html

　　OCLC 研究

　　http://www.oclc.org/research.html

　　WorldCat

　　http://www.oclc.org/worldcat/default.htm

　　Dewey services

　　http://www.oclc.org/dewey/

　　OCLC Terminologies Service

　　研究：http://www.oclc.org/research/projects/termservices/

　　服务：http://www.oclc.org/terminologies/default.htm

◆ 中国索引学会

http://www.cnindex.fudan.edu.cn/

◆ 澳大利亚和新西兰索引家学会（Australian and New Zealand Society of Indexers）

http://www.anzsi.org/site/

◆ 加拿大索引学会（Indexing Society of Canada）

http://indexers.ca/

◆ 英国索引家学会［Society of Indexers（Great Britain）］

http://www.indexers.org.uk/index.php?id=1

◆ 美国索引家学会（The American Society for Indexing）

http://www.asindexing.org/

◆ 南非索引家与书目工作者协会（Association of Southern African Indexers and Bibliographers, ASAIB）

http://www.asaib.org.za/

◆ 网络知识组织系统与服务（NKOS: Networked Knowledge Organization Systems/Services）

http://nkos.slis.kent.edu

- 正在进行中的知识组织系统/本体项目和研究小组

  http://www.cs.utexas.edu/users/mfkb/related.html

- 智能信息检索中心(The Center for Intelligent Information Retrieval, CIIR)

  http://ciir.cs.umass.edu/

- 北京大学计算语言学研究所

  http://www.icl.pku.edu.cn/

- 知网

  http://www.keenage.com/

- 国际计算机协会信息检索大会(ACM SIGIR)

  http://www.sigir.org/

- TREC(Text REtrieval Conferences,文本检索会议)网站

  http://trec.nist.gov

- 中科院计算所自然语言处理研究组

  http://nlp.ict.ac.cn/index_zh.php

- 微软(亚洲)研究院自然语言处理组(Natural Language Processing)

  http://research.microsoft.com/en-us/groups/nlp/

- 谢菲尔德大学计算机科学系自然语言处理研究组(The Natural Language Processing Research Group)

  http://nlp.shef.ac.uk/

- 信息架构协会网站(The Information Architecture Institute)

  http://www.iainstitute.org/

- 信息构建峰会(IA Summit)

  http://iasummit.org

- 万维网联盟[World Wide Web Consortium(W3C)]

http://www.w3.org/
  元数据格式标准(Meta Formats)
  http://www.w3.org/standards/webarch/metaformats
  语义网标准(Semantic Web)
  http://www.w3.org/standards/semanticweb/
  W3C图书馆关联数据孵化小组(W3C Library Linked Data Incubator Group)
  http://www.w3.org/2005/Incubator/lld/

◆ 伯纳斯-李(Tim Berners-Lee)个人主页
http://www.w3.org/People/Berners-Lee/

高等教育出版社图书情报与档案管理类系列书目
（教育部图书馆学教学指导委员会组织编写）

书 号	书 名	作 者	定价	出版年	重点项目	备 注
978-7-04-015337-8	图书馆学基础	吴慰慈	21.20	2004	面向 21 世纪课程教材	第二版即将出版
978-7-04-028987-9	信息组织（第三版）	戴维民	39.40	2014	"十二五"国家级规划教材 面向 21 世纪课程教材	
978-7-04-015338-6	信息资源共享	程焕文、潘燕桃	28.90	2004	面向 21 世纪课程教材	第二版即将出版
978-7-04-015036-0	信息检索：理论与方法	叶 鹰	28.60	2004	面向 21 世纪课程教材	第二版即将出版
978-7-04-015344-0	目录学教程	彭斐章	22.00	2004	面向 21 世纪课程教材	第二版即将出版
978-7-04-015342-4	网络信息检索：工具·方法·实践	沈固朝	37.40	2004	面向 21 世纪课程教材	
978-7-04-015341-5	数字图书馆原理及应用	李 培	27.00	2004	面向 21 世纪课程教材	
978-7-04-015343-2	图书馆信息化建设	陈能华	38.50	2004	面向 21 世纪课程教材	
978-7-04-015339-2	信息描述	杨玉麟	30.60	2004	面向 21 世纪课程教材	
978-7-04-007808-2	档案文献检索	冯惠玲	17.90	1999	面向 21 世纪课程教材	
978-7-04-025754-0	信息检索通用教程	潘燕桃	21.20	2009	"十一五"国家级规划教材	第二版即将出版
978-7-04-039234-0	文书学（第三版）	倪丽娟	30.00	2014	"十一五"国家级规划教材	
978-7-04-031029-0	信息检索	王兰成	38.00	2010	"十一五"国家级规划教材	
	信息检索与信息素养概论(第二版)	柯 平	30.00	2014		

免费赠送授课教师课件，联系方式：709510594@qq.com。
更多资源欢迎加入教师服务 QQ 群：312947661（实名制）。

郑重声明

高等教育出版社依法对本书享有专有出版权。任何未经许可的复制、销售行为均违反《中华人民共和国著作权法》，其行为人将承担相应的民事责任和行政责任；构成犯罪的，将被依法追究刑事责任。为了维护市场秩序，保护读者的合法权益，避免读者误用盗版书造成不良后果，我社将配合行政执法部门和司法机关对违法犯罪的单位和个人进行严厉打击。社会各界人士如发现上述侵权行为，希望及时举报，本社将奖励举报有功人员。

反盗版举报电话　　（010）58581999　58582371　58582488
反盗版举报传真　　（010）82086060
反盗版举报邮箱　　dd@hep.com.cn
通信地址　　北京市西城区德外大街4号
　　　　　　高等教育出版社法律事务与版权管理部
邮政编码　　100120

防伪查询说明

用户购书后刮开封底防伪涂层，利用手机微信等软件扫描二维码，会跳转至防伪查询网页，获得所购图书详细信息。用户也可将防伪二维码下的20位数字按从左到右、从上到下的顺序发送短信至106695881280，免费查询所购图书真伪。

防伪客服电话
（010）58582300